SPD – eine Partei gibt sich auf

Christian v. Ditfurth

SPD – eine Partei gibt sich auf

HENSCHEL

Sie können uns 24 Stunden am Tag erreichen unter:
http://www.dornier-verlage.de
http://www.henschel-verlag.de

Informationen über dieses Buch finden Sie auch unter:
http://www.cditfurth.de

Die Deutsche Bibliothek – CIP-Einheitsaufnahme
Ein Titeldatensatz für diese Publikation ist bei Der Deutschen Bibliothek erhältlich.

ISBN 3-89487-366-3

Die Schreibweise entspricht den Regeln der neuen Rechtschreibung.

Lektorat: Stefan Pegatzky
Umschlaggestaltung: Morian & Beyer-Eynck, Coesfeld
Titelbild: CORBIS/Picture Press
Satz und Gestaltung: Typografik & Design – Ingeburg Zoschke
Druck und Bindung: Wiener Verlag, Himberg
Printed in Austria

Gedruckt auf alterungsbeständigem Papier mit chlorfrei gebleichtem Zellstoff

Inhalt

Vorbemerkung

Nachdem sich die Wogen um den Spendenskandal der CDU geglättet haben, richten sich alle Blicke wieder auf die SPD und die Arbeit der Regierung. Nach zwei Jahren des freien Falls unter die 30-Prozent-Marke scheint sich die SPD wie Phönix aus der Asche zu erheben. Doch die kurzfristigen Erfolge lenken ab von den eigentlichen Problemen der Partei: programmatischer Dürftigkeit und politischer Orientierungslosigkeit.

Das Zauberwort der Stunde heißt »Modernisierung«. Sozialdemokraten, die sich als »modern« verstehen, wollen den demokratischen Sozialismus aus dem Parteiprogramm streichen. Also soll der Leser erfahren, was der demokratische Sozialismus ist und woher er kommt. Um diese Frage zu beantworten, müssen wir zu Eduard Bernstein zurückgehen, der die erste große Identitätskrise, gewissermaßen die Urkrise der SPD, verursachte. Wir werden dann die folgenden Identitätsbrüche betrachten, um schließlich zu fragen, ob die SPD sich nicht überflüssig macht, wenn sie auf das verzichtet, was sie wesentlich von allen anderen Parteien unterscheidet.

Im Interesse der Lesbarkeit habe ich in diesem Buch auf Anmerkungen verzichtet. Wie andere historische und politische Bücher stützt sich auch meine Arbeit auf die Ergebnisse vieler Historiker und Archivare. Ich bitte um Verständnis, dass ich sie in der Regel nicht namentlich zitiere. Welche es vor allem sind, mag der Leser dem Literaturverzeichnis im Anhang entnehmen. Wer eine der zitierten Werke oder Quellen nicht findet, schicke mir bitte eine E-mail: *cditfurth@cditfurth.de.*

Weitere Informationen zu diesem Buch finden sich unter: *http://www.cditfurth.de*

Ein stinkender Leichnam

Über meinen Hass auf die Sozialdemokratie

Eigentlich wollte ich nie in die SPD eintreten. Eigentlich wollte ich kein Buch über die SPD schreiben. Beide Absichten sind Makulatur.

Warum?

Es mag in den Urgründen meines politischen Interesses – der »politischen Sozialisation« – anzusiedeln sein, darin, dass ich mich frühzeitig für das interessiert habe, was ganz unterschiedliche Strömungen, Gruppen und Parteien als *Sozialismus* bezeichneten. »Republik, das ist nicht viel – Sozialismus heißt das Ziel«, skandierten junge Sozialdemokraten zu Zeiten der Weimarer Republik. Unter ihnen der Lübecker Sozialist Willy Brandt. Er hatte sich von der SPD abgewandt, denn sie hatte den Feinden der Demokratie nur heroisches Pathos entgegenzusetzen, aber keinen Mut.

Gründe, die Sozialdemokratie zu verachten, haben viele gefunden. Natürlich klingen die Bekundungen der Siegeszuversicht aus der Bebel-Zeit heutzutage etwas albern. Der »große Kladderadatsch« komme so oder so, spätestens 1889, verkündete der Urvater der Sozialdemokratie, dessen Uhr von Parteivorsitzendem zu Parteivorsitzendem weitergegeben wird. (Oskar Lafontaine hat sich allerdings darüber beklagt, dass er die Uhr nicht habe tragen dürfen. Sein Nachfolger als Parteivorsitzender, Gerhard Schröder, aber zeigte sie unlängst stolz vor. Vermutlich bevorzugt er aber irgendwas zwischen Ebel und Rolex.) Und Karl Kautsky, der große Theoretiker, aber auch Vereinfacher in der Epoche vor dem sozialdemokratischen »Sündenfall«, erfand die These, die Sozialdemokratie sei eine revolutionäre, aber keine Revolution machende Partei.

Aber dann folgte der »Sündenfall«, der 4. August 1914. Unmittelbar nach Kriegsausbruch stimmten die sozialdemokratischen

Reichstagsabgeordneten den Kriegskrediten einer größenwahnsinnigen kaiserlichen Regierung zu. Tage zuvor hatten sie noch Friedensdemonstrationen organisiert und den Kriegshetzern und Chauvinisten in Berlin und Wien mit der internationalen Solidarität des Proletariats gedroht. Doch auf einmal jubelten sie Ludwig Frank zu, jenem jungen SPD-Abgeordneten, der freiwillig in den Krieg gegen Frankreich zog und dann an der Westfront fiel. Ein ganz anderes sozialdemokratisches Heldenepos.

Seit dem 4. August 1914 sei die SPD ein stinkender Leichnam, schimpfte die große Rosa Luxemburg. Diesen Satz schleuderte ich irgendwann Anfang der siebziger Jahre auf einer Veranstaltung in der Ahrensburger Realschule, dem Stadthallenersatz, Jochen Steffen entgegen, dem linken Vorsitzenden der SPD Schleswig-Holsteins. Der aber bestritt das Zitat, und ich wünschte mir, immer mit einer mobilen Bibliothek mit Zitatenverzeichnis unterwegs sein zu können. Denn ich hatte Recht, Rosa hatte es gesagt. Aber die Luxemburg hatte Unrecht. Wobei es kaum jemanden gab in der Geschichte der deutschen Linken, der überzeugender Unrecht haben konnte als Rosa Luxemburg.

Dass die SPD nach dem August 1914 kein Leichnam war, ist schon daraus abzuleiten, dass ein sozialdemokratischer Postminister der Regierung Brandt die Revolutionärin auf Briefmarkengröße zusammenstutzte. Gut daran war, dass die Konservativen schäumten, als würde die gelbe Post rot eingefärbt. Schlecht daran war, dass die Luxemburg die Briefmarkenehrung einer Zitatklitterung verdankte, die aus ihr eine Antikommunistin machen sollte: »Freiheit ist immer nur die Freiheit des Andersdenkenden.« Der Satz steht tatsächlich im Manuskript über die russische Revolution. Aber darin fordert sie keine Freiheit für den »Klassenfeind«, sondern für die verschiedenen Strömungen der Arbeiterbewegung. Rosa Luxemburg hat auch gesagt: »Dem Feind das Knie auf die Brust.« Lenin war für sie kein Feind, sondern ein Genosse. So verfälschte ein sozialdemokratischer Postminister Rosa Luxemburg in eine Zeugin gegen den Osten. Und wer anderer Meinung war und auch noch Lehrer oder Briefträger werden wollte, bekam Berufsverbot. Wegen der Freiheit. Wie sich Luxemburg zu den Parteidiktaturen des »sozialistischen Lagers« verhalten hätte, lässt sich aus ihren Schriften leicht ableiten. Stalin bekämpfte den »Luxemburgismus« nicht ohne Grund.

Als ich – eher zufällig – begann, mich links einzusortieren, gehörte ein gesunder Hass auf die SPD zum guten Ton, es sei denn, man war Juso. Aber Jusos marschierten sowieso über kurz oder lang von links unten nach rechts oben. Gegen einen ganz linken Oberjuso durfte ich sogar mal Fußball spielen. Das war in Münster, bei einem Kongress des Verbands der Deutschen Studentenschaften (VDS), in dem die Allgemeinen Studentenausschüsse zusammengefasst waren. Auf einer Wiese neben dem Audimax kickten wir fraktionsübergreifend, MSB Spartakus, Sozialistischer Hochschulbund und Juso-Hochschulgruppen (die so einmal mehr den Unvereinbarkeitsbeschluss gegen die Zusammenarbeit mit Kommunisten heldenhaft durchbrachen). Einer von den Jusos kickte so eifrig, dass ihm die Hose platzte. Das war Ottmar Schreiner. Später wurde er Geschäftsführer der SPD. Und obwohl er den klassischen Weg von links unten nach rechts oben gegangen war, war er der heutigen Führung der SPD und Schröder nicht »neu-mittig« genug. Er wurde angeschossen auf Schröder'sche Art: gezielte Indiskretionen, Zwischentöne bei Antworten auf Journalistenfragen. Und dann durfte der Schreiner gehen. Nach einem parteitagsoffiziellen Kotau vor den neuen Mächtigen in der Partei wurde er dann wieder verwendungsfähig, zurzeit als Chef der Arbeitnehmerfraktion der SPD.

Unser Hass auf die SPD war an den Haaren herbeigezogen. Denn was wussten wir Siebzehn-, Achtzehnjährigen über die Geschichte der Arbeiterbewegung, auf die wir uns so großkotzig wie ahnungslos beriefen: Wer hat uns verraten? Sozialdemokraten! *Uns*? *Verraten*? Verraten hatten die Sozialdemokraten sich in unseren Augen zuerst einmal selbst. Sie hatten den Kapitalismus nicht abgeschafft, wie Bebel es angeblich gefordert hatte. Sie hatten die deutsche Revolution abgewürgt. »Einer muss der Bluthund werden« – dieser Satz des sozialdemokratischen Volksbeauftragten Gustav Noske war uns Beleg genug. Die Sozialdemokratie hatte die Aktionseinheit mit den Kommunisten verweigert, und nur deshalb konnte den Nazis die Machtergreifung gelingen. Sie hatten nach dem großen Krieg den Antifaschismus geschmäht; Schumacher nannte Kommunisten »rotlackierte Faschisten«. Für uns aber waren diese so beschimpften Kommunisten die Helden des Kampfes gegen Hitler. Wir hatten nicht begriffen, dass Opfer Täter sein können.

Und wir begriffen auch nicht, dass leidenschaftlicher Hass oft verschmähte Liebe widerspiegelt. Wir maßen die SPD an dem, was unserer festen Überzeugung nach zu vertreten Aufgabe der SPD wäre. All die Abspaltungen von der großen Sozialdemokratie – USPD, KPD, SAP usw. – hielten sich selbst für die besseren Sozialdemokraten. Die Unabhängigen Sozialdemokraten verstanden sich als die eigentlichen Sozialdemokraten, als jene, die den Grundsätzen der Partei treu geblieben waren. Luxemburg und Liebknecht wollten mit der Kommunistischen Partei wieder dort anfangen, wo die SPD angefangen hatte, nämlich bei Karl Marx. Und die Sozialistische Arbeiterpartei (SAP), der auch Willy Brandt beitrat, kämpfte am Ende der ersten deutschen Demokratie für die Ziele des Heidelberger SPD-Programms von 1925, in dem nicht zuletzt die politische Macht für die Arbeiterklasse gefordert wurde. Brandt kämpfte jedenfalls nicht dafür, Hindenburgs Notstandsdiktatur am Leben zu erhalten.

In den Darstellungen über die Sozialdemokratie gibt es eine Lücke. Fast unverständlich erscheinen Kurt Schumachers Unerbittlichkeit gegen Freund und Feind, seine diktatorische Anmaßung gegenüber der eigenen Partei, seine Unbeugsamkeit gegenüber allen Versuchen, von den Prinzipien des demokratischen Sozialismus abzuweichen, seine im Rednerpathos der NS-Zeit vorgetragenen Anklagen gegen Adenauer wie gegen Ulbricht. Publizisten, die der Sozialdemokratie zuneigen, erklären Schumachers manchmal unerträgliches Beharren auf seinen weltanschaulichen und politischen Positionen als Folge der Qualen, die der Invalide während seiner langen KZ-Haft erlitt. Es gibt aber noch einen weiteren Grund, und der wird nicht angesprochen: Schumachers Verachtung für die Führung der Weimarer SPD. Für Schumacher personifizierte sich das monströse Versagen der Partei gegenüber Hitler nicht zuletzt in Paul Löbe, viele Jahre Präsident des Weimarer Reichstags. Löbe, der bis heute die sozialdemokratische Heldengalerie ziert, hatte die Annäherung an Hitler gesucht und sich von der sozialdemokratischen Emigration distanziert, während die eigenen Genossen verhaftet und gefoltert oder zur Flucht gezwungen wurden. Mit diesem Verhalten aber stand Löbe nicht allein. Die letzten Führer der SPD vor der Zerschlagung der Partei hatten von Hermann Göring Auslandspässe erhalten, um ihre europäischen Schwesterparteien davon abzubringen, Hitlers Terrorregime gar zu scharf zu kritisieren. Göring, preußischer Ministerpräsident und zweiter Mann der Nazis, erlaubte die Ausreise der wackeren Sozialdemokraten gerne. Und die taten, was von ihnen erwartet wurde. Auf dieses finstere Kapitel der SPD-Geschichte werde ich später etwas Licht werfen.

Und heute also Schröder. Als er noch »im Busch hockte« – wie er seine Querschießereien gegen den eigenen Kanzlerkandidaten und Parteivorsitzenden Rudolf Scharping im Bundestagswahlkampf 1994 nannte –, da erklärte Schröder, es gebe keine sozialdemokratische Wirtschaftspolitik, sondern nur gute oder schlechte. Wenn man sich die Politik von Schröders Regierung anschaut, dann drängt sich einem die Einsicht auf, für den Parteivorsitzenden und Bundeskanzler gebe es auch keine sozialdemokratische Außen-, Sicherheits-, Innen-, Justiz- oder Sozialpolitik mehr. Wenn es aber keine sozialdemokratische Politik mehr gibt, wozu braucht es dann noch eine sozialdemokratische Partei? Merkt Schröder nicht, dass er nicht an der »Modernisierung« der SPD arbeitet, sondern an ihrer Abschaffung? Nicht umsonst attestieren politische Kommentatoren dem SPD-Vorsitzenden, er verachte die eigene Partei, jene Dumpfbacken, die den Geist der Zeit nicht begriffen und sich romantisch den Verlierern der Globalisierung widmeten. Das Bild, das der frisch gebackene Kanzler durch die Medien vermittelte, ist das des klassischen Emporkömmlings: Der Gerd hat es geschafft, mit kindlichem Stolz trägt er Kaschmirmantel und Brioni-Anzug, das kann er sich jetzt endlich leisten. Und was interessiert ihn der Mief der kleinen Leute, hat er doch das ganze Leben darum gekämpft, diesem Mief zu entfliehen, erst zum Wiener Opernball, dann in die große, weite Welt der Politik. Aber leider teilen viele Genossinnen und Genossen die Freude ihres Parteivorsitzenden über diese Erfolge nicht.

Es wird auf Dauer nicht genügen, den eigenen Leuten Wortgirlanden und abstrakte Werte zu verkaufen – die politische Macht ist kein Wert an sich. Warum soll man Mitglied einer Partei werden oder bleiben, deren Politik sich so wenig von der Politik anderer Parteien unterscheidet, dass ihre Protagonisten bis hin zur Lächerlichkeit auf ein paar Mark Kindergeld und der Lohnfortzahlung im Krankheitsfall herumreiten? Was sind schließlich die paar Mark

Kindergeld, gemessen an der jahrjährlichen gigantischen Umverteilung von unten nach oben? Die Einnahmen aus der Lohnsteuer steigen, die aus der Einkommenssteuer sinken. Die großen Konzerne, die *global players*, erfreuen ihre Aktionäre mit Rekordgewinnen. Aber das ist den Neoliberalen sozialdemokratischer Herkunft offenbar nicht genug. Sie wiederholen nur stur die Devise, wonach mehr Wachstum und noch höhere Gewinne Arbeitsplätze schaffen würden.

Das werden sie zeitweilig auch tun, allerdings nur begrenzt, bis die nächste Rezession neue Arbeitslose produziert. Aber schon davor werden Gewinne, sofern sie nicht im Finanzmarkt oder in Privatvermögen versickern, in die Steigerung der Arbeitsproduktivität investiert, nicht in den Abbau von Arbeitslosigkeit. Kurzfristig springen ein paar Arbeitsplätze heraus, wenn man die Kosten der menschlichen Arbeit senkt. Aber schon mittelfristig ist der Kostenwettbewerb zwischen Chip und menschlicher Arbeitskraft längst entschieden. Ein Fantast, wer glaubt, dass die Arbeitsplatzeffekte des Wirtschaftswachstums die Steigerung der Arbeitsproduktivität auf Dauer überholen könnten.

Am Ende dieses Buches werde ich die Frage erörtern, ob Wachstum tatsächlich das Allheilmittel ist. Ob sich Politik schadlos auf Arbeitsplatzbeschaffung reduzieren lässt. Ob wir nicht in einer Sackgasse landen, wenn wir abstreifen, was Wachstum behindern könnte. Ob sich die Visionen sozialdemokratischer Politik auf Haushaltsfragen verkürzen lassen.

Und wenn gesagt wird, die Politik muss an Gestaltungsspielraum zurückgewinnen, indem sie Staatsschulden abbaut, dann möchte ich wissen, was die solcherart vom Schuldenballast befreite Politik gestalten will. Das aber hat keiner der führenden Sozialdemokraten bislang verraten.

Die Staatsverschuldung ist grotesk hoch. Aber die Verschuldung ist nicht so hoch, dass man Rentner, Arbeitslose, allein erziehende Mütter und Sozialhilfeempfänger schröpfen muss. Schon gar nicht, bevor man nicht den Rückgang bei der Einkommenssteuer aufgehalten hat. All das, was die Schröder-Regierung angeführt hat, um soziale Einschnitte zu begründen, wusste sie schon vor den Wahlen. Es bedarf keiner großen Fantasie, sich vorzustellen, was eine sozialdemokratische Opposition zu Plänen einer christlich-liberalen Koalition gesagt hätte, wie sie die Sozialdemokraten vorgelegt haben. Ein Aufschrei der Empörung über den Sozialabbau wäre durch das Land gegangen. Aber was vor den Bundestagswahlen »Sozialabbau« hieß, nennt sich heute »Zukunftsprogramm«.

Die Herausforderung an die heutige Sozialdemokratie lässt sich in einer Frage formulieren: Macht die SPD die Gesellschaft endgültig zum Spielball der Unternehmer, oder will sie sozialdemokratische Werte in dieser Gesellschaft durchsetzen: Freiheit, Gerechtigkeit, Solidarität? Gestaltungswille hängt nicht vom Zustand des Staatshaushalts ab, sondern allein von der Partei. Selbst führungskritische Genossen und enttäuschte Wähler würden einen Sinn in sozialdemokratischer Politik erkennen und dafür bereitwillig Opfer bringen, wenn es um mehr soziale Gerechtigkeit und ökologische Verantwortung ginge. Das wären Grundlagen für ein Zukunftsprogramm, das seinen Namen verdiente.

Weil die SPD glaubte, die Bundestagswahl vom September 1998 nur mit einem Kanzlerkandidaten gewinnen zu können, der sich um sozialdemokratische Grundwerte nicht schert, ist sie im Wertedesaster gelandet. Wie im berühmt-berüchtigten Schröder/Blair-Papier vorexerziert, werden die Genossen mit ein paar schönklingenden Floskeln abgespeist. Anschließend wird dann alles, was die Sozialdemokratie ausmacht, wegen angeblicher Sachzwänge in Frage gestellt. Als wären diese Zwänge neu.

Über soziale Gerechtigkeit hat bereits Plato nachgedacht. Für ihn war ihr Ziel die Harmonie zwischen den verschiedenen Klassen der Gesellschaft. Soziale Gerechtigkeit bedeutet Gleichheit, nicht Gleichmacherei, vor allem Chancengleichheit, sowie die Umverteilung des gesellschaftlichen Reichtums zugunsten der Schwächeren in der Gesellschaft. Sie bedeutet keinesfalls, die Reichen noch reicher zu machen, in der Hoffnung, es kämen ein paar Arbeitsplätze mehr dabei heraus. Die Beliebigkeit, mit der führende Sozialdemokraten soziale Gerechtigkeit definieren, zeigt an, dass sie diesen Grundwert nur noch als Hülle betrachten wollen.

Genauso schlimm und für das Ansehen der Partei nicht weniger verheerend ist der schamlose Bruch eines zentralen Wahlversprechens: die Beibehaltung des Nettolohnbezugs der Renten. Ich habe Schröder und andere führende SPD-Leute noch zu genau im Ohr: Mit Pathos gab der Kanzlerkandidat den Mann aus einfachen Verhältnissen, pries die Lebensleistung der Älteren und erklärte empört angesichts der Rentenpläne der Kohl-Regierung, ein Abgehen vom Nettolohnprinzip sei mit ihm nicht zu machen. Wenige Wochen später, die Wahlen waren gewonnen, galt als Maßstab für die Rentenanpassung die Inflationsrate.

Nun hat Schröder den Wählerbetrug nicht erfunden. In der Geschichte der SPD gab es mehrere Kostproben davon; das groteskeste Täuschungsmanöver drehte sich um den Bau eines Panzerkreuzers mit dem schlichten Namen »A« in der zweiten Hälfte der Weimarer Republik. Dieser stilbildenden Episode werde ich weiter unten einige Seiten widmen.

Trotz des Rentnerbetrugs hat die SPD etwa bei den Landtagswahlen in Brandenburg und im Saarland Anfang September 1999 vor allem Jungwähler verloren. Die Meinungsforscher sind durchweg der Auffassung, dass Jugendliche besonders auf die Glaubwürdigkeit von Politikern achten. Das ist ein guter Maßstab. Außerdem, so die Demoskopen, würde den Sozialdemokraten die Kompetenz für soziale Gerechtigkeit abgesprochen. Der Verlust der Glaubwürdigkeit und der Kompetenz für soziale Gerechtigkeit waren das Ergebnis nur weniger Monate der Regierung Schröder. Dabei ging es ausdrücklich nicht um die Härten des Sparprogramms. Die Konjunktur wird kräftig wachsen müssen, um die SPD in die Erfolgsspur zurückzubringen. Und selbst wenn dies gelingen sollte, bei vielen, vor allem jungen Menschen, hat die SPD an Achtung verloren. Dieser Schaden bleibt. Er wird nur zeitweise ausgeglichen durch den noch stärkeren Glaubwürdigkeitsverlust der CDU in Folge der Parteispendenaffäre.

Tatsächlich trifft besonders der Verlust der Kompetenz für soziale Gerechtigkeit die Partei ins Mark. Wenn es in der Geschichte der SPD eine Kontinuitätslinie gibt, dann ist es der Kampf für soziale Gerechtigkeit. Die Partei hatte seit der Vereinigung der »Lassalleaner« mit den »Eisenachern« um August Bebel und Wilhelm Liebknecht viele Ziele: Sozialismus, Demokratie, Internationalismus, Frieden. Der Sozialismus steht zwar noch im gültigen Parteiprogramm, ist aber bedeutungslos. Einen Kampf für mehr Demokratie führt die SPD seit Brandt nicht mehr, obwohl es hier noch viel zu tun gäbe. Internationalismus verwechseln wohl die meisten Genossen mittlerweile mit Globalisierung. Ihren moralisch-politischen Todesstoß hat die Internationale schon 1914 erhalten, als aus den vaterlandslosen Internationalisten der SPD begeisterte Krieger für Wilhelm II. wurden. Und seitdem ist es mit der Friedensliebe der Sozialdemokraten auch nicht immer gut bestellt. In ihrer Sicherheits- und Außenpolitik unterscheidet sich die Partei längst nicht mehr von den konservativen oder liberalen Parteien Europas. Niemand dürfte heute noch der SPD mehr Kompetenz für den Frieden bescheinigen als der CDU. Schon gar nicht nach dem Jugoslawienkrieg.

In der sozialen Gerechtigkeit versammeln sich gewissermaßen die letzten Spurenelemente der sozialdemokratischen Geschichte: etwas Sozialismus und etwas Demokratie, sozialer Frieden. Das ist nicht gering zu schätzen. Der sich in der Beliebigkeit der Begriffsbestimmungen ankündigende Verzicht auf die Essenz der sozialdemokratischen Geschichte raubt der SPD ihre Identität und damit ihre Lebenskraft. Wenn soziale Gerechtigkeit nicht zeitgemäß sein soll, kann das Willy-Brandt-Haus in Berlin schon mal Kostenvoranschläge von Abrissunternehmen anfordern.

Den Streit in der SPD unter den Etiketten »Modernisierer« und »Traditionalisten« abzuhandeln ist sträflich leichtfertig. Es sind die Medien, die für ihr Nachrichtenstakkato schlagkräftige Verkürzungen brauchen, sie verwandeln jede Diskussion über komplexe Themen in leicht verdauliche Häppchen für ein ungeduldiges Publikum. Leider wird die innerparteiliche Diskussion großteils über Medien geführt und unterliegt deren Gesetzen. Auch deshalb gerät die Diskussion in der SPD zu oft zu dünn. Dazu trägt in zunehmendem Maß auch bei, dass manche in der SPD ihr argumentatives Heil offenbar ganz freiwillig im Kurzschluss markiger Worte suchen. Kriminelle Ausländer flögen raus, sagte Schröder. Und Scharping suchte im Jugoslawienkrieg ein KZ, das es nicht gab. Die sozialdemokratischen Kriegsherren bastelten Schlagwortgründe, um ihr Handeln unausweichlich erscheinen zu lassen. Scharping, aber auch der grüne Bundesaußenminister Joseph Fischer, haben Auschwitz benutzt, um ohne argumentative Umwege den ersten deutschen Angriffskrieg seit 1945 zu rechtfertigen. Dabei wurde Auschwitz als die größte anzunehmende Keule gegen Kritiker in den eigenen Reihen eingesetzt, um die eigene Position unangreifbar erscheinen zu lassen. Wenn aber Scharping und Fischer durch die furchtbaren Massaker und das Leid der Opfer ans Rednerpult und in die Pressekonferenzen getrieben wurden, warum hielten sie nicht die gleichen Reden angesichts der Massaker und der Leiden der Opfer in Tschetschenien?

Und nun zerlegen Schröder und Genossen auch die soziale Gerechtigkeit mediengerecht in leicht zerstörbare Häppchen. Der Fraktionsvorsitzende Peter Struck bereicherte das Sommertheater 1999 um die wahrlich bemerkenswerte Anregung, die SPD sei keine Partei der Umverteilung mehr, und setzte diese philosophische Aussage gleich in praktische Politik um, indem er das neoliberale Steuerkonzept der FDP übernahm. Der Kanzler rügte ihn danach für das Vorpreschen zum falschen Zeitpunkt, nicht aber wegen der Aussagen. Für einen anderen, Schröders Staatsminister Hans Martin Bury, ist Gerechtigkeit, was Arbeit schafft. Und für Finanzminister Hans Eichel ist die Staatsverschuldung die größte soziale Ungerechtigkeit. Danach kämpft also der am erfolgreichsten für soziale Gerechtigkeit, wer die Staatsschulden abbaut. Diese Argumente zeigen, dass manchen Sozialdemokraten die eigenen Grundwerte abhanden gekommen sind und sie sich ihrer nur als Worthülsen entsinnen, wenn es im parteiinternen Kampf opportun erscheint.

»Freiheit, Gerechtigkeit und Solidarität sind die Grundwerte des Demokratischen Sozialismus. (...) Nur wer sich sozial ausreichend gesichert weiß, kann seine Chance zur Freiheit nutzen. Auch um der Freiheit willen wollen wir gleiche Lebenschancen und umfassende soziale Sicherung.
Gerechtigkeit gründet in der gleichen Würde aller Menschen. Sie verlangt gleiche Freiheit, Gleichheit vor dem Gesetz, gleiche Chancen der politischen und sozialen Teilhabe und der sozialen Sicherung. Sie verlangt die gesellschaftliche Gleichheit von Mann und Frau.
Gerechtigkeit erfordert mehr Gleichheit in der Verteilung von Einkommen, Eigentum und Macht, aber auch im Zugang zu Bildung, Ausbildung und Kultur.
Gleiche Lebenschancen bedeuten nicht Gleichförmigkeit, sondern Entfaltungsraum für individuelle Neigungen und Fähigkeiten aller.
Solidarität als die Bereitschaft, über Rechtsverpflichtungen hinaus füreinander einzustehen, lässt sich nicht erzwingen. Solidarität hat die Arbeiterbewegung im Kampf für Freiheit

und Gleichheit geprägt und ermutigt. Ohne Solidarität gibt es keine menschliche Gesellschaft.
(...)
Freiheit, Gerechtigkeit und Solidarität bedingen einander und stützen sich gegenseitig. Gleich im Rang, einander erläuternd, ergänzend und begrenzend, erfüllen sie ihren Sinn.
Diese Grundwerte zu verwirklichen und die Demokratie zu vollenden ist die dauernde Aufgabe des Demokratischen Sozialismus.«

Aus dem Berliner Programm der SPD von 1990

Meine ehemaligen Genossinnen und Genossen an der ominösen Basis – »nicht von Rang«, wie es NRW-Ministerpräsident Wolfgang Clement so schön sagte (zum Beispiel in der TV-Talkshow *Sabine Christiansen* am 5. September 1999) – glauben nach wie vor daran, dass es richtig ist, »mehr Gleichheit in der Verteilung von Einkommen, Eigentum und Macht« herzustellen. Darin steckt für viele in meinem ehemaligen Ortsverein Lübeck-Altstadt der Sinn der Sozialdemokratie und der Grund, in der SPD mitzumachen.

Ich bin am 14. Januar 1998 in die SPD eingetreten, beim Unterbezirk Mönchengladbach-Rheydt. Das war vor Schröders Nominierung zum Kanzlerkandidaten auf der Krönungsmesse in Leipzig und weit vor Oskar Lafontaines unrühmlicher Mutation zum Buchautor. Mönchengladbach-Rheydt ist ein eher linker Unterbezirk, jedenfalls widerstrebt den meisten Genossinnen und Genossen der wachstumswahnsinnige Wirtschaftskurs der SPD-geführten Landesregierung, wie er sich sinnfällig in der staatlich legitimierten Ökokatastrophe Garzweiler II dokumentiert. Ganze Landschaften mitsamt Dörfern werden im Raum zwischen Mönchengladbach und Aachen umgewälzt, um Braunkohle zu fördern. Braunkohle bringt wenig Energie und viel Dreck. Will man letzteren vermeiden, muss man riesige Summen in die Filtertechnik investieren. Und der gesunde Menschenverstand fragt sich, was der umwelt- und heimatzerstörende Unsinn soll. Ach ja, so werden Arbeitsplätze erhalten. Aber wie lange, und für welchen Preis?

Ich betrat das Büro des Unterbezirks, stieß dort auf die Sekretärin des abwesenden Geschäftsführers und unterzeichnete eine Beitrittserklärung. Die wichtigste Frage aber war die nach dem Beitrag, den ich zu zahlen bereit sei. Das geht in der SPD nach Prozent vom Einkommen. Ich entschied mich, ehrlich zu sein und erfreute einige Monate die Partei per Abbuchungsvollmacht mit meinem Obolus. Im Sommer 1999 allerdings hatte ich vom Schröder-Theater genug und halbierte meinen Beitrag. Das war immer noch zu viel.

Nach meinem Umzug in den Norden im Sommer 1998 landete ich satzungsgemäß im Ortsverein Pronstorf, im Kreis Bad Segeberg. Ich hielt es dort nur eine Sitzung aus. Denn hier kamen wir über die öffentlichen Vereidigungen der Bundeswehr zur deutschen Vergangenheit, und das gehört in der Tat zusammen. Ein älterer Genosse stellte markig die Sätze in den Raum: »Wer gegen öffentliche Gelöbnisse ist, ist gegen die Bundeswehr. Damit fängt es an.« Was damit anfängt, hat er leider auch auf Nachfrage für sich behalten. Doch dann brach es aus ihm heraus: »Ich bin stolz darauf, Deutscher zu sein« – »Die anderen sollen vor der eigenen Tür kehren« – »Wir können uns nicht verstecken« – »Hitler war überhaupt kein Deutscher«.

Leider haben in der nur von sieben Genossinnen und Genossen besuchten Sitzung nur ein oder zwei so deutlich widersprochen, wie das in solchen Fällen nötig ist.

Im Anschluss an diese denkwürdige Sitzung bat ich meinen Ortsvereinsvorsitzenden, in den Kreisverband Lübeck wechseln zu dürfen. Die Aussicht, dass sonst auf jeder Sitzung des Pronstorfer Ortsvereins Krach angesagt wäre, hat ihm die Zustimmung zu meinem Wechsel möglicherweise erleichtert. Daraufhin trat ich auf Vorschlag des Kreisverbands Lübeck dem dortigen Ortsverein Altstadt bei. Das war eine richtige Entscheidung. Denn dort traf ich viele Genossen, die sich ihr Engagement von Schröder nicht haben verderben lassen.

Allerdings: Beim Sommerfest des Ortsvereins, im August 1999, saß ich durch Zufall am Tisch mit älteren Genossinnen und Genossen und hörte zu, zunächst jedenfalls. Die Diskussion begann bei den Entschädigungsforderungen der Zwangsarbeiter und endete da, wo sie in dieser Altersgruppe oft endet: Der eine Genosse neben mir, in der NS-Zeit Soldat, will »nichts« gewusst haben. Im Zwiegespräch wies ich ihn darauf hin, dass er mindestens von der politischen und rassischen Verfolgung gehört haben musste. Über die Zerschlagung der Demokratie, die Bücherverbrennungen, die Nürnberger Gesetze berichteten Radio und Zeitungen. Und von den KZs auch. Und kannte nicht jeder Deutsche den Spruch: »Wenn du nicht artig bist, kommst du ins Konzertlager«? Und dass im Osten der Massenmord tobte, haben auch mehr Menschen gewusst, als sich nachher erinnern wollten.

Ein weiterer Genosse (nur Männer beteiligten sich an dieser denkwürdigen Gesprächsrunde), ein Akademiker, forderte, dass man nun endlich aufhören müsse, den Kindern in den Schulen Schuld einzureden. Ich fragte, wo das denn geschehe, obwohl doch Kinder per se unschuldig seien, und weiß es bis heute nicht.

Es ist nicht zu fassen. Selbst in der Sozialdemokratie gibt es offenbar eine stattliche Zahl von Leuten, die verlangen, ein Ende zu machen mit der Diskussion über den Nationalsozialismus, ohne jemals mit dieser Diskussion angefangen zu haben. Das hatte ich nicht erwartet.

Die SPD war für mich ein Experiment. Ich wollte herausfinden, wie ernsthaft es der Partei ist mit dem Versuch, Umwelt-, Wirtschafts- und Sozialpolitik miteinander zu verbinden, und ob die Forderung nach Solidarität und sozialer Gerechtigkeit nur ein Lippenbekenntnis ist. Ich wollte wissen, was geblieben ist von der Identität einer Partei, die einstmals aufgebrochen war, die Welt zu verändern, und die nun von der Wirtschaft verändert zu werden droht. Wo sind die Wurzeln der sozialdemokratischen Identität? Was ist geblieben in den Irrungen und Wirrungen einer mehr als ein Jahrhundert währenden Geschichte der deutschen Arbeiterbewegung? Dabei interessierten mich vor allem die Umbrüche und Wendungen, in denen sich deutlicher als sonst der Charakter der Partei offenbart, im Guten wie im Schlechten.

Der erste große Umbruch ist verknüpft mit dem Namen Eduard Bernstein. Ihn kennt heute kaum einer mehr, aber seine Kritik an Marx und der marxistischen Sozialdemokratie hat die SPD in ihre erste Identitätskrise gestürzt. In Eduard Bernsteins aufregenden Thesen manifestierte sich eine grundlegende Veränderung der Partei, die sich allerdings längst untergründig vollzogen hatte.

Es war die erste Identitätskrise der Sozialdemokratie. Da wir heute die wohl letzte Krise der Partei betrachten, das Schröder'sche

Finale, erscheint es sinnvoll, die vorangegangenen Brüche in der Parteigeschichte zu beleuchten. Sonst wüssten wir nicht, was die Identität dieser Partei ausmacht.

Identität ist keine Traditionsmeierei, sondern in Ideen und Mentalitäten geronnene Geschichte. Viele mögen von den ideengeschichtlichen Gründungsvätern (und -müttern) nichts mehr wissen, deren Erbe tragen sie dennoch. Bevor wir uns also der Frage nähern, ob die SPD sich überflüssig macht, unternehmen wir einen Ausflug in die Geschichte der Häutungen der Sozialdemokratie.

Eduard Bernsteins Grundlegung des demokratischen Sozialismus

I. Grundsätzliches

So was sagt man nicht, so was tut man

Ich weiß nicht, wie viele Genossinnen und Genossen meines ehemaligen Ortsvereins Lübeck-Altstadt etwas anfangen können mit dem Namen Bernstein. Vielleicht verbinden sie ihn nur mit den alten Harzklumpen, die man hier an der Ostsee finden kann und die an jeder Ecke den Touristen zum Kauf angeboten werden. Das wäre kein Wunder, denn Eduard Bernsteins Bruch mit Marx geschah vor einem Jahrhundert. Bernstein löste die erste große Debatte über die Identität der SPD aus, und seine Theorien, die sich in der Kritik an Marx entwickelt hatten, prägen das Denken vieler Sozialdemokraten bis heute.

16. September 1999. Gestern Abend saß ich mit einigen Genossen, die mit Schröders Kurs unzufriedenen sind, in Lübeck zusammen. Wir fragten uns, was man als Sozialdemokrat noch zu suchen habe in der SPD. Genosse H. erzählte zu meiner Überraschung, er habe gerade Bernstein im Original gelesen. Das sei ein interessanter Mann. Genossin G. pflichtet H. bei, sie habe im lange zurückliegenden Studium über den Revisionismus gearbeitet. Sie findet Bernstein richtig gut, obwohl sie auch verstehen kann, dass die Genossen damals sauer auf Bernstein gewesen seien. Das ist interessant: In dieser für viele Sozialdemokraten verzweifelten Lage, in der mancher dicht daran ist, sein Parteibuch zurückzugeben, kommen einige doch wieder auf Bernstein. Aber sie meinen nicht dessen Kritik an Marx, sondern seine Begründung einer an Arbeiterinteressen orientierten Reformpolitik. Ich hatte am Morgen dieses Tages gerade geschrieben, dass ich nicht weiß, wie viele Genossinnen und Genossen mit dem Namen Bernstein noch

etwas anfangen können. Ich bin überrascht, einige kennen offenbar nicht nur den Namen, sondern auch seine Thesen. Auf der Suche nach der verlorenen sozialdemokratischen Identität finden einige wenige – Bernstein.

Auch wenn er in der SPD-nahen Publizistik heute kaum mehr auftaucht: Nicht zuletzt auf Bernstein geht die Politik des sozialen Ausgleichs zurück, die, mehr als alles andere, die SPD seit einem Jahrhundert charakterisiert. Viele Sozialdemokraten sind »Bernsteinianer«, ohne es zu wissen. Wenn wir heute über die Identität der SPD diskutieren, dann schwingt da immer Eduard Bernstein mit.

So auch bei unseren Debatten über die deftigen SPD-Wahlniederlagen in Brandenburg und im Saarland (5. September 1999), die nicht minder deutlichen Pleiten in Thüringen, wo die SPD nun nur noch dritte Kraft hinter CDU und PDS ist, und bei den Kommunalwahlen in Nordrhein-Westfalen (12. September). (Die Talfahrt sollte sich noch fortsetzen. Nach unserer Aussprache erfuhr die Partei in Sachsen, am 19. September, eine vernichtende Niederlage: Sie verlor ein Drittel ihrer ohnehin schon wenigen Stimmen und landete weit abgeschlagen hinter der PDS.) Dazu wurde eine nichtöffentliche Ortsvereinssitzung veranstaltet. Schnell entwickelte sich eine allgemeine Aussprache, und es wurde »Dampf abgelassen« über die SPD-geführte Bundesregierung und die Partei. Im Kern ging es um die Identität der Sozialdemokratie. Keine Genossin und kein Genosse konnte sich mit Schröders wirtschaftsfreundlichem Kurs anfreunden. Es ist auch nicht einleuchtend, warum Konzerne wie DaimlerChrysler, Thyssen oder VEBA, die ihren Aktionären jahraus jahrein Rekordgewinne melden, noch höhere Profite machen sollen, während Rentner, Sozialhilfeempfänger und allein erziehende Mütter für die Staatsschulden bluten. Es fand keine sozialdemokratische Finanzpolitik mehr statt, davon waren meine ehemaligen Genossinnen und Genossen überzeugt. Sie verstehen die SPD als Partei der sozialen Gerechtigkeit. Das hat nichts mit Nostalgie oder »Traditionalismus« zu tun, denn soziale Gerechtigkeit erscheint nur denen nicht zeitgemäß, die ihrer nicht bedürfen oder die ihren Sinn als Kitt jeder wirklich modernen Gesellschaft nicht begreifen. In der Welt der Reichen und Schönen, zu der es auch manchen Sozialdemokraten hinzieht, gelten Sozialhilfeempfänger als Schmuddelmenschen. Man gibt ihnen ein paar Mark, in der Fußgängerzone oder auf dem Sozialamt, und guckt dann ganz schnell weg.

Entscheidende Umbrüche

Die Sozialdemokratie aber kommt aus der Welt der Armen, der Arbeiter und Handwerksgesellen. Viele der ersten Sozialdemokraten waren Arbeiter oder Handwerker. Zu ihnen gesellten sich manche Intellektuelle, die den Mief der wilhelminischen Großartigkeit und den preußischen Militarismus hassten. Die Sozialdemokratie hatte in den Augen ihrer Begründer – Ferdinand Lassalle, August Bebel und Wilhelm Liebknecht – nur eine Aufgabe: für die sozialen und politischen Interessen der entrechteten Arbeiter zu kämpfen. Der Sozialismus war ihnen das Reich der Freiheit, im »Volksstaat« sollte endlich die Mehrheit regieren. Und das waren die kleinen Leute.

Im Erfurter SPD-Programm von 1891, das immerhin den Ersten Weltkrieg überlebte, wurde die Vergesellschaftung der Produktionsmittel gefordert. Marx und Engels waren die großen Lehrer. Vor allem die popularisierte Darstellung des Marxismus durch Friedrich Engels im *Antidühring* überzeugte zahlreiche Sozialdemokraten, darunter Karl Kautsky und Eduard Bernstein. In seiner berühmten, bis zum heutigen Tag mit Vergnügen zu lesenden Polemik zerpflückte Engels die schrulligen Thesen Eugen Dührings, des auch von manchem Sozialdemokraten bewunderten Berliner Modephilosophen, seinerzeit eine echte Koryphäe des so genannten Kathedersozialismus.

Heute fordert kein Sozialdemokrat mehr die Vergesellschaftung der Produktionsmittel. Der Sozialismus, mit dem vorangestellten Adjektiv »demokratisch«, wird im nächsten Parteiprogramm wohl ganz abgeschafft, nachdem er schon längst kein Synonym mehr ist für eine neue Gesellschaft, sondern eine Tagesaufgabe geworden ist. Was immer das heißen mag. Der »Volksstaat«, oder gar die »politische Herrschaft der Arbeiterklasse«, sind längst in der Mottenkiste abgelegt.

Das sind keine Verluste, sondern Gewinne. Sie markieren entscheidende Umbrüche auf dem Weg der SPD zu der Partei, die sie heute ist. Umbrüche sind immer gleichbedeutend mit Identitätseinbußen, sie versprechen aber auch neue Einsichten und neue Bestätigungen des Daseinszwecks der Partei, also Identitätsgewinn. Begrenzte Identitätsverluste können befreien vom Ballast falscher Gewissheiten und dem Korsett veralteter Glaubenssätze. An deren Stelle treten neue Überzeugungen. Aber alle Wandlungen brauchen eine Grundlage, wenn sie nicht zerstören sollen. Wenn neue Einsichten in einer Partei wie der SPD greifen sollen, müssen sie sich einbauen lassen in das geistige Grundgerüst. Dieses hat alle Umbrüche bis vor kurzem ungefährdet überstanden. Es macht das aus, was die SPD ist.

Die Forderung nach Sozialismus, nach der Herrschaft der Arbeiter, rührte her aus der Unterdrückung der Arbeiter – in den Fabriken wie im Staat. Sie war ein Reflex auf die Diktatur einer unter dem Schutz kaiserlicher Herrlichkeit stehenden Melange aus Kapitalisten und Großgrundbesitzern, deren hauptsächliches innenpolitisches Ziel darin bestand, die aufkommende Arbeiterbewegung niederzuhalten und ihr die Gleichberechtigung zu verwehren, notfalls mit Säbeln und Kanonen. Es war nur natürlich, dass sich die Sozialdemokratie einen Ausgleich mit den herrschenden Klassen nicht vorstellen konnte und wollte. Sozialer Ausgleich erfordert Demokratie. Durch die Erstickung aller demokratischen Keime im wilhelminischen Deutschland aber verwandelte sich die Idee sozialer Gerechtigkeit in eine Utopie. Es brauchte die Revolution nach dem verlorenen Ersten Weltkrieg und die Abdankung des Hohenzollernkaisers, damit parlamentarische Demokratie und sozialpolitische Grundrechte für ein Jahrzehnt in Deutschland wirksam werden konnten, jederzeit gefährdet und am Ende ruiniert durch Hindenburgs Notstandsdiktatur und schließlich die Machtübertragung an Hitler.

Hinter den jeweiligen Zielen der SPD – Sozialismus, Vergesellschaftung und so weiter – stand die Forderung nach sozialer Gerechtigkeit. Sie ist die Urforderung der Sozialdemokratie. Ganz in Platos Sinn als Harmonie der unterschiedlichen gesellschaftlichen Klassen. Anders gesagt: Hätte das wilhelminische Deutschland die Arbeiter nicht politisch unterdrückt und sozial benachteiligt, dann hätte es die revolutionären Forderungen der SPD nicht gegeben, möglicherweise am linken Rand, aber nicht im Parteiprogramm. Das zeigte sich in jenen Monaten, in denen die Sozialdemokratie allein in Deutschland herrschte und alles hätte verwirklichen können, was in ihrem Programm stand. Sie begnügte sich damit, die krassesten Ungerechtigkeiten zu beseitigen, führte die parlamentarische Demokratie, das Frauenwahlrecht und den Achtstundentag ein, zerschlug den Aufstand Karl Liebknechts und Rosa Luxemburgs und stellte sich zur Wahl. Um bald darauf in der Opposition zu landen.

Es war im Sinn von Eduard Bernstein, dass die SPD sich in eine parlamentarische Partei verwandelte und quasi die Hüterin der Weimarer Demokratie wurde. Damit war immerhin *ein* wichtiges Ziel der Partei erreicht, das allgemeine Wahlrecht und die parlamentarische Verantwortung der Regierung, kurz und gut: die demokratische Republik. Das war auch für Bernstein der Zweck der »deutschen Revolution von 1918/19«, nachzulesen in seinem leider fast vergessenen gleichnamigen Werk. Aber sonst ließ die Sozialdemokratie den Staat, wie er war. Das sollte furchtbare Folgen haben, nicht zuletzt für die SPD.

»Unbedingt das beste Blatt«

Aber es war ein weiter Weg dorthin. Für den in Berlin geborenen Bernstein begann er 1872, als er der Sozialdemokratischen Arbeiterpartei beitrat. Diese schloss sich 1875 mit dem Allgemeinen Deutschen Arbeiterverein in Gotha zur Sozialistischen Arbeiterpartei (SAP) zusammen. Als Bismarck 1878 die Sozialdemokratie wegen angeblicher »gemeingefährlicher Bestrebungen« verbot und die Arbeiter gleichzeitig durch seine fortschrittliche Sozialgesetzgebung mit dem kaiserlichen Staat versöhnen wollte, wurde Bernstein bald zum Chefredakteur der illegalen Parteizeitung *Sozialdemokrat* ernannt. Er erledigte diese Aufgabe erst vom Zürcher, dann vom Londoner Exil aus mit Bravour und oft genug zum Ärger des reformistischen Flügels der sozialdemokratischen Reichstagsfraktion. Bernstein führte eine scharfe Feder. Auch auf den *Sozialdemokrat* ist es zurückzuführen, dass die SAP trotz Verbots bei allen Wahlen dazugewann und das Sozialistengesetz ad absurdum führte. Friedrich Engels lobte das Blatt in höchsten Tönen: »Es war unbedingt das beste Blatt, das die Partei je besessen. (...) Die Grundsätze der Partei wurden mit seltener Klarheit und Bestimmtheit dargelegt und festgehalten, und die Taktik der Redaktion war fast ausnahmslos die richtige.«

Dabei war sich Bismarck, der »Eiserne Kanzler«, so sicher gewesen, dass er die »Umstürzler« um August Bebel und Wilhelm Liebknecht kleinkriegen würde. Und sein Rezept war so dumm nicht. Den Arbeitern bot er – eine revolutionäre Neuerung! – Sozialversicherungen, und die Arbeiterpartei wollte er gesetzlich vernichten. Nach mehreren gescheiterten Versuchen, ein Sozialistengesetz im Reichstag zu verabschieden, nutzte Bismarck ein Attentat auf den Kaiser, das mit der Sozialdemokratie nichts zu tun hatte. Im Oktober 1878, nach sechswöchigen parlamentarischen Beratungen, stimmte der Reichstag mit 221 gegen 149 Stimmen für das »Gesetz gegen die gemeingefährlichen Bestrebungen der Sozialdemokratie«. Es verbot praktisch alle sozialdemokratische Aktivität, ausgenommen die Kandidatur bei Wahlen und die Auftritte sozialdemokratischer Abgeordneter in Parlamenten. Das Gesetz wurde viermal mit Reichstagsmehrheit verlängert, 1880, 1884, 1886 und 1888. Zwischen 1878 und 1888 wurden 1299 Druckschriften, 95 Gewerkschaften, 23 Unterstützungsvereine sowie 106 politische und 108 so genannte Vergnügungsvereine verboten.

Die Sozialdemokraten waren aber außerordentlich findig, wo es darum ging, das Sozialistengesetz auszutricksen. Umso energischer verfolgte die Justiz unzählige Vereine mit harmlosen Namen wie etwa den »Gesangverein Liederlust« in Berlin, den »Leseverein I« in Mildenau, den »Dilettantenverein« in Herford oder den »Verein Arbeiter-Harmonie« in Waldenburg.

Die Funktionäre der Arbeiterpartei traf es hart. Knapp 900 wurden zwischen 1878 und 1889 aus ihrer Heimat ausgewiesen. Zu den Opfern zählten auch die Kinder der ausgewiesenen Sozialdemokraten, insgesamt fast tausend. Manchen Genossen traf die Ausweisung mehrfach. Der Berliner Sozialdemokrat Jens L. Christensen zum Beispiel musste am 3. Juli 1886 Berlin verlassen, am 1. November wurde er aus Zwickau ausgewiesen, am 3. Juni 1887 aus dem Kreis Bromberg, am 10. Juni aus Coburg, am 25. Juni aus dem 1. Weimar'schen Verwaltungsbezirk und am 28. Juni aus Gotha. Christensen blieb am Ende, wie anderen SAP-Mitgliedern auch, nur die Emigration ins Ausland. Viele Existenzen wurden vernichtet, und die Partei mühte sich, die schlimmsten Auswirkungen für die Opfer von Bismarcks Gesetz zu mildern.

Obwohl das Gesetz für zahlreiche Sozialdemokraten eine Heimsuchung war, erreichte es sein politisches Ziel nicht. Ganz im Gegenteil: Die Partei gewann 1890, als das Sozialistengesetz nicht mehr verlängert wurde, fast dreimal so viele Stimmen wie 1877! Bebel resümierte 1890 lapidar: »Fragt man nach den Maßregeln, die die Regierungen [Reichs- und Landesregierungen; C. D.] und ihre Organe erließen, um den Feind zu vernichten, so ist ihre Zahl Legion, aber ihre Wirkung war schließlich gegen Null.« Und doch prägte die Angst vor einem neuen Gesetz die Mentalität der Genossen. Je mächtiger die Partei wurde, je mehr Sozialdemokraten als hauptamtliche Funktionäre von der Partei lebten, je mehr Zeitungen und Verlage die Partei besaß, desto größer war die Angst vor Verlusten. Für Sozialdemokraten war das Sozialistengesetz die größte vorstellbare Bedrohung. Noch 1933, als die Macht in Deutschland an Hitler übertragen wurde, konnte sich kein Sozialdemokrat vorstellen, dass es schlimmer kommen könnte als in den Jahren 1878 bis 1890.

Der große Kladderadatsch

Als im Jahr 1890 Bismarck und mit ihm sein Gesetz gegen die Sozialisten stürzte, konstituierte sich die Sozialdemokratie als SPD neu und verabschiedete im Jahr darauf im thüringischen Erfurt ein neues Programm. Der aus Österreich zur deutschen Sozialdemokratie gestoßene Intellektuelle Karl Kautsky, Leiter des theoretischen Organs *Neue Zeit*, verfasste zusammen mit Eduard Bernstein unter Anleitung von Friedrich Engels das Erfurter Programm. Kautsky war zuständig für den allgemeinen Teil, in dem die eherne Notwendigkeit des Sozialismus begründet wurde. Bernstein schrieb den reformpolitischen Teil, in dem zusammengefasst wurde, was die Sozialdemokratie tun wollte, um den Sozialismus zu erkämpfen. Die wichtigste Forderung war die nach dem allgemeinen Wahlrecht. Das Erfurter Programm war durch und durch marxistisch, und das unterschied es von seinem Vorläufer, dem Gothaer Programm, an dem Marx kaum ein gutes Haar gelassen hatte. Diesmal wäre der 1883 im Londoner Exil gestorbene Lehrmeister zufrieden gewesen mit seinen Schülern.

»Die ökonomische Entwicklung der bürgerlichen Gesellschaft führt mit Naturnotwendigkeit zum Untergang des Kleinbetriebes, dessen Grundlage das Privateigentum des Arbeiters an seinen Produktionsmitteln bildet. Sie trennt den Arbeiter von seinen Produktionsmitteln und verwandelt ihn in einen besitzlosen Proletarier, indes die Produktionsmittel das Monopol einer verhältnismäßig kleinen Zahl von Kapitalisten und Großgrundbesitzern werden.
Hand in Hand mit dieser Monopolisierung der Produktionsmittel geht die Verdrängung der zersplitterten Kleinbetriebe durch kolossale Großbetriebe, geht die Entwicklung des Werkzeugs zur Maschine, geht ein riesenhaftes Wachstum der Produktivität der menschlichen Arbeit. Aber alle Vorteile dieser Umwandlung werden von den Kapitalisten und Großgrundbesitzern monopolisiert. Für das Proletariat und die versinkenden Mittelschichten – Kleinbürger, Bauern – bedeutet sie wachsende Zunahme der Unsicherheit ihrer Existenz, des Elends, des Drucks, der Knechtung, der Erniedrigung, der Ausbeutung.
Immer größer wird die Zahl der Proletarier, immer massenhafter die Armee der überschüssigen Arbeiter, immer schroffer der Gegensatz zwischen Ausbeutern und Ausgebeuteten, immer erbitterter der Klassenkampf zwischen Bourgeoisie und Proletariat, der die moderne Gesellschaft in zwei feindliche Heerlager trennt und das gemeinsame Merkmal aller Industrieländer ist.
Der Abgrund zwischen Besitzenden und Besitzlosen wird noch erweitert durch die im Wesen der kapitalistischen Produktionsweise begründeten Krisen, die immer umfangreicher und verheerender werden, die allgemeine Unsicherheit zum Normalzustand der Gesellschaft erheben und den Beweis liefern, dass die Produktivkräfte der heutigen Gesellschaft über den Kopf gewachsen sind, dass das Privateigentum an Produktionsmitteln unvereinbar geworden ist mit deren zweckentsprechender Anwendung und voller Entwicklung.
Das Privateigentum an Produktionsmitteln, welches ehedem das Mittel war, dem Produzenten das Eigentum an seinem Produkt zu sichern, ist heute zum Mittel geworden, Bauern, Handwerker und Kleinhändler zu expropriieren und die Nicht-

arbeiter – Kapitalisten, Großgrundbesitzer – in den Besitz des Produkts der Arbeiter zu setzen. Nur die Verwandlung des kapitalistischen Privateigentums an Produktionsmitteln – Grund und Boden, Gruben und Bergwerke, Rohstoffe, Werkzeuge, Maschinen, Verkehrsmittel – in gesellschaftliches Eigentum und die Umwandlung der Warenproduktion in sozialistische, für und durch die Gesellschaft betriebene Produktion kann es bewirken, dass der Großbetrieb und die stets wachsende Ertragsfähigkeit der gesellschaftlichen Arbeit für die bisher ausgebeuteten Klassen aus einer Quelle des Elends und der Unterdrückung zu einer Quelle der höchsten Wohlfahrt und allseitiger, harmonischer Vervollkommnung werde.
Diese gesellschaftliche Umwandlung bedeutet die Befreiung nicht bloß des Proletariats, sondern des gesamten Menschengeschlechts, das unter den heutigen Zuständen leidet. Aber sie kann nur das Werk der Arbeiterklasse sein, weil alle anderen Klassen, trotz der Interessenstreitigkeiten unter sich, auf dem Boden des Privateigentums an Produktionsmitteln stehen und die Erhaltung der Grundlagen der heutigen Gesellschaft zum gemeinsamen Ziel haben.
Der Kampf der Arbeiterklasse gegen die kapitalistische Ausbeutung ist notwendigerweise ein politischer Kampf. Die Arbeiterklasse kann ihre ökonomischen Kämpfe nicht führen und ihre ökonomische Organisation nicht entwickeln ohne politische Rechte. Sie kann den Übergang der Produktionsmittel in den Besitz der Gesamtheit nicht bewirken, ohne in den Besitz der politischen Macht gekommen zu sein.
Diesen Kampf der Arbeiterklasse zu einem bewussten und einheitlichen zu gestalten und ihm sein naturnotwendiges Ziel zu weisen – das ist die Aufgabe der Sozialdemokratischen Partei.«

Aus dem Erfurter Programm der SPD, 1891

Bernstein lebte bis 1901 im Exil, weil ihm die deutsche Justiz seine illegale Arbeit zu Zeiten des Sozialistengesetzes übel nahm. Vielleicht lag es an der Entfernung zu Deutschland, dass er etwas freier nachdenken konnte über die geistigen Grundlagen des Kampfes, den seine Genossen gegen Wilhelms Deutschland führten. Hat man den Feind nicht direkt vor Augen, können die Gedanken freier schweifen. Es war, wie man heute sagen würde, ein »starker Auftritt«, als ausgerechnet der Mann, der Engels' Freund und Testamentsvollstrecker war und als bedeutender Marx-Exeget galt, zu aller Überraschung öffentlich an den Lehren des Meisters zweifelte.

Nun hatte es in der Partei immer wieder Kritik gegeben an dem, was die Parteiführung unter Marxismus verstand, und das glich oft genug eher einer Karikatur dessen, was der Schöpfer des weithin unbekannten *Kapitals* geschrieben hatte. Bebel etwa verkündete, von allen wirtschaftlichen und gesellschaftlichen Tatsachen unerschüttert, seinen Glauben an den »großen Kladderadatsch«, in dem die Gesetze der Wirtschaft und der Geschichte dem Kapitalismus den Garaus machen würden.

In den Köpfen vieler Sozialdemokraten herrschte weniger Marx als Newton. Kein Wunder, lebten sie doch im Zeitalter der Maschinen. Sie stellten sich die Welt vor wie ein feinmechanisches Wunderwerk mit vielen Zahnrädchen. So wie eines exakt in das andere griff, so unausweichlich war der Sieg des Sozialismus. War die Sozialdemokratie nicht trotz aller Unterdrückung durch das Sozialistengesetz die stärkste deutsche Partei geworden? Sie musste nur weiter wachsen, dann würde ihr schließlich der Staat beim großen Zusammenbruch des Kapitalismus fast von selbst in die Hände fallen. Bis dahin musste die SPD ihre Organisation erhalten und stärken, die Reihen schließen und soziale und politische Rechte für die Arbeiter erkämpfen.

Die SPD war offiziell eine marxistische Partei, und ihre Führer priesen in ihren Reden den Sozialismus, der über kurz oder lang die Arbeiter befreien würde von der Ausbeutung durch das Kapital. Aber jenseits der Sonntagsreden betrieben die Sozialdemokraten Reformpolitik. Sie kämpften für das allgemeine Wahlrecht, die Verkürzung der Arbeitszeit, die Rechte der Gewerkschaften und schufen sich quasi nebenbei eine eigene Lebenswelt: Vereine, die sich den unterschiedlichsten Aufgaben widmeten – von der Maifeier bis zur Beerdigung. Eigene Zeitungen, eigene Bildungseinrichtungen, eigene Konsumgenossenschaften. Und da die Arbeiter ohnehin in eigenen Siedlungen oder Vierteln lebten, waren sie auch räumlich gut abgeschirmt vom bösen Rest der Welt. Man brauchte als Sozialdemokrat Feindesgebiet meist nur betreten, wenn man arbeiten ging. Der Rest des Lebens spielte sich ab im eigenen Milieu. Eigene Welten aber brauchen eigene Götter. Die Götter in den Arbeitervierteln, in den Vereinen und auf den Parteiversammlungen waren die Gesetze der Geschichte, die die Arbeiter aus ihrer Unterdrückung befreien würden. Und die Propheten hießen Marx und Engels, vertreten durch Bebel, Bernstein und Kautsky. Wie bei anderen Religionen auch, so war die Verehrung der Heiligen nicht unbedingt gleichbedeutend mit der Treue zu ihren Lehren. Und da ja an die Einführung des Sozialismus so schnell offenbar doch nicht zu denken war, wie es sich »Arbeiterkaiser« Bebel erhoffte, konnte man sich irdischen Nöten und Sorgen widmen: der Höhe des Lohns, der Länge der Arbeitszeit, der Reform des Wahlrechts, den Gewerkschaften und den Vereinen.

Die SPD war längst »reformistisch«, als Eduard Bernstein gegen Marx antrat. Und schon vor ihm hatten Genossen die reine Lehre in Zweifel gezogen und sich nicht darum gekümmert, ob die Partei sie rügen würde. Viele kümmerten sich gar nicht mehr um die Säulenheiligen Marx und Engels, sondern vertraten die ganz diesseitigen Interessen der Arbeiter in Parlamenten und Gewerkschaften. Vor allem in Süddeutschland, in Baden und Bayern, hatten Reformisten längst das Übergewicht gewonnen, aber dies eher klammheimlich, ohne die Parteidoktrin und das Programm offen anzugreifen. Mitten im Zentrum der Partei regierte der mächtige Sekretär Ignaz Auer, der von Marx gar nichts mehr hielt, aber auch nichts von Bernsteins Revisionismus. Denn Bernstein vermasselte den Reformisten das politische Geschäft. Friedrich Engels' Freund deckte auf, was viele dachten, und zwang die Reformisten in eine Auseinandersetzung mit den Gralshütern der Partei, die sie so lange vermieden hatten. Auer sagte daher auf dem Hannoveraner Parteitag der SPD im Oktober 1898 auch ungeschminkt, was er von Bernsteins Vorstoß hielt: »Und wissen Sie, was ich meinem Freunde Bernstein geschrieben habe, als er mit diesen seinen praktischen Vorschlägen herauskam? Da habe ich ihm geschrieben: ›Lieber Ede, Du bist ein Esel, denn so was sagt man nicht, so was tut man!‹«

Vor dem Parteitag hatte Auer dem österreichischen Sozialisten Victor Adler quasi als Einladung geschrieben: »Es hätte nicht so kommen brauchen, aber wo Dogmen sind, gibt es Pfaffen & Ketzer. Dass gerade Ede unter die Letzteren fiel, ist der Humor von der Geschichte. Er frisst jetzt seine eigenen Kinder. Wenn Kautsky die andere Hälfte auffräße, dann wären wir die Wechselbälge der beiden Kirchenväter los und brauchten uns nur über ›Taktik‹ zu streiten. Auch ein recht heiteres Thema, allein genügend, alle fünf Jahre einen Parteitag auszufüllen. Also noch einmal: Auf Wiedersehen in Hannover (zum Parteitag)! wohin Du hoffentlich eine gehörige Portion südlichen Humors mitbringst, um die tagelangen Salbadereien über Taktik, granitene Grundlagen des Marxismus, Opportunismus, revolutionäre Energie, Endziele usw. usw. ohne Schaden ertragen zu können.«

Kautskys Landsmann, der spätere Chefredakteur der Parteizeitung *Vorwärts*, Friedrich Stampfer, der sich in der deutschen Sozialdemokratie auf dem rechten Flügel einsortierte, erfuhr kurz nach seiner Übersiedlung Sonderbares:

»In Preußen aber war man nicht gemütlich, da pfiff ein scharfer Wind. Straßenumzüge ohne polizeiliche Erlaubnis waren seit 1848 nicht mehr vorgekommen. Nur wenn ein berühmter Sozialdemokrat starb, wie z. B. der alte Wilhelm Liebknecht, durften hunderttausend Männer und Frauen hinter dem Sarg hergehen. Wenn aber am 18. März die Berliner Arbeiter zum Friedhof der Märzgefallenen in Friedrichshain wallfahrteten und Kränze niederlegten, stand schon der Polizeileutnant am Friedhofstor und schnitt alle Kranzschleifen ab, die ihm nicht passten. Undenkbar, dass dagegen ein Widerspruch gewagt worden wäre!
Ja, in Preußen waren auch die Rötesten der Roten polizeifromm. Der Schreck des Sozialistengesetzes saß noch allen in den Knochen. Während die Arbeiter in Belgien und Österreich ›Nieder mit der Regierung!‹ riefen, galt in Preußen-Deutschland die Parole: ›Genossen, lasst euch nicht provozieren! Die Reaktion will schießen!‹
Einer der besten Aktivisten und mutigsten Männer war Kurt Eisner. Aber als ich ihm auf einem Spaziergang zum ersten Mal den Gedanken einer Straßendemonstration in Berlin auseinander setzte, blieb er stehen und sah mich mit einem Blick an, als ob er an meinem gesunden Verstand zweifelte.
›Wissen Sie, was dann geschieht?‹ sagte er. ›Dann gibt es ein

ungeheures Blutbad, und es folgt ein neues Sozialistengesetz, demgegenüber das alte ein Kinderspiel war.‹
Eisner war einer der zuerst Bekehrten. Aber schwer war es mit Paul Singer, dem einflussreichsten Mann der Berliner Parteiorganisation. Er hörte mich gelassen an, stieß gewaltige Rauchwolken aus seiner Zigarre und sagte: ›Wissen Sie, Genosse Stampfer, wenn ich glauben würde, dass die Zeit reif sei zur sozialen Revolution, ich wäre der erste, das Signal zu geben.‹
Das war die Auffassung, der ich bei der alten Generation immer wieder begegnete. Die soziale Revolution oder – wie Bebel zu sagen liebte – ›der große Kladderadatsch‹ musste eines Tages kommen mit eiserner Naturnotwendigkeit. Ein siegreicher Ausgang war ebenso gewiss, und es gab nur eine Gefahr, durch die er in Frage gestellt werden konnte: ein zu frühes Losschlagen.
In einer sehr langen Unterhaltung setzte ich dem wohlwollenden, aber dickköpfigen Mann auseinander, dass ein solches Abschnurren des revolutionären Mechanismus, wie er es sich vorstellte, durchaus unwahrscheinlich und das Risiko keineswegs so groß sei, wie er es sich vorstellte.
›Na‹, sagte er zum Schluss gutmütig und halb bekehrt, ›wenn ihr Revisionisten nichts anderes wollt – darüber lässt sich vielleicht mal reden.‹«

Friedrich Stampfer, Erfahrungen und Erkenntnisse. Aufzeichnungen aus meinem Leben, 1957

Parteireligion und politische Praxis

Bernstein hatte den Revisionismus nicht erfunden. In allen Parteien der Sozialistischen Internationale hatte es mehr oder minder laute Zweifel an den ewigen Wahrheiten der Lehre des Karl Marx gegeben. Bernstein fasste zusammen, was andere erdacht hatten, und spitzte es oft in handfesten Thesen zu. Aber er kam zur rechten Zeit. Mittlerweile hatte die reformistische Strömung in der Sozialdemokratie Fuß gefasst und gab die Grundlage ab für die allmähliche Durchsetzung der revisionistischen Thesen. Bernstein war eine herausragende Gestalt der führenden Partei der Internationale, die bis dahin als gänzlich Marx-treu galt, und er war der Erste, der seine Zweifel in einem theoretischen System zusammenführte.

So, wie Marx die Geschichtsnotwendigkeit der sozialistischen Revolution nachweisen wollte, so wollte Bernstein zeigen, wie wichtig es sei, durch beharrliche Reformarbeit die Lage der Arbeiter zu verbessern. Das sozialistische Endziel mochte irgendwann einmal erreicht werden, gesetzmäßig aber werde der Kapitalismus nicht zusammenbrechen. »Ich gestehe es offen, ich habe für das, was man gemeinhin unter ›Endziel des Sozialismus‹ versteht, außerordentlich wenig Sinn und Interesse. Dieses Ziel, was immer es sei, ist mir gar nichts, die Bewegung alles. Und unter Bewegung verstehe ich sowohl die allgemeine Bewegung der Gesellschaft, d. h. den sozialen Fortschritt, wie die politische und wirtschaftliche Agitation und Organisation zur Bewirkung dieses Fortschritts.« Statt zusammenzubrechen, entwickle sich der Kapitalismus weiter, und in dieser Fortentwicklung erblickte Bernstein neue Chancen für die Arbeiter. Der Sozialismus komme nicht auf einen Schlag nach einer Revolution, sondern werde durch Reformpolitik Schritt für Schritt durchgesetzt. Mehr Demokratie bedeute zugleich mehr Sozialismus und die Herausbildung von Genossenschaften und Aktiengesellschaften mehr Vergesellschaftung, also ebenfalls mehr Sozialismus. Das Wort vom »Sozialismus als Tagesaufgabe«, das bis heute das SPD-Programm schmückt, stammt von Bernstein. Es ist allerdings fraglich, ob viele Sozialdemokraten es auf den Begründer des demokratischen Sozialismus zurückführen, sofern sie ihn überhaupt kennen. Aber Bernstein war der Erste, der die SPD als »demokratisch-sozialistische Reformpartei« bezeichnete – und natürlich wütenden Protest erntete.

»Bei Freund und Feind galt ich als der Mann, der die Sozialdemokratie aus der Bahn, die sie bisher gegangen, herausleiten wollte, der die Revision des Sozialismus radikal in Angriff genommen und verschiedene von dessen Fundamentalsätzen zertrümmert hatte. Man sprach von mir nicht als einem beliebigen, sondern als dem ›Erz-Revisionisten‹.

Revisionist, gewiss, was ich befürwortet hatte, war Revision. Aber nicht ich hatte das Wort in die Debatte geworfen, nicht ich mich als Revisionist aufgespielt. Weniger ehrgeizige Absichten hatten mich beseelt, als ich die Reihe der Artikel

›Probleme des Sozialismus‹ abfasste. Eine Diskussion unter Sozialisten hatte ich einleiten wollen, bestimmt, die Sozialdemokratie im Fortschreiten auf dem Weg, den sie schon eingeschlagen hatte, zu bestärken. Gegen meinen Wunsch war es ein Kampf in der Partei um ihr Wesen geworden und ich in seinen Mittelpunkt gedrängt. Das war mir unter diesen Umständen doppelt peinlich, denn darüber war ich mir klar, ich konnte von dem, was ich gesagt hatte, in keinem Punkte von Bedeutung etwas zurücknehmen.«

Eduard Bernstein, Entwicklungsgang eines Sozialisten, 1930

Hatten die Reformisten in der SPD bis zu Bernsteins Artikelserie die Parteireligion in Worten anerkannt, um sich in der Praxis nicht um sie zu scheren, und hatte der Parteivorstand in Berlin oft beide Augen zugedrückt, weil ihm die Einheit der Partei über alles ging, so forderte Bernstein endlich öffentlich anzuerkennen, dass die SPD längst zur Reformpartei geworden war. Wie sein Widersacher Kautsky schrieb, war Bernstein »zu ehrlich, seinen Revisionismus zu verbergen«. In der Tat, Bernstein war kein Taktiker. Ihm war aufgefallen, dass die wirtschaftliche und politische Realität immer weniger mit Marx' Thesen zu erklären war, und sagte es dann auch. Die Augen wurden ihm bei einem Vortrag in der Londoner *Fabian Society*, einer reformsozialistischen Vereinigung, geöffnet. Er versuchte seinen Marxismus zu verteidigen gegen Einwände der Zuhörer, aber er hatte dabei das Gefühl, nur Schablonen hervorzubringen und fühlte in sich einer großen Leere.

Als er 1896 seine Zweifel in einer Artikelserie für die *Neue Zeit* unter dem Titel »Probleme des Sozialismus« aufschrieb, brauchten Bebel und Kautsky einige Zeit, bis sie bemerkten, dass Bernstein vom rechten Glauben abgefallen war. Noch im April 1898 schrieb Kautsky seinem alten Kampfgenossen: »Dein Artikel über die Zusammenbruchstheorie schockierte mich anfangs auch bedeutend. Ich musste ihn zwei Mal lesen, bis ich fand, dass alles, was Du sagtest, mit Fug und Recht gesagt werden darf.« Damals beabsichtigte Kautsky, seinem Freund die Redaktion der streng marxistischen *Neuen Zeit* für ein halbes Jahr zu übergeben, weil er sich anderen Dingen widmen wollte. Obwohl Bernstein ihm lange zuvor geschrieben hatte, dass er die Resultate der Marx'schen Methode nur noch teilweise anerkenne. Und im Februar 1898 entwickelte er in einem Brief an Kautsky seine Abkehr von der Marx'schen Revolutionsauffassung: Eine gut organisierte Arbeiterdemokratie erscheine ihm viel Erfolg versprechender als die revolutionäre Diktatur des Proletariats, die nur Anarchie in der schlimmsten Form erzeuge. Erst im Sommer 1898 scheint Kautsky ein Licht aufgegangen zu sein. Im August schrieb er Adler, dass er sich eine weitere Zusammenarbeit mit Bernstein kaum mehr vorstellen könne. Und wenige Wochen später berichtete er Bebel von einem Besuch in London bei Bernstein, dass »sich sachte ein Bruch zu vollziehen« scheine. »Nachdem ich hier mit Ede geredet und gehört habe, wie er denkt, war es mir klar, dass es dazu kommen würde.«

Warum so spät?

Weil auch Kautsky die Notwendigkeit erkannt hatte, den Marxismus an neue Entwicklungen anzupassen. Er war offen für Kritik an ideologischen Grundsätzen, sofern diese Kritik nicht bedeutete, sich vom Marxismus insgesamt abzuwenden. Kautsky wollte unbedingt festhalten am historischen Materialismus, der geschichtsphilosophischen Grundlage des Marx'schen Systems, und genau hier lag für ihn die Grenze. Bernstein aber überschritt die Grenze. Seine Kritik begann an einzelnen Punkten und endete darin, den Marxismus insgesamt in Frage zu stellen – im Namen des Marxismus! Denn die Autorität von Marx und Engels war zu stark, als dass selbst ein Kritiker vom Format Bernsteins es gewagt hätte, die Heiligen von den Säulen zu kippen. Es genügte ihm, ihre Thesen abzulehnen. Oder das, was er dafür hielt.

Von Marx' Hauptwerk, dem *Kapital*, hatte kaum ein Sozialdemokrat den ersten Band gelesen. Der dritte Band war gerade erst, 1894, in Engels' Bearbeitung erschienen. Die 1857/58 verfassten *Grundrisse der Kritik der Politischen Ökonomie*, in denen Marx zum ersten Mal seine zentralen wirtschaftstheoretischen Thesen darlegt, erschienen 1939 in Moskau! Wer überhaupt Marx und Engels gelesen hatte, der kannte neben dem *Antidühring* das *Kommunistische Manifest*, vielleicht noch die *Randglossen zur Kritik des Gothaer Programms*, die erst 1890 in Deutschland veröffentlicht wurden, eineinhalb Jahrzehnte nachdem Marx sie verfasst hatte, sowie einige historische und journalistische Arbeiten. Die Verbreitung marxistischen Gedankenguts war in der Zeit des Sozialistengesetzes stark behindert. Was viele Sozialdemokraten bis in die

Parteiführung hinein als Marxismus erfuhren, stammte von Kautsky und anderen Marx-Auslegern oder, im ungünstigeren Fall, -Vereinfachern.

Bebels Glaube an den Zusammenbruch lässt sich aus dem *Kapital* nicht ableiten. Engels scheiterte in seinen Bemühungen, die deutschen »Marxisten« vom blinden Glauben an das unerschütterliche Wirken ökonomischer und historischer Gesetze abzubringen. Er und Marx hatten in der Auseinandersetzung mit Hegel und anderen philosophischen Idealisten das Gewicht des Materiellen derart stark betont, dass ihre Auffassungen bis in unsere Tage häufig mit deren klotzmaterialistischer Karikatur verwechselt werden.

Als Marx-Kritiker nicht originell

Gemessen am Vulgär-Marxismus war Engels der erste Revisionist. Aber auch Marx hatte ja schon im Hinblick auf Simplifizierungen seiner Theorie durch französische Sozialisten den vielfach falsch zitierten und falsch interpretierten Satz gesagt, er sei kein Marxist. Engels bemühte sich, seinen Genossen die Vorstellung nahe zu legen, dass moderne Revolutionen nicht mit Knall und Peng im Bürgerkrieg ausgefochten werden müssen und – angesichts der Fortschritte der Waffentechnik – auch nicht ausgefochten werden dürfen. Der »General«, wie Engels wegen seiner Vorliebe für Militärwissenschaftliches auch genannt wurde, riet ab, Krieg zu führen gegen andere Nationen oder Klassen. Er plädierte für die Demokratie, die die Arbeiterbewegung brauche wie die Luft zum Atmen. Die demokratische Republik war ihm der beste Boden für den Klassenkampf, der sich zu einem Kampf für den Sozialismus ausweiten müsse.

»Die Zeit der Überrumpelungen, der von kleinen, bewussten Minoritäten an der Spitze bewusstloser Massen durchgeführten Revolutionen, ist vorbei. Wo es sich um eine vollständige Umgestaltung der gesellschaftlichen Organisation handelt, da müssen die Massen selbst mit dabei sein, selbst schon begriffen haben, worum es sich handelt, für was sie mit Leib und Leben eintreten. Das hat uns die Geschichte der letzten fünfzig Jahre gelehrt. Damit aber die Massen verstehen, was zu tun

ist, dazu bedarf es langer, ausdauernder Arbeit, und diese Arbeit ist es gerade, die wir jetzt betreiben, und das mit einem Erfolg, der die Gegner zur Verzweiflung bringt. (...)
Was aber auch in anderen Ländern geschehen möge, die deutsche Sozialdemokratie hat eine besondere Stellung und damit wenigstens zunächst auch eine besondere Aufgabe. (...) Ihr Wachstum geht so spontan, so stetig, so unaufhaltsam und gleichzeitig so ruhig vor sich wie ein Naturprozess. Alle Regierungseingriffe haben sich ohnmächtig dagegen erwiesen. Auf 2 ? Millionen Wähler können wir schon heute rechnen. Geht das so voran, so erobern wir bis Ende des Jahrhunderts den größten Teil der Mittelschichten der Gesellschaft, Kleinbürger wie Kleinbauern, und wachsen aus zu der entscheidenden Macht im Lande, vor der alle anderen Mächte sich beugen müssen, ob sie wollen oder nicht. Dies Wachstum ununterbrochen in Gang zu halten, bis es dem herrschenden Regierungssystem von selbst über den Kopf wächst, diesen sich täglich verstärkenden Gewalthaufen nicht in Vorhutkämpfen aufreiben, sondern intakt zu erhalten bis zum Tag der Entscheidung, das ist unsere Hauptaufgabe. Und da ist nur ein Mittel, wodurch das stetige Anschwellen der sozialistischen Streitkräfte in Deutschland momentan aufgehalten und selbst für einige Zeit zurückgeworfen werden könnte: ein Zusammenstoß, auf großem Maßstab, mit dem Militär, ein Aderlass wie 1871 in Paris. (...)
Die Ironie der Weltgeschichte stellt alles auf den Kopf. Wir, die ›Revolutionäre‹, die ›Umstürzler‹, wir gedeihen weit besser bei den gesetzlichen Mitteln als bei den ungesetzlichen und dem Umsturz. Die Ordnungsparteien, wie sie sich nennen, gehen zugrunde an dem von ihnen selbst geschaffenen gesetzlichen Zustand. Sie rufen verzweifelt mit Odilon Barrot: la légalité nous tue, die Gesetzlichkeit ist unser Tod, während wir bei dieser Gesetzlichkeit pralle Muskeln und rote Backen bekommen und aussehen wie das ewige Leben. Und wenn wir nicht so wahnsinnig sind, ihnen zu Gefallen uns in den Straßenkampf treiben zu lassen, dann bleibt ihnen zuletzt nichts anderes, als selbst diese fatale Gesetzlichkeit zu durchbrechen.«

Friedrich Engels, Einleitung zu Marx' »Klassenkämpfe in Frankreich«, 1895

War Bernstein also doch der bessere Marxist? Das wird hin und wieder behauptet. Es ist aber falsch, wie sich im Lauf der weiteren Erörterung zeigen wird. Vorab sei darauf hingewiesen, dass Bernstein sich selbst zu den »Nachfolgern« von Marx und Engels rechnete. Es muss für ihn schwer gewesen sein, sich von einer Weltanschauung abzuwenden, deren Propagandist er lange war. Und schließlich war er mit Engels befreundet gewesen. Bernstein war sich bewusst, dass er in »verschiedenen wichtigen Punkten« von den Anschauungen abwich, »wie sie in der Theorie von Karl Marx und Friedrich Engels vertreten wurden«. Und doch hätten diese auf sein sozialistisches Denken den »größten Einfluss ausgeübt«.

Als Marx-Kritiker war Bernstein nicht sonderlich originell. Das hat er selbst eingestanden in der seine Thesen zusammenfassenden Studie über die *Voraussetzungen des Sozialismus und die Aufgaben der Sozialdemokratie*, die 1899 erschien, nicht zuletzt auf Betreiben Kautskys, der ihn aufgefordert hatte, seine Ideen im Zusammenhang darzustellen. Bernstein ging es nicht um neue Einsichten, sondern er sah den Sinn seiner berühmten Schrift darin, »dass sie schon Entdecktes anerkennt«. Zum ersten Mal trug ein führender sozialdemokratischer Theoretiker den Widerspruch gegen Marx' Thesen – oder was dafür gehalten wurde –, auf den bürgerliche Ökonomen, Philosophen und Historiker längst hingewiesen hatten, in die SPD hinein. Es war die Geburt des demokratischen Sozialismus. Aber diese Geburt war langwierig und schmerzhaft.

Bernsteins Kritik vollzog sich in vier Varianten:

1. Er griff zentrale Thesen der Marx'schen Theorie an, bemühte sich aber nicht darum, sie zu widerlegen. Er stellte sie gewissermaßen zur Disposition und ergänzte sie durch bürgerliche Theorieelemente. So verfuhr er zum Beispiel mit der Wert- und Mehrwerttheorie, den Schlüsselkategorien der Marx'schen Ökonomie.
2. Er bemühte sich, Auffassungen zu revidieren, die er nicht oder nicht vollständig erfasst hatte, so etwa die Dialektik.
3. Er kritisierte nicht den authentischen Marx, sondern das, was seine Epigonen vereinfacht als dessen Ideen darstellten. Das gilt zum Beispiel für die Zusammenbruchs- und die Verelendungstheorie.

4. Er verwechselte Marx mit dem, was er, Bernstein, als marxistisch interpretierte. Dies zeigte sich besonders bei der so genannten Basis-Überbau-Dialektik.

Eine direkte Auseinandersetzung mit Arbeiten von Marx und Engels aber führte Bernstein kaum. Stattdessen bemühte er sich sogar, die Autorität der »Klassiker« für sich ins Feld zu führen, so Engels' Einleitung zu Marx' Schrift über die *Klassenkämpfe in Frankreich 1848–50* und einige Privatbriefe des verstorbenen Freundes, »worin Engels auf Fragen scholastischer Tiftler geantwortet« habe, wie der große Historiker der Vorkriegssozialdemokratie und Bernstein-Gegner Franz Mehring giftete.

Bernsteins Revisionismus, »Produkt eines jahrelangen inneren Kampfes«, ging es um die »Bekämpfung der Reste utopischer Denkweise« in der Sozialdemokratie, um die gleichmäßige Stärkung des realistischen wie des idealistischen Elements der Bewegung. Er setzte an einer behaupteten Widersprüchlichkeit des Marxismus an. Diese sei zurückzuführen auf die unterschiedlichen Entwicklungsetappen, die Marx und Engels durchgemacht hätten. Beide hätten sich darauf beschränkt, die Rückwirkungen einer sich verändernden Wirklichkeit auf die Theorie anzudeuten oder sie im Hinblick auf einzelne Punkte anzuerkennen. Aber auch hier fehle es nicht an Widersprüchen. Marx und Engels hätten es ihren Nachfolgern überlassen, wieder Einheit in die Theorie zu bringen und die Theorie mit der Wirklichkeit zu versöhnen. Diese Nachfolger aber hätten »sogar die Korrekturen ignoriert, die Marx und Engels selbst ihren früheren Schriften haben angedeihen lassen«, erklärte Bernstein in einem Aufsatz für die *Neue Zeit*. Er verstand seine Aufgabe in der »Abrechnung mit Dogmen, die faktisch schon überlebt sind und sich nur noch durch die Macht der Überlieferung fortschleppen«. Es sei nur Einbildung, dass die sozialistische Bewegung von diesen Dogmen abhänge, sie ruhe auf viel soliderem Fundament. An Adler schrieb er: »Die Doktrin, so genial sie ist, ist mit den Schäden der Zeit ihrer Entstehung behaftet und sie nicht los geworden. Die wirkliche Bewegung aber ist groß geworden in wiederholten Verstößen gegen die Punkte der Doktrin, gegen die ich rebelliere.«

Enthüllungen in Stuttgart

Obwohl Bernstein seit 1896 rebellierte, schwieg die Parteiführung standhaft weiter. Während Vertreter des linken Flügels – Rosa Luxemburg, Clara Zetkin, Parvus – den Braten längst rochen, den Bernstein in den Ofen geschoben hatte, hofften Bebel und Wilhelm Liebknecht, dass sich der Streit aussitzen lassen würde. Bebel ahnte zwar, dass der Bruch mit Bernstein sich nicht ewig würde hinausschieben lassen, aber er wollte nichts tun, um ihn herbeizuführen. Denn so folgerichtig, wie die Reformisten sich um eine theoretische Rechtfertigung ihres Tuns herumdrückten, so sehr fürchtete Bebel um die Einheit der Partei. Nicht ohne Grund, wie die Zukunft zeigen sollte.

Bebel hatte sich zusammen mit der SPD-Führung für den Parteitag in Stuttgart (3. bis 8. Oktober 1898) eine ganz andere Tagesordnung ausgedacht. Sie wollten vor allem über die gerade abgehaltenen Reichstagswahlen (Juni 1898) debattieren. Diese hatten zwar wieder Stimmengewinne gebracht, aber die Partei hatte sich mehr erhofft. 2,1 Millionen Deutsche hatten die Sozialdemokraten gewählt, das waren 27,2 Prozent der gültigen Stimmen, aber nur 14 Prozent der Reichstagsmandate aufgrund des Mehrheitswahlrechts und einer Wahlkreiseinteilung, die Städte krass benachteiligte gegenüber dem von den Gutsbesitzern und Kirchen beherrschten Land. (Im Jahr 1912 umfasste der größte Wahlkreis, Potsdam 10 – Teltow, 339 000 Wahlberechtigte. Im kleinsten Wahlkreis, Schaumburg-Lippe, lebten gerade mal knapp 11 000 Wahlberechtigte. Obwohl also der Wahlkreis Potsdam 10 – Teltow dreißigmal so viele Wahlberechtigte aufwies wie Schaumburg-Lippe, schickten beide Wahlkreise nur jeweils einen Abgeordneten in den Reichstag nach Berlin. Das günstigste Verhältnis zwischen Wählerstimmen und Reichstagsmandaten erreichte die Vorkriegssozialdemokratie im Januar 1912, als sie mit 34,7 Prozent der Stimmen 27,7 Prozent der Mandate errang. Besonders krass war das Missverhältnis fünf Jahre zuvor ausgefallen, als 28,9 Prozent der Wählerstimmen nur 10,8 Prozent der Reichstagsmandate bedeuteten.)

Außer den Wahlen standen das Koalitionsrecht, der Bergarbeiterschutz sowie die Zoll- und Handelspolitik auf der Tagesordnung des Parteitags. Aber immerhin hatte der schlaue Taktiker Bebel einen Entwurf für eine Resolution gegen den Revisionismus vorbereitet, und auch Bernstein hatte aus London eine Erklärung geschickt. Für den Fall des Falles.

Der Fall trat ein.

Es begann ganz harmlos. Und zwar mit einer Debatte über die Frage, ob es tatsächlich so sei, dass die Partei in jenen Wahlkreisen besonders gut abgeschnitten habe, in denen sie das »sozialistische Endziel« herausgestellt hatte. Eine Minderheit von Delegierten stritt ab, dass es einen Zusammenhang gab zwischen Endziel und Wahlerfolg. Der SPD-Reichstagsabgeordnete Peus etwa erklärte unumwunden: »Der ganze Begriff Endziel ist mir zuwider, denn es gibt gar keine Endziele. (…) Das Hauptgewicht lege ich darauf, dass wir noch positiver, noch praktischer in der Gegenwart arbeiten. Das Endziel kommt, denke ich, von selber. Wir können es gar nicht aus den Augen verlieren.«

»Allein auf sich gestellt, ringsum von Feinden umgeben, kämpft die sozialdemokratische Fraktion gegen die kapitalistische Ausbeutung und den Klassenstaat, fest unser *Endziel* im Auge haltend: die Ersetzung der kapitalistischen Gesellschaft durch eine sozialistische, die Verwandlung des kapitalistischen Privateigentums an Produktionsmitteln in gesellschaftliches Eigentum, und die Umwandlung der Warenproduktion in sozialistische, für und durch die Gesellschaft betriebene Produktion.«

Aus dem Bericht der sozialdemokratischen Reichstagsfraktion an den Stuttgarter Parteitag der SPD, 1898 (Hervorhebung im Original)

Der Weg von Peus' Endzieläußerungen zur Debatte über den Revisionismus war nur kurz, hatte doch Bernstein klargestellt, dass ihm das sozialistische Endziel gleichgültig sei. Und doch bedurfte es einer kräftigen Intervention zweier Frauen, um die Debatte anzuschieben. Die Erste, die die Brücke von der Endzieldiskussion zu Bernstein schlug, war Clara Zetkin, die berühmte Frauenrechtlerin aus Stuttgart, die ziemlich genau zwanzig Jahre später zu den Mitbegründerinnen der KPD zählen und gegen Ende der Weimarer Republik alt und krank aus der Sowjetunion nach Deutschland zurückkehren sollte, um als Alterspräsidentin im Reichstag eine fulminante Rede gegen die nazistische Gefahr zu halten. Clara Zetkin hatte kurz vor dem Parteitag in einem Artikel für die sozialdemokratische Frauenzeitschrift *Die Gleichheit* die Schuld am enttäuschenden Wahlergebnis Bernstein und den Reformisten in der Reichstagsfraktion gegeben:

»Sie haben mittelbar und unmittelbar dazu beigetragen, unter unseren in den vordersten Reihen kämpfenden Parteigenossen vielfach jenen Pessimismus und Skeptizismus zu erzeugen, welche bewirkten, dass hier und da an Stelle der siegesgewissen Kampfesfreude lediglich ein müdes, kühles Pflichtgefühl trat; an Stelle des Kampfes für ein hohes, unverrückbares Endziel das Streben nach schätzbaren, aber kleinen Tageserfolgen, die Neigung, für ein Quäntchen ›positiver Errungenschaften‹ ein Pfund grundlegender Forderungen preiszugeben.«

Auf dem linken Flügel

Rosa Luxemburgs rhetorisch brillanter Auftritt machte eine Generalaussprache über den Revisionismus schließlich unumgänglich, entgegen der Planung der Parteiführung. Rosa Luxemburg war gerade erst nach Deutschland gekommen, zuvor hatte sie sich vor allem mit der wirtschaftlichen und politischen Lage Polens beschäftigt. Aber nachdem sie sich mit zwei Wortmeldungen zur sozialdemokratischen Taktik und Strategie zum ersten Mal auf einem SPD-Parteitag geäußert hatte, war der sozialdemokratischen Prominenz schlagartig klar, dass hier jemand angetreten war, die Partei zu erneuern. Ihr war es egal, ob irgendetwas schon immer gemacht oder gesagt worden war, und sie hatte nicht den geringsten Respekt vor den Autoritäten, den Helden des Kampfes gegen das Sozialistengesetz. Dem führenden bayerischen Revisionisten Georg von Vollmar, der sich wenige Jahre zuvor im Münchener Lokal »Eldorado« in viel beachteten Reden vom Linksradikalen zum Reformisten gewandelt hatte, hielt sie unter großem Gelächter des Auditoriums entgegen: »Dass ich mir meine Epauletten in der deutschen Bewegung erst holen muss, weiß ich; ich will es aber auf dem linken Flügel tun, wo man mit dem Feinde kämpfen, und nicht auf dem rechten, wo man mit dem Feinde kompromisseln will. Wenn aber Vollmar gegen meine sachlichen Ausführungen das Argument ins Feld führt: Du Gelbschnabel, ich könnte ja dein Großvater sein, so ist das für mich ein Beweis, dass er mit seinen logischen Gründen auf dem letzten Loche pfeift.«

Anschließend nahm sich Rosa Luxemburg Bernsteins Satz über Bewegung und Endziel an. Ihm hielt sie – den älteren Cato modifizierend – entgegen: »Im übrigen bin ich der Meinung, dass dieser Staat zerstört werden muss.« Sie beklagte, dass der Zusammenhang zwischen Endziel und alltäglichem Kampf verdunkelt werde. Man behandle das Endziel als »hübsche Stelle im Programm«, als »Doktorfrage«. »Ich behaupte demgegenüber, dass für uns als revolutionäre, als proletarische Partei keine praktischere Frage existiert als die vom Endziel.« Denn was mache die Sozialdemokratie zu einer sozialistischen Partei? »Es ist nur die Beziehung dieser drei Formen des praktischen Kampfes [gewerkschaftlicher Kampf, Sozialreform und Demokratisierung des Staates; C. D.] zum Endziel. Nur das Endziel ist es, welches den Geist und den Inhalt unseres sozialistischen Kampfes ausmacht, ihn zum Klassenkampf macht.« Für eine Doktorfrage hielt sie auch die Erörterung, ob die Produktion bereits reif zur Vergesellschaftung sei. Eine sozialistische Partei müsse sich der Lage immer gewachsen zeigen, nie dürfe sie vor ihren Aufgaben zurückschrecken.

Bebel blieb nun keine Wahl mehr. Er musste Bernsteins Brief an den Parteitag vorlesen. In diesem Brief formulierte Bernstein seine wichtigsten Thesen:

1. Die Sozialdemokratie solle ihre Taktik nicht von der Aussicht auf den bevorstehenden Zusammenbruch abhängig machen.
2. Die gesellschaftlichen Widersprüche hätten sich nicht so verschärft, wie das *Kommunistische Manifest* es vorhergesagt habe. Die Zahl der Besitzenden sei gewachsen, der gesellschaftliche Reichtum habe sich vermehrt. Es gebe nicht weniger Kapitalisten, die immer mehr Reichtum anhäuften, sondern immer mehr Kapitaleigner.
3. Die Konzentration der Produktion habe sich nicht durchgängig mit gleicher Kraft und Geschwindigkeit entwickelt, wie es Marx prognostiziert habe.
4. Die Privilegien der Bourgeoisie wichen Schritt für Schritt demokratischen Einrichtungen. Je mehr die staatlichen Institutionen demokratisiert würden, desto unwahrscheinlicher würden

große politische Katastrophen. Deshalb lege er auf den Kampf um die politischen Rechte der Arbeiter sowie auf die wirtschaftlichen Organisationen der Arbeiter den allergrößten Wert. So sei auch der Satz über Endziel und Bewegung zu verstehen, »und so unterschreibe ich ihn noch heute«.

Bebel war immer noch bestrebt, den Streit zu dämpfen. Er verzichtete darauf, die vorbereitete Resolution zu präsentieren, in der Bernsteins Revisionismus verurteilt wurde. Bebel beschränkte sich darauf, nach der Lesung von Bernsteins Brief zu erklären, dass er dessen Standpunkt nicht teile. Bernstein habe sich bei seinen Ausführungen in Widersprüche verwickelt. »Aber darüber kann der Parteitag nicht sprechen, denn hier handelt es sich nicht um Fragen der Taktik, sondern unserer gesamten Grundanschauung, und die lassen sich nicht auf einem Parteitag entscheiden; die müssen sehr gründlich pro und contra in der Presse erörtert werden.«

Kautsky dagegen sah sich in seiner Rolle als Gralshüter der reinen Lehre und hielt sich keineswegs zurück. Nicht gerade bescheiden behauptete er nach dem Parteitag, dass seine Rede die Debatte entschieden habe. Vielleicht war ihm das überschwängliche Lob, das Wilhelm Liebknecht ihm zollte, zu Kopfe gestiegen. Aber Liebknechts Befähigung als Theoretiker wurde in der Parteiführung taktvollerweise nicht mehr erörtert, und Kautskys Befähigung als Redner wurde von ihm selbst heftig angezweifelt – es spricht einiges dafür, dass diese Skepsis berechtigt war.

In seiner Parteitagsrede legte Kautsky eine seltsame Logik an den Tag. Nach der Würdigung der Verdienste des »alten Kampfgefährten« bemühte sich Kautsky nämlich, die Konsequenzen von Bernsteins Einwendungen gegen Marx auszumalen. Wenn, wie Bernstein behauptet, die Zahl der Kapitalisten zunimmt, sei das sozialistische Ziel unerreichbar. Er hätte auch sagen können: Weil das Ziel unverrückbar ist, darf die Zahl der Kapitalisten nicht wachsen. Er fuhr fort: Richtig sei immer noch das Wort von Marx, dass eine Zunahme des Kapitals auch eine Zunahme des Proletariats bedeute. Im Gegensatz zu England, für das Marx den friedlichen Übergang zum Sozialismus für möglich gehalten habe, sei in Deutschland nur das Proletariat eine demokratische Macht. »Wenn Bernstein meint, dass wir erst die Demokratie haben müssen, um dann Schritt für Schritt das Proletariat zum Sieg zu führen, so sage ich, die Sache steht bei uns umgekehrt, der Sieg der Demokratie bei uns wird bedingt durch den Sieg des Proletariats. (...) Glaubt aber einer, dass dieser Sieg möglich ist ohne Katastrophe? Ich wünsche es, aber ich glaube es nicht.« Vom Ende her argumentierte auch Liebknecht: »Wären Bernsteins Ausführungen richtig, dann könnten wir unser Programm und unsere ganze Vergangenheit, die ganze Sozialdemokratie begraben lassen.«

Hätte Bernstein sich der Diskussion stellen können, dann hätte er wohl leichtes Spiel gehabt. Denn wenn das Endziel der Partei davon abhing, dass sich die Wirklichkeit nicht ändern durfte, dann war jede politisch-ökonomische Analyse überflüssig. Dann konnte die Partei auch nicht mehr behaupten, einer wissenschaftlich begründeten Weltanschauung anzuhängen. Kautsky, der sich neuen Einsichten sonst keineswegs verschloss, manövrierte sich als Verteidiger des Marxismus in eine elende Lage. Denn er glaubte seiner Verantwortung als »Cheftheoretiker« dadurch gerecht zu werden, dass er Bernsteins Thesen zurückwies und Marx quasi buchstabengetreu – wenn auch oft genug auf zu dünnem Boden – verteidigte.

Dramatische zwölf Monate

Genauso wie Bebel hielten sich die Reformpolitiker auf dem Parteitag zurück. Sie versuchten, die Gegensätze herunterzuspielen. Sie fürchteten die Debatte, an deren Ende nur die Bestätigung des Programms und des sozialistischen Endziels stehen konnte. Das hätte ihren Spielraum eingeschränkt und noch deutlicher gemacht, dass sie gegen die Grundsätze der Partei verstießen. Typisch waren etwa die Äußerungen Vollmars:

»Ich sage mir einfach, dass es eben Leute gibt, die mehr zum Dogmatiker und Doktrinär, zum Sekten- und Mahdistentum* veranlagt sind als zum Politiker, der es mit dem lebendigen Leben zu tun hat und dem eine Hand voll praktischer Emanzipationsarbeit stets ein ganzes Schock Theoreme überwiegen muss.«

* Madhisten nannten sich die Anhänger des sudanesischen Derwischs Muhammad Ahmad, der sich 1881 zum Mahdi, einer Erlöserfigur in der islamischen Eschatologie, erklärt und dazu aufgerufen hatte, die britisch-ägyptische Fremdherrschaft zu brechen.

Sonst hörte man von der Parteirechten nicht viel. Und doch waren die Konturen der ganzen Debatte längst vorgezeichnet. Bereits in Stuttgart offenbarte Kautsky seine Schwäche und Rosa Luxemburg ihre Stärke.

Manche Historiker und Publizisten verlegen die grundlegende Auseinandersetzung über den Revisionismus auf den Dresdener Parteitag im Jahr 1903. Das ist falsch. Wohl hat es in Dresden eine erbitterte Debatte über Bernstein und eine deftige Resolution gegen seine Auffassungen gegeben, aber die Fronten und Gegenstände des Streits prägten sich bereits vier Jahre zuvor aus, und zwar auf dem Parteitag in Hannover 1899. Zwischen den Parteitagen von Stuttgart und Hannover wurde alles gesagt und geschrieben, was über den Revisionismus gesagt und geschrieben werden musste. Was danach kam, hatte keinen Neuigkeitswert mehr.

In diesen dramatischen zwölf Monaten zwischen dem Oktober 1898 und dem Oktober 1899, zwischen den Parteitagen in Stuttgart und Hannover, wurde nicht nur der demokratische Sozialismus unter heftigen Wehen geboren. Es bildeten sich auch die Keime der Spaltung der Arbeiterbewegung heraus. Die Linke um Rosa Luxemburg, Clara Zetkin und Franz Mehring formierte sich in der Auseinandersetzung um Bernsteins Marx-Kritik. Das Parteizentrum um Bebel und Kautsky verlor in der Verteidigung der »ehernen Grundsätze der Partei« den Blick für neue wirtschaftliche und gesellschaftliche Entwicklungen. Allein Rosa Luxemburg verstand es, die Verteidigung des Marxismus mit neuen theoretischen Überlegungen zu verbinden. Sie sah, wie Bernstein, dass der Kapitalismus sich stets erneuert und dass die Theorien seiner Gegner den Bezug zur Wirklichkeit verloren, wenn sie das *Kapital* in eine Bibel verwandelten und sich selbst zu Stellvertretern Marx' auf Erden erklärten. Rosa Luxemburgs Weg endete mit einer gewissen Folgerichtigkeit in der Tragödie des Spartakusaufstands. Dazu später mehr.

Zuvor verfolgen wir die Debatte zwischen den Parteitagen von Stuttgart und Hannover, um herauszufinden, worin die inhaltlichen Differenzen der Kontrahenten bestanden. Es lohnt sich, an dieser Stelle tiefer zu graben, denn wir werden entdecken, was den Kern des demokratischen Sozialismus ausmacht, den die heutige SPD-Führung gerne in den wohlklingenden Präambeln ihrer neoliberalen Konzepte versteckt.

II. Philosophisches

Bloß Denkgesetze

Marx' Lehre war in Deutschland – und anderswo – meist nur in Secondhandvarianten bekannt. Von seinen philosophischen Anschauungen aber wussten seine Anhänger fast nichts. Was sie wussten, stammte selten von Marx und Engels selbst. Und dies, obwohl Engels sich im *Antidühring* bemüht hatte, Materialismus und Dialektik allgemein verständlich darzustellen.

»Was ist also die Negation der Negation? Ein äußerst allgemeines und eben deswegen äußerst weitwirkendes und wichtiges Entwicklungsgesetz der Natur, der Geschichte und des Denkens; ein Gesetz, das, wie wir gesehn, in der Tier- und Pflanzenwelt, in der Geologie, in der Mathematik, in der Geschichte, in der Philosophie zur Geltung kommt und dem selbst Herr Dühring trotz allen Sperrens und Zerrens, ohne es zu wissen, in seiner Weise nachkommen muss. Es versteht sich von selbst, dass ich über den besondern Entwicklungsprozess, den z. B. das Gerstenkorn von der Keimung bis zum Absterben der fruchttragenden Pflanze durchmacht, gar nichts sage, wenn ich sage, es ist Negation der Negation. (...) Wenn ich von all diesen Prozessen sage, sie sind Negation der Negation, so fasse ich sie allesamt unter dies eine Bewegungsgesetz zusammen, und lasse eben deswegen die Besonderheiten jedes einzelnen Spezialprozesses unbeachtet. Die Dialektik ist aber weiter nichts als die Wissenschaft von den allgemeinen Bewegungs- und Entwicklungsgesetzen der Natur, der Menschengesellschaft und des Denkens.«

Friedrich Engels, Herrn Eugen Dührings Umwälzung der Wissenschaft (»Antidühring«), 1878

Neben dem Gesetz der Negation der Negation beschreibt Engels im *Antidühring* ein zweites Gesetz der Dialektik, das des Umschlags von Quantität in Qualität. Damit meint er im Sinne Hegels, dass Entwicklungen nicht einfach quantitativer Natur sind, sondern qualitativ umschlagen, also diskontinuierlich verlaufen können. In seiner erst 1925 veröffentlichten Arbeit *Dialektik der Natur* erwähnt Engels außerdem das »Gesetz von der Durchdringung der Gegensätze«, wonach dialektische Widersprüche die Triebkraft jeder Entwicklung sind. Das alles ist Hegel pur. Was ist daran marxistisch? Engels beschreibt den Unterschied von materialistischer und idealistischer Dialektik prägnant anhand der von ihm herausdestillierten »Gesetze der Dialektik« – des Umschlagens von Quantität in Qualität, der Durchdringung der Gegensätze und der Negation der Negation:

»Alle drei sind von Hegel in seiner idealistischen Weise als bloße Denkgesetze entwickelt: das erste im ersten Teil der ›Logik‹, in der Lehre vom Sein; das zweite füllt den ganzen zweiten und weitaus bedeutendsten Teil seiner ›Logik‹ aus, die Lehre vom Wesen; das dritte endlich figuriert als Grundgesetz für den Aufbau des ganzen Systems. Der Fehler liegt darin, dass diese Gesetze als Denkgesetze der Natur und Geschichte aufoktroyiert, nicht aus ihnen abgeleitet werden. Daraus entsteht dann die ganze gezwungene und oft haarsträubende Konstruktion: Die Welt, sie mag wollen oder nicht, soll sich nach einem Gedankensystem einrichten, das selbst wieder nur das Produkt einer bestimmten Entwicklungsstufe des menschlichen Denkens ist. Kehren wir die Sache um, so wird alles einfach und die in der idealistischen Philosophie äußerst geheimnisvoll aussehenden dialektischen Gesetze werden sofort einfach und sonnenklar.«

Auch die Geschichte folgt nach Marx und Engels den dialektischen Bewegungsgesetzen. So, wie die bürgerliche Gesellschaft den Feudalismus abgelöst hat und dieser die Sklaverei, so wird der Sozialismus die bürgerliche Gesellschaft *negieren*. Dabei wird eine evolutionäre – *quantitative* – Entwicklung des Kapitalismus in eine revolutionäre – *qualitative* – Entwicklung umschlagen. Vorangetrieben wird diese Entwicklung durch die im Kapitalismus angelegten, sich gegenseitig durchdringenden Widersprüche: dem zwischen den auf stete Vergesellschaftung drängenden Produktivkräften und den sie hemmenden privatkapitalistischen Produktions- oder Eigentumsverhältnissen, dem zwischen der Arbeit und dem sie ausbeutenden Kapital usw.

Hegels Denkmodell wird so überführt in eine materialistische Dialektik, die nicht zuletzt »beweist«, dass der Kapitalismus notwendig vom Sozialismus abgelöst wird. Die Anwendung der materialistischen Dialektik auf die Geschichte nennt man in der marxistischen Begrifflichkeit »historischen Materialismus«.

In der populären Fassung wurde aus den dialektischen Gesetzmäßigkeiten in der Folge der Gesellschaftsformationen – asiatische Despotie, antike Sklavenhaltergesellschaft, Feudalsystem, Kapitalismus, Sozialismus/Kommunismus – die Vorstellung, der Sozialismus komme von selbst. In der christlichen Vorstellung bestimmt Gott den Lauf der Welt, im Vulgärmarxismus tritt an die Stelle Gottes das »historische Gesetz«. Karl Marx hielt den Sozialismus/Kommunismus für unausweichlich, er setzte aber das bewusste Handeln der Arbeiterklasse, des »Totengräbers des Kapitalismus«, voraus. Die Sozialdemokraten dagegen glaubten nicht an die Revolution, sondern daran, dass sie zu dem Zeitpunkt, an dem die Geschichte den Sozialismus auf die Tagesordnung setzte, bereit und stark sein müssten, um den zusammenbrechenden Kapitalismus zu beerben.

»Zerbröckelnde Eklektik«

Vor Bernstein gab es bereits Sozialisten, die weniger Vertrauen hatten in den Lauf der Geschichte und deren Triebkräfte. Sie betrachteten den Sozialismus als Gebot der Moral. Sie stützten sich weniger auf Marx denn auf Kant. Der große Königsberger Philosoph lieferte ihnen die Grundlagen für den so genannten neukantianischen Sozialismus. Und im Gegensatz zu Bernstein hatten die Neukantianer ihren Kant gelesen. Einer von ihnen warf dem Revisionisten prompt vor, dieser operiere »in völlig eklektischer und unmethodischer Weise« mit Begriffen und Kategorien, »ohne sich über diese Grundbegriffe Rechenschaft gegeben zu haben. Von Kant hat er Anregungen empfangen, aber er hat ihn nicht bewältigt.« Mit den Kategorien der Marx'schen Philosophie kam Bernstein allerdings ebenso wenig zurecht. Der sozialdemokratische Historiker Christian Gneuss urteilte 1977:

»Nicht fertig geworden ist Bernstein mit dem Problem der Dialektik. Was er im zweiten Kapitel der ›Voraussetzungen‹ darüber sagt, mutet geradezu grotesk an und beweist, dass Bernstein das Problem überhaupt nicht begriffen hat.«

Auch Karl Kautsky mokierte sich über die Unzulänglichkeit der Bernstein'schen Philosophiekritik. Dieser ziehe »gegen die alte Methode zu Felde«, habe eine neue Methode jedoch nicht entwickelt und wende »unbewusst« sogar die alte Methode weiter an. In der Tat ist es verwunderlich, dass Bernstein beispielsweise die »Zusammenbruchstheorie« des Vulgärmarxismus mit Verweis auf das mangelnde Entwicklungsniveau der Produktivkräfte verwarf. Er benutzte hier unabsichtlich den authentischen Marx gegen einen Pseudo-Marx, um Marx zu widerlegen. Bernsteins Replik an seine Kritiker war eher dünn. Was diese »›zerbröckelnde Eklektik‹, andere zweifelsüchtiges Mäkeln nennen, ist die Abrechnung mit Dogmen, die faktisch schon überlebt sind«, schreibt er in der *Neuen Zeit*.

Kautsky war zu Recht unzufrieden mit der philosophischen Debatte. Die Diskussion sei »recht unfruchtbar geblieben«, bilanzierte er, man wisse immer weniger, was Bernstein eigentlich wolle. Der Einwand war richtig, aber er deutete auch eine grundlegende Schwäche der antirevisionistischen Kritik an, die sich vor allem in Fragen der Philosophie zeigte: Der führende sozialdemokratische Theoretiker, Karl Kautsky, verwarf zwar die revisionistischen Auffassungen, verstand es dabei aber nicht, sie aus marxistischer Sicht richtig zu stellen.

Ähnliches kann man über Rosa Luxemburg sagen. Sie hielt eine philosophische Auseinandersetzung für unwichtig und erklärte lapidar, dass der Marxismus einer ethisch-idealistischen Ergänzung nicht bedürfe, das sei bürgerliche Philosophie.

In der deutschen Sozialdemokratie überragte Franz Mehring seine Mitstreiter an philosophischer Bildung bei weitem, er begriff die Bedeutung, die Marx und Engels theoretischen Fragen beimaßen, am besten. Er lieferte den wichtigsten Beitrag in der philosophischen Auseinandersetzung mit Bernstein. Aber zuerst wollen wir dessen Ausführungen folgen, in ihnen steckt das evolutionäre Moment des demokratischen Sozialismus.

In den *Voraussetzungen* gibt es die erste zusammenhängende Darstellung der Bernstein'schen Haltung zur materialistischen Dialektik, die er später in einer Antwort auf Kautskys Entgegnungsschrift (*Bernstein und das sozialdemokratische Programm. Eine Antikritik*, 1899) präzisieren wird. Bernstein schreibt: Sobald man den »Boden der erfahrungsmäßig feststellbaren Tatsachen« verlasse, gerate man in die Welt der abgeleiteten Begriffe, »und wenn wir dann den Gesetzen der Dialektik folgen (...), so befinden wir uns (...) doch wieder in den Schlingen der ›Selbstentwicklung des Begriffs‹. Hier liegt die große wissenschaftliche Gefahr der Hegel'schen Widerspruchslogik.«

Diese Gefahr entsteht laut Bernstein, wenn Entwicklungen von dialektischen Gesetzen – Umschlag von Quantität in Qualität usw. – abgeleitet werden. Und die Gefahr sei umso größer, je komplexer der Gegenstand sei, um dessen Entwicklung es sich handle. Es drehe sich hier um einen Punkt, »der meines Dafürhaltens der Marx-Engels'schen Lehre am verhängnisvollsten geworden ist«. Sollte das ursprünglich hegelianisch konstruierte Entwicklungsschema bestehen bleiben, »so müsste entweder die Wirklichkeit umgedeutet oder bei der Ausmessung der Bahn zum erstrebten Ziel alle reale Proportion ignoriert werden«. Die Revision des Marxismus müsse daher mit der »Hegeldialektik abrechnen«. »Sie ist das Verräterische in der Marxischen Doktrin, der Fallstrick, der aller folgerichtigen Betrachtung der Dinge im Wege liegt.« Und noch schlimmer: Wegen der Dialektik seien Marx und Engels zu einer dem Blanquismus verwandten Lehre gekommen: zu Putschismus und Verschwörung, wie sie der französische Sozialist Louis Blanqui lehrte. Bernsteins Kritik an den revolutionären Konsequenzen der Marx'schen Dialektik mündete in dem anschaulichen Satz: »Jedes Mal, wo wir die Lehre, die von der Ökonomie als Grundlage der gesellschaftlichen Entwicklung ausgeht, vor der Theorie, die den Kultus der Gewalt auf den Gipfel treibt, kapitulieren sehen, werden wir auf einen Hegel'schen Satz stoßen.«

Bernsteins philosophische Pirouette

Die politisch-praktische Implikation der materialistischen Dialektik nahm Bernstein zielsicher aufs Korn. Sie stand seinem evolutionären Gesellschaftsverständnis im Weg, weil sie den revolutionären Übergang zum Sozialismus philosophisch begründete. Aber dann drehte der Vater des Revisionismus eine schier abenteuerliche Pirouette. Weil die Autorität von Marx und Engels noch zu stark auf ihm lastete und er sich nicht als ihr Gegner, sondern als einer ihrer Nachfolger sah, bestritt er den Stellenwert der Dialektik als analytische Methode in deren Werk. Was Marx und Engels Großes geleistet hätten, »haben sie nicht vermöge der Hegel'schen Dialektik, sondern trotz ihr geleistet«.

Kein Mensch »mit gesunden Sinnen« verwerfe »das dialektische Denken schlechthin«. Vernünftiges Denken oder Forschen sei aber unmöglich, ohne dass »die Dinge *sowohl* in ihrer *Vereinzelung* oder *Besonderheit, als auch* in ihrem *Zusammenhang*, ihren *Beziehungen* betrachtet werden, wozu ihr *Werden*, ihre *Entwicklung* gehört. Es handelt sich nicht um Zulässigkeit oder Verwerflichkeit der dialektischen Betrachtungsweise, sondern um den relativen Wert der von Hegel für sie aufgestellten *Formeln* und die Grenzen ihrer Anwendbarkeit.«

Bernstein ging es nicht darum, Hegel herabzusetzen, »sondern um die Kennzeichnung der Gefahren seiner Dialektik«. »Der Fallstrick der dialektischen Betrachtungsweise« bestehe darin, dass die dialektischen Formeln dazu verleiteten, von den spezifischen Besonderheiten der Dinge zu abstrahieren, wo dies wegen der Natur des Gegenstandes oder des Forschungszweckes höchstens in Grenzen zulässig sei. So habe Marx im *Kapital* ökonomische Tatsachen »einseitig zugespitzt«, um sie in das »dialektisch konstruierte Schema« einzupassen.

Bernsteins philosophische Pirouette ist von akrobatischer Güte: Es war Marx, der die Dialektik in die Wissenschaft hineingetragen hat und damit die Tendenz. Nach Bernstein ist Wissenschaft per se evolutionär, gewissermaßen reformistisch, die unwissenschaftliche Tendenz dagegen zeigt sich in der dialektisch konstruierten, über die gegebene Wirklichkeit hinausweisenden revolutionären Phrase. Die Dialektik war daher Hemmschuh einer aktiven Reformpolitik, entweder Reform *oder* Revolution, aber keine dem revolutionären

Ziel unterworfene Reformarbeit. Aus Marx' dialektischer Einheit von Reform *und* Revolution wird bei Bernstein der Gegensatz Reform *oder* Revolution (dazu später mehr). Wer für eine Revolution eintrat, verließ das Terrain der Wissenschaftlichkeit.

Durch den Feuerbach geschwommen

Wissenschaftliche Aussagen über künftige gesellschaftliche Verhältnisse waren in Bernsteins Augen Wunderglaube, keine Wissenschaft. Bernstein akzeptierte den Marxismus folgerichtig nur noch so weit, wie dieser aufhörte, revolutionär zu sein. Und so endete die Kritik der Dialektik in dem Versuch, den Marxismus als Anleitung zur Reformpolitik misszuverstehen. Man muss kein Leninist sein und auch nicht Anhänger der stalinistischen Marx-Verstümmelung, um zu begreifen, dass Bernsteins Marx-Kritik nichts anderes bedeutet als die Abschaffung des Marxismus in seinem Namen. Denn dieser hatte in den Augen seiner Schöpfer vor allem einen Sinn: die Notwendigkeit des revolutionären Übergangs zum Sozialismus zu beweisen. Nun brauchten Revolutionen nicht gewalttätig zu sein, sie wurden es in Marx' Verständnis vor allem dann, wenn die Herrschenden sich nicht an die von ihnen selbst festgelegten Spielregeln hielten. Eine Revolution war für Marx und Engels kein knallendes und rauchendes Spektakel, sondern ein, mit Hegel gesagt, qualitativer Umschlag in der historisch-politischen Entwicklung. Lenins Oktoberrevolution dagegen war ein Putsch. Dafür sprechen nicht zuletzt die beachtlichen Mühen, die Lenin und seine Apologeten aufwandten, um die historische Notwendigkeit des Oktoberaufstands zu beweisen.

»Allerdings muss sich die Darstellungsweise formell von der Forschungsweise unterscheiden. Die Forschung hat den Stoff sich im Detail anzueignen, seine verschiednen Entwicklungsformen zu analysieren und deren innres Band aufzuspüren. Erst nachdem diese Arbeit vollbracht, kann die wirkliche Bewegung entsprechend dargestellt werden. Gelingt dies und spiegelt sich nun das Leben des Stoffs ideell wider, so mag es aussehn, als habe man es mit einer Konstruktion a priori zu tun.

Meine dialektische Methode ist der Grundlage nach von der Hegel'schen nicht nur verschieden, sondern ihr direktes Gegenteil. Für Hegel ist der Denkprozess, den er sogar unter dem Namen Idee in ein selbständiges Subjekt verwandelt, der Demiurg des Wirklichen, das nur seine äußere Erscheinung bildet. Bei mir ist umgekehrt das Ideelle nichts andres als das im Menschenkopf umgesetzte und übersetzte Materielle.
Die mystifizierende Seite der Hegel'schen Dialektik habe ich vor beinah 30 Jahren, zu einer Zeit kritisiert, wo sie noch Tagesmode war. Aber grade als ich den ersten Band des ›Kapital‹ ausarbeitete, gefiel sich das verdrießliche, anmaßliche und mittelmäßige Epigonentum, welches jetzt im gebildeten Deutschland das große Wort führt, darin, Hegel zu behandeln, wie der brave Moses Mendelssohn zu Lessings Zeit den Spinoza behandelt hat, nämlich als ›toten Hund‹. Ich bekannte mich daher offen als Schüler jenes großen Denkers und kokettierte sogar hier und da im Kapitel über die Werttheorie mit der ihm eigentümlichen Ausdrucksweise. Die Mystifikation, welche die Dialektik in Hegels Händen erleidet, verhindert in keiner Weise, dass er ihre allgemeinen Bewegungsformen zuerst in umfassender und bewusster Weise dargestellt hat. Sie steht bei ihm auf dem Kopf. Man muss sie umstülpen, um den rationellen Kern in der mystischen Hülle zu entdecken.
In ihrer mystifizierten Form ward die Dialektik deutsche Mode, weil sie das Bestehende zu verklären schien. In ihrer rationellen Gestalt ist sie dem Bürgertum und seinen doktrinären Wortführern ein Ärgernis und ein Gräuel, weil sie in dem positiven Verständnis des Bestehenden zugleich auch das Verständnis seiner Negation, seines notwendigen Untergangs einschließt, jede gewordne Form im Flusse der Bewegung, also auch nach ihrer vergänglichen Seite auffasst, sich durch nichts imponieren lässt, ihrem Wesen nach kritisch und revolutionär ist.
Die widerspruchsvolle Bewegung der kapitalistischen Gesellschaft macht sich dem praktischen Bourgeois am schlagendsten fühlbar in den Wechselfällen des periodischen Zyklus, den die moderne Industrie durchläuft, und deren Gipfelpunkt – die allgemeine Krise. Sie ist wieder im Anmarsch, obgleich noch begriffen in den Vorstadien, und wird durch die Allsei-

tigkeit ihres Schauplatzes, wie die Intensität ihrer Wirkung, selbst den Glückspilzen des neuen heiligen, preußisch-deutschen Reichs Dialektik einpauken.«

Karl Marx, Das Kapital, Band 1, Nachwort zur zweiten Auflage, 1873

Marx und Engels hatten ihre »Karriere« als Philosophen bei Hegel begonnen, als »linke Hegelianer«. Die wichtigste Zwischenstation zur materialistischen Dialektik war der religionskritische Philosoph Ludwig Feuerbach, nach dem alles politische und soziale Denken auf materiellen Bedürfnissen beruht: Der Mensch ist, was er isst. Marx und Engels waren durch den »Feuerbach geschwommen« (Marx), hatten sich für den Materialismus des späteren SPD-Mitglieds Feuerbach begeistert als Kontrastprogramm zu Hegels Idealismus, um schließlich Hegel »vom Kopf auf die Füße« zu stellen. So entstand die materialistische, die marxistische Dialektik. Sie nutzten sie als Methode in ihren historischen, politischen und wirtschaftstheoretischen Arbeiten, sahen in den dialektischen Gesetzen den geistigen Widerschein der Wirklichkeit: Geist und Materie folgen den gleichen Gesetzen, und sie tun dies, weil der Geist den Gesetzen der unabhängig von ihm existierenden objektiven Realität gehorcht.

Bernsteins Versuch, die Dialektik vom Materialismus zu trennen, bedeutete, den revolutionären Gehalt des Marxismus zu eliminieren und diesen dadurch zu zerstören. Und dennoch entstand aus dieser manchmal geradezu erstaunlich schwächlichen Marx-Kritik ein nicht minder erstaunlich lebenskräftiges Alternativkonzept. Bernsteins Polemik gegen die Dialektik entpuppte sich als Plädoyer gegen Revolutionserwartung und Revolutionsglauben und für einen nichtdialektischen, also evolutionären, Weg zum Sozialismus. Bernstein machte sich über das »Endziel des Sozialismus« lustig, was interessierten ihn märchenhafte Finalzustände? »Man spekuliert nicht mehr über die Verteilung des Bärenfells nach vollendetem allgemeinen Kladderadatsch, man beschäftigt sich überhaupt nicht viel mit diesem interessanten Ereignis, sondern studiert die Einzelheiten der Probleme des Tages und sucht nach Hebeln und Ansatzpunkten, auf dem Boden dieser die Entwicklung der Gesellschaft im Sinne des Sozialismus vorwärts zu treiben.« Bernstein empfahl den Abschied vom Wunderglauben, dass nach dem großen Zusammenbruch bald das sozialistische Paradies beginne. Aber er empfahl keinen Abschied vom Sozialismus. Der komme nicht in fernen Zeiten, sondern Schritt für Schritt durch den Kampf der Arbeiterklasse für Demokratie, Genossenschaften und die Sozialisierung der Produktionsmittel. In diesem evolutionären Politikverständnis gab es keinen Platz für Hegels Dialektik, selbst wenn sie auf die Füße gestellt worden war.

Die Dialektik gerät zwischen die Zahnräder

Als Marx Rechtswissenschaften, Philosophie und Geschichte studierte, war Hegel »in«. Der große Denker war Preußens Staatsphilosoph, und das blieb er auch nach seinem Tod im Jahr 1831. Als Marx zehn Jahre später promovierte, stand er wie viele andere Zeitgenossen noch ganz in Hegels Bann. Allerdings zerfielen seine Anhänger in zwei Lager. Auf der einen Seite gab es die »Rechtshegelianer«, die das Werk des Meisters heranzogen, um die Macht des Bestehenden, die Herrschaft von Monarchie, Staat und Kirche, zu rechtfertigen. Und auf der anderen Seite gab es die »Linkshegelianer«, die die Sprengkraft von Hegels Dialektik begriffen hatten.

Es ist übrigens nicht schwer zu sehen, dass unsere Zeit eine Zeit der Geburt und des Übergangs zu einer neuen Periode ist. Der Geist hat mit der bisherigen Welt seines Daseins und Vorstellens gebrochen und steht im Begriffe, es in die Vergangenheit hinab zu versenken, und in der Arbeit seiner Umgestaltung. Zwar ist er nie in Ruhe, sondern in immer fortschreitender Bewegung begriffen. Aber wie beim Kinde nach langer stiller Ernährung der erste Atemzug jene Allmählichkeit des nur vermehrenden Fortgangs abbricht – ein qualitativer Sprung – und jetzt das Kind geboren ist, so reift der sich bildende Geist langsam und stille der neuen Gestalt entgegen, löst ein Teilchen des Baues seiner vorhergehenden Welt nach dem andern auf, ihr Wanken wird nur durch einzelne Symptome angedeutet; der Leichtsinn wie die Langeweile, die im Bestehenden einreißen, die unbestimmte Ahnung eines Unbekannten sind Vorboten, dass etwas anderes im Anzuge ist. Dies allmähliche Zerbröckeln, das die Physiognomie des Ganzen nicht veränderte, wird durch den Aufgang unterbrochen, der, ein Blitz, in einem Male das Gebilde der neuen Welt hinstellt.

Georg Wilhelm Friedrich Hegel, Phänomenologie des Geistes, 1807

Zu den Linkshegelianern zählte neben Marx und Engels nicht zuletzt auch Ludwig Feuerbach, der sich später ganz von Hegel verabschiedete und der Materie den Vorrang vor dem Geist gab. Marx und Engels hingegen wurden zwar auch Materialisten, aber sie warfen Hegels Werk nicht auf den Müllhaufen, sondern »hoben« die Dialektik ganz in Hegel'scher Weise dialektisch »auf«, schnitten sie aus ihrem idealistischen Umfeld heraus und verbanden sie mit dem Materialismus.

Als Bernstein Hegels Dialektik kritisierte, war Hegel längst »out«. Angesagt waren Newton, Darwin und dessen deutscher Interpret Ernst Heinrich Haeckel, dem wir die Erklärung dafür verdanken, warum der Pfau so schön ist (sexuelle Selektion: Auswahl von Männchen durch Weibchen). Die Zeit war wissenschaftsgläubig, und keine Partei war wissenschaftsgläubiger als die Sozialdemokratie. Blättert man in Kautskys *Neuer Zeit, der* theoretischen Zeitschrift der Sozialdemokratie (auch wenn sie der Partei nicht gehörte), dann entdeckt man unzählige Beiträge zu naturwissenschaften Themen. Eine atheistische Grundeinstellung verbreitete sich, weil der Religion Rätsel um Rätsel entrissen wurde. Darwin erzählte eine andere Schöpfungsgeschichte als die Kirche, und er konnte sie gut belegen. Fabriken wurden aus dem Boden gestampft, hochkomplexe Maschinen verrichteten ungeheure Leistungen. Das waren Beweise für die unwiderstehliche Kraft der Naturwissenschaften und der Mechanik. Marx und Engels wurden nun ebenfalls »naturwissenschaftlich« interpretiert. Wo Marx geschrieben hatte, dass der Sozialismus mit »Naturnotwendigkeit« komme, interpretierten seine Epigonen diese Metapher als naturwissenschaftliche Gewissheit. Die Geschichte und ihren Verlauf begriffen diese »Marxisten« als ein Riesenwerk aus Zahnrädern, die mit unübertrefflicher Exaktheit ineinander griffen. Als Erlösungsglaube wurde der Marxismus zur Ersatzreligion, die das Himmelreich auf Erden versprach. Man musste nur warten und die Kräfte zusammenhalten, dann würde der Sozialismus eines Tages aus der Asche des zusammenbrechenden Kapitalismus entstehen. So geriet die Dialektik zwischen die Zahnräder.

Kein Wunder also, dass Bernsteins Polemik gegen die Dialektik seinen Kritikern arge Schwierigkeiten bereitete. Clara Zetkin etwa betrachtete die Sache vom unerwünschten Ergebnis her und bemängelte, dass der Revisionist die dialektische Methode »vom Zentrum des Marxismus an dessen Peripherie« drängen und »stattdessen den ›Evolutionismus‹ als Herzstück des Marxismus« einsetzen wolle. Und »Ideologiepapst« Kautsky offenbarte einen verblüffenden Mangel an Bildung in Sachen Dialektik. Zwar hatte er Recht, wenn er Bernstein vorwarf, einen Popanz zu schlachten, weil er Marx' Dialektik nicht begriffen habe. Die entscheidende Frage aber stellte Kautsky nicht: Ist die Dialektik eine der objektiven Realität adäquate Methode, drücken also die dialektischen Sätze objektive Zusammenhänge aus? Und Bernsteins Dualismus – hie Wissenschaft, hie Tendenz – hielt Kautsky einer Erörterung nicht für würdig. Die Virulenz dieser wissenschaftstheoretischen Frage schien er nicht zu begreifen.

Stattdessen warf Kautsky Bernstein vor, die Dialektik für gefährlich zu erklären, weil sie falsch angewandt werden könne. Der »revolutionäre Geist« des Marxismus sei es, der die Dialektik für den Revisionismus so verräterisch und verderblich mache. »Aber was kann nach diesem Exorzismus vom Marxismus noch übrig bleiben? Gibt er mit dem revolutionären Geiste nicht auch seinen Geist auf?« In Wirklichkeit gehe es ja gar nicht um den »Fallstrick der Hegel'schen Dialektik«, sondern um die Tendenz, die sich der Dialektik bediene. Diese sei aber nichts anderes als der Sozialismus. Diese Aufteilung des Marxismus in Dialektik und Tendenz mochte einem Marx-Kritiker anstehen, aber gewiss nicht seinem führenden Vertreter auf Erden.

Auch der philosophisch wohl beschlagendste Kopf der deutschen Sozialdemokraten, Franz Mehring, konzentrierte sich fast ausschließlich darauf, Missinterpretationen und Widersprüche der gegnerischen Position zu beanstanden. Vielleicht war es ja zu leicht, Bernsteins Unverständnis bloßzulegen, sodass Mehring, ebenso wie Rosa Luxemburg, glaubte, es dabei belassen zu können. Ein verhängnisvoller Irrtum, denn Bernsteins Ahnungslosigkeit in Sachen Philosophie hinderte diesen nicht daran, über die Phantomkritik hinaus ein schlüssiges evolutionäres Konzept für Demokratie und Sozialismus zu entwickeln (dazu später mehr). Rosa Luxemburg, die die dialektische Methode meisterhaft beherrschte, beließ es dabei festzustellen: Wenn Bernstein sich von der Dialektik verabschiede, »verfällt er ganz folgerichtig in die historisch bedingte Denkweise der Bourgeoisie«.

Historische Gesetze

Dem Angriff auf die Dialektik folgte die Attacke auf Marx' Geschichtstheorie. Das ist nur folgerichtig, denn diese ist nichts anderes als die Anwendung der materialistischen Dialektik auf die Geschichte. »Marx und ich waren wohl ziemlich die einzigen, die aus der deutschen idealistischen Philosophie die bewusste Dialektik in die materialistische Auffassung der Natur und Geschichte hinübergerettet hatten«, erinnerte sich Engels an jahrelange gemeinsame Studien über Hegel, Feuerbach und andere Denker. Da die Gesetze der Dialektik – Negation der Negation, Quantität und Qualität, Durchdringung der Gegensätze – universell gelten, stoßen wir auf sie auch in Marx' Geschichtsphilosophie. Im historischen Materialismus, wie diese auch genannt wird, verbinden sich Hegels Dialektik und Feuerbachs Materialismus in ihrer Anwendung auf die Geschichte. Was aber sind die Triebkräfte der Geschichte? Ist sie eine »Geschichte von Klassenkämpfen«, wie das *Manifest der Kommunistischen Partei* von 1847/48 es sagt? Ja auch, aber sie ist mehr.

Anfang August 1999 nahm ich teil an einer Sitzung des »Arbeitskreises Friedens- und Sicherheitspolitik« der Lübecker SPD. Es ging um den Jugoslawienkrieg der NATO. Was waren die wahren Kriegsziele der Allianz? Menschenrechte? Nein, das darf in den Augen mancher ganz besonders Linker nicht sein. Das würde den Pappkameraden Bundesregierung in ein komplexes Wesen verwandeln, das vielleicht sogar aus guten Gründen Schlechtes tut. Also fand der eine oder andere ökonomische Ursachen.
Auf einer anderen Veranstaltung in Lübeck, einem Zusammenschluss linker Initiativen, hörte ich einen der letzten Vertreter des Marxismus-Leninismus erleichtert aufstöhnen, als er

darüber unterrichtet wurde, dass es bei Baku am Kaspischen Meer große Erdölvorkommen gebe. Nun endlich wusste der Marxist-Leninist, warum die NATO Belgrad bombardiert hatte: wegen des Öls bei Baku. Allerdings ergibt eine einfache Messung im Atlas, dass zwischen Belgrad und Baku 1500 Kilometer liegen. Die Schwerkraft ökonomischer Gründe überwindet also sämtliche Grenzen. Darauf wäre Marx nie gekommen. Der Leser möge mir diese Bemerkung nachsehen: Wohl wäre auch Marx gegen den Krieg der NATO gewesen (und auch gegen den Krieg Serbiens gegen die eigene Bevölkerung). Aber aus politischen und moralischen Gründen. Wie der Begründer des historischen Materialismus seine Methode auf politische Ereignisse angewendet hat, lässt sich nachlesen, so etwa in den *Klassenkämpfen in Frankreich*, dem *Bürgerkrieg in Frankreich* oder der wunderbaren Schrift *Der achtzehnte Brumaire des Louis Bonaparte*. Meine Empfehlung also an Linke und die Vertreter des wahren Marxismus-Leninismus: Marx lesen!

Die Geschichte ist bei Marx und Engels ein Prozess, der vor allem von der Produktivkraftentwicklung – den Arbeitsmitteln und Arbeitskräften – vorangetrieben wird. Über den Produktivkräften entstehen Produktionsverhältnisse: das sind die Klassen- und Eigentumsstrukturen. Produktivkräfte und Produktionsverhältnisse sind die Basis jeder Gesellschaftsform, sie prägen das wirtschaftliche, politische und kulturelle Leben, den Überbau. Im Lauf der Entwicklung stoßen die Produktivkräfte zwangsläufig an die von den Produktionsverhältnissen, vor allem den Eigentumsverhältnissen, gesetzten Grenzen. Die Gesellschaftsklasse(n), die mit den modernen Produktivkräften verbunden sind, erheben sich gegen die herrschende(n) Klasse(n), die sich aufgrund ihres Eigentums an den Produktionsmitteln den Großteil des gesellschaftlichen Reichtums aneignen. Der Klassenkampf mündet in die Revolution, deren Zweck es ist, den Produktivkräften angemessene Produktionsverhältnisse zu schaffen und damit einen neuen Überbau.

Dieses schematische Bild entwarfen Marx und Engels in Auseinandersetzung mit dem philosophischen Idealismus, der die Geschichte als Bewegung des Geistes interpretiert. Und wenn man nicht das ideengeschichtliche Umfeld im Hinterkopf hat, begreift man nicht, warum Marx immer wieder die ökonomischen Triebkräfte der historischen und politischen Entwicklung herausgestellt hat. Ein klassischer Fall der Abgrenzung, in dem das betont oder überbetont wird, was den Unterschied zur konkurrierenden Auffassung ausmacht.

Tatsache aber ist, dass Marx und Engels dem so genannten Überbau – Politik, Kultur usw. – eine erhebliche Autonomie zugeschrieben haben. Gewiss, die ökonomische Basis bestimmt den Überbau, aber dies nur im Blick auf den langen historischen Prozess – »in letzter Instanz«, wie Engels eifernde Materialisten zurechtwies. Die Menschen machen ihre Geschichte selbst, aber sie tun dies unter vorgefundenen Bedingungen. Und diese sind keineswegs identisch mit der ökonomischen Basis, sondern umfassen genauso Traditionen, Mentalitäten, Rivalitäten, kulturelle Vorprägungen, politische Eigenheiten. Der Überbau der Gesellschaft führt ein eigenes Leben in den weiten Grenzen, die ihm die Basis einräumt. Wenn man sieht, welche vielfältigen und manchmal extremen politischen und kulturellen Ausprägungen der Kapitalismus gefunden hat – zwischen der Volksfront in Frankreich und dem Nationalsozialismus in Deutschland –, dann begreift man die Beschränktheit des »Klotzmaterialismus«, wie Ernst Bloch diese Ausgeburt der Freunde des billigen Schemas nannte.

Die Menschen machen ihre Geschichte selbst. Aber diese Einsicht hatten Engels' Schüler in Deutschland offenbar nicht verstanden. Denn sie behaupteten mit Kautsky, die SPD sei eine revolutionäre, aber keine Revolution machende Partei. Gewiss war der historische Materialismus in der Lage, Klassenkämpfer optimistisch zu stimmen (die Marxisten-Leninisten der DDR erfanden später den »historischen Optimismus«). Aber das, was die historischen Gesetze erforderten, mussten die Menschen schon selbst zustande bringen.

Im Gegensatz zu seinen Genossen in Deutschland hatte Bernstein die Dialektik zwischen objektiver Entwicklung und subjektivem Handeln wenigstens im Ansatz verstanden. Statt den Determinismus der Geschichte walten zu lassen, forderte er ein Konzept für die Reformpolitik der Partei. Er verdammte den Glauben an den Automatismus der Geschichte als bloße Utopie und die sich daraus ableitende Geringschätzung der praktischen Politik als »Flickerei«; in der Sozialdemokratie sei von systematischer Reformarbeit in der kapitalistischen Gesellschaft nicht die Rede. Er warf ihr vor, von der Hand in den Mund zu leben und sich von den Ereignissen treiben zu lassen. Als Ursache dieses Missstands erkannte er »die Berufung auf den sehr einseitig gedachten Klassenkampf und die ökonomische Entwicklung«:

»So wenig nun die fundamentale Wichtigkeit dieser beiden geschichtlichen Triebkräfte geleugnet werden soll, so ist doch klar, dass mit der ausschließlichen und unqualifizierten Verweisung sehr viel unbestimmt gelassen wird, was gerade der Sozialismus, wenn anders er wirklich Wissenschaft sein soll, zu erklären oder zu ermitteln hat. Die Einsicht in die Triebkräfte und den bisherigen Gang der gesellschaftlichen Entwicklung ist von sehr mäßigem Wert, wenn sie mit ihren Folgerungen da abbricht, wo eben das bewusste und planmäßige Handeln einzusetzen hat.«

Das Hinausschieben aller Lösungen auf den Tag des »›endgültigen Sieges des Sozialismus‹, wie die gangbare Phrase lautet«, werde nicht seines utopistischen Charakters entkleidet, wenn man es mit Schlagworten aus dem Arsenal der Schriften von Marx und Engels verbräme. Auch wenn Bernstein sich als Marx-Kritiker begriff, hier marschierte er ganz in den Spuren des Meisters. Seine Kritik der ökonomistischen Fehlinterpretation der Marx'schen Lehre durch dessen Jünger geriet eher unabsichtlich zur Verteidigung der materialistischen Geschichtstheorie gegen ihre Vereinfacher. Bernstein wandte sich gegen die fatalistische Unterschätzung des »subjektiven Faktors«, des Proletariats, er plädierte für eine durchdachte, planmäßig angelegte Politik gegenüber der unsystematischen Reformarbeit der Sozialdemokratie. Die Geschichte kenne keine Entwicklung nach der Schablone, »sie kennt nur Tendenzen der Entwicklung, die deren Richtung bestimmen, ohne sich jedoch in voller Reinheit durchzusetzen«.

Stets nur bedingte Materialisten

Bernsteins Haltung aber sollte sich – auch unter dem Druck der massiven Kritik – zu einer Abkehr nicht nur vom vulgarisierten, sondern vom Marxismus überhaupt fortentwickeln. Bernstein schärfte seine Argumente in der Auseinandersetzung weiter. Hatte er zunächst vor allem öffentlich gezweifelt, so wurde er bald Monat für Monat deutlicher. Als er auf Aufforderung Kautskys seine Ketzereien in dem berühmt gewordenen Buch über die *Voraussetzungen des Sozialismus* zusammenfasste und zuspitzte, ging er in einigen Punkten über seine Aufsätze über die »Probleme des Sozialismus« hinaus.

In den *Voraussetzungen* umriss er zunächst den Stellenwert, den er der materialistischen Geschichtsauffassung im theoretischen System des Marxismus beimaß: »So wird von niemandem bestritten werden, dass das wichtigste Glied im Fundament des Marxismus, sozusagen das Grundgesetz, das das ganze System durchdringt, seine spezifische Geschichtstheorie ist. (...) Mit ihr steht und fällt es im Prinzip (...).« Die Frage nach der Richtigkeit der materialistischen Geschichtsauffassung sei die Frage nach dem Grad der geschichtlichen Notwendigkeit. »Materialist sein heißt zunächst die Notwendigkeit alles Geschehens behaupten.« Die Bewegung der Materie bestimme die Gestaltung der Ideen und Willensrichtungen. So seien diese und alles Geschehen in der Menschheit notwendig. Bernsteins folgerte: »So ist der Materialist ein Calvinist ohne Gott«, da er glauben müsse, »dass von jedem beliebigen Zeitpunkt an alles weitere Geschehen durch die Gesamtheit der gegebenen Materie und die Kraftbeziehungen ihrer Teile im voraus bestimmt ist«.

In einer Entgegnung auf Kautsky wurde er noch deutlicher: »Denn der ganze Streit ist ein Streit um die Interpretation eines Wortes: Determinismus. Wie ich es gebrauche, steht es für materiell bestimmte Notwendigkeit und würde, auf die Geschichte angewendet, Fatalismus heißen.« Wenn Engels von letzten Ursachen aller gesellschaftlichen Veränderungen, die in der Produktions- und Austauschweise zu suchen seien, spreche, so schließe dies ja andere, mitwirkende Ursachen ein. Also müsse die bestimmende Kraft letzter Ursachen mit der wachsenden Zahl solcher mitwirkenden Faktoren abnehmen.

Bernstein erklärte, die marxistische Geschichtsauffassung habe sich von einer zunächst monokausalen zu einer Theorie entwickelt, die zunehmend nichtökonomischen Faktoren Einfluss zuschreibe. Wenn man die marxistische Geschichtsauffassung anwenden wolle, dann in ihrer ausgebildetsten Form und nicht in ihrer ursprünglichen. Kautskys Angriffen auf diese Darstellung der Haltung von Marx und Engels entgegnete er: »Wenn ich also wirklich gesagt hätte, dass Marx und Engels anfangs qua Materialisten Deterministen gewesen wären, später aber den Determinismus eingeschränkt hätten, so wäre ich damit weit entfernt gewesen, von ihnen der Sache nach zu sagen, sie seien erst konsequente und später inkonsequente Denker gewesen. Die Sache ist vielmehr die, dass Marx und Engels stets nur bedingte Materialisten waren.«

»Nach materialistischer Geschichtsauffassung ist das in letzter Instanz bestimmende Moment in der Geschichte die Produktion und Reproduktion des wirklichen Lebens. Mehr hat weder Marx noch ich je behauptet. Wenn nun jemand das dahin verdreht, das ökonomische Moment sei das einzig bestimmende, so verwandelt er jenen Satz in eine nichts sagende, abstrakte, absurde Phrase. Die ökonomische Lage ist die Basis, aber die verschiedenen Momente des Überbaus – politische Formen des Klassenkampfs und seine Resultate – Verfassungen, nach gewonnener Schlacht durch die siegende Klasse festgestellt usw. – Rechtsformen, und nun gar die Reflexe aller dieser wirklichen Kämpfe im Gehirn der Beteiligten, politische, juristische, philosophische Theorien, religiöse Anschauungen und deren Weiterentwicklung zu Dogmensystemen, üben auch ihre Einwirkung auf den Verlauf der geschichtlichen Kämpfe aus und bestimmen in vielen Fällen vorwiegend deren Form. Es ist eine Wechselwirkung aller dieser Momente, worin schließlich durch alle die unendliche Menge von Zufälligkeiten (d. h. von Dingen und Ereignissen, deren innerer Zusammenhang untereinander so entfernt oder so unnachweisbar ist, dass wir ihn als nicht vorhanden betrachten, vernachlässigen können) als Notwendiges die ökonomische Bewegung sich durchsetzt. Sonst wäre die Anwendung der Theorie auf eine beliebige Geschichtsperiode ja leichter als die Lösung einer einfachen Gleichung ersten Grades.«

Friedrich Engels, Brief an Joseph Bloch, 1890

An die Stelle der materialistischen Dialektik setzte Bernstein eine eklektische Betrachtung der Geschichte. Wie in einem Nullsummenspiel jonglierte er mit den Kräften, die auf die Geschichte wirken. Wurde eine stärker, dann zu Lasten anderer. Die Quellen aber, die er anführte, um seine Thesen zu stützen, waren dazu ungeeignet. Engels hat niemals erklärt, die Wirkung des ökonomischen Moments in der Geschichte relativiert zu haben. Er und Marx hätten in der Auseinandersetzung mit ihren Gegnern zwar nicht häufig die Gelegenheit gehabt,

»die übrigen an der Wechselwirkung beteiligten Momente zu ihrem Recht kommen zu lassen. Aber sowie es zur Darstellung eines historischen Abschnitts, also zur praktischen Anwendung kam, änderte sich die Sache, und da war kein Irrtum möglich. Es ist aber leider nur zu häufig, dass man glaubt, eine neue Theorie vollkommen verstanden zu haben und ohne weiteres handhaben zu können, sobald man die Hauptsätze sich angeeignet hat, und das auch nicht immer richtig. Und diesen Vorwurf kann ich manchem der neueren ›Marxisten‹ nicht ersparen, und es ist da dann auch wunderbares Zeug geleistet worden.«

»Wunderbares Zeug« war auch Bernsteins Darstellung des historischen Materialismus. Der späte Engels ist in der Frage der Basis-Überbau-Dialektik keinen Deut von seiner monistischen Grundposition abgewichen, hat sich also nie auf einen Dualismus von Materialismus und Idealismus eingelassen. Wer die historischen Arbeiten von Marx und Engels analysiert, kommt an der Einsicht nicht vorbei, dass sich an ihrer Bewertung der ökonomischen Triebkräfte des historischen Prozesses im Lauf der Zeit grundsätzlich nichts änderte. Der seinem Helden wohlwollend gegenüberstehende Bernstein-Biograf Peter Gay sieht diesen in seiner Kritik am historischen Determinismus denn auch »in einen philosophischen Morast« geführt, »aus dem er sich niemals mehr ganz heraushalten konnte«.

Auch wenn viele heutige Linke davon nicht ablassen wollen oder können: Nach marxistischer Theorie reicht es nicht aus, die Welt ohne weitere Untersuchung der unterschiedlichsten Zusammenhänge und Ereignisse in ein abstraktes Basis-Überbau-Schema zu zwängen. Es ist aber auch nicht marxistisch, den Pluralismus historischer Triebkräfte zu beschwören, schon gar nicht unter Berufung auf Engels. Mit der Aufgabe des monistischen Charakters der Marx'schen Geschichtsauffassung verließ Bernstein auch den Boden des Marxismus.

Aber das war Bernstein nicht bewusst, und er betrieb die Ketzerei in diesem Fall in der Überzeugung, der einzige Rechtgläubige zu sein. Den Eklektizismusvorwurf wies Bernstein nicht zurück. Eklektizismus betrachtete er als natürliche Reaktion auf den »doktrinären Drang«, alles aus einem herzuleiten. Bernstein aber beharrte auf der Vielheit der verursachenden Faktoren und der Auffassung, dass es keineswegs leicht sei, die zwischen ihnen bestimmenden Kräfte so genau bloßzulegen, dass sich mit Sicherheit sagen ließe, wo im gegebenen Fall die jeweils stärkste Triebkraft zu suchen sei. Die rein ökonomischen Ursachen schüfen nur die Anlage zur Aufnahme bestimmter Ideen. Wie aber diese dann aufkämen und sich ausbreiteten, welche Form sie annähmen, hinge von der Mitwirkung einer Reihe verschiedener Einflüsse ab.

Den Begriff »materialistische Geschichtsauffassung« lehnte Bernstein schließlich ganz ab und schlug vor, sie »ökonomische Geschichtsauffassung« zu nennen. Die Ökonomie sei die immer wieder entscheidende Kraft, die den Angelpunkt der großen Bewegungen bilde. Dem Wort »materialistische Geschichtsauffassung« aber würden von vornherein alle Missverständnisse anhaften, die sich überhaupt an den Begriff »Materialismus« knüpften. »Der philosophische oder naturwissenschaftliche Materialismus ist deterministisch, die marxistische Geschichtsauffassung ist es nicht, sie misst der ökonomischen Grundlage des Völkerlebens keinen bedingungslos bestimmenden Einfluss auf dessen Gestaltungen zu.« Den Determinismus der Marx'schen Geschichtstheorie missinterpretierte Bernstein als »unbedingte physische Notwendigkeit« allen Geschehens, und dies sei letztlich eine »nichtssagende Hypothese«.

In Bernsteins philosophischem Nullsummenspiel gewannen folgerichtig nichtökonomische Faktoren an Bedeutung. »Der ›Geschichte ehernes Muss‹ erhält auf diese Weise eine Einschränkung, die für die Praxis der Sozialdemokratie (...) keine Minderung, sondern eine Steigerung und Qualifizierung der sozialpolitischen Aufgaben bedeutet.« Die Gesellschaft, die den ökonomischen Triebkräften theoretisch immer freier gegenüberstehe, werde nur noch durch die Widersprüche zwischen ihren Mitgliedern daran gehindert, in den vollen Genuss der Freiheit zu kommen. Aber auch hier sah Bernstein Hoffnung: Das Allgemeininteresse gewinne in wachsendem Maß an Macht gegenüber dem Privatinteresse, »und in dem Grade, wo dies der Fall, und auf allen Gebieten, wo dies der Fall, hört das elementarische Walten der ökonomischen Kräfte auf«.

Das fatalistische Korsett des Determinismus

Einmal mehr also hat Bernstein in Sachen Marxismus Unrecht. Er verfehlt den wunden Punkt: die quasi durch Naturgesetz bestimmte Abfolge der Gesellschaftsformationen in der Geschichte, wie sie Marx und Engels behaupteten und woraus sie die Gewissheit ableiteten, dass so oder so, früher oder später, der Sozialismus siegen werde. Marx und Engels hatten Recht, als sie die revolutionierende Wirkung der Produktivkräfte beschrieben, und sie erkannten die bis heute ungebrochen anhaltende Tendenz zur Vergesellschaftung im Kapitalismus. Aber ihre Überzeugung, dass die Vergesellschaftung mit den privatkapitalistischen Eigentumsverhältnissen kollidieren müsse, ist ein Wunderglaube. Denn die Eigentumsverhältnisse werden ebenfalls vergesellschaftet. Engels hatte das Aufkommen von Aktiengesellschaften als Eingeständnis des Kapitalismus in die Notwendigkeit der Vergesellschaftung interpretiert, eine vom gewünschten »Endziel« Sozialismus her gedachte Fehleinschätzung. Ein Blick auf den Finanzmarkt genügt, um zu erkennen, dass die Eigentumsschranken des Manchesterkapitalismus längst auf kapitalistische Weise durchbrochen worden sind. Wobei die Eigentumsunterschiede viel krasser geworden sind als zu Marx' Zeit. Und dort, wo Not herrscht, erzeugt sie Depression, nicht Aufruhr. Der Kapitalismus revolutioniert seine Produktionsweise im Jahresrhythmus. Er hat seinen weltpolitischen Gegner bis auf einige traurige Reste in Asien vernichtet. Die Autoren des *Kommunistischen Manifests* hatten Recht, als sie das revolutionäre Potential der kapitalistischen Produktionsweise auf so eindrucksvolle Weise schilderten. Aber sie irrten sich in der zeitlichen Dimension und noch mehr in den Konsequenzen. Nicht Sozialismus ist angesagt, sondern Turbokapitalismus.

Das ahnte natürlich auch Bernstein nicht, obwohl er (wie wir später sehen werden) die Tendenz zur Vergesellschaftung ganz anders interpretierte als Engels. In dieser Frage sollte er Recht behalten. In Sachen historischer Materialismus aber lag er falsch und zog doch richtige Schlüsse. Wir werden es im Fall Bernstein noch öfter erleben, dass eine falsche Analyse wirklichkeitsgetreue Schlussfolgerungen hervorbringt. Das gilt auf jeden Fall für seine Betrachtungen über die Rolle der Politik.

Wenn, wie Bernstein schrieb, der ökonomische Faktor an Gewicht verliert, sobald das Allgemeininteresse die unzähligen Einzelinteressen verdrängt, dann gewinnt Politik einen enormen Stellenwert. Sie begleitet dann nicht mehr bloß die Selbstentwicklung historischer und ökonomischer Gesetze, sondern ist der Schlüssel zur Veränderung der Gesellschaft. Folgerichtig hielt er Rosa Luxemburg – deren Artikel »ja in Bezug auf die Methode zum Besten gehören, was gegen mich geschrieben wurde« – entgegen, er mache im Gegensatz zu ihr den Sieg des Sozialismus nicht abhängig von dessen ökonomischer Notwendigkeit. Er halte es noch nicht einmal für möglich noch gar nötig, ihm eine rein materialistische Begründung zu geben.

»Alle Methode, wenn sie zu richtigen Resultaten kommen will, muss sich nach dem behandelten Stoffe richten. Nun gibt es keinen vielseitigeren Stoff als die moderne Gesellschaft. (...) Sie aus einem Punkte heraus beurteilen, und sei er so bedeutsam wie die Entwicklung der Produktivkräfte und der Produktionseinrichtungen, würde notwendig ein falsches Bild darbieten, zu falschen Folgerungen führen. Wir haben vielmehr eine Vielheit anderer Faktoren mit in Betracht zu ziehen, und da die mathematische Formel für das Kraftverhältnis der verschiedenen hierher gehörigen Faktoren zueinander noch nicht gefunden ist, müssen wir es nach unserer besten Einsicht empirisch zu ermitteln suchen. So werden wir notgedrungen dem eklektischen oder synkretischen Verfahren zugedrängt (...)«.

Eduard Bernstein: Klassenkampf-Dogma und Klassenkampf-Wirklichkeit, 1899

Hat also Bernstein doch den neukantianisch geprägten ethischen Sozialismus geschaffen, wie dies bis in unsere Tage immer wieder behauptet wird?

Wir können diese Frage schon beantworten, bevor wir uns sein reformpolitisches Konzept betrachten. Gegen diese These spricht erstens, dass Bernstein nichtökonomischen Faktoren genauso wenig entscheidende Bedeutung zumaß wie ökonomischen Faktoren. Ein ethischer Sozialismus aber geht nicht von der wechselnden Bedingtheit verschiedener, materieller und geistiger Ursachen aus, sondern gibt den ideellen Momenten den Vorrang. Außerdem kann man nicht jede nichtmaterialistische Lehre eine ethische Lehre nennen. Zweitens war Bernstein allein schon deshalb kein Neukantianer, weil er weder Kants Philosophie begriffen hatte noch die der Neukantianer, welcher Schule auch immer. Er bemühte sich nicht einmal darum, so, wie er überhaupt, nicht nur im Hinblick auf Marx, eine fast theoriefeindliche Attitüde an den Tag legte. Die bereits angeführte neukantianische Kritik an Bernsteins Wissenschaftsbegriff unterstreicht diese These.

Aber wurde Kants Ethik lediglich zufällig zu dem Zeitpunkt von der politischen Linken wieder entdeckt, zu dem Bernstein seine Thesen verkündete? Zu beweisen ist ein Zusammenhang nicht. Aber Bernsteins Revisionismus und die Kant-Renaissance haben ihre Ursache wahrscheinlich auch im Bedürfnis von Teilen der Arbeiterbewegung und der mit ihnen verbundenen Intellektuellen, sich vom fatalistischen Korsett des Determinismus zu befreien. Bernsteins Kritik des historischen Materialismus zielte zwar zu oft am Gegenstand vorbei, aber ihre Bedeutung steckt weniger in ihrem theoretischen Gehalt als vielmehr in ihrer Konsequenz: Wer auf den »Kladderadatsch« setzt, kann Reformpolitik nur begrenzt verfolgen. Sie kann zwar die Lage der Arbeiter verbessern, festigt aber auch das kapitalistische System, indem sie Widersprüche mildert. Daher verachteten viele »Marxisten« in der SPD das Engagement für Reformen, betrachteten es eher als Spielwiese und Übung, um die Reihen der Partei im Kampf zu festigen.

Mit Entschiedenheit forderte die SPD in all den Jahren vor allem das allgemeine, gleiche und geheime Wahlrecht, Gewerkschaftsfreiheit, den Achtstundentag und direkte progressive Steuern zu Lasten der Reichen. Besonders von einer Wahlrechtsreform erhoffte sich die Partei über kurz oder lang eine parlamentarische

Mehrheit. Aber wie hätte sie dann ihre Mehrheit verwenden können in dem autokratischen politischen System des Deutschen Reichs, in dem es nur Reichskanzler von Kaisers Gnaden gab, die den Staatsstreich gegen parlamentarische Mehrheiten nicht fürchteten, wie Bismarck es im preußischen Verfassungsstreit vorgemacht hatte?

Revolutionäre Parolen, politische Unbeweglichkeit

Kautsky widmete sich vor allem der Aufgabe, Bernsteins Marxismusverständnis oder -missverständnis zu kritisieren. Er attackierte Bernsteins These, dass das Gewicht ökonomischer Faktoren sinke: Was würde gegen die marxistische Geschichtsauffassung bewiesen durch die revisionistische These, die Gesellschaft stehe ihren ökonomischen Triebkräften theoretisch freier gegenüber?

Kautsky erkannte nicht, um was es Bernstein im Kern ging. Natürlich missverstand dieser den angeblichen Determinismus des Marxismus. Aber Bernstein wollte die Arbeiterbewegung aus dem Zustand befreien, den manche Historiker »Immobilismus« genannt haben: die Kombination aus »wissenschaftlich begründeter« Siegeszuversicht und dem Warten auf den Sozialismus, aus revolutionären Parolen und politischer Unbeweglichkeit.

Dabei verfolgte die Partei vielerorts schon reformpolitische Ziele. Immer wieder wurde mit Bebels Maxime »Diesem System keinen Mann und keinen Pfennig« gebrochen. In Süddeutschland stimmten Sozialdemokraten Haushalten von Länderregierungen zu, 1894 schon in Bayern und trotz vorausgehender Proteststürme und Parteitagsresolutionen 1901 in Baden und 1904 in Württemberg. Und keineswegs erst im August 1914, sondern schon im Juni 1913 stimmte die sozialdemokratische Fraktion im Reichstag einem Wehretat zu und auch einer Vermögenszuwachssteuer, die dazu diente, eine von der SPD zuvor abgelehnte Heeresvorlage zu finanzieren. Für die Mehrheit der Reichstagsfraktion konkurrierten zwei Prinzipen miteinander: die traditionelle Ablehnung des Verteidigungshaushalts der kaiserlichen Regierung und die traditionelle Forderung nach Einführung direkter progressiver Steuern. Der längst der »Vaterlandsverteidigung« verpflichteten Fraktionsmehrheit fiel diese Entscheidung nicht schwer, und die Minderheit hatte sich der Fraktionsdisziplin zu fügen.

Bernstein hatte Recht: Die SPD war längst eine reformistische Partei mit einem revolutionären Flügel. Aber vor Krieg und Revolution traute sie sich nicht, dies auch offiziell einzugestehen. Erst als Bolschewismus und Spartakusaufstand sie dazu zwangen, wurde offenbar, dass die Sozialdemokraten keine Konzepte hatten, die über die demokratische bürgerliche Republik hinauswiesen. Das hinderte sie aber nicht daran, das marxistische Vokabular weiter zu nutzen. In ihrem Heidelberger Programm von 1925 forderte die Partei gar die politische Herrschaft des Proletariats.

Beschwörung einer Heilslehre

Aber zurück zum Streit über die Gesetze der Geschichte. In Marx' oder Engels' Schriften fallen dem Leser noch heute die lebendige, farbige Darstellung auf, die Vielfalt der stilistischen Möglichkeiten und vor allem der enge Bezug zur konkreten Wirklichkeit. Die historischen oder wirtschaftstheoretischen Abhandlungen sind außerordentlich detailreich und voller Verweise auf zeitgenössische und ältere Literatur. Wie blutleer dagegen die Debatte in Deutschland. Schulmeister stand gegen Schulmeister. Rabulistik wurde verwechselt mit Genauigkeit. Engels hatte zu den Vorzügen des Sozialistengesetzes gezählt, dass die Partei von »der Zudringlichkeit des sozialistisch angehauchten Studiosus« befreit wurde. Den jungen Literaten warf der Altmeister vor, dass sie sich kaum die Mühe gäben, »Geschichte des Handels, der Industrie, des Ackerbaus, der Gesellschaftsformationen zu treiben«. Engels hatte übersehen, dass auch die älteren Literaten mit der Wirklichkeit wenig am Hut hatten. Kautsky vor allem, der es besser hätte wissen können, verfiel in seiner selbst gewählten Rolle als Ideologiepapst und Verteidiger in theoretischen Starrsinn. Und dennoch hatte er Recht, als er Bernstein vorwarf: »In dem ganzen Kapitel über die materialistische Geschichtsauffassung wird nicht auf eine einzige historische Tatsache Bezug genommen! Dieses Verfahren erlaube ich mir Scholastik zu nennen.«

Aber was setzte der »offizielle Marxismus« der SPD dem entgegen? Scholastik! Denn auch der zeitgenössische Sozialdemokrat fand in Kautskys Erörterungen über den historischen Materialismus kaum historisches Material. Stattdessen bemühte sich

Kautsky, die Bernstein'sche Haltung zu diskreditieren. Zum Teil mit Erfolg. Aber dabei übersah er, dass mit der multikausalen, pluralistischen Erklärungsmethode, die Bernstein entwickelte, zwar keine neue Geschichtstheorie, aber doch ein wesentlicher Ansatz dafür geschaffen war. Kautsky kannte nur den Gegensatz zwischen idealistischem und materialistischem Monismus. Er erkannte nicht, dass der entscheidende Punkt in der Geschichtsdebatte nicht darin bestand, Marx besser zu verstehen, sondern darin, sich zwischen monokausaler oder pluralistischer, multikausaler Geschichtsinterpretation zu entscheiden. Kautsky kritisierte, dass sich Bernstein damit begnüge, gegen die alte Methode zu Felde zu ziehen: »Er hält es nicht für nötig, eine neue an ihre Stelle zu setzen. Er kommt auch ohne bestimmte Methode zurecht.« Ohne klare Geschichtstheorie gebe es aber auch keine klare Methode der Forschung. Was sich dagegen glänzend bewährt habe, sei die Methode von Marx und Engels. Auf diese Bewährung komme es an, nicht auf die Resultate. Mit derart platten Vorhaltungen war Bernstein nicht zu treffen.

Totengräber

Schwächlich waren aber auch die Einwendungen jener Gruppe, die sich allmählich als linker Flügel in der SPD herauskristallisierte. Die Linken begnügten sich einmal mehr damit, Bernstein im Hinblick auf seine Schlussfolgerungen zu kritisieren. Bernstein lasse die Gründe für die Verwirklichung des Sozialismus als einer wirtschaftlichen Notwendigkeit fallen und suche das Proletariat mit dem Glauben zu trösten, der Sozialismus sei eine sittliche, kulturelle Notwendigkeit, beanstandete etwa Clara Zetkin. Und Rosa Luxemburg kritisierte, der Revisionismus hebe das sozialistische Programm vom materiellen Boden auf und versetze es auf eine idealistische Basis. Der Sozialismus solle »kraft der *Gerechtigkeitsidee* verwirklicht werden«. Sie verteidigten den wahren Glauben, indem sie den Ketzer ziehen, vom wahren Glauben abzuweichen. Dass man damit einen Ketzer nicht beeindrucken kann, liegt auf der Hand.

Auch Franz Mehring bemühte sich weitgehend erfolglos, Bernstein zu widerlegen. Der These, Materialist sein heiße, zunächst die

Notwendigkeit alles Geschehens zu behaupten, hielt er entgegen: »Das ist, wenn man einen Augenblick auf diese Art Argumentation eingehen will, nicht einmal in Bernsteins Sinne richtig. ›Zunächst‹ (...) ist der Materialismus nicht Determinismus, sondern Monismus.« Nicht um die Notwendigkeit alles Geschehens gehe der Streit in der Philosophiegeschichte, »sondern darum, ob diese Notwendigkeit aus der absoluten Zweckbestimmung eines Gottes oder aus der absoluten Kausalität der bewegten Materie herzuleiten sei«. Im Übrigen lehnte es Mehring ab, in der von Bernstein »beliebten Allgemeinheit« zu diskutieren. Stattdessen fragte er, ob Bernstein von irgendeiner Geschichtsperiode nachweisen könne, »dass in ihr nicht die ökonomische Produktionsweise der im letzten Grunde bewegende Hebel der historischen Entwicklung gewesen sei«. Wenn ja, dann gehöre die marxistische Geschichtsauffassung in den Papierkorb.

Genau an dieser Stelle, wo es interessant wurde, brach die Debatte ab. Statt die historische, soziale, ökonomische und politische Realität zu analysieren, um so zu prüfen, ob die Theorie noch tauglich war, versandete die intellektuelle Anstrengung der Protagonisten der Revisionismusdebatte im Zweifel oder in der Beschwörung einer Heilslehre, die nicht einmal ihre Schöpfer als solche betrachtet hatten. Gegen diese wirklichkeitsleere Form von »Marxismus« hatte Bernstein vielfach Recht. Das gilt vor allem in Hinblick auf die Konsequenzen seiner philosophischen Kritik.

Der Abschied von der auf das schicksalhafte Walten historischer Gesetze gegründeten Siegesgewissheit eröffnete der praktischen Politik einen enormen Spielraum. Mit der Annahme, dass die geschichtliche Entwicklung offen ist, verbindet sich die Herausforderung, die Wirklichkeit zu gestalten. Erst unter dieser Voraussetzung wird der Sozialismus als tägliche Aufgabe möglich und sinnvoll. Bernsteins Dialektikverriss ist, vom Standpunkt der Philosophiegeschichte aus betrachtet, eher kläglich. In seinen praktischen Konsequenzen aber macht er den Weg frei zu einer evolutionären Politik des demokratischen Sozialismus. Bernsteins Kritik am zeitgenössischen Determinismus schließlich, die ebenfalls in ihrem Gehalt banal ist, will den politischen Akteuren die Freiheit des Handelns zurückgeben. Insofern zieht Bernstein den Anforderungen der Realität angemessene Schlüsse aus einer Kritik des Marxismus, die ihren Gegenstand meist verfehlt.

Bei der Geburt des demokratischen Sozialismus ging, philosophisch gesehen, einiges schief. Durch Kaiserschnitt wurde eine Frühgeburt ins Leben befördert, die sich dann aber trotz aller Unkenrufe als erstaunlich widerstandsfähig erweisen sollte. Aber das ist ja in der Politik oft so, wo es weniger um richtig oder falsch geht als vielmehr um angemessen oder wirklichkeitsfremd. Der umgekehrte Glaube, dass richtige Einsicht notwendig in richtige Politik mündet, ist nicht weniger untauglich.

Viele Zeitgenossen Bernsteins aber taten das, was der Revisionismus begründete – waren Reformisten und verurteilten die Revisionisten. Sie produzierten eine einzigartige Mischung aus Pragmatismus und Heilsglauben. Sie hörten sich auf Parteitagen die revolutionären Reden August Bebels oder Wilhelm Liebknechts an, beschlossen hochtönende Resolutionen und widmeten sich danach wieder emsig der Reformpolitik. Die theoretischen Erörterungen Bernsteins, Kautskys oder Luxemburgs interessierten sie nur insoweit, als sie den Nebel durchstießen, der über der merkwürdigen Melange aus revolutionärem Pathos und reformistischer Politik lag.

Gehen wir zum nächsten Thema des Streits. Die historischen Gesetze fanden laut Marx ihre konkrete Äußerungsform in den jeweiligen Gesellschaftsformationen. Im Kapitalismus fesselten die privatkapitalistischen Produktionsverhältnisse die Produktivkräfte des Maschinenzeitalters. Die moderne Industrie formte die Arbeitermassen, das Proletariat, das zum Totengräber des Kapitalismus werden sollte. Folgerichtig konzentrierte sich die Debatte über den Revisionismus auf die Ökonomie.

III. Ökonomisches

Der Dampfhammer ruinierte unzählige Schmiede

Die Vorstellung, im Revisionismusstreit gehe es um den Marxismus, wird gänzlich ad absurdum geführt, wenn man die Debatte über die Marx'sche Wert- und Mehrwertlehre betrachtet. Sie sind der Kern der marxistischen Politischen Ökonomie. Mit ihnen habe sich der Sozialismus von einer Weltanschauung in eine Wissenschaft verwandelt, schrieb Engels. Bernstein erklärte nun, der von Engels herausgegebene dritte Band des *Kapitals* habe ihn »ernüchtert«. Die Lektüre habe ihn veranlasst, die gesamte Arbeitswertlehre anzuzweifeln, also Marx' These, dass der Wert einer Ware der in ihr enthaltenen gesellschaftlich notwendigen Arbeit entspreche, dem Wert der für ihre Produktion erforderlichen Arbeitszeit, gemessen an der durchschnittlichen Arbeitsproduktivität der Gesellschaft. Es offenbarte sich einmal mehr, dass Bernstein nicht begriff, was er kritisierte.

»Der Charakter 1. des Produkts als Ware, und 2. der Ware als Produkt des Kapitals, schließt schon die sämtlichen Zirkulationsverhältnisse ein, d. h. einen bestimmten gesellschaftlichen Prozess, den die Produkte durchmachen müssen und worin sie bestimmte gesellschaftliche Charaktere annehmen; er schließt ein ebenso bestimmte Verhältnisse der Produktionsagenten, von denen die Verwertung ihres Produkts und seine Rückverwandlung, sei es in Lebensmittel, sei es in Produktionsmittel, bestimmt ist. Aber auch abgesehn hiervon, ergibt sich aus den beiden obigen Charakteren des Produkts als Ware, oder Ware als kapitalistisch produzierter Ware, die ganze Wertbestimmung und die Regelung der Gesamtproduktion durch den Wert. In dieser ganz spezifischen Form des Werts gilt die Arbeit einerseits nur als gesellschaftliche Arbeit; andrerseits ist die Verteilung dieser gesellschaftlichen Arbeit und die wechselseitige Ergänzung, der Stoffwechsel ihrer Produkte, die Unterordnung unter und Einschiebung in das gesellschaftliche Triebwerk, dem zufälligen, sich wechselseitig aufhebenden Treiben der einzelnen kapitalistischen Produzenten überlassen. Da diese sich nur als Warenbesitzer gegenübertreten und jeder seine Ware so hoch als möglich zu verkaufen sucht (auch scheinbar in der Regulierung der Produktion selbst nur durch seine Willkür geleitet ist), setzt sich das innere Gesetz nur durch vermittelst ihrer Konkurrenz, ihres wechselseitigen Drucks aufeinander, wodurch sich die Abweichungen gegenseitig aufheben. Nur als inneres Gesetz, den einzelnen Agenten gegenüber als blindes Naturgesetz, wirkt hier das Gesetz des Werts und setzt das gesellschaftliche Gleichgewicht der Produktion inmitten ihrer zufälligen Fluktuationen durch.«

Karl Marx, Das Kapital, Band 3, 1894

Bernstein hatte nach der Lektüre des dritten Bands des *Kapitals* die Werttheorie folgendermaßen verstanden: In der entwickelten kapitalistischen Gesellschaft würden die Waren nicht gemäß ihres individuellen Wertes (wie es im ersten Band des *Kapitals* dargestellt werde), sondern zu ihrem Produktionspreis, das heißt dem wirklichen Kostpreis, plus einer durchschnittlichen proportionalen Profitrate veräußert. Deren Höhe werde bestimmt vom Verhältnis des Gesamtwerts der gesellschaftlichen Produktion zum Gesamtlohn der in der Produktion, Austausch usw. verwandten menschlichen Arbeitskraft. Dabei werde die Grundrente von jenem Gesamtwert abgezogen, und außerdem müsse die Verteilung des Kapitals in industrielles, Kaufmanns- und Bankkapital berücksichtigt werden. Aus dieser Komplikation der Verhältnisse zog Bernstein den Schluss: »Auf diese Weise verliert der Wert, soweit die einzelne Ware oder Warenkategorie in Betracht kommt, jeden konkreten Gehalt und wird zur rein gedanklichen Konstruktion.«

Das war nun ein groteskes Missverständnis. Denn die Funktion der Marx'schen Werttheorie bestand nicht darin, den Wert der einzelnen Ware oder Warenkategorie zu ermitteln. Ihr ging es um die

Entschlüsselung der Bewegungsgesetze der kapitalistischen Produktionsweise. Marx schrieb schon im ersten Band des *Kapitals* über die Rolle der einzelnen Ware in seiner Untersuchung: »Es ist also nur das Quantum gesellschaftlich notwendiger Arbeit oder die zur Herstellung eines Gebrauchswerts gesellschaftlich notwendige Arbeitszeit, welche seine Wertgröße bestimmt. Die einzelne Ware gilt hier überhaupt als Durchschnittsexemplar ihrer Art.«

Aufgebaut auf Abstraktionen

Kautsky hatte die Werttheorie besser verstanden: »Der Wert ist aber das Fundament der Warenproduktion. Es ist unmöglich, vollständige Klarheit über die aus ihm sich entwickelnden gesellschaftlichen Verhältnisse und Funktionen zu erlangen, solange man nicht über ihn völlige Klarheit geschaffen. Ohne Werttheorie bleibt jede ökonomische Theorie unsicheres empirisches Tasten auf der Oberfläche der Erscheinungen.« Ohne Werttheorie keine Mehrwerttheorie. Ohne Mehrwerttheorie keine Kapitalismusanalyse.

Wenn die Waren zu ihrem Produktionspreis veräußert würden, folgerte Bernstein, verwandle sich der Wert der individuellen Warenart in etwas ganz Sekundäres. Der Mehrwert sei demnach der Wert der Gesamtproduktion der Gesellschaft abzüglich der Gesamtsumme der Löhne der Arbeiterklasse, »sozialer Mehrwert« daher, also das, was die Gesamtheit der Arbeiter über den ihnen zufallenden Anteil hinaus produziere. Das Mehrprodukt werde allerdings nur in dem Maß realisiert, wie die Gesamtproduktion dem Markt entspreche. Diese sich an der Oberfläche darstellende zweiseitige Beziehung – Bestimmung des Werts nach der gesellschaftlich notwendigen Arbeitszeit und nach der Aufnahmefähigkeit des Marktes –, verleitete Bernstein, die Kategorien Wert und Preis bei Marx zu verwechseln.

Bei Marx verwirklicht sich das Abstraktum »Wert« über den Preis. Ist eine Ware unverkäuflich, realisiert sich also ihr Wert nicht, dann ist die in der Ware steckende Arbeit vergeudet. Bernstein zog aus seinem Missverständnis einen falschen Schluss, als er den Warenwert als rein gedankliche Tatsache abqualifizierte. Das Wertgesetz, das bei Marx »aufgebaut auf Abstraktionen« sei, gelte nur für bestimmte Zwecke der Beweisführung, und die mit seiner

Hilfe gewonnenen Ergebnisse hätten Geltung nur innerhalb bestimmter Grenzen.

Auf dieser Grundlage war es für Bernstein folgerichtig, nun auch die Richtigkeit der marxistischen Mehrwerttheorie zu bestreiten. Für die Mehrarbeit des produktiven Teils der Bevölkerung, die eine empirische Tatsache sei, bedürfe es keines deduktiven Beweises, da von der ganzen in der Produktion geleisteten Arbeit eine bedeutend größere Zahl Menschen lebe, als darin tätig mitwirkten. »Ob die Marx'sche Werttheorie richtig ist oder nicht, ist für den Nachweis der Mehrarbeit ganz und gar gleichgültig. Sie ist in dieser Hinsicht keine Beweisthese, sondern nur Mittel der Analyse und der Veranschaulichung.« Vor allem irreführend an der Werttheorie sei, dass sie als Maßstab für die Ausbeutung des Arbeiters durch den Kapitalisten erscheine, wozu die Bezeichnung der Mehrwertrate als Ausbeutungsrate verleite. »Die Wertlehre gibt so wenig eine Norm für die Gerechtigkeit oder Ungerechtigkeit der Verteilung des Arbeitsprodukts wie die Atomlehre eine solche für die Schönheit oder Verwerflichkeit eines Bildwerks.« Mit der Tatsache allein, dass der Lohnarbeiter nicht den vollen Wert seines Produkts erhalte, sei eine wissenschaftliche Begründung des Sozialismus nicht durchführbar.

Das Mehrwertgesetz aber war für Marx keine ethische Kategorie, und der Terminus »Ausbeutung« hatte nichts zu tun mit Verurteilung, sondern lediglich mit dem Verhältnis zwischen Mehrwert und Arbeitslohn. Genauso wenig diente dieses Gesetz dazu, die Tatsache wissenschaftlich zu begründen, dass in der materiellen Produktion mehr Werte geschaffen werden, als sich in den Lohntüten (oder dem Bankkonto) der Arbeiter niederschlägt. Mit diesem Gesetz beantwortete Marx auf seine Weise die Fragen, welche Triebkraft hinter der revolutionären Entwicklung des Kapitalismus stand, in welche Richtung der Kapitalismus sich bewegte und wie sich Eigentums- und Ausbeutungsverhältnisse fortentwickelten. Konkretisiert hatte er seine Antwort in der Theorie der kapitalistischen Akkumulation: Mehrwert (oder Profit) wird privatkapitalistisch angeeignet und reinvestiert, um noch mehr Mehrwert zu erzeugen.

Bernstein setzte dem von ihm kritisierten Bewegungsgesetz keinen Ersatz entgegen. Er beantwortete die Frage nicht, was die Entwicklung der kapitalistischen Produktionsweise prägt. Das aber wäre entscheidend gewesen für die politische Strategie. Dieses Manko wird noch deutlicher werden, wenn wir uns der Akkumulation des Kapitals zuwenden.

Werttheorie und Endziel

Kautskys Entgegnungen auf Bernsteins ökonomische Ketzereien waren nur defensiv. Im Grunde referierte er lediglich mehr oder weniger adäquat die Positionen des Marxismus.

Zunächst bestritt Kautsky, dass Bernstein überhaupt eigene werttheoretische Vorstellungen habe. Etwas später, in seiner *Antikritik*, aber wirft er Bernstein vor, dass dessen Theorie als Erweiterung der Marx'schen auftrete. Mit dieser hänge aber »auf das Innigste die ganze Auffassung der modernen Produktionsweise zusammen, die Marx entwickelt hat. Diese ganze Auffassung wird in ihrer bisherigen Form hinfällig und bedarf der Korrektur, wenn die Marx'sche Werttheorie eine Abänderung erfährt.« Dieser Einwand ist richtig, aber er führt zu nichts. Er verzichtet darauf, die eigentliche Frage zu beantworten, nämlich ob Marx' Arbeitswertlehre richtig ist oder falsch oder vielleicht, wie Bernstein annahm, ergänzungsbedürftig. Dass ein Gedankengebäude auf mehreren Säulen ruhen könnte, wollte Kautsky gar nicht einleuchten. Er betrachtete Bernsteins Erörterungen von ihrem möglichen Ergebnis her. Daher endete Kautsky, salopp gesprochen, bei der Einsicht, dass nicht sein kann, was nicht sein darf. So konnte er den Revisionismus bestenfalls des Sakrilegs überführen, mit Marx gebrochen zu haben. Genau das hatte Bernstein getan, er nannte es nur Erweiterung.

Rosa Luxemburg ging viel energischer zur Sache. Sie traf einen schwachen Punkt, als sie Bernsteins Empirismus aufspießte:

»Also die Marx'sche gesellschaftliche Arbeit und die Menger'sche* abstrakte Nützlichkeit, das ist ihm gehüpft wie gesprungen: alles bloß Abstraktion. Bernstein hat somit ganz vergessen, dass die Marx'sche Abstraktion nicht eine Erfindung, sondern eine

* Carl Menger gehört zu den Begründern der Grenznutzentheorie, die mit der Marx'schen Politischen Ökonomie konkurrierte.

Entdeckung ist, dass sie nicht in Marxens Kopfe, sondern in der Warenwirtschaft existiert. (...) Die von Marx entdeckte abstrakt-menschliche Arbeit ist nämlich in ihrer entfalteten Form nichts anderes als – *das Geld.*«

Wer aber das Wesen der Waren und ihres Austausches nicht versteht, so fährt Luxemburg fort, dem bleibt die kapitalistische Gesellschaft ein Geheimnis. Tatsächlich war Luxemburg ihren Genossen in der Beherrschung der Marx'schen Politischen Ökonomie weit voraus, und sie erfasste die Konsequenz des revisionistischen Angriffs: »Das Geheimnis der Marx'schen Wertlehre, seiner Geldanalyse, seiner Kapitaltheorie und somit des ganzen ökonomischen Systems ist – die Vergänglichkeit der kapitalistischen Wirtschaft, ihr Zusammenbruch, also – dies nur die andere Seite – *das sozialistische Endziel.*«

Die Akkumulation des Kapitals

Auch wenn Rosa Luxemburg zu gänzlich anderen Schlussfolgerungen kam als ihr Kontrahent, so hatten ihre Äußerungen über die Theorie, im Gegensatz zu Kautsky, immer den Bezug zur politischen Praxis im Auge. Luxemburg wie Bernstein gelangten über eine zunächst fast rein akademisch anmutende Diskussion über die Werttheorie zu praktisch-politischen Schlussfolgerungen, auch wenn diese sich konträr darstellten. Rosa Luxemburg verteidigte mit der Arbeitswertlehre und ihren Attacken auf den Revisionismus die wissenschaftliche Begründung einer revolutionären Politik der Sozialdemokratie. Bernstein dagegen bestritt, dass es überhaupt eine alle Situationen erfassende Werttheorie gibt. Damit beraubte er den Marxismus seines Kerns. Denn eine Abkehr von Wert- und Mehrwerttheorie war auch eine Abkehr von der Theorie der kapitalistischen Akkumulation. Sie aber ist die eigentliche ökonomische Begründung des Sozialismus in der marxistischen Theorie.

Die Theorie von der Akkumulation des Kapitals befasst sich mit der Reproduktion des Kapitalverhältnisses auf erweiterter Stufenleiter. Sie begründet die Voraussage, dass sich alle gesellschaftlichen Widersprüche verschärfen, bis die Entwicklung schließlich in eine revolutionäre Umgestaltung mündet. Der Drang nach Mehrwert zwingt die Kapitaleigner unter den Bedingungen der Konkurrenz, Mehrwertteile zu reinvestieren bzw. zu rekapitalisieren, um die Arbeitsproduktivität und damit die Wettbewerbsbedingungen zu verbessern. Damit erzeugen sie den Widerspruch zwischen Arbeit und Kapital immer wieder aufs Neue und jeweils auf höherer Ebene.

»Es sind zwei Charakterzüge, welche die kapitalistische Produktionsweise von vornherein auszeichnen.
Erstens. Sie produziert ihre Produkte als Waren. Waren zu produzieren, unterscheidet sie nicht von andern Produktionsweisen; wohl aber dies, dass Ware zu sein, der beherrschende und bestimmende Charakter ihres Produkts ist. Es schließt dies zunächst ein, dass der Arbeiter selbst nur als Warenverkäufer und daher als freier Lohnarbeiter, die Arbeit also überhaupt als Lohnarbeit auftritt. (...)
Das zweite, was die kapitalistische Produktionsweise speziell auszeichnet, ist die Produktion des Mehrwerts als direkter Zweck und bestimmendes Motiv der Produktion. Das Kapital produziert wesentlich Kapital, und es tut dies nur, soweit es Mehrwert produziert. (...) Die Produktion für den Wert und den Mehrwert schließt (...) die stets wirkende Tendenz ein, die zur Produktion einer Ware nötige Arbeitszeit, d. h. ihren Wert, unter den jedes Mal bestehenden gesellschaftlichen Durchschnitt zu reduzieren. Der Drang zur Reduktion des Kostpreises auf sein Minimum wird der stärkste Hebel der Steigerung der gesellschaftlichen Produktivkraft der Arbeit, die aber hier nur als beständige Steigerung der Produktivkraft des Kapitals erscheint.«

Karl Marx, Das Kapital, Band 3, 1894

Je höher die Arbeitsproduktivität, umso größer fällt der Anteil des Einzelkapitalisten am gesamtgesellschaftlichen Profit aus. Kapitalisten mit geringer Arbeitsproduktivität, also höheren Produktionskosten, können einen Teil des in ihrem Unternehmen erarbeiteten Mehrwerts nicht als Profit realisieren. Sie können weniger Mehrwert rekapitalisieren. Der stete Zwang, einen Teil des Mehrwerts in neues Kapital zu verwandeln, lässt die Produktionseinheiten der in der Konkurrenz siegreichen Kapitalisten wachsen. Das Kapital konzentriert und zentralisiert sich in immer weniger Händen. Die Zahl der von diesem Prozess profitierenden Kapitalisten sinkt, die Zahl der Arbeiter aber wächst mit der Ausdehnung der Produktion. So vollzieht sich eine fortlaufende Vergesellschaftung der Produktion bei unverändert privater Aneignung des Profits (also des in der Konkurrenz erzielten Mehrwerts). Daraus zog Marx vier für seine Theorie wesentlichen Schlussfolgerungen:

1. Mit der Vergesellschaftung der Produktion verschärft sich der Konkurrenzkampf zwischen den an Größe zunehmenden Betrieben, und dies steigert die Anarchie der kapitalistischen Produktion.
2. Die Kleinproduzenten verlieren im Konkurrenzkampf gegen die großen, sie werden enteignet und vergrößern die Zahl des Proletariats.
3. Die Polarisierung zwischen den beiden gesellschaftlichen Hauptklassen – Kapitalisten und Proletarier – verschärft sich. Der zahlenmäßig wachsenden Arbeiterklasse steht die zunehmende Macht des sich in immer weniger Händen befindenden Kapitals gegenüber.
4. Bei Erreichen einer bestimmten Entwicklungsstufe werden die Produktionsverhältnisse zu Fesseln der herangereiften Produktivkräfte in einer bereits weitgehend vergesellschafteten Produktion. Die soziale Kraft, die diesen Konflikt lösen muss, die Arbeiterklasse, entwickelt sich mit und durch den Kapitalismus. Zunehmend in der Großproduktion konzentriert, diszipliniert und organisiert, ist das Proletariat die einzige Klasse, die in der Lage ist, die kapitalistische durch die sozialistische Produktionsweise zu ersetzen, damit die Gesellschaft sich die Ergebnisse gesellschaftlicher Produktion aneignen kann.

Langer Rede kurzer Sinn: Es geht hier um die objektiven – Entwicklung der kapitalistischen Produktionsweise – und die subjektiven Voraussetzungen – das Proletariat – des Sozialismus. Wenn die Theorie der Akkumulation des Kapitals die Wirklichkeit richtig beschrieb, lagen die revolutionären Schlussfolgerungen auf der Hand. Dann war die Siegesgewissheit der Sozialdemokratie wissenschaftlich begründet. Beschrieb sie die Wirklichkeit aber unzureichend, dann verwandelte sich der Sozialismus aus einer historischen Notwendigkeit in eine Frage des Wollens. Der Sozialismus, was immer man im Einzelnen darunter verstand, musste in diesem Fall politisch erkämpft werden, und es war möglich, dass er nie verwirklicht werden konnte. Aus diesem Grund stieß Bernsteins Kritik an Marx' Wirtschaftstheorie auf erbitterten Widerstand.

In den *Voraussetzungen* fasste Bernstein seine Kritik an der Theorie der kapitalistischen Akkumulation zusammen: In der Sozialdemokratie herrsche gemäß den Ausführungen des *Kapitals* die Vorstellung vor, dass die Konzentration der Vermögen zur Konzentration der industriellen Unternehmungen parallel laufe. Dies aber sei keineswegs der Fall: »Die Form der Aktiengesellschaft wirkt der Tendenz: Zentralisation der Vermögen durch Zentralisation der Betriebe in sehr bedeutendem Umfang entgegen.« Sie erlaube die weitgehende Spaltung schon konzentrierter Kapitale und mache die Aneignung des Kapitals durch einzelne Magnaten zum Zwecke der Konzentrierung gewerblicher Unternehmen überflüssig. Die Aktie sei nicht nur Kapital in vollendeter Form, »sie ist die von aller grobsinnlichen Berührung mit den Niedrigkeiten der Gewerbstätigkeit befreite Anweisung auf einen Anteil am Mehrprodukt der nationalen oder Weltwirtschaft. (...) Und wenn sie samt und sonders nur als nichtstuende Rentiers leben, so würden die wachsenden Scharen der Aktionäre – man kann heute sagen, die Aktionärsbataillone – schon durch ihre bloße Existenz, Art ihres Konsums und die Zahl ihrer sozialen Gefolgschaft eine das Wirtschaftsleben der Gesellschaft stark beeinflussende Potenz darstellen. Die Aktie stellt in der sozialen Stufenleiter die Zwischenglieder wieder her, die aus der Industrie durch die Konzentration der Betriebe als Produktionschefs ausgeschaltet wurden.«

Ganz im Gegensatz zu Marx diagnostizierte Bernstein, dass der Siegeszug der Aktie die Polarisierung der Gesellschaft hemmen werde. Dazu verwies er auf englische Einkommensstatistiken: Die gegenwärtige Entwicklung weise keine Verminderung der Zahl der Besitzenden auf. Den Vorwurf, er wolle den Sieg des Sozialismus auf den Sankt-Nimmerleinstag verschieben, konterte er mit dem Argument, dass sich die Sozialdemokratie in der Tat »schlafen legen« könne, wenn die Aussichten der Sozialdemokratie von der Verminderung der Zahl der Besitzenden abhängig wäre. Für Bernstein waren die Aussichten des Sozialismus abhängig von der Zunahme des gesellschaftlichen Reichtums und nicht von dessen Rückgang. Aber einen solchen Rückgang hatte Marx nie prophezeit.

Es war einmal mehr ein Pappkamerad, auf den Bernstein einschlug. Aus der Unschärfe der Begriffe erfolgte das Missverständnis Marx'scher Positionen. Die Polemik traf allenfalls in der Sozialdemokratie geläufige Mutationen, aber noch nicht einmal den Erzwidersacher Kautsky. Es geht bei Marx nicht um den Rückgang des gesellschaftlichen Reichtums. Er unterstellt im Gegenteil dessen Wachstum. Auch findet man bei Marx keine Äußerungen über eine Zu- oder Abnahme der »Besitzenden«. Marx untersuchte die Bewegungsrichtung des Kapitalverhältnisses, und im Hinblick auf Konzentration und Zentralisation hat er bis heute Recht. Die Aktie hat sich vor allem als ideales Instrument großer Konzerne erwiesen, Kapital zu akkumulieren.

Marx' großtechnischer Irrglaube

Bernstein plädierte für eine gerechte Verteilung der gesellschaftlichen Reichtümer. Das war für ihn der entscheidende Grund für den Sozialismus. Gerechte Verteilung aber hing nach Bernstein nicht ab von der Frage, wie viele Menschen sich das gesellschaftliche Mehrprodukt aneigneten. Damit hatte er Recht, aber das war kein Argument gegen Marx. Dieser leitete den Sozialismus nämlich nicht ab aus der Verteilungsungerechtigkeit, sondern aus der Entwicklung der kapitalistischen Produktionsweise. Totengräber des Kapitalismus wird das Proletariat in Marx' Augen nicht wegen der Verteilungsungerechtigkeit, sondern als Träger der wichtigsten Produktivkraft, der Arbeitskraft.

In einem anderen wichtigen Punkt aber hatte Bernstein Recht gegen Marx. Die Gliederung der Gesellschaft hatte sich nicht vereinfacht, wie Marx es prognostiziert hatte. Die Gesellschaft bestand nicht zunehmend nur noch aus Kapitalisten und Arbeitern. Letztere verwandelten sich auch keineswegs in eine uniforme Masse. Stattdessen variierten Einkommenshöhe und Tätigkeiten, und es erwiesen sich zahlreiche soziale Gruppen als lebensfähig, denen laut Marx nur ein kurzes Dasein vor der Proletarisierung beschieden war. Bis heute stellen die Mittelschichten eine unentbehrliche Gliederung der Sozialstruktur des Kapitalismus dar. Sie gehen nicht unter, sondern differenzieren sich, erobern neue Tätigkeitsfelder, treiben moderne Techniken und Arbeitsverfahren voran und erfüllen mit Dienstleistungen Aufgaben, welche die Großindustrie immer wieder neu stellt.

Marx' großtechnischer Irrglaube ist ein Kind seiner Zeit. Immer größer wurden die Maschinen und Fabriken, und sie saugten immer mehr menschliche Arbeitskraft auf. Tatsächlich verwandelten sich in der »ursprünglichen Akkumulation«, der Industrialisierung, Bauern in Arbeiter. Besonders mit dem Aufkommen der Textilindustrie mit ihren Web- und Spinnmaschinen wurden handwerkliche Berufszweige ausgelöscht. Der Dampfhammer ruinierte unzählige Schmiede. Marx beobachtete, wie der traditionelle Mittelstand unter die Eisenräder der industriellen Revolution geriet. Lief nicht alles darauf hinaus, dass am Ende fast nur noch Proletarier und Kapitalisten übrig blieben? So sah es aus, bis der Kapitalismus eigene Mittelschichten entstehen ließ, die sich als unentbehrliche Rädchen im großen Räderwerk erwiesen haben.

Verblüffenderweise hingen die Machthaber des realen Sozialismus trotz der mittlerweile in aller Welt gewonnenen Erfahrungen und Einsichten ebenfalls der Idee an, man könne auf Mittelständler verzichten. Sie wurden verdächtigt, immer wieder »bürgerliches« oder »kleinbürgerliches Bewusstsein« hervorzubringen. Das hatte bereits Lenin erklärt, und hier hatte Lenin Recht. Aber genauso wie Handwerker und andere Dienstleistungsberufe im Kapitalismus unverzichtbar sind, waren sie es im realen Sozialismus. Der fast schicksalhafte Hang zur Großtechnik bescherte der »sozialistischen Menschengemeinschaft« der DDR und anderen realsozialistischen Ländern Versorgungsmängel und Unmut.

Bernstein sah, dass die Großbetriebe überproportional schnell wuchsen, aber er erkannte auch, dass der Kapitalismus nach Abschluss der ursprünglichen Akkumulation ohne Mittelschichten nicht lebensfähig war. Dies widersprach dem Bild, dass sich am Ende Proletariat und das in höchstem Maß zentralisierte und konzentrierte Kapital gewissermaßen in Reinform gegenüberstehen und die Entscheidungsschlacht ausfechten würden. Dazu wird es nicht kommen, erklärte Bernstein, und stürzte mit seinen Begründungen seine Kontrahenten in arge Nöte.

So würden die kleinen und mittleren Betriebe »nur in ihrem Verhältnis zur Großindustrie schrittweise zurück[treten]«. Es gebe zwar immer mehr Großbetriebe, aber nicht zu Lasten der kleineren. Bernstein erkannte, im Gegensatz zu seinen innerparteilichen Gegnern, dass der Kapitalismus viel anpassungsfähiger und beweglicher war, als das *Kapital* und seine Interpreten es unterstellt hatten.

Und Bernstein setzte noch eins obendrauf. Er konstatierte, dass der gesellschaftliche Reichtum immens wuchs. Und er fragte: Wo bleibt das Mehrprodukt, das die Kapitalisten und ihre Dienerschaft allein nicht verbrauchen können? Seine Antwort: »Entweder steigende relative Abnahme der Zahl der Kapitalisten und steigender Wohlstand des Proletariats oder eine zahlreiche Mittelklasse, das ist die einzige Alternative, die uns die fortgesetzte Steigerung der Produktion lässt.« Beide Alternativen widersprachen Marx, dies aber in marxistischer Diktion. Bernsteins Schlussfolgerung: Sollte die Arbeiterklasse auf den Tag warten, bis das Kapital die Mittelklassen aus der Welt geschaffen hat, würde sie auf den Sankt-Nimmerleins-Tag warten.

Was Marx betrifft, irrte Bernstein wieder. Der Meister hatte ja mit seiner Akkumulationstheorie erklärt, wohin große Teile des Mehrprodukts flossen: Sie verwandelten sich wieder in Kapital, um neuen Mehrwert zu »hecken«. Und doch bleibt eine wesentliche Einsicht, dass nämlich die Sozialstruktur des modernen Kapitalismus nicht einfacher wird, sondern vielfältiger, und dass sich auch die nicht der Kapitalistenklasse angehörigen Klassen und Schichten einen gewichtigen Teil des gesellschaftlichen Reichtums aneignen können. Dass sie es tun, wissen wir heute. Damals, zu Bernsteins Zeiten, angesichts vergleichsweise archaischer sozialer Verhältnisse, bedurfte es einigen Weitblicks, dies zu verstehen. Aber Bernstein genoss den Vorzug, den Kapitalismus in seinem am weitesten entwickelten Stadium studieren zu können, in England. Diesen Vorteil hatte auch Marx gehabt, aber eben drei Jahrzehnte zuvor (gerechnet vom Erscheinungsjahr des ersten Bandes des *Kapitals*, 1867). Beide haben den Vorsprung gegenüber den Genossen in Deutschland genutzt, aber mit unterschiedlichen Ergebnissen. Aber natürlich überschattete Marx' Genie auch im Irrtum die Schulmeisterei seiner Schüler, der gehorsamen genauso wie der aufmüpfigen.

Sozialismus, wenn auch nicht in patentierter Form

Wie sah Bernstein die weitere Entwicklung der Klassen im Kapitalismus? Wiederum unterlief ihm eine derbe Missinterpretation, als er schrieb, Marx habe den charakteristischen Unterschied zwischen den Klassen aus den Einkommensquellen abgeleitet. Daher geht auch seine Kritik an Marx fehl, dass dies über die wirkliche Gliederung der Gesellschaft wenig sage. Marx hatte bei seiner Klassendefinition keineswegs Einkommensquellen im Auge, sondern die Stellung der Menschen in der Produktion und zum Eigentum.

Recht hatte Bernstein, als er erklärte, die Wirklichkeit sei gekennzeichnet durch eine unendliche Zersplitterung der Interessen und Stellungen, wobei die unterschiedliche Form der Arbeit Grundeigentümer, Kapitalisten und Arbeiter spalte. »›*Das* Proletariat‹ als Einheit der modernen lohnarbeitenden Klassen war seinerzeit eine rein begriffliche Konstruktion«, schrieb er mit Blick auf das *Kommunistische Manifest*. Hier jedoch spielte ihm einmal mehr ein falscher Abstraktionsbegriff einen Streich. Denn in der Abstraktion zeigt sich das Gemeinsame im Verschiedenen, und dies ist natürlich keine Fiktion. Den Klassenkampf bestritt Bernstein nicht, allerdings »die Richtigkeit der schablonenmäßigen Auffassung dieses Kampfes«. Er müsse sich keineswegs in dem Maß zuspitzen, »dass die bezeichneten großen Klassen eines Tages unvermittelt einander gegenüberstehen«.

Wie bei seiner Dialektikkritik und seinen Ausführungen über den Determinismus in der Geschichte zielte Bernstein in seinen wirtschaftstheoretischen Äußerungen auf die Gewissheit der sozialdemokratischen Zeitgenossen, dass die soziale Revolution unvermeidlich heranreife.

Bei Marx handelt es sich gewissermaßen um Stufen der Konkretisierung: Sie beginnen bei der Dialektik, wo Quantität in Qualität umschlägt und die Negation negiert wird. Diese Gesetze des Denkens und der objektiven Realität, von Geist und Materie, verdichten sich im historischen Materialismus. Dieser zeigt, wie die mit eherner Notwendigkeit sich durchsetzenden historischen Gesetze die Geschichte steuern. Der Umschlag von Quantität in Qualität entlädt sich in der Kollision zwischen Produktivkräften und den sie hemmenden Produktionsverhältnissen. In der ökonomischen Analyse des Kapitalismus finden die Gesetze des Denkens, der Materie und der Geschichte ihre aktuelle Anwendung und politische Perspektive: der Revolution der Arbeiterklasse gegen die kapitalistische Gesellschaft.

Aber obwohl immer weniger Menschen immer reicher werden, vereinfacht sich die Klassenstruktur im Kapitalismus nicht. Den Fabrikanten und den Kaufmann hielt Bernstein für ebenso wichtige Glieder der Gesellschaft wie den Gelehrten, Künstler und Arbeiter, solange Staat und Gemeinden die für den Sozialismus notwendigen Organe noch nicht ausgebildet hätten und das Genossenschaftswesen noch nicht genügend entwickelt sei. »Mit der begrifflichen Überflüssigkeit des kapitalistischen Unternehmertums kommen wir ebenso wenig einen Schritt weiter wie Aristoteles mit seiner begrifflichen Entbehrlichkeit der Sklaverei.«

Im Gegensatz zum revolutionären Postulat der Aufhebung der Klassen erschien es Bernstein »nicht unrichtig, von einem Hineinwachsen der Gesellschaft in den Sozialismus zu sprechen«. Die Zahl und Bedeutung staatlicher Unternehmen wachse. Dieser Prozess sei »entschieden antikapitalistisch, gegen die Aneignung von Produktionsmitteln und Produktionsüberschüssen durch Kapitalisten gerichtet, die gerade die charakteristische und wesentliche Seite des kapitalistischen Wirtschaftssystems« sei. Der Begriff »Kapitalismus« könne hier zwar nur auf die Form der Verteilung des Betriebs- und Produktionsertrags angewendet werden, aber »in der Form der Verteilung sieht der Marxismus nicht das entscheidende Kriterium«, sondern in der Produktionsweise und den Produktionsbedingungen. Marxistisch gesehen, hat er Recht. Aber er widerspricht der eigenen Klassentheorie, in der Einkommensquellen das die Definition von Klassen entscheidende Kriterium darstellen.

Bernstein sah den Übergang vom Kapitalismus zum Sozialismus im Wandel des Staats von einem der Gesellschaft übergeordneten zu einem ihr untergeordneten Organ, also in einer in hohem Maß demokratisierten Gesellschaft. Das war ein Reflex auf die preußisch-deutsche Staatsverehrung, wie sie sich in der Vergötterung von Kaiser und Militär offenbarte. Als zwanzig Jahre später der wilhelminische Staat der demokratischen Republik weichen musste – in einer Revolution! –, entstand in der Sozialdemokratie große Hilflosigkeit. Ihr erbittertster Feind war besiegt, man hatte den »Volksstaat« erkämpft, aber mit dem Feind auch die Orientierung verloren. Und wo war nun der Sozialismus?

Aber zurück zur wirtschaftstheoretischen Grundlegung des demokratischen Sozialismus. Laut Bernstein erwiesen sich die Aktiengesellschaften »als Durchgangsstadium zum öffentlichen Betrieb«. Sie hätten die meisten Chancen, wo gleichförmige Produktion möglich sei. Dadurch würde die Maschine zu einem mächtigen »Faktor der Entwicklung zum Kollektivismus«. Die künftige Entwicklung sah Bernstein wesentlich bestimmt durch die Vermehrung der »kollektivistischen Betriebe«; einen vollkommen »kollektivistischen« Gesellschaftszustand erwartete er allerdings auf lange Zeit nicht.

Auf dieser Grundlage zog Bernstein eine zentrale strategische Schlussfolgerung: Wenn man unter Verwirklichung des Sozialismus die Errichtung einer in allen Punkten streng kommunistischen Gesellschaft verstehe, »so trage ich allerdings kein Bedenken, zu erklären, dass mir dieselbe noch in ziemlich weiter Ferne zu liegen scheint. Dagegen ist es meine feste Überzeugung, dass schon die gegenwärtige Generation noch die Verwirklichung von sehr viel Sozialismus erleben wird, wenn nicht in der patentierten Form, so doch in der Sache.«

Dem entsprach ein dem Marxismus entgegengesetztes politisches Konzept. Bernstein erklärte, »wenn die Sozialdemokratie bei dieser Gliederung des Wirtschaftsorganismus ans Ruder käme«, könne sie auf den Kapitalismus zunächst nicht verzichten, sonst würde das Wirtschaftsleben zusammenbrechen und die Konterrevolution heraufbeschworen werden. Käme die Sozialdemokratie unter den Verhältnissen an die Macht, welche die Zusammenbruchstheorie voraussetze, könne sie der Wirtschaft kaum Vertrauen einflößen.

Bernstein greift seiner Zeit weit voraus. Denn exakt diese Negativstrategie werden die Sozialdemokraten einschlagen, als sie zum ersten und zum letzten Mal die ganze Macht in Deutschland in den Händen halten. Sie nutzen sie in der deutschen Revolution von 1918/19, um das Kapital vor der Sozialisierung zu bewahren.

Ein ideologisches Vakuum

Auch wenn Karl Kautsky von seiner klugen Biografin Ingrid Gilcher-Holtey gegen den Vorwurf des »Immobilismus« in Schutz genommen wird: In dem Maß, wie Kautsky sich als Wahrer des wahren Marxismus verstand, wurde er zum Scholastiker. Er erkannte Schwächen in Bernsteins Argumentation, vor allem dessen fehlende Marx-Kenntnis. Aber er zeigte sich nicht fähig, die von Bernstein hervorgehobenen neuen Entwicklungen in Wirtschaft und Gesellschaft zu analysieren. Er charakterisierte Kartelle und Trusts lediglich als glänzende Bestätigung der Marx'schen Theorie. Er versuchte zu belegen, dass die Marx'schen Erwartungen hinsichtlich Konzentration und Zentralisation des Kapitals sich erfüllt hätten. Die »Kapitalmagnaten«, welche alle Vorteile des kapitalistischen Umwälzungsprozesses usurpierten und monopolisierten, »sind zur Wirklichkeit geworden in der kurzen Spanne Zeit, seitdem Marx diesen Satz niedergeschrieben, und werden immer mehr zur Wirklichkeit durch die Vollendung der Kapitalkonzentration in der Form der *Kartelle* und *Trusts*«. Schaut man sich das Zitat genauer an, dann erkennt man, wie die zusammenbruchstheoretische Erwartungshaltung durchscheint: »Vollendung der Kapitalkonzentration«. Kautsky sah die Monopolisierung ganzer Industriezweige – den »Ausschluss der Konkurrenz aus der *Produktion*« –, eine Erscheinung, die erst nach Marx' Tod eine ökonomische Bedeutung erlangt habe. Die modernen Finanzkönige beherrschten durch Kartelle und Trusts die Nation direkt, sie machten sich die gesamte Produktion untertan.

Aber welche Schlussfolgerungen sollte die Sozialdemokratie aus dieser Entwicklung ziehen? Musste sie angesichts der Macht der Monopole nicht die Beschränkung auf das Proletariat aufgeben, jenen Nachhall von Lassalles These, gegenüber der Arbeiterklasse seien alle Klassen und Schichten nur eine »reaktionäre Masse«? Und wenn die Trusts und Kartelle die Nation direkt beherrschten, welche Rolle spielten dann der Staat, der Kaiser, das Militär? Und wenn die großen Produktionseinheiten den Markt kontrollierten, was geschah mit dem Tauschwert der Waren und der Marktpreisbildung, mit Mehrwert und Profit?

Was den Wert der Ware ausmacht, zeigt sich erst, wenn die Ware auf dem Markt verkauft wird. Ist der Preis zu hoch, bleibt die Ware ein Ladenhüter, dann können Wert und Mehrwert nicht realisiert werden. Ist der Preis zu niedrig, verringert sich der Profit, der rekapitalisiert, in Arbeitsproduktivität und Konkurrenzfähigkeit reinvestiert werden kann. Dann schwächt das Unternehmen seine Wettbewerbsfähigkeit. Im schlimmsten Fall werden nicht einmal die Reproduktionskosten der Arbeit realisiert, der Betrieb kann seine Arbeiter nicht mehr bezahlen und geht Bankrott. Dieses Szenario des *Kapitals* funktioniert allerdings nur unter den Bedingungen der freien Konkurrenz.

Aber die freie Konkurrenz empfanden viele Unternehmer als Bedrohung. Sie scheuten das Risiko sich schnell wandelnder Märkte und setzten stattdessen auf Absprachen, um den Wettbewerb und Krisen zu dämpfen. In Deutschland entstanden nach den hektischen Gründerjahren in Folge der deutschen Einheit vor allem in der Grundstoffindustrie Kartelle, berühmt war etwa das Rheinisch-Westfälische Kohlensyndikat, Ähnliches gab es in der Zement- und der Kaliindustrie. Kartelle erlaubten es, die Preise hoch zu halten, sodass auch die Kartellmitglieder auf ihre Kosten kamen, deren Arbeitsproduktivität unterdurchschnittlich war. Unternehmen mit hoher Arbeitsproduktivität erzielten Extraprofite. Kartelle regulierten den Markt und setzten für sich das Marx'sche Wertgesetz außer Kraft. Welche Konsequenzen mussten die Marxisten hieraus ziehen? Diese zentrale Frage und viele andere ließen die Theoretiker der SPD unbeantwortet. So durften sie sich nicht beklagen, dass die Antworten der ideologischen Konkurrenz das Vakuum füllten.

Gegen die revisionistische Auffassung über die Aktie polemisierte Kautsky, diese bringe nicht Geldbesitz, sondern setze ihn voraus. Die Form der Aktiengesellschaft vermehre die der Produktion zu Gebote stehende Kapitalmenge, indem sie es erlaube, Besitz in Kapital zu verwandeln, der sonst nicht Kapital würde; sie ändere also zunächst überhaupt nichts an der Verteilung des vorhandenen Besitzes. »Die Zunahme der Zahl der Aktionäre beweist gar nicht die Zunahme der Zahl der Besitzenden, sie beweist nur, dass in der kapitalistischen Gesellschaft die Form der Aktie immer mehr die vorherrschende Form des Besitzes wird.« Mit der Aktiengesellschaft als »auserlesenem Kittel, Gimpel zu fangen und zu rupfen«, würden den großen Kapitalisten neue Machtmittel zur Verfügung gestellt, da Aktien nichts weiter seien als eine besondere Form des

Kredits. Die Aktiengesellschaft sei die geeignete Form, die Konzentration des Kapitals auf die Spitze zu treiben, erklärte Kautsky in Übereinstimmung mit Marx und Engels den sich vor aller Augen vollziehenden Prozess der Konzentration von Kapital und Produktion. Was durch das Aktienkapital vermehrt werde, sei nicht die Zahl der Besitzenden, sondern die der »müßigen Besitzenden«. »Nicht die Zunahme der Besitzenden wird durch die rasche Zunahme der Aktiengesellschaften bewiesen, sondern die wachsende Überflüssigkeit kapitalistischer Produktion, die wachsende Möglichkeit, ja Notwendigkeit sozialistischer Produktion.«

Der Bernstein'schen These, dass es den Kapitalmagnaten unmöglich sei, das wachsende Mehrprodukt zu verbrauchen, hielt Kautsky den wichtigsten Abflusskanal des Mehrwerts entgegen: die Akkumulation des Kapitals. Eine neue Mittelschicht bilde sich trotzdem heraus. Für diese aber spiele das Privateigentum zumeist keine Rolle. Weder diese noch andere Erscheinungen, wie etwa die Zunahme des physischen Wohls einzelner Arbeiterschichten, stünden im Widerspruch zu den »Marx'schen Lehren von der Konzentration des Kapitals, der Zunahme der Ausbeutung des Proletariats und der Verschärfung der sozialen Gegensätze«.

Der Hammerschlag der Revolution

Rosa Luxemburg hatte das *Kapital* verstanden, und hier vor allem dessen dritten Band. Die wichtigste Konsequenz der Akkumulation des Kapitals bestand in ihren Augen in der Verschärfung der sozialen Widersprüche. Die Produktionsverhältnisse der kapitalistischen Gesellschaft näherten sich denen der sozialistischen immer mehr, ihre politischen und rechtlichen Verhältnisse dagegen errichteten »zwischen der kapitalistischen und der sozialistischen Gesellschaft eine immer höhere Wand«. Diese Wand werde durch die Entwicklung der Sozialreformen oder demokratische Tendenzen nicht durchlöchert, sondern umgekehrt fester und höher gemacht. »Wodurch sie also niedergerissen werden kann, ist einzig der Hammerschlag der Revolution.« Bernstein aber wolle die sozialen Gegensätze nicht zur Reife gelangen lassen »und durch einen revolutionären Umschlag auf die Spitze *aufheben*, sondern ihnen die Spitze abbrechen, sie *abstumpfen*«.

Bei den Aktiengesellschaften, von denen Bernstein sich so viel versprach, sondere sich das Eigentum an Kapital als Anspruchstitel bei der Verteilung des Profits gänzlich von persönlichen Beziehungen in der Produktion und erscheine in seiner reinsten, geschlossenen Form. »In dem Aktienkapital und dem industriellen Kreditkapital gelangt das kapitalistische Eigentumsrecht erst zu seiner vollen Ausbildung.«

Ohne es zu sagen, korrigierte Luxemburg Marx nach dessen dialektischer Methode. Das zeigte sich vor allem bei der Frage der Mittelschichten, deren zahlenmäßiges Wachsen Bernstein als Beweis gegen die Verschärfung der gesellschaftlichen Widersprüche angeführt hatte. Nach Luxemburg treibt das Kleinkapital die technische Revolution voran: Es führt neue Produktionsmethoden in alten Branchen ein, und es schafft neue, vom großen Kapital noch nicht beherrschte Produktionszweige. »Vollkommen falsch ist die Auffassung, als ginge die Entwicklung des kapitalistischen Mittelbetriebes in gerader Linie abwärts zum stufenweisen Untergang. Der tatsächliche Verlauf der Entwicklung ist vielmehr auch hier rein dialektisch und bewegt sich ständig zwischen Gegensätzen.« Die kapitalistischen Mittelschichten befänden sich wie die Arbeiterklasse unter dem Einfluss zweier entgegengesetzter Tendenzen – eine befördernde – die krisenhafte, periodische Entwertung des vorhandenen Kapitals, die die Stufenleiter der Produktion immer wieder für eine Zeit lang senke, sowie das Eindringen der kapitalistischen Produktion in neue Sphären – und eine hemmende – das beständige Steigen der Stufenleiter der Produktion, welche die Produktivkräfte der Mittelkapitale periodisch überhole und sie so immer wieder aus dem Wettbewerb herausschleudere.

In der Konkurrenz mit dem Großkapital gehe es demnach nicht um eine kontinuierliche Schlacht, »wo die Truppe des schwächeren Teiles direkt und quantitativ mehr zusammenschmilzt«, sondern vielmehr um ein »periodisches Abmähen der Kleinkapitale, die dann immer wieder rasch aufkommen, um von neuem durch die Sense der Großbetriebe abgemäht zu werden«. In letzter Instanz aber siegt die herabdrückende Tendenz durch das allmählich steigende Kapitalminimum, das zum Betrieb in den alten Branchen notwendig sei, und durch die immer kürzere Zeitspanne, die den Kleinkapitalen bleibe, um in neue Sphären einzudringen. Aber aus diesem Grund würden die Mittelschichten nicht schrumpfen, sondern lediglich einem immer rascheren sozialen Stoffwechsel ausgeliefert sein.

Rosa Luxemburg erwies sich in ihren ökonomischen Betrachtungen als Meisterin der dialektischen Methode von Marx. Das unterschied sie krass von Bernstein, auch von Kautsky, die sich beide erstaunlich häufig als »Opfer« der dürftigen Marx-Rezeption in der Sozialdemokratie entpuppten. In ihrer Argumentation steckt auch mehr Wucht. Sie lamentierte nicht, sondern nahm die doppelte Herausforderung offensiv an: den Revisionismus und die Veränderung der gesellschaftlichen und wirtschaftlichen Wirklichkeit. Sie verstand es geschickt, die Marx'schen Auffassungen über die Akkumulation des Kapitals auf die neue Realität der Kartelle, Trusts und Aktiengesellschaften anzuwenden. Ihre Korrektur der Verelendungsthese – der Proletarisierung der Mittelschichten – war von funkelnder Originalität. Es ging ja auch um eine Schlüsselfrage: Wenn am Ende die Mittelschichten der entscheidende soziale Faktor würden, wäre der Sozialismus von einer »Wissenschaft« in eine spekulative Vision zurückverwandelt.

Auch wenn es noch fünfzehn Jahre dauern sollte bis zu den ersten Schritten einer organisatorischen Absonderung der Linken in der Sozialdemokratie (Spartakusbund) und zwanzig bis zur Gründung der KPD: In der Auseinandersetzung um Bernsteins Thesen kristallisierten sich die künftigen Fronten heraus: die Parteirechte, die um die Jahrhundertwende von Bernstein repräsentiert wurde (der dann in der Kriegsfrage 1914–1918 zunehmend nach links, zur USPD, rückte); die Parteilinke, in der damals bereits niemand Luxemburgs Genie überstrahlte; das Parteizentrum, das Bebel und Kautsky vertraten (auch wenn sich Letzterer im Krieg gemeinsam mit Bernstein in der USPD wieder finden sollte). Als der Krieg verloren war, entfiel der Grund für die Aufspaltung in Mehrheitssozialdemokraten und Unabhängige Sozialdemokraten, und Bernstein und Kautsky gehörten wieder gemeinsam der SPD an. Die Linke hatte sich in der Kommunistischen Partei versammelt.

Im Kern zeigten sich die Unterschiede bereits um die Jahrhundertwende in allen wichtigen Fragen, vor allem aber hinsichtlich der strategischen Konsequenzen. Welche Politik sollte die Sozialdemokratie verfolgen? Weiter auf den »großen Kladderadatsch« warten? Oder den Kapitalismus durch beharrliche Reformarbeit verändern?

IV. Staat und Strategie

Eine offene Konstruktionsaufgabe

Dialektik, historischer Materialismus, politische Ökonomie – bei allen Mühen und Umwegen der theoretischen Diskussion ging es Bernstein darum, seine reformistische Strategie der strategisch-taktischen Unbeweglichkeit der Parteiführung entgegenzustellen. Deshalb polemisierte er gegen die revolutionären Schlussfolgerungen, die Marx und seine Interpreten aus ihren theoretischen Überlegungen zogen. Der Übergang zum Sozialismus war kein Schicksal, ergab sich nicht zwangsläufig aus den Widersprüchen des Kapitalismus, sondern war eine Aufgabe der Politik.

Es gab genug Gründe, Eduard Bernstein in Fragen der Theorie Eklektizismus vorzuwerfen, aus Sicht des Marxismus ohnehin. Aber seine Erörterungen mündeten in systematischen Folgerungen. Dabei zeigen sich zwei Schwerpunkte: erstens seine Ansichten über die *politische* und *staatliche* Entwicklung des Kapitalismus in Deutschland und die daraus erwachsenden Aufgaben für eine reformistische Politik; zweitens führten ihn seine Betrachtungen über die *ökonomische* Entwicklung des Kapitalismus, vor allem den Prozess der Vergesellschaftung der Produktion, dazu, eine *Strategie der Wirtschaftsdemokratie* zu formulieren, die sich auf Genossenschaften und Gewerkschaften stützte. In beiderlei Hinsicht zeigte sich Bernstein als ein außerordentlich origineller Kopf, dessen reformpolitische Vorschläge, ein Reflex auf die wirtschaftlichen, gesellschaftlichen und politischen Veränderungen in Europa, im Kern noch heute interessant sind. Damals aber waren sie in ihrer Weise revolutionär, denn sie konterkarierten die Flickschusterei der Parteiführung.

Die erste zentrale Frage, die Bernstein aufwarf, lautete: Welche Rolle spielt der Staat in der kapitalistischen Gesellschaft? Daraus ergab sich die zweite Frage: Wie steht die Sozialdemokratie zum Staat?

Bernstein sah im sozialistischen Lager zwei Hauptströmungen: Die eine habe als Ziel die Umgestaltung des gegebenen Staats zu einem »Hebel der Gesellschaftsreform«, die andere wolle den Staat aufheben. Im Prinzip vertrete die deutsche Sozialdemokratie zwar die erste Richtung, seit jedoch Engels im *Antidühring* den Satz vom Absterben des Staates geprägt habe, bekämpfe man nicht mehr nur den Staat als Agenten des Kapitals, sondern gehe auch davon aus, dass der Staat grundsätzlich nicht sozialistisch werden könne. »Mit dem Sieg des Sozialismus hört der Staat auf und beginnt die sozialistische – Gesellschaft«, referierte Bernstein die Staatsauffassung, die er als authentisch marxistisch missverstanden hatte. Dazu hatte beigetragen, dass die Parteiführung aus Furcht vor Repressalien der Justiz oder einem neuen Ausnahmegesetz Äußerungen von Marx und Engels über Staat und Revolution entschärft oder gar nicht veröffentlicht hatte. So beklagte sich etwa Friedrich Engels 1895 in einem Brief an Marx' Schwiegersohn Paul Lafargue:

»Liebknecht hat mir gerade einen schönen Streich gespielt. Er hat meiner Einleitung zu den Artikeln von Marx über das Frankreich von 1848 bis 1850 alles das entnommen, was ihm dazu dienen konnte, die um jeden Preis friedliche und Gewaltanwendung verwerfende Taktik zu stützen, die es ihm seit einiger Zeit, besonders in diesem Augenblick zu predigen beliebt, wo man in Berlin Ausnahmegesetze vorbereitet.«

Aber selbst in der neu herausgegebenen Fassung, wie sie später in der *Neuen Zeit* publiziert wurde, waren in der Einleitung zu Marx' Schrift über die *Klassenkämpfe in Frankreich* auf Druck des SPD-Vorstands revolutionäre Äußerungen gestrichen worden. Der Text wurde auch dann nicht in ungekürzter Fassung abgedruckt, als die Drohung eines neuen Sozialistengesetzes nicht mehr akut war. Bernstein kannte den vollständigen Text, aber er konnte offenbar der Versuchung nicht widerstehen, Engels als Kronzeugen für seine reformpolitischen Konzepte anzuführen.

Nicht veröffentlicht hatte der SPD-Vorstand auch eineinhalb Jahrzehnte lang Marx' berühmte Kritik am Gothaer SPD-Programm von 1875. August Bebel wollte Wilhelm Liebknecht schonen, der federführend am Programm mitgearbeitet hatte. Es gab einigen Ärger, als Kautsky 1890 die Schrift in der *Neuen Zeit* abdruckte, auch wenn sie kaum Wirkung gezeigt hat. Eine umfassende Diskussion über Marx' kritische Randglossen fand nicht statt, dazu war es zu spät. Wilhelm Liebknecht hatte zwar im Vorstand kaum noch Einfluss, aber er wurde in der Partei verehrt als Ikone der Arbeiterbewegung. Warum ihn behelligen mit einer alten Schrift? Und hatte die Partei nicht mit dem Erfurter Programm bewiesen, dass sie die Lehren des großen Meister verstanden hatte? Warum also in alten Geschichten herumrühren?

Die Diktatur des Proletariats

Marx hatte seine Auffassungen über den sozialistischen Staat konkretisiert, nachdem er die Erfahrungen der nicht einmal drei Monate existierenden Pariser Kommune (März bis Mai 1871) ausgewertet hatte. Seitdem sah er in der Diktatur des Proletariats die ideale Staatsform der sozialistischen Gesellschaft bis zu der Zeit, in der der Staat als Ganzes überflüssig werden würde. Der Staat sollte in dem Maß allmählich absterben, wie sich nach der sozialistischen Revolution die Klassengegensätze auflösten.

Im Kapitalismus aber war der Staat das »geschäftsführende Organ« der Bourgeoisie. Das Beispiel der Kommune hatte Marx gezeigt, dass es nicht ausreichte, die Staatsmacht zu erobern, sie musste auch neu strukturiert werden. Das proletarische Nationalkomitee in Paris, das aus den aufständischen Nationalgarden erwuchs, diente ihm als Modell. Und nicht zuletzt dessen unblutige und sozialreformerische Politik: Gleichstellung der Frau, kostenloser Schulbesuch, Arbeitsschutz.

Nachdem französische Regierungstruppen die Kommune niedergeschlagen hatten, wurden die Kommunarden Märtyrer der internationalen Arbeiterbewegung. Sie waren die Ersten gewesen, die den Sozialismus in die Tat umsetzen wollten. Dass die meisten Revolutionäre Anhänger Louis Blanquis und Pierre Joseph Proudhons gewesen waren, störte nicht einmal den eifersüchtigen Marx. Für ihn war die Kommune das erste Aufleuchten der Weltrevolution. Als August Bebel im Mai 1871 im Reichstag die Kommune lobte, begann Bismarck die Sozialdemokraten zu fürchten. Damals, so erklärte der Kanzler später, habe er die Gefahr des Sozialismus zum ersten Mal erkannt. Seitdem dachte er über Ausnahmegesetze gegen die Sozialdemokratie nach.

> »Meine Herren, mögen die Bestrebungen der Kommune in Ihren Augen auch noch so verwerfliche oder – wie gestern hier im Hause privatim geäußert wurde – verrückte sein, seien Sie fest überzeugt, das ganze europäische Proletariat und alles, was noch ein Gefühl für Freiheit und Unabhängigkeit in der Brust trägt, sieht auf Paris. (Große Heiterkeit.) Meine Herren, und wenn auch im Augenblick Paris unterdrückt ist, dann erinnere ich Sie daran, dass der Kampf in Paris nur ein kleines Vorpostengefecht ist, dass die Hauptsache in Europa uns noch bevorsteht und dass, ehe wenige Jahrzehnte vergehen, der Schlachtenruf des Pariser Proletariats 'Krieg den Palästen, Friede den Hütten, Tod der Not und dem Müßiggange!' der Schlachtruf des gesamten europäischen Proletariats werden wird. (Heiterkeit.)«
>
> *August Bebel, Rede im Deutschen Reichstag, Mai 1871*

Auch im Hinblick auf Staat und Revolution ist es fraglich, ob Bernstein Marx gelesen oder verstanden hatte. Aber das ist, wie schon bei anderen Themen, unerheblich. Wichtiger sind Bernsteins Folgerungen: Der Kapitalismus besitzt zu verschiedenen Zeiten eine unterschiedliche Gestalt. Er muss »unter dem Drucke moderner demokratischer Einrichtungen und der ihnen entsprechenden gesellschaftlichen Pflichtbegriffe ein anderes Gesicht annehmen (...), als solange der Besitz auch die politische Herrschaft monopolisierte«. Das Aufkommen der modernen Demokratie habe den gesellschaftlichen Moralkodex nicht unbeeinflusst gelassen.

Diese Thesen konnten nur in England entstehen. Denn angesichts der autoritären Verhältnisse im Deutschen Kaiserreich von Demokratie zu sprechen, war absurd. Man musste dazu nicht einmal auf das groteske Dreiklassenwahlrecht in Preußen und Sachsen verweisen, das Grundbesitz und Reichtum mit einem zu hohen Anteil an Parlamentssitzen versorgte. Die Reichsregierung war vom Kaiser ernannt und dem Parlament nicht verantwortlich. Das Parlament hatte nur eine Möglichkeit, in die Staatspolitik einzugreifen:

indem es die Zustimmung zum Haushalt verweigerte. Die Wahlkreiseinteilung aber sicherte den Konservativen von vornherein einen überproportionalen Teil der Reichstagssitze. Und wirkliche Republikaner gab es außerhalb der sozialdemokratischen Reichstagsfraktion kaum. Die anderen deutschen Parteien waren kaisertreu, bis es keinen Kaiser mehr gab. Und selbst der SPD-Führung fiel es 1918 nicht leicht, Wilhelm II. ins niederländische Exil zu verabschieden. Dieses politische System war nur durch eine Revolution zu stürzen.

Durchführung der Genossenschaftlichkeit

Eduard Bernstein fabulierte über seine Konzepte, als lebten die Deutschen in demokratischen Idealverhältnissen. Er kümmerte sich nicht um die Frage, wie seine Forderungen durchzusetzen seien. Seine Ideen mochten für England zutreffen, im wilhelminischen Deutschland hatten sie keine Chance. Die abseitigen Voraussetzungen von Bernsteins Konzepten verhinderten jedoch nicht, dass aus ihnen Ideen erwuchsen, die sich später als tragfähig erwiesen. Aber ironischerweise erst nach der Revolution, die bei Bernstein nicht vorkam, es sei denn als Gruselstück.

Statt vom Endziel schrieb Bernstein etwas holprig von der »allseitigen Durchführung der Genossenschaftlichkeit«. Ziele, so Bernstein, dürfe man nicht als Plan, sondern nur als Prinzip verkünden. Die Mittel und Wege zur Genossenschaftlichkeit müssten in den gegebenen Bedingungen gefunden werden und dem jeweiligen Stand der Bewegung entsprechen. »Darum ist das allgemeine Ziel, die Bewegung selbst und ihr Fortschritt in der Richtung auf dieses Ziel die Hauptsache, während es recht gleichgültig ist, wie man sich das Endziel dieser Entwicklung ausmalt.« Aus einem fest umrissenen Konzept verwandelte Bernstein den Sozialismus in eine »offene Konstruktionsaufgabe« oder in einen »Sozialismus in Teillieferungen«, wie der sozialdemokratische Theoretiker Thomas Meyer treffend schreibt.

Eine Bruchstelle aber gab es, jedenfalls vom Standpunkt heutiger sozialdemokratischer Programmatik aus gesehen: Die Durchführung seines Gesellschaftsprinzips »Genossenschaftlichkeit« bedeutete für Bernstein zuerst, die Produktionsmittel in gesellschaftliches Eigentum zu überführen. Dies sei aber kein Endziel, »sondern nur ein Mittel zu einem solchen«. Ziele der sozialistischen Bewegung seien vielmehr höchste Wohlfahrt und allseitige Vervollkommnung. Die Vergesellschaftung der Produktionsmittel sei dabei nur in dem Maß erstrebenswert, wie von ihr die Erfüllung dieser Ziele erwartet werden könne. Für diese Ziele aber könne die Sozialdemokratie in der Opposition mehr tun, als wenn sie plötzlich durch eine Katastrophe an die Macht käme. Wenn die Geschäfte stockten, frage niemand, ob eine Sache sozialistisch sei, sondern ob sie zu Arbeit und Brot verhelfe. »Wir fragen nicht bei Reformen, ob sie die Katastrophe, die uns ans Ruder bringen könnte, beschleunigen oder nicht, sondern wir fragen, ob sie die Arbeiterklasse in ihrer Entwicklung fördern, ob sie dem allgemeinen esellschaftlichen Fortschritt dienen oder nicht.«

Bernsteins Schlüsselbegriff ist Demokratie. Damit bezeichnet er einen Gesellschaftszustand, »wo keiner Klasse ein politisches Privilegium gegenüber der Gesamtheit zusteht«. Demokratie bedeutet, dass alle Angehörigen des Gemeinwesens gleichberechtigt sind. Gleichberechtigung ist aber auch eine Grenze, nämlich für die Herrschaft der Mehrheit. »Je mehr sie sich einbürgert und das allgemeine Bewusstsein beherrscht, umso mehr wird Demokratie gleichbedeutend mit dem höchstmöglichen Grad von Freiheit für alle.« Sie ist für Bernstein Mittel und Zweck zugleich: Mittel der Durchsetzung des Sozialismus ebenso wie die Form seiner Verwirklichung. Demokratie ist die »Substanz des Sozialismus«.

Bernstein setzte auf die Demokratie als Prozess. Die Demokratie sei die »Hochschule des Kompromisses«. Sie hebe nicht die Klassen auf, aber die Klassenherrschaft. Sie setze allen gesellschaftlichen Kräften Grenzen der Macht. In einer Erwiderung an Kautsky schreibt er: »Mit der Ausbildung der Demokratie *muss* der Klassenkampf allmählich andere Formen annehmen. Alle Parteien, die von der Demokratie Stimmen beanspruchen, müssen dem Allgemeininteresse ihren Tribut abstatten.« So verschwindet der Klassenantagonismus. Bernstein argumentiert bereits in Kategorien, wie sie erst viel später die Pluralismustheorie erarbeiten wird.

Das allgemeine Wahlrecht ist Bernsteins Alternative zur revolutionären Erhebung. Kein Mensch denke daran, der bürgerlichen Gesellschaft als einem »zivilistisch geordneten Gemeinwesen an den Leib zu wollen«. Nicht die Proletarisierung der Gesellschaft, sondern die Erhebung des Arbeiters aus der Stellung des Proletariers zu der eines Bürgers sei das Ziel der sozialistischen Politik. Folgerichtig bestimmte Bernstein den Liberalismus, der zunächst der Bourgeoisie zugute gekommen sei, als »weltgeschichtliche Bewegung«, die der Sozialismus beerbe: »Die Demokratie ist nur die politische Form des Liberalismus.« Der Sozialismus sei die Vollendung des Liberalismus.

Diktatur von Clubrednern und Literaten

Man kann die Verblüffung seiner Parteifreunde schon verstehen. Denn was Bernstein ihnen vorschlägt, ist nichts anderes als eine bürgerliche Parteiendemokratie. Mit Elementen einer direkten Demokratie hatte er nichts im Sinn. Stattdessen setzte er auf Organe der wirtschaftlichen Interessenvertretung und der Selbstverwaltung. (Bemerkenswerterweise tauchen diese Ideen in aktuellen Programmen der PDS heute wieder auf; allerdings wird der Urheber dieser Konzepte nicht genannt.) Sozialismus war für Bernstein zunächst einmal gleichbedeutend mit einer modernen bürgerlichen Demokratie. Die Vergesellschaftung der Produktionsmittel, die markanteste marxistische Forderung, war im Vergleich zum allgemeinen Stimmrecht zweitrangig und eine Frage von Nützlichkeitserwägungen.

Daher war Bernsteins Angriff auf die zentrale Kategorie der Marx'schen Staatstheorie, die Diktatur des Proletariats, nur folgerichtig. Er verspottete sie als »Diktatur von Clubrednern und Literaten«. An dieser »Phrase« könne man nicht mehr festhalten in einer Zeit, wo sich Vertreter der Sozialdemokratie faktisch auf den Boden der parlamentarischen Arbeit gestellt hätten. »Die ganze praktische Tätigkeit der Sozialdemokratie geht darauf hinaus, Zustände und Vorbedingungen zu schaffen, die eine von konvulsivischen Ausbrüchen freie Verfügung der modernen Gesellschaftsordnung in eine höhere ermöglichen und verbürgen sollen.« Die Klassendiktatur dagegen gehöre einer tieferen Kultur an, sie sei als Rückfall, als politischer Atavismus zu betrachten.

Bernstein verwarf die Diktatur des Proletariats, aber nicht die Forderung nach der Eroberung der politischen Macht. Alle seine Vorschläge liefen darauf hinaus, den Einfluss der Sozialdemokratie zu steigern. Unter Eroberung der politischen Macht verstand Bernstein jedoch etwas anderes als die meisten anderen Sozialdemokraten. Diese nämlich dachten an eine Klassenherrschaft, daran, die Bourgeoisie von der Macht auszuschließen. Von einer politischen Revolution aber war bei Bernstein nicht die Rede. Stattdessen setzte er darauf, den politischen Einfluss der Sozialdemokratie zu vergrößern.

Diesem Ziel dienten auch Bernsteins Vorschläge zur Bündnispolitik. Der auf Lassalle zurückgehenden Vorstellung, dass alle anderen Klassen eine »reaktionäre Masse« seien, setzte Bernstein ein Konzept des Bündnisses mit dem liberalen Flügel des Bürgertums entgegen. Nur so lasse sich der Sozialismus ohne Katastrophe erreichen. Für den Moment möge es richtig sein, dass in Deutschland das Bürgertum immer reaktionärer werde. Man solle jedoch nicht vergessen, dass es aus Schichten mit unterschiedlichen Interessen bestehe, die von der Sozialdemokratie nicht gleichermaßen bedroht würden. Die SPD »schwärmt in keiner Weise für eine gewalttätige Revolution gegen die gesamte nichtproletarische Welt«. Wenn man dies deutlich sage, sei es möglich, Teile des Bürgertums für den gemeinsamen Kampf zu gewinnen.

So utopisch dies klang und so heftig manche Sozialdemokraten Kompromisse mit anderen Kräften ablehnten: Bei den Reichstagswahlen zwang das Mehrheitswahlrecht die Sozialdemokraten zu einer flexiblen Stichwahltaktik. Gewählt wurde nur der Kandidat, der die absolute Stimmenmehrheit erhielt. Also mussten die Sozialdemokraten Kompromisse mit anderen Parteien eingehen, um ihre Wählerstimmen optimal in Reichstagsmandate umzusetzen. Zur Zeit des Sozialistengesetzes unterstützte die SAP nur dann Kandidaten anderer Parteien, wenn diese sich dafür aussprachen, die Ausnahmegesetze aufzuheben. Nach dem Sturz Bismarcks und dem Ende seiner Repressalien machten die Sozialdemokraten Stichwahlabkommen davon abhängig, ob die konkurrierenden Kandidaten sich nach ihrer Wahl für eine Verbesserung der sozialen und politischen Lage der Arbeiter einsetzten. 1912 schloss die SPD-Führung sogar ein geheimes Stichwahlabkommen mit der Fortschrittlichen Volkspartei. Sie verpflichtete sich darin, ihren eigenen Wahlkampf in sechzehn Wahlkreisen zu »dämpfen«, um Kandidaten der Volkspartei zu unterstützen. Dafür gewährte die Volkspartei in anderen Wahlkreisen der SPD den Vortritt.

Fasst man Bernsteins Haltung zur Marx'schen Staats- und Revolutionstheorie zusammen, so kann man folgende vier Punkte festhalten:

1. Bernstein hatte die Marx'sche Staats- und Revolutionstheorie nicht begriffen. Er polemisierte gegen eine Haltung, die auch in der deutschen Sozialdemokratie kaum einer einnahm. Die Gleichsetzung von Revolution mit außergesetzlicher Gewalt verfehlt die Haltung des Marxismus, der in der Revolution einen qualitativen Sprung sah: die Ablösung einer Gesellschaftsordnung durch eine andere. Wie die Revolution stattfand, hing nach Marx von den politischen Umständen ab. Engels fasste nach Marx' Tod zunehmend einen friedlichen Weg zum Sozialismus ins Auge.
2. Der Revisionismus setzte bürgerliche Demokratie und Sozialismus gleich. Man muss vermuten, dass er eine sozialistische Parlamentsmehrheit in einer bürgerlichen Parteiendemokratie als Sieg des Sozialismus auffasste. Damit ist der Sozialismus keine neue Gesellschaftsordnung mehr, sondern eine jederzeit widerrufbare Veränderung der politischen Kräfteverhältnisse.
3. Hält man den revisionistischen Vorstellungen die politische Wirklichkeit des wilhelminischen Deutschlands entgegen, dann wirken manche Thesen Bernsteins illusorisch. Schon die Forderung nach einer demokratischen bürgerlichen Republik stellte eine Straftat dar. Ein parlamentarischer Weg zum Sozialismus war ein Anachronismus. Und von einem sich allmählich durchsetzenden Allgemeininteresse konnte nicht ernsthaft gesprochen werden.
4. Mit der Definition des Sozialismus als Gesellschaftsprinzip legte der Revisionismus einen bedeutenden Grundstein für die politische Reformarbeit. Dies bedeutete eine klare Alternative zum Immobilismus der Parteiführer und zu deren Vertrauen auf das Mahlwerk der historischen Gesetze. In dem Maß, wie das Endziel ad acta gelegt wurde, öffneten sich den Sozialdemokraten neue Möglichkeiten, die soziale und politische Lage der Arbeiter zu verbessern.

Die wirtschaftliche Demokratie

Das zweite Standbein der revisionistischen Auffassung vom Weg zum Sozialismus kann man »wirtschaftliche Demokratie« nennen. Im Mittelpunkt stehen hier aber nicht die Gewerkschaften, die im kaiserlichen Deutschland kaum weniger Repressalien ausgesetzt waren als die Partei. Vielmehr geht es Bernstein zuerst um die Genossenschaften sowie um das, was er als »Kollektivismus« bezeichnet. Der Marxismus hatte die Genossenschaften zu verschiedenen Zeiten unterschiedlich, letztlich aber doch mit Skepsis beurteilt. Bernstein führt dies zurück auf zwei Gründe: Zum einen fehle es bei Marx an einer tiefer greifenden Kritik des Genossenschaftswesens, zum anderen seien die Produktivgenossenschaften, denen Marx zeitweilig Wert beigemessen habe, in der Praxis gescheitert, und die Konsumvereine erschienen als bloße Kramläden. »Hier stand seiner großen Kraft der Analyse die schon ausgebildete Doktrin oder, wenn ich mich so ausdrücken darf, die Formel der Expropriation im Wege.«

In der Tat hatte Marx Lassalles Forderung, der Staat möge Produktionsgenossenschaften fördern, als illusorisch zurückgewiesen. Dass Bismarck und der Kaiser den Sozialismus voranbringen könnten, war in der Tat eine abstruse Idee. Und doch hatte Lassalle zum Ärger vieler Sozialisten mit niemand anderem als dem »Eisernen Kanzler« im Zwiegespräch darüber debattiert. Marx kommentierte in seiner *Kritik des Gothaer Programms* bissig: »Statt aus dem revolutionären Umwandlungsprozesse der Gesellschaft ›entsteht‹ die ›sozialistische Organisation der Gesamtarbeit‹ aus der ›Staatshilfe‹, die der Staat Produktivgenossenschaften gibt, die *er*, nicht der Arbeiter *›ins Leben ruft‹*. Es ist dies würdig der Einbildung Lassalles, dass man mit Staatsanlehn ebenso gut eine neue Gesellschaft bauen kann wie eine neue Eisenbahn!«

Im Gegensatz zu Marx glaubte Bernstein, dass das Genossenschaftswesen die Grundlage abgeben könne für ein friedliches Hineinwachsen in den Sozialismus. Die Propagierung des Genossenschaftswesens wurde zu einem Eckpfeiler des Revisionismus, in dem der Sozialismus begriffen wurde als die Durchsetzung der Genossenschaftlichkeit. Die SPD dagegen lehnte die Genossenschaften zwar nicht ab, sah aber in ihnen kein Mittel des Kampfes für den Sozialismus.

Und Bernstein widersprach Marx noch in einem weiteren Punkt. Dieser hatte in den Produktionsgenossenschaften immerhin den Beweis dafür entdeckt, dass es schon im Kapitalismus des Kapitalisten nicht bedurfte, um die Arbeit zu leiten. Bernstein dagegen hielt ausgerechnet die Produktivgenossenschaften für die »allerunglücklichste Form genossenschaftlicher Arbeit«. Mit einer Produktivgenossenschaft, die irgendeinen Zweig der Produktion oder des öffentlichen Dienstes auf eigene Rechnung betreibe, habe die Gesellschaft die gleichen Differenzpunkte wie mit einem kapitalistischen Unternehmen. Produktivgenossenschaften hätten wie diese ein Sonderinteresse an einer hohen Profitrate. Es habe sich gezeigt, »dass die Voraussetzung, die moderne Fabrik erzeuge durch sich selbst eine größere Disposition für die genossenschaftliche Arbeit, als ganz irrig zu betrachten [sei]«. Wenn die technologische Entwicklung der Fabrik auch die »Körper« für die kollektivistische Produktion geliefert habe, so habe sie »die Seelen keineswegs in gleichem Maße dem genossenschaftlichen Betrieb nähergeführt«. Die Produktivgenossenschaften seien gescheitert am Mangel an Disziplin, Risiko- und Verantwortungsbereitschaft.

Umgekehrt betrachtete Bernstein die Konsumvereine als ökonomische Potenz, als leistungs- und entwicklungsfähigen Organismus. Sie seien für die Arbeiterklasse eine Handhabe, einen erheblichen Teil des gesellschaftlichen Reichtums, »der sonst dazu dienen würde, die Klasse der Besitzenden zu vermehren und dadurch auch zu stärken, für sich zu beschlagnahmen«.

Eine ruhige Entwicklung

Das Gedankengebäude ist in sich stimmig: Die Kritik der Werttheorie führte zur Schlussfolgerung, dass die Marx'sche These, die Arbeiter würden als Produzenten und nicht als Konsumenten ausgebeutet, nur bedingt galt. In dem Maß, wie das Ausbeutungsverhältnis von der Produktion in die Konsumtion verlagert wurde, gewannen die Konsumgenossenschaften an Bedeutung. Von daher rührte das Gewicht der Konsumgenossenschaften im revisionistischen Weltbild. Bernstein gelangte in seiner Auseinandersetzung mit Marx zur Überzeugung, mittels der Genossenschaften die Ausbeutung Schritt für Schritt einschränken und im demokratischen

Prozess überwinden zu können. Aus diesem Grund setzte er in die Entwicklung des Genossenschaftswesens mehr Hoffnungen als in den gewerkschaftlichen Kampf.

Hier fand er auch einen weiteren Grund, Revolutionen abzulehnen. Erfolg haben könne das Genossenschaftswesen nämlich nur, wenn seine ruhige Entwicklung gewährleistet sei. Er glaubte nicht, dass ein »Zeitpunkt, wo alle Gemüter erhitzt, alle Leidenschaften gespannt sind, wie in einer Revolution, der Lösung dieses Problems, das sich schon in gewöhnlichen Zeiten für so schwer erweist, irgendwie förderlich sein kann. Nach menschlichem Ermessen muss gerade das Gegenteil der Fall sein.« Hier tritt aber einmal mehr Bernsteins eher emotionale und moralische denn analytische Haltung zutage. Der Sozialismus verlangte eine »ruhige Entwicklung« – die Frage war aber, ob das allein von der Sozialdemokratie abhing.

Dass Bernstein das Gewicht auf die Konsumgenossenschaften legte, widerspiegelte auch die Wirklichkeit. Es gab nur wenige Produktionsgenossenschaften, und wenn, dann gehörten sie zu Konsumvereinen. Es liegt auf der Hand, dass es den Arbeitern nicht möglich war, konkurrenzfähige Produktionsanlagen zu errichten und zu verwalten. Es fehlte vor allem an Kapital. Gegen Ende des Jahrhunderts gab es sechs größere sozialdemokratisch dominierte Konsumvereine, die im Verband »Vorwärts« zusammengeschlossen waren. Sie zählten 80 000 Mitglieder und hatten 1200 Beschäftigte. 1903 wurde der Zentralverband deutscher Konsumvereine gegründet mit 573 000 Mitgliedern und 7000 Beschäftigten. 1914 zählte der Verband 1,7 Millionen Mitglieder und mehr als 30 000 Beschäftigte. Die Genossenschaften konnten günstig einkaufen und ihren Mitglieder bessere Preise bieten als konventionelle Geschäfte. Nicht ohne Grund waren die bürgerlichen Kaufleute nicht gut zu sprechen auf die Genossenschaften, verloren sie doch in manchen Regionen viele Kunden an die Konsumvereine.

Auf ihrem Berliner Parteitag 1892 beschloss die SPD, dass sie den Aufbau von Genossenschaften begrüße, »wo sie die soziale Existenzermöglichung von im politischen oder im gewerkschaftlichen Kampf gemaßregelten Genossen bezwecken oder wo sie dazu dienen sollen, die Agitation zu erleichtern, sie von allen äußeren Einflüssen der Gegner zu befreien«. Sonst sollten die Sozialdemokraten der Gründung von Genossenschaften entgegentreten und vor allem den Glauben bekämpfen, »dass Genossenschaften imstande seien, die kapitalistischen Produktionsverhältnisse zu beeinflussen, die Klassenlage der Arbeiter zu heben, den politischen und gewerkschaftlichen Klassenkampf der Arbeiter zu beseitigen oder auch nur zu mildern«.

Auch Bernstein erkannte Grenzen des Genossenschaftswesens, aber an anderer Stelle als seine Genossen. Waren diese der Überzeugung, dass Konsumvereine nichts änderten an den kapitalistischen Eigentums- und Ausbeutungsverhältnissen, so sah Bernstein ihre Entwicklung durch den »Kollektivismus« eingeschränkt. Kollektivismus nannte er die Ausdehnung des öffentlichen Sektors. Dazu gehörte vor allem die Umwandlung von privaten in öffentliche Unternehmen. Wie Marx glaubte Bernstein, dass sich die Produktion immer weiter vergesellschafte. Im Unterschied zu Marx aber umfasste der Kollektivismus in Bernsteins Sinn nicht nur die Vergesellschaftung der Produktion, sondern auch des Eigentums. Marx und Engels dagegen hatten den Grundwiderspruch des Kapitalismus als den Gegensatz zwischen der zunehmenden Vergesellschaftung der Produktion und der privatkapitalistischen Aneignungsweise bestimmt. Nach ihrer Theorie verschärfte sich dieser Widerspruch in dem Maß, in dem die Produktion vergesellschaftet wurde. Nach Bernstein milderten sich die sozialen Widersprüche mit dem Kollektivismus. So zogen die gegensätzliche Lager gegensätzliche Schlüsse aus einer von beiden anerkannten Entwicklung der kapitalistischen Produktionsweise.

Die Vergesellschaftung der kapitalistischen Produktion zeigte sich nach Marx *und* nach Bernstein in verschiedenen Entwicklungen, so in der fortschreitenden Arbeitsteilung, der Zunahme der Produktionszweige, der Herausbildung eines gesellschaftlichen Produktionsprozesses, der Konzentration der Arbeiter in Großbetrieben und im Entstehen nationaler Märkte. Der Kapitalismus hob die Zersplitterung der Produktion auf und schuf einen gesamtgesellschaftlichen Produktionsprozess.

Ein gewerkschaftliches Reformprogramm

Wie konnte nun das Allgemeininteresse geltend gemacht werden angesichts der zunehmenden Differenzierung von Produktion und Distribution?

Anhand dieser Frage rundete Bernstein seine staatstheoretischen Überlegungen ab: Der Staat hat die Aufgabe, das Allgemeininteresse zu vertreten. Da die Weiterentwicklung der Produktion nicht in der Rücknahme ihrer Differenzierung bestehen kann, »sondern nur in neuer Zusammenfassung auf Grundlage der ausgebildeten Differenzierung (...), so kann der Verwaltungskörper der Gesellschaft in der absehbaren Zukunft sich vom gegenwärtigen Staate nur dem Grade nach unterscheiden«. Ebenso wenig würde eine sozialistische Umwälzung den Staat in eine Versorgungsanstalt umwandeln; am Prinzip der wirtschaftlichen Selbstverantwortung der Werktätigen – einem dem Liberalismus entnommenen Prinzip – wollte Bernstein festhalten. Die staatliche Struktur aber sollte so verändert werden, dass lokale und regionale Selbstverwaltungskörper die Produktionsbetriebe allmählich unter Kontrolle bringen konnten. Ein Zentralstaat würde dieser Aufgabe hilflos gegenüberstehen. Er habe künftig die Aufgabe, die diversen Selbstverwaltungskörperschaften zu koordinieren.

Sozialismus war für Bernstein vor allem die Kontrolle der wirtschaftlichen Verhältnisse durch die Gesellschaft. Dabei war es keineswegs erforderlich, Privatunternehmen in Staatseigentum zu überführen. In einem guten Fabrikgesetz könne mehr Sozialismus stecken als in der Verstaatlichung von Unternehmen, erklärte Bernstein.

Wie sollte der Vergesellschaftungsprozess aussehen, den die Sozialdemokratie voranzutreiben hätte? Bernstein forderte, alle gesetzlichen Hindernisse aufzuheben, die der Organisation der Produzenten in Verbänden, vor allem Gewerkschaften und Genossenschaften, entgegenstanden. Allerdings wollte er auch verhindern, dass Verbände eine Monopolstellung erlangten. Diese Verbände sollten bevollmächtigt sein, die Industrie zu kontrollieren. So sollten künftig Lohndrückereien und Unternehmerwillkür vermieden werden. Auch solle niemand durch Not gezwungen werden, unter unwürdigen Bedingungen zu arbeiten. Wenn diese Bedingungen erfüllt seien, sei es gleichgültig, ob noch private Betriebe existierten. Diese würden mit der Zeit ganz von selbst genossenschaftlichen Charakter annehmen.

Es handelte sich um ein gewerkschaftliches Reformprogramm. Im Vertrauen auf die objektive Entwicklung – private Betriebe würden früher oder später von selbst genossenschaftlichen Charakter annehmen – überließ es den Sozialismus einer unbestimmten Zukunft. Aber darin unterschied es sich nicht von der Revolutionserwartung vieler Sozialdemokraten. Denn wo stand denn, dass man eine Revolution herbeiführen wolle? Während aber die Verheißung des großen Kladderadatsch die Partei von der Reformarbeit abhielt, verlangte Bernstein, dass sich die Sozialdemokratie einließ auf die veränderbaren Spielregeln der bürgerlichen Gesellschaft, selbst in deren wilhelminischer Ausprägung. Allerdings beantworteten weder Bernstein noch seine Kontrahenten die Frage, wie der vermeintlich objektiven Entwicklung zum Sozialismus in einer parlamentarisch verbrämten Diktatur zum Durchbruch verholfen werden könnte. Jeder musste wissen, dass das Regime der Hohenzollern und der Ostelbier nur durch eine Revolution zu stürzen war. Alles andere waren rosarote Illusionen. Als dann aber 1918 die Revolution gegen den Willen der Sozialdemokraten ausbrach, wandelte die Partei auf Bernsteins Wegen, ohne ihn als Propheten anzuerkennen. Längst dachten die meisten Genossen wie Bernstein, wenn sie es auch nach wie vor vermieden, offiziell dem Marxismus abzuschwören.

Als die Genossen 1918/19 die Macht dazu hatten, propagierten sie lauthals die Notwendigkeit der Sozialisierung. Aber es geschah nichts, und dies vor allem, weil der Führung der Sozialdemokraten nicht nur das Konzept, sondern auch der Wille dazu fehlte. Der Ruf nach der Vergesellschaftung der Produktionsmittel war längst zur Phrase erstarrt, die aber weiter beschworen wurde, um der Konkurrenz von links etwas authentisch Sozialistisches entgegenzusetzen. Die SPD hatte an ihrem Parteiprogramm festgehalten wie an einer Bibel. Als sie es hätte verwirklichen können, scheiterte sie. Denn das Programm taugte ohne Konzept zur Umsetzung genauso wenig wie die Bibel als Programm vatikanischer Geschäftstüchtigkeit.

Bei den Vorstellungen des Revisionismus über den ökonomischen Weg zum Sozialismus sind mindestens fünf Punkte beachtenswert:

1. Bernstein betrachtete die Entwicklung zum Sozialismus als einen relativ gleichförmigen, objektiven Prozess, der im Kapitalismus selbst begründet war. Hinsichtlich der Gleichförmigkeit widerspricht er Marx, im Hinblick auf die Objektivität der Entwicklung zeigt sich Bernstein dagegen als Materialist, wenn auch nicht als dialektischer.
2. Die Aufhebung des Privateigentums, eine zentrale Kategorie des Marxismus und des Sozialismusverständnisses der Sozialdemokratie, verwandelte sich bei Bernstein in eine zweitrangige Frage.
3. Objektive Entwicklung sollte auf keinen Fall heißen, die Hände in den Schoß zu legen. Bernsteins Vorschläge sollten den Weg zum Sozialismus beschleunigen. Auch wenn Bernstein ganz in sozialdemokratischer Tradition auf die Gesetzmäßigkeit der Entwicklung zum Sozialismus verweist, macht er ihn in Wahrheit abhängig vom praktischen Handeln der Arbeiter und der Partei. Darin unterscheidet er sich vom offiziellen Marxismus der SPD, der sich revolutionär gab, aber ganz den »Gesetzen der Geschichte« vertraute. Insofern war dieser Marxismus unbeweglich und Bernsteins Revisionismus handlungsanleitend.
4. Bernstein hielt es für möglich, sozialistisches Eigentum bereits im Kapitalismus herauszubilden – eine Analogie zur bürgerlichen Revolution –, wobei er aber das bei Marx angelegte planwirtschaftliche Element im Sozialismus ignorierte. Der Revisionismus ging davon aus, dass das Genossenschaftswesen und der Kollektivismus das Privateigentum quasi niederkonkurrierten bzw. die Kapitalisten durch die Entwicklung überzeugt würden, dass das Privateigentum nicht mehr haltbar sei.
5. Erstaunlich an diesen Konzepten ist vor allem, dass die Möglichkeit des Widerstands durch Kapitaleigentümer und Großgrundbesitzer nicht bedacht wurde. Der sonst so realitätsbezogene Revisionismus erwies sich im Hinblick auf die Verwirklichungsbedingungen als utopisch. Wer dies bestreitet, behauptet implizit, Bernstein habe bei seinen Reformideen entweder die Gutwilligkeit des zu entmachtenden Gegners oder eine Revolution stillschweigend vorausgesetzt.

Karl Kautsky und die Revolution

Zu Recht widersprach »SPD-Cheftheoretiker« Kautsky Bernsteins merkwürdigen Vorstellungen von den marxistischen Revolutionserwartungen: »Wann und wo Marxisten eine politische oder soziale Katastrophe erwarteten, war das nicht eine notwendige Folge ihrer Theorie, sondern eine Folgerung aus bestimmten politischen und sozialen Situationen.« An Bernsteins Auffassung bemängelte er in erster Linie die Festlegung auf einen evolutionären Weg zum Sozialismus. Als Möglichkeit ausschließen aber wollte auch Kautsky ihn nicht. Das ist erstaunlich, denn begreift man Revolution als grundlegende politische und gesellschaftliche Umgestaltung, dann konnte es nach Marx einen evolutionären Weg zum Sozialismus nicht geben, wohl aber einen friedlichen. Wie die meisten seiner Zeitgenossen hatte auch der marxistisch gebildete Kautsky die Dialektik nicht verstanden und damit auch die Methodik der Marx'schen Analyse. Marx und Engels haben zeitlebens einen nichtrevolutionären Weg zum Sozialismus ausgeschlossen und in dieser Hinsicht immer wieder auf die Gesetze der Dialektik verwiesen. Kautsky verteidigte also nicht Marx, als er Bernsteins Revisionismus angriff, sondern die von der Dialektik befreite, vulgarisierte, mechanisch-materialistische Variante, die als Heilslehre die Sozialdemokratie umwehte. Kautsky bestimmte die SPD als eine »prinzipiell revolutionäre« Partei in dem Sinn, »dass sie sich dessen bewusst ist, sie könne, wenn im Besitz der politischen Macht, diese gar nicht anders anwenden als zur Überwindung jener Produktionsweise, auf der die heutige Gesellschaft beruht«.

Mit Fug und Recht konnte Kautsky gegen Bernsteins Revolutionsauffassung polemisieren:

»Seit Lassalle bemüht sich die Sozialdemokratie, den Unterschied zwischen der Revolution mit Heugabel und Dreschflegel und der sozialen Revolution klarzumachen. (…) Wir durften uns schmeicheln, diese Auffassung sogar den Staatsanwälten näher gebracht zu haben – und heute tritt einer unserer ältesten und hervorragendsten Wortführer auf und setzt die ökonomische Revolution dem Aufstand gleich. (…) Es ist klar, dass das Proletariat als selbständige politische Partei nicht im Polizeisinn revolutionär sein muss, sondern im Sinne der Politischen Ökonomie.«

Eine Richtung, welche die alte Gesellschaftsordnung durch eine neue ersetzen wolle, bezeichne ihr Ziel nicht durch das Wort »soziale Umgestaltung«, sondern durch das Wort »soziale Revolution«. Soziale Revolution und politischer Aufstand aber seien zwei verschiedene Dinge, die Revolution sei das Ziel, der Aufstand das Mittel. Die »außergesetzliche Gewaltanwendung« könne eine wichtige Episode des Aufstands sein, »aber er ist nie die Revolution selbst«. Die reformistische und die revolutionäre Richtung in der Arbeiterbewegung wollten im Augenblick zwar eigentlich das gleiche, »aber es hat sich gezeigt, dass die Frage des *Endziels* unserer Politik: ob Revolution oder Beschränkung auf die Reform, aufs engste verknüpft ist mit der *Organisation* und *Propaganda* des Proletariats als *politische Partei* in der *Gegenwart*.«

Das sind einmal mehr abstrakte Phrasen, scholastische Erörterungen ohne Bezug zur praktischen Politik der Partei. Zu den konkreten Vorschlägen des Revisionismus fiel Kautsky nicht mehr ein, als die offizielle Lehre wiederzukäuen. Er tat sich damit selbst keinen Gefallen, denn abstrakte Argumente mit geringem Wirklichkeitsinhalt erreichen die Köpfe nicht. Auch weil der »offizielle Marxismus« keine konkreten Antworten hatte auf die vor aller Augen stattfindenden neuen Entwicklungen – wie die Zunahme von Genossenschaften und Gewerkschaften oder der Kartelle –, gewann der Revisionismus/Reformismus die Köpfe. Trotz aller dröhnenden Verurteilung durch Parteigrößen und Parteitage. Es ist eben wenig überzeugend, alle Entwicklung lediglich als Bestätigung der ehernen Lehre zu interpretieren.

»Die Praxis ist das Kriterium der Wahrheit«, riet Engels seinen deutschen Genossen, aber die meisten glaubten, die Wahrheit gepachtet zu haben, und missbilligten die Entwicklungen in der Realität. Kautsky begab sich nicht hinab in die Gefilde der politischen Mühen, er hatte seine Rolle als erster Exeget der Lehren der Meister gefunden und beurteilte das politische Handeln seiner Genossen danach, ob es der Lehre entsprach oder nicht. Im ersten Fall gab es Lob, im zweiten Tadel. Die solcherart vollzogene Trennung der Theorie von der Praxis verwandelte die Theorie in ein System von Dogmen und die Praxis in orientierungsloses Handeln oder »Kompromisseln« (Rosa Luxemburg) mit der parteipolitischen Konkurrenz.

Aber was sollte man sich groß Gedanken machen? Alle Streiterei über die wahre Theorie und praktische Politik würde eines nicht allzu fernen Tages sowieso alle Bedeutung verlieren. Dann nämlich, wenn die historischen und ökonomischen Gesetze den Sozialismus mit eherner Kraft auf die Tagesordnung der Geschichte setzen würden. Und daran glaubte sogar Eduard Bernstein.

Die proletarische Demokratie

Auch Kautskys Kritik des Bernstein'schen Demokratiebegriffs blieb abstrakt. Für Kautsky bedeutete Demokratie nicht die Aufhebung der Klassen, denn unabhängig vom politischen System blieben bei unveränderter Gesellschaftsordnung die ökonomischen Verhältnisse und die Klassenbeziehungen die gleichen. Wohl aber sei die Demokratie die Vorbedingung der Aufhebung der Klassenherrschaft, »weil sie die einzige Form bildet, in der das Proletariat zur Klassenherrschaft kommen kann«. Das Proletariat müsse die Demokratie nutzen, um die Klassenherrschaft aufzuheben. »Ohne Klassenherrschaft des Proletariats keine Aufhebung der Klassen.« Eine fortschrittliche Demokratie war nach Kautsky nur denkbar als »proletarische Demokratie«. Aber die Klassenherrschaft des Proletariats musste nicht notwendigerweise die Form einer Klassendiktatur annehmen.

Mochte sich Kautsky in Sachen Revolution noch zu Recht darauf berufen, die SPD habe selbst Staatsanwälten beigebracht, dass eine Revolution etwas anderes sei, als der deutsche Spießbürger befürchte. Bei seinen Ausführungen über Demokratie und Klassenherrschaft aber könnte der Gedanke an die Justiz durchaus eine Rolle gespielt haben, wenn auch auf mittelbarem Weg. Jedenfalls war, was Kautsky als Marxismus vertrat, alles andere als marxistisch. Die »Diktatur des Proletariats« ist eine zentrale Kategorie im Gesamtwerk von Marx und Engels. Sie meint genauso wenig wie »Revolution« Dreschflegel und Guillotine, sondern vielmehr eine auf das Proletariat begrenzte Demokratie und die Unterdrückung der Bourgeoisie.

Bei aller Polemik gegen Bernstein ist Kautsky in der Staatsfrage genauso Revisionist wie Bernstein. Die Konzentration der Partei auf den Kampf für das allgemeine Wahlrecht und die demokratische Republik (auch wenn das letztgenannte Ziel aus strafrechtlichen Gründen gerne umschrieben wurde) hatte ihre theoretische Entsprechung in der Entleerung des Marx'schen Staatsbegriffs. Engels hatte den bürgerlichen Staat als geschäftsführendes Organ der Bourgeoisie bestimmt, und Marx hatte in seiner Analyse der Pariser Kommune die Idee von der Diktatur des Proletariats als der Staatsform der in der Revolution siegreichen Arbeiterklasse herausgearbeitet. Auch wenn viele sozialdemokratische Marx-Interpreten sich mühten, Äußerungen der großen Meister auszugraben, welche die sozialdemokratische Politik der klassenunspezifischen Demokratie stützten, handelte es sich hierbei durchweg um Fehlauslegungen oder um Texte, die mit oder gegen den Willen ihrer Urheber redigiert worden waren. Ob Engels' Einleitung zu Marx' *Klassenkämpfen in Frankreich*, ob die *Kritik des Gothaer Programms*, um nur die bekanntesten Texte in diesem Zusammenhang zu nennen: Bebel, Liebknecht und Genossen entschärften aus Furcht vor Wilhelms Staatsanwälten Passagen, um diese Texte dann später als Beweise dafür anzuführen, dass Marx und Engels es doch nicht so revolutionär gemeint hätten. Insofern trug die kaiserliche Justiz einiges bei zur sozialdemokratischen Theoriebildung. Auch Bernstein, der an der Quelle saß und die Originaltexte und den Streit um deren Änderungen kannte, verwechselte schließlich die zum Teil verstümmelten veröffentlichten Versionen mit den Intentionen ihrer Autoren.

»Die Kommune machte das Stichwort aller Bourgeoisrevolutionen – wohlfeile Regierung – zur Wahrheit, indem sie die beiden größten Ausgabequellen, die Armee und das Beamtentum, aufhob. Ihr bloßes Bestehn setzte das Nichtbestehn der Monarchie voraus, die, wenigstens in Europa, der regelrechte Ballast und der unentbehrliche Deckmantel der Klassenherrschaft ist. Sie verschaffte der Republik die Grundlage wirklich demokratischer Einrichtungen. Aber weder ›wohlfeile Regierung' noch die ›wahre Republik‹ war ihr Endziel; beide ergaben sich nebenbei und von selbst.
Die Mannigfaltigkeit der Deutungen, denen die Kommune unterlag, und die Mannigfaltigkeit der Interessen, die sich in ihr ausgedrückt fanden, beweisen, dass sie eine durch und durch ausdehnungsfähige politische Form war, während alle früheren Regierungsformen wesentlich unterdrückend gewe-

sen waren. Ihr wahres Geheimnis war dies: Sie war wesentlich eine Regierung der Arbeiterklasse, das Resultat des Kampfs der hervorbringenden gegen die aneignende Klasse, die endlich entdeckte politische Form, unter der die ökonomische Befreiung der Arbeit sich vollziehen konnte.
Ohne diese letzte Bedingung war die Kommunalverfassung eine Unmöglichkeit und eine Täuschung. Die politische Herrschaft des Produzenten kann nicht bestehn neben der Verewigung seiner gesellschaftlichen Knechtschaft. Die Kommune sollte daher als Hebel dienen, um die ökonomischen Grundlagen umzustürzen, auf denen der Bestand der Klassen und damit der Klassenherrschaft ruht. Einmal die Arbeit emanzipiert, so wird jeder Mensch ein Arbeiter, und produktive Arbeit hört auf, eine Klasseneigenschaft zu sein.«

Karl Marx, Der Bürgerkrieg in Frankreich, 1871

Bei Kautsky kam die Marx-Interpretation in Sachen Revolution und Staat einer Sinnentlehrung gleich. Er wollte sich nicht festlegen: »Die Entscheidung über das Problem der proletarischen Diktatur können wir wohl ganz ruhig der Zukunft überlassen. Auch da brauchen wir uns nicht die Hände zu binden.«

Klassenpartei und Reformarbeit

Durch das Aufkommen der Sozialdemokratie seien die bürgerlich-demokratischen Parteien gezwungen, für Sozialreformen einzutreten, erklärte Kautsky. Auf diese Weise wirke die Sozialdemokratie schon lange, bevor sie an die Macht gekommen sei. Ihre Angriffskraft würde jedoch erlahmen, wenn die SPD nicht die »reine Klassenpartei des Proletariats« bleibe. Deshalb musste Kautsky Bernsteins Äußerungen über das Verhältnis von Liberalismus und Sozialismus und dessen Forderung nach einer aktiven Bündnispolitik mit anderen Parteien als gefährlich erachten. Kautsky betrachtete dies als den Versuch, die Sozialdemokratie in eine Partei der demokratischen Sammlung umzuwandeln. Damit aber würde sich auch das Endziel des politischen Handelns verändern. Jede politische Partei müsse sich die Aufgabe stellen, die politische Macht zu erobern. »Eine Partei, die von vornherein erklärte, sie könne nur in der Opposition sich ersprießlich betätigen, sie strebe nur nach Macht, nicht aber nach *der* Macht, würde sich selbst lahm legen und alles Vertrauen der Volksmassen verlieren. In diesem Sinne muss also jede Partei ein ›Endziel‹ haben, nicht als Abschluss der sozialen Entwicklung: diese hat kein Ende und kein Endziel, sondern als Endzweck ihres praktischen Wirkens.« Die SPD könne sich daher nicht auf demokratisch-sozialistische Reformen beschränken, »sie muss eine Partei der *sozialen Revolution* werden«.

Die Reformarbeit galt Kautsky und vielen anderen Sozialdemokraten wenig, schließlich war die sozialistische Revolution unvermeidlich und nahe. Um die Lehre und die Politik nicht reformistisch zu verwässern, war auch die Bündnispolitik verpönt. Sie war nur zulässig, wenn das Wahlrecht sie erzwang, dann aber befristet und mit strengen Auflagen. Die Sozialdemokraten hielten es nicht für nötig, strategische Ziele mit fremder Hilfe anzusteuern. Was aber hätte dagegen gesprochen, eine Zusammenarbeit mit bürgerlichen Politikern zu suchen, um endlich eine Wahlrechtsreform durchzusetzen? Der Ausgrenzung durch das wilhelminische Deutschland begegnete die Partei mit der Arroganz des Siegers der Geschichte. Die Sozialdemokraten unterschätzten sträflich das demokratische Potential bei anderen Parteien, vor allem bei den Freisinnigen und beim Zentrum. Genauso ignorierten sie die Notwendigkeit, Anhänger auf dem Land zu gewinnen. Zu sporadisch waren die Versuche sozialdemokratischer Propaganda in Dörfern und Gütern. Dabei saß etwa in Preußen in Gestalt der »ostelbischen Junker« die gesellschaftliche und politische Kraft, die am stärksten demokratische Fortschritte behinderte. Gewiss, die bürgerlichen Demokraten in Deutschland waren nicht vergleichbar mit ihren radikaleren Gesinnungsbrüdern in Frankreich. Aber das mochte auch daran liegen, dass die Sozialdemokraten als stärkste Partei der Demokratie sie als reaktionär einstuften.

Die SPD hätte bei Bündnissen nicht verlieren müssen. Wenn sie sich mit anderen Kräften in einem oder zwei Punkten auf eine Zusammenarbeit verständigt hätte, hätte dies keineswegs bedeutet, vom Programm Abstriche zu machen. Es hätte die Partei aber aktivieren können, und sie hätte sich womöglich Positionen erkämpft, die es ihr erleichtert hätten, auch andere Programmpunkte durchzusetzen. Erst im Weltkrieg und nach Abspaltung der USPD schlossen die Sozialdemokraten Übereinkünfte mit dem Zentrum und der Deutschen Demokratischen Partei (DDP), die dann in der »Weimarer Koalition« mündeten, der »Arbeitsgemeinschaft zwischen Bürgertum und Arbeiterschaft«. Aber die Unterschätzung der politischen Arbeit auf dem Land blieb.

Das gilt übrigens genauso für die feindlichen Brüder, die kommunistischen Partei, die sich zum Jahreswechsel 1918/19 gründete und sich auf das Proletariat fixierte. Wohl gab es immer wieder Ermahnungen, so etwa aus Moskau von der Kommunistischen Internationale, aber außer kurzfristigen Stippvisiten und ein paar pathetischen Erklärungen kam dabei nichts heraus. Der »Arbeiter-und-Bauern-Staat« DDR konnte sich keineswegs auf eine Tradition der politischen Arbeit auf dem Land stützen, weder vom kommunistischen noch vom sozialdemokratischen Teil der SED her.

»Eine sieghafte Taktik«

Aber zurück zum Streit über Bernsteins Thesen. Kautsky erwies sich als der Typ des Beamtenrevolutionärs, über den sich später der Linkssozialist Karl Radek mit einigem Recht lustig machen sollte. Der Genossenschaftsbewegung und Bernsteins Interpretationen widmete Kautsky kaum ein Wort. Stattdessen verwies er einmal mehr auf die ökonomische Entwicklung, die »das Proletariat in den Klassenkampf gegen die Kapitalistenklasse treibt«, die das Proletariat an Kraft, Zahl, Geschlossenheit und Intelligenz wachsen lasse und die die ökonomische Bedeutung der Arbeiterklasse steigere, und somit »seine Organisation als politische Partei sowie deren Sieg unvermeidlich macht«. Durch die Konzentration des Kapitals würde die Einführung der sozialistischen Produktionsweise zur historischen Aufgabe. Sie schaffe die Kräfte und Mittel zu ihrer Lösung, bringe aber nicht ohne weiteres die Lösung der Aufgaben. »Diese kann nur aus dem *Bewusstsein*, dem *Willen*, dem *Kampfe* des Proletariats entspringen.«

Zweierlei Maßnahmen eines proletarischen Regimes sollten die historische Aufgabe lösen: die Vergesellschaftung der kapitalistischen Monopole und die Beseitigung der Arbeitslosigkeit, die Aufhebung der »industriellen Reservearmee«.

Karl Kautsky und andere führende Sozialdemokraten versäumten es, die an realen Entwicklungen ansetzende revisionistische Herausforderung zu nutzen, um die eigenen Anschauungen weiterzuentwickeln oder doch wenigstens zu präzisieren. Die oft phrasenhaften Abstraktheiten bestätigen, dass es eine entwickelte Strategie und Taktik der SPD, eine organische Verbindung zwischen Reform und Revolution nicht gegeben hat. Dafür sprechen auch diverse Parteitage der SPD, die sich damit begnügten, die »sieghafte und bewährte Taktik« zu bestätigen. Als würde sich der Kapitalismus nicht unaufhörlich weiterentwickeln und die Arbeiterbewegung nicht immer wieder vor neue Aufgaben stellen.

»Der Parteitag verurteilt auf das entschiedenste die revisionistischen Bestrebungen, unsere bisherige bewährte und sieggekrönte, auf dem Klassenkampf beruhende Taktik in dem Sinne zu ändern, dass an Stelle der Eroberung der politischen Macht durch Überwindung unserer Gegner eine Politik des Entgegenkommens an die bestehende Ordnung der Dinge tritt.
Die Folge einer derartigen revisionistischen Taktik wäre, dass aus einer Partei, die auf die möglichst rasche Umwandlung der bestehenden bürgerlichen in die sozialistische Gesellschaftsordnung hinarbeitet, also im besten Sinne des Wortes revolutionär ist, eine Partei tritt, die sich mit der Reformierung der bürgerlichen Gesellschaft begnügt.
Daher ist der Parteitag im Gegensatz zu den in der Partei vorhandenen revisionistischen Bestrebungen der Überzeugung, dass die Klassengegensätze sich nicht abschwächen, sondern stetig verschärfen, und erklärt,

dass die Partei die Verantwortlichkeit ablehnt für die auf der kapitalistischen Produktionsweise beruhenden politischen und wirtschaftlichen Zustände und dass sie deshalb jede Bewilligung von Mitteln verweigert, welche geeignet sind, die herrschende Klasse an der Regierung zu erhalten;

dass die Sozialdemokratie, gemäß der Resolution Kautsky des internationalen Sozialistenkongresses zu Paris im Jahre 1900, einen Anteil an der Regierungsgewalt innerhalb der bürgerlichen Gesellschaft nicht erstreben kann.

Der Parteitag verurteilt ferner jedes Bestreben, die vorhandenen, stets wachsenden Klassengegensätze zu vertuschen, um eine Anlehnung an bürgerliche Parteien zu erleichtern.

Der Parteitag erwartet, dass die Fraktion die größere Macht, die sie durch die vermehrte Zahl ihrer Mitglieder wie durch die gewaltige Zunahme der hinter ihr stehenden Wählermassen erlangt, nach wie vor zur Aufklärung über das Ziel der Sozialdemokratie verwendet und entsprechend den Grundsätzen unseres Programms dazu benutzt, die Interessen der Arbeiterklasse, die Erweiterung und Sicherung der politischen Freiheit und der gleichen Rechte für alle aufs kraftvollste und nachdrücklichste wahrzunehmen und den Kampf wider Militarismus und Marinismus, wider Kolonial- und Weltmachtspolitik, wider Unrecht, Unterdrückung und Ausbeutung in jeglicher Gestalt noch energischer zu führen, als es ihr bisher möglich gewesen ist, ›und für den Ausbau der Sozialgesetzgebung und die Erfüllung der politischen und kulturellen Aufgaben der Arbeiterklasse energisch zu wirken‹.«

Resolution des Dresdener SPD-Parteitags, 1903

Reform *oder* Revolution? Reform *und* Revolution!

Allein Rosa Luxemburg gelang es, den revisionistischen Angriff nicht nur abzuwehren, sondern auch den orthodoxen Marxismus à la Kautsky zumindest in Teilen zu überwinden. Von ihr stammen die wichtigsten strategischen und taktischen Überlegungen in der Debatte. Sie hatte verstanden, um was es Eduard Bernstein ging, nämlich um eine Strategie und eine Taktik der Partei, die in die ökonomischen, sozialen und politischen Entwicklungen eingebettet waren.

Bernstein als Antidialektiker fand auf die Herausforderung der Wirklichkeit eine evolutionäre Antwort. Eines seiner großen Verdienste bestand darin, die Schwäche des sozialdemokratischen Immobilismus, die Hohlheit des revolutionären Pathos der Parteiführung und ihres Cheftheoretikers enthüllt zu haben. Luxemburg nun dachte gar nicht daran, dem Parteivorstand aus dem Schlamassel zu helfen. Sie nutzte den Streit, um selbst Zeichen zu setzen. Am Ende dieses Streits gründete Luxemburg die KPD, wogegen ihr Mitkämpfer Kautsky und ihr Gegner Bernstein sich in einer Partei, der SPD, wieder fanden, nachdem beide wie Rosa Luxemburg den »Umweg« über die USPD genommen hatten.

Rosa Luxemburg erkannte in der Frage »Reform oder Revolution« den Kulminationspunkt der Bernstein-Debatte. Daher konzentrierte sie sich darauf, das konkrete Verhältnis des Kampfes um Reformen zum Kampf um das revolutionäre Ziel herauszuarbeiten. »Die Frage von dem Verhältnis des alltäglichen praktischen Kampfes zum Endziel ist die Lebensfrage der Partei seit Anbeginn ihrer Existenz und bleibt es auch bis zu Ende«, erklärte sie. Eine »grundsätzliche Politik« könne nicht durch die Tagesinteressen der Arbeiter, sondern stets nur durch den Zusammenhang der gegebenen Frage mit dem Endziel begründet werden. Im Kampf für politische Freiheiten und soziale Reformen sah Rosa Luxemburg die Vorstufe zur Ergreifung der Staatsgewalt. Aber immer war ihr das Endziel das entscheidende Moment, das auch dem Kampf für Teilziele einen grundsätzlich oppositionellen Charakter verlieh. Der Kampf um Reformen war für Rosa Luxemburg dem Endziel untergeordnet.

Warum sollte die Sozialdemokratie überhaupt für Reformen kämpfen? In der Tat hatten etwa anarchistische Theoretiker und Politiker dies prinzipiell abgelehnt. Jede Verbesserung der Lage der Arbeiter im Kapitalismus würde nur den ausbeuterischen Charakter des kapitalistischen Systems verschleiern, die Revolution in noch weitere Ferne rücken. Bernstein wiederum setzte auf die Reformarbeit. Kautsky stellte sich diesen komplexen Fragen gar nicht erst. Er betrachtete Reformarbeit und soziale Revolution als hintereinander liegende Entwicklungsetappen. Dagegen gelang es Rosa Luxemburg in ihrer bekannten Schrift *Sozialreform und Revolution* den inneren Zusammenhang dieser Grundsatzfrage bis ins Detail zu erarbeiten.

Für Luxemburg bildete der alltägliche praktische Kampf um soziale Reformen den einzigen Weg für die Sozialdemokratie, den proletarischen Klassenkampf zu leiten und auf das Endziel hinzuarbeiten. »Für die Sozialdemokratie besteht zwischen der Sozialreform und der sozialen Revolution ein unzertrennlicher Zusammenhang, in dem ihr der Kampf um die Sozialreform das *Mittel*, die soziale Umwälzung aber der *Zweck* ist. (...) Eine Entgegensetzung dieser beiden Momente der Arbeiterbewegung finden wir *erst* in der Theorie von Eduard Bernstein.« Diese laufe »praktisch auf nichts anderes als auf den Rat hinaus, die soziale Umwälzung (...) aufzugeben und die Sozialreform umgekehrt aus einem *Mittel* des

Klassenkampfes zu seinem *Zwecke* zu machen«. Das Endziel, die soziale Umwälzung, sei jedoch das einzige entscheidende Moment, das die SPD von der bürgerlichen Demokratie unterscheide und den Kampf der Arbeiterklasse aus einer müßigen Flickarbeit in einen Kampf gegen die kapitalistische Ordnung verwandle. Wenn man das Endziel aufgebe, setze nach und nach eine »völlige Umwälzung in der ganzen Physiognomie der Arbeiterbewegung« ein. »Das Programm, die Taktik, das Verhalten zum Staate, zur Bourgeoisie, zu der auswärtigen Politik, zum Militarismus, alles wird auf den Kopf gestellt, und aus einer revolutionären internationalen proletarischen Partei verwandelt sich die Sozialdemokratie in eine national-kleinbürgerliche-sozialreformerische Partei.« Die vom kapitalistischen Staat veranlassten Sozialreformen betrachtete Rosa Luxemburg nicht, wie Bernstein, als Kontrolle der Gesellschaft über die Produktion, sondern als »Kontrolle der Klassenorganisation des Kapitals über den Produktionsprozess des Kapitals«. In den Interessen des Kapitals finde auch die Sozialreform ihre natürliche Schranke.

Trotzdem kämpfe die Sozialdemokratie um Reformen, um die Arbeiterklasse auf die Umwälzung vorzubereiten. Reformen hätten in der Geschichte stets der allmählichen Erstarkung der aufstrebenden Klasse gedient, bis diese sich reif genug gefühlt habe, die politische Macht zu erobern und das bestehende Rechtssystem umzuwerfen. Und sie setzte hinzu:

»Bernstein, der gegen die Eroberung der politischen Macht als eine blanquistische Gewalttheorie wettert, passiert das Malheur, dass er das, was seit Jahrhunderten der Angelpunkt und die Triebkraft der menschlichen Geschichte ist, für einen blanquistischen Rechenfehler hält. Seit die Klassengesellschaften existieren und der Klassenkampf den wesentlichen Inhalt der Geschichte bildet, war die Eroberung der politischen Macht stets ebenso das Ziel aller aufstrebenden Klassen wie der Ausgangs- und Endpunkt jeder geschichtlichen Periode.«

Reform und Revolution stellten sich so dar als Momente in der Entwicklung der Klassengesellschaft, die man nicht als verschiedene Methoden des gesellschaftlichen Fortschritts betrachten könne, »die man in dem Geschichtsbuffet nach Belieben wie heiße Würstchen oder kalte Würstchen auswählen kann«. Reform und Revolution seien auch nicht durch die Zeitdauer, sondern durch ihr Wesen verschiedene Momente. »Das ganze Geheimnis der geschichtlichen Umwälzungen« liege im Umschlagen einer quantitativen Entwicklung in eine neue Qualität, im Übergang von einer Gesellschaftsordnung zu einer anderen.

Bernstein gehe zwar wie Marx von der Existenz der gesellschaftlichen Widersprüche des Kapitalismus aus, aber er irre sich hinsichtlich der Rolle der Sozialdemokratie im Kapitalismus. Tatsächlich antizipiere diese dessen Entwicklung, treibe die Konsequenzen seiner Widersprüche im politischen Kampf auf die Spitze. »Man eskomptiert sozusagen die weitere objektive Entwicklung und steht *jederzeit* auf dem Boden zur vollen Reife entwickelter Widersprüche, worin das Wesen jeder revolutionären Taktik überhaupt besteht.« Bernstein dagegen wolle diese Widersprüche abstumpfen und glaube, sich hierbei auf die objektive Entwicklung des Kapitalismus, besonders seiner Ökonomie, stützen zu können.

Rosa Luxemburg arbeitete so die politischen Dimensionen der unterschiedlichen Analysen der kapitalistischen Entwicklung heraus: Kam man zu dem Ergebnis, dass sich die von allen Kontrahenten als existent anerkannten sozialökonomischen Widersprüche kraft der wirtschaftlichen Entwicklung im Kapitalismus ausgleichen würden, dann war eine reformistische Strategie die geradezu naturnotwendige Konsequenz. Unterstellte man aber, die auf dem Boden der gegebenen Gesellschaftsordnung erwachsenden Gegensätze würden sich mit der ökonomischen Entwicklung verschärfen, seien also auf dem Boden dieser Verhältnisse nicht lösbar, dann mündete diese Einsicht nicht weniger folgerichtig in eine revolutionäre Strategie und Taktik.

Luftgebilde

War es möglich, durch eine Evolution der Demokratie zum Sozialismus zu gelangen? Und welche Bedeutung hatte die Demokratie für den Kampf der Arbeiterbewegung? Laut Rosa Luxemburg dient die Demokratie dazu, die Interessen der gesamten Gesellschaft in der staatlichen Organisation auszudrücken. Aber die der Form nach demokratischen Einrichtungen würden als Einrichtungen der kapitalistischen Gesellschaft dem Inhalt nach »zum Werkzeuge der herrschenden Klasseninteressen«. Dies zeige sich immer dann, wenn die Demokratie die Tendenz habe, ihren Klassencharakter zu verleugnen. Dann werde sie von der Bourgeoisie geopfert. »Die Idee von einer sozialdemokratischen Parlamentsmehrheit erscheint angesichts dessen als eine Kalkulation, die bloß mit der einen, formellen Seite der Demokratie rechnet, die andere Seite aber, ihren reellen Inhalt, völlig außer Acht lässt.« Die Demokratie erscheint demnach nicht als ein die kapitalistische Gesellschaft allmählich durchdringendes sozialistisches Moment, sondern als spezifisch kapitalistisches Mittel, die kapitalistischen Widersprüche zur Reife zu bringen. Dennoch hält Luxemburg die Demokratie für unentbehrlich, weil im Kampf um die Demokratie das Proletariat zum Bewusstsein seiner Klasseninteressen und seiner geschichtlichen Aufgabe kommen könne. »Sie ist unentbehrlich, nicht, weil sie die Eroberung der politischen Macht durch das Proletariat *überflüssig*, sondern weil sie diese Machtergreifung *notwendig* wie auch einzig *möglich* macht.« Rosa Luxemburg stellte die Diktatur des Proletariats im Gegensatz zu Bernstein und Kautsky nicht zur Disposition, sondern begriff Marx und Engels authentisch.

Bernsteins These von der stetigen Demokratisierung war in den Augen Rosa Luxemburgs ein »Luftgebilde«, der Kapitalismus bringe keineswegs die Demokratie: »Die politische Form ist jedes Mal das Ergebnis der gesamten Summe politischer – innerer und äußerer – Faktoren und lässt in ihren Grenzen die ganze Stufenleiter von der absoluten Monarchie bis zur demokratischen Republik zu.« Bei Luxemburg entdecken wir keine Unbestimmtheiten über die Rolle der Demokratie im Allgemeinen, sondern den Versuch, die Faktoren zu analysieren, welche die Entwicklung der Demokratie bedingen, und ihre Bedeutung für den Kampf der Arbeiterbewegung zu bestimmen.

Zwei Faktoren waren hier nach Luxemburg von Bedeutung: die Arbeiterbewegung und die zeitgenössische »Weltpolitik«, also das, was man später mit dem sozialdemokratischen Wirtschaftstheoretiker Rudolf Hilferding als Imperialismus bezeichnet hat. Nach Luxemburg befand sich die bürgerliche Demokratie mit der Aufwärtsentwicklung von Weltpolitik und Militarismus auf einem absteigenden Ast. Die mit der Ausbildung des Weltmarkts einhergehende Verschärfung und Verallgemeinerung der Konkurrenz hätten

Militarismus und Marinismus »zum tonangebenden Moment ebenso des äußeren wie des inneren Lebens der gesamten Großstaaten gemacht«. Die auswärtige Politik wie die wachsende Arbeiterbewegung treibe die Bourgeoisie in die Hände der Reaktion.

Rosa Luxemburg betrachtete die Aussichten der demokratischen Entwicklung viel konkreter und vor allem gänzlich anders als Eduard Bernstein, der die Triebkräfte der demokratischen Entwicklung nicht untersucht hatte. Tatsächlich gingen die revisionistischen Anschauungen über die Entwicklung der Demokratie im wilhelminischen Deutschland von falschen Voraussetzungen aus. Hier scheint mir Bernstein durch die von ihm sonst so gescholtene »Tendenz« – in seinem Fall der Versuch, eine reformistische Strategie für die deutsche Sozialdemokratie zu begründen – dazu verleitet worden zu sein, die politischen Verhältnisse und ihre Perspektiven schönzufärben.

Rosa Luxemburg ging auch nicht davon aus, dass mit der zunehmenden Vergesellschaftung der Produktion das Privateigentum in wachsendem Maß unter gesellschaftliche Kontrolle geriet. Es werde stattdessen immer unantastbarer und geschlossener. Das, was Bernstein als gesellschaftliche Kontrolle bezeichne, sei nicht Beschränkung des kapitalistischen Eigentums, sondern dessen Schutz. Es handle sich nicht um einen Eingriff in die kapitalistische Ausbeutung, sondern um deren Normierung. In *Sozialreform und Revolution* heißt es: »Und wenn Bernstein die Frage stellt, ob in einem Fabrikgesetz viel oder wenig Sozialismus steckt, so können wir ihm versichern, dass in dem allerbesten Fabrikgesetz genauso viel Sozialismus steckt wie in den Magistratsbestimmungen über die Straßenreinigung und das Anzünden der Gaslaternen, was ja auch ›gesellschaftliche Kontrolle‹ ist.«

Rosa Luxemburg erkannte wie Bernstein und im Gegensatz zu Kautsky, dass der Staat sich immer mehr in die Wirtschaft einmischte. Aber auch hier fand sie kein Mehr an Sozialismus. In einem gewissen Sinn würde sich tatsächlich die Verschmelzung des Staats mit der Gesellschaft vorbereiten. Zunächst aber sei der Staat eine Organisation der Kapitalistenklasse. Nehme er Funktionen im allgemeinen gesellschaftlichen Interesse wahr, so nur, insofern dieses Interesse mit dem der herrschenden Klasse zusammenfalle. Diese Harmonie dauere lediglich bis zu dem Zeitpunkt, an dem die Interessen der Bourgeoisie mit denen der ökonomischen Entwicklung kollidierten. Ein Zeitpunkt, der nach Auffassung Luxemburgs bereits längst erreicht war, wie sich in der Zollpolitik und im Militarismus zeige.

Bezieht man Rosa Luxemburgs späteres Werk ein, so wird deutlich, dass sie bereits um die Jahrhundertwende wesentliche Seiten der neuen ökonomischen und politischen Entwicklung des Kapitalismus erfasst hatte – wie Bernstein, wenn dieser auch andere Schlüsse daraus zog. Wenn sich, wie Luxemburg unterstellte, die staatliche wie die wirtschaftliche Entwicklung ganz anders darstellte, als Bernstein annahm, dann musste die innere Logik der revisionistischen Auffassung zum Verlust jeglicher Beziehung zwischen Tageskampf und Sozialismus führen. Auch konnte dann von einer stufenweise sozialisierenden Wirkung wirtschaftlicher und politischer Faktoren keine Rede mehr sein: »Indem somit der Staat, d. h. die *politische* Organisation, und die Eigentumsverhältnisse, d. h. die *rechtliche* Organisation des Kapitalismus, mit der Entwicklung immer *kapitalistischer* und nicht immer sozialistischer werden, setzen sie der Theorie von der allmählichen Einführung des Sozialismus zwei unüberwindliche Schwierigkeiten entgegen.« Daraus ergab sich ihre von Bernstein grundverschiedene Auffassung vom Sinn von Reformen und demokratischem Kampf: Für Luxemburg waren sie notwendig, um der sozialen Revolution näher zu kommen und die Arbeiterklasse auf sie vorzubereiten.

Zwitterding Genossenschaften

Es überrascht nicht, dass Rosa Luxemburg auch hinsichtlich der Gewerkschaften und Genossenschaften eine konträre Position zu Bernstein vertrat – und insoweit auch zu Kautsky, als dieser sich mit diesen zentralen Überlegungen Bernsteins gar nicht erst plagen mochte.

Genossenschaften unter kapitalistischen Bedingungen betrachtete sie als Zwitterding, als im Kleinen sozialisierte Produktion bei kapitalistischem Austausch: Da in der kapitalistischen Wirtschaft der Austausch aber die Produktion beherrsche, seien die Genossenschaften gezwungen, alle die Methoden zu praktizieren, die ein kapitalistisches Unternehmen konkurrenzfähig machten. In den Produktivgenossenschaften müssten daher die Arbeiter sich selbst gegenüber die Rolle des Unternehmers spielen. An diesem Widerspruch, und nicht wegen mangelnder Disziplin, wie Bernstein meinte, würde letztlich diese Art Genossenschaft zugrunde gehen, indem sie sich entweder in ein kapitalistisches Unternehmen zurückentwickelten oder sich auflösten. Den Gesetzen der Konkurrenz könnten sich Produktivgenossenschaften nur entziehen, wenn sie sich einen festen Kreis von Konsumenten sicherten, also Konsumvereine gründeten. Die mit einem Konsumverein gekoppelten Produktivgenossenschaften seien im günstigsten Fall auf einen kleinen lokalen Absatz, auf wenige Produkte des unmittelbaren Bedarfs angewiesen. Dagegen seien »alle wichtigen Zweige der kapitalistischen Produktion: die Textil-, Kohlen-, Metall-, Petrolindustrie sowie der Maschinen-, Lokomotiven- und Schiffsbau, (…) vom Konsumverein, also auch von der Produktivgenossenschaft, von vornherein ausgeschlossen«. Deren allgemeine Durchsetzung erfordere überdies die Abschaffung des Weltmarktes und die Auflösung der bestehenden Weltwirtschaft in kleine lokale Produktions- und Austauschgruppen, »also dem Wesen nach einen Rückgang von großkapitalistischer auf mittelalterliche Warenwirtschaft«.

Produktivgenossenschaften erwiesen sich in der gegebenen Gesellschaft als bloße Anhängsel der Konsumvereine, die als Hauptträger der beabsichtigten sozialistischen Reform in den Vordergrund treten würden. So werde aus einem Kampf gegen das Produktionskapital ein Kampf gegen das Handelskapital, und zwar gegen das Kleinhandels- und Zwischenhandelskapital. Der Kampf gegen den Hauptstamm – die Produktion – reduziere sich so auf den Kampf gegen bloße Verästelungen des kapitalistischen Stammes.

Organisierte Defensive der Arbeitskraft

Die Gewerkschaften erachtete Rosa Luxemburg für ähnlich untauglich im Sinn eines friedlichen Hineinwachsens in den Sozialismus. Sie seien zu einer ökonomischen Angriffspolitik nicht imstande, »weil sie nichts anderes als die organisierte Defensive der Arbeitskraft gegen die Angriffe des Profits« seien. Zwei wesentliche Funktionen hatten die Gewerkschaften in Rosa Luxemburgs Augen:

1. Sie beeinflussen die Marktlage durch Organisation. Durch die Proletarisierung der Mittelschichten wird der Organisationsgrad aber ständig wieder vermindert.
2. Sie dienen der Hebung der Lebenslage und der Vergrößerung des Anteils der Arbeiterklasse am gesellschaftlichen Reichtum. Der Wachstum der Arbeitsproduktivität wirkt dem aber entgegen, weil sich die Kapitalisten den größten Anteil des dadurch entstehenden Reichtums aneignen und die Einkommensunterschiede wieder verschärfen.

Die Gewerkschaftsarbeit verwandle sich kraft objektiver Vorgänge in der kapitalistischen Gesellschaft in eine Art Sisyphusarbeit, die jedoch zur Verwirklichung des kapitalistischen Lohngesetzes unentbehrlich sei. Rosa Luxemburg stellt sich so auf Marx' Position, wonach der Arbeitslohn immer um den Wert der Ware Arbeitskraft pendelt. Ein Arbeiter muss essen, wohnen, sich bilden und eine Familie gründen können. Die Arbeitskraft muss sich, wie Marx sagt, reproduzieren können. Die Kosten der Güter und Dienstleistungen, die dazu erforderlich sind, machen den Wert der Ware Arbeitskraft aus.

Wolle man die Gewerkschaften zu einem Mittel der gesellschaftlichen Umverteilung machen, so setze das erstens den Stillstand der Proletarisierung der Mittelschichten und zweitens einen Wachstumsstillstand der Arbeitsproduktivität, »also in beiden Fällen – ganz wie die Verwirklichung der konsumgenossenschaftlichen Wirtschaft – *einen Rückgang* auf *vorgroßkapitalistische Zustände voraus*«.

Die Gewerkschaften sind wie die Konsumgenossenschaften also ungeeignet, die kapitalistische Produktionsweise umzugestalten, schloss Rosa Luxemburg. Bernstein verzichte mit seinen Auffassungen auf den Kampf gegen die kapitalistische Produktion und richte den Kampf gegen die kapitalistische Verteilung, die doch bloß »eine naturgesetzliche Folge« der kapitalistischen Produktionsweise sei. Die Sozialdemokratie dagegen wolle die kapitalistische Warenproduktion aufheben, wozu aber die Beseitigung der kapitalistischen Produktionsweise erforderlich sei.

Das erste Gefecht

Die parteioffizielle Niederlage des demokratischen Sozialismus

In der einschlägigen Literatur steht meist, dass der Dresdener Parteitag die große Abrechnung mit Bernsteins Revisionismus gebracht habe. Das ist falsch. Denn zwischen den Parteitagen von Stuttgart (1898) und Hannover (1899) wurden sämtliche Argumente vorgetragen. Inhaltlich war der Streit bereits vor der Jahrhundertwende ausgetragen. Danach kam nichts Neues mehr.

Vielleicht wird mancher nun einwenden, es habe ja noch die »Massenstreikdebatte« gegeben, das heißt die Frage, ob die Arbeiter zum Mittel des General- oder Massenstreiks greifen sollten, um ihre politischen und sozialen Ziele durchzusetzen? Und ob sie es offensiv tun sollten oder nur, um Anschläge der Reaktion abzuwehren? Diese Debatte war auch eine Folge der russischen Revolution von 1905, als die Zarenmonarchie durch Massenproteste ins Wanken geraten war.

Die Fronten in diesem Streit aber laufen anders als in der Revisionismusdebatte, zumal Bernstein sich *für* den Massenstreik zur Durchsetzung allgemeiner, gleicher und geheimer Wahlen aussprach, ganz in der Logik seiner auf politische Aktivität zielenden Doktrin. Er hätte hier mit Rosa Luxemburg gegen den Parteivorstand, besonders aber gegen die Gewerkschaftsführer koalieren können, die das Recht zur Ausrufung von Massenstreiks usurpiert hatten in der Absicht, nie einen großen Streik auszulösen. Die Massenstreikdebatte entlarvte die Konzeptlosigkeit der Partei- und der Gewerkschaftsführer und ihr Beharren, um jeden, wirklich um jeden Preis zu bewahren, was man sich aufgebaut hatte.

Partei, Gewerkschaften und Genossenschaften waren längst Arbeitgeber geworden, ihre Funktionäre begriffen sich als Beamte. Zuerst warteten sie darauf, dass die ehernen Gesetze der Geschichte ihre Pflicht taten. Dann freuten sie sich über jedes Jahr, das ohne Eruptionen verlief. Diese Schicht sozialdemokratischer Funktionäre fürchtete nichts mehr als die sozialistische Revolution, zumal sie ja schief gehen konnte. Friedrich Ebert war ihr Repräsentant. In dieser Beziehung hatte Lenin einen guten Riecher, denn er erkannte früh, dass diese Funktionärsschicht am Besitzstand sichernden Status quo klebte. Unter oftmals lauten sozialistischen Proklamationen wuchs die Sozialdemokratie in die bürgerliche Gesellschaft hinein, fast gegen ihren Willen. Sie schuf sich in der bürgerlichen Gesellschaft eine eigene Lebenswelt, aber diese Abgrenzung verband sie mit dem, wovon sie sich abkapseln wollte. Die Partei war, der Weltkrieg würde es zeigen, dem kaiserlichen Vaterland längst näher als der Revolution.

Damals entstand der sozialdemokratische Organisationsfetischismus. Hatten die Sozialdemokraten bis 1878, dem Jahr der Verabschiedung des Sozialistengesetzes, die Verfolgung auf sich genommen, um ihren Zielen treu zu bleiben, so fürchteten sie schon kurz nach dem Ende des Gesetzes nichts mehr als seine Wiederauflage. Dabei hatte die Sozialdemokratie unter dem Gesetz enorme Erfolge erzielt. Sie war keineswegs vernichtet, sondern immer stärker geworden. Dem sozialdemokratischen Partei- und Gewerkschaftsbeamten aber war diese Aussicht ein Gräuel, weil er den bescheidenen Wohlstand und die angesehene Stellung verlieren würde. Man vergisst es oft: Die Angst ist ein zentraler Faktor der Politik.

Die Massenstreikdebatte enthüllte, was Klarsichtige wie Rosa Luxemburg schon längst wussten, aber sie hatte keine weltanschaulichen Folgen für die Sozialdemokratie. Bernstein hingegen begründete den demokratischen Sozialismus. Während heute kaum einer noch weiß, um was es beim Massenstreik ging, ist die Sozialdemokratie ohne Bernstein nicht vorstellbar. Nachdem die Partei mit all ihren Funktionären Bernstein unzählige Male als Ketzer abgeurteilt hatte, übernahm sie nach der Revolution, die sie nicht verhindern konnte, stillschweigend seine Lehren. Aber dazu kommen wir noch.

Zurück zum ersten parteioffiziellen Höhepunkt der Revisionismusdebatte, die in Wahrheit eine Debatte über marxistischen oder demokratischen Sozialismus war. Nach dem Parteitag in Stuttgart entbrannte der bis dahin mühsam unter der Decke gehaltene Streit vollends. Im Januar 1899 erschien Bernsteins berühmtes Buch über die *Voraussetzungen des Sozialismus und die Aufgabe der Sozialdemokratie*, in dem er seine Auffassungen erläuterte. Noch vor dem Parteitag in Hannover veröffentlichte Kautsky seine *Antikritik*, und Rosa Luxemburg überarbeitete ihre Artikelserie gegen den Revisionismus und stellte sie zu einem Buch zusammen unter dem Titel *Sozialreform und Revolution*, ein Meisterwerk marxistischer Polemik. In der sozialdemokratischen Presse wurde dem Streit viel Platz gewidmet, in vielen Parteiorganisationen wurde darüber diskutiert, und manche verabschiedeten flammende Resolutionen, die sie dem Parteitag zur Abstimmung vorlegen wollten. Bebel hatte einen Antrag gegen Bernstein angekündigt, sechs weitere Anträge mit gleichem Tenor folgten. Anträge zur Verteidigung Bernsteins waren nicht vorbereitet worden.

In einem Antrag von Stuttgarter Sozialdemokraten an den Parteitag in Hannover von 1899 hieß es:

»Die Parteiversammlung ist der Ansicht, dass Bernstein sich in seiner Schrift von dem grundsätzlichen Boden, auf dem die Sozialdemokratie steht, entfernt hat. Sie weist seine Kritik unserer Grundsätze und die von ihm empfohlene Taktik aufs schärfste zurück. Die Sozialdemokratie muss an ihrem Charakter als revolutionäre Kampfespartei festhalten und damit auch an ihrer erprobten Taktik.

Im Interesse eines geschlossenen Auftretens des kämpfenden Proletariats erwartet die Versammlung von dem Parteitag in Hannover, dass er die Stellung der Partei zu den von Bernstein angeschnittenen Fragen klar präzisiert.«

War die Diskussion in Stuttgart von Vertretern der sich herausbildenden linken Strömung gegen erheblichen Widerstand erzwungen worden, so war sie in Hannover unausweichlich. Revisionisten wie Antirevisionisten hatten sich auf den Kraftakt vorbereitet. Davon zeugt bereits der Umfang der Grundsatzreden: Bebel sprach sechs und Eduard David als Vertreter des im Exil lebenden Bernstein drei Stunden. Die Zahl der Diskussionsredner war genauso stattlich wie die Länge ihrer meist gründlich vorbereiteten Beiträge. Im Vorfeld des Parteitags und auf diesem selbst zeigte sich auch, dass Bernstein und seine Anhänger sich allmählich zu einer organisierten Kraft um den Parteisekretär Ignaz Auer entwickelt hatten. Sie stimmten ihr Verhalten vor und auf dem Parteitag ab. Auer blieb seiner Linie treu und bemühte sich, der Kritik aus dem marxistischen Lager die Spitze zu nehmen. Seine Kalkulation war: Das reformistisch-revisionistische Lager darf sich öffentlich – auch parteiöffentlich – nicht zu stark profilieren, sondern muss die Partei Schritt für Schritt erobern. Auer schrieb Bernstein über Bebels Antirevisionismusresolution nach London:

»Mit dem überall angebrachten Körnchen Salz sehe ich nicht ein, warum wir das nicht alle – Du mit eingeschlossen – sollten unterschreiben können. (...) In puncto Taktik bleibt es, wie es ist, d. h., wir handeln in den meisten Fällen, wie Du verlangst, nur machen wir den von Dir verlangten, aber praktisch den Selbstmord der Partei bedeutenden Streich nicht – offen zu erklären, dass wir von der bisherigen Praxis absehen und neue Formen anwenden.«

Es folgte ein bemerkenswertes Verwirrspiel um die Anti-Bernstein-Resolution auf dem Hannoveraner Parteitag, was die Fragwürdigkeit solcher parteioffiziellen Verdammungsurteile nur noch unterstreicht.

David versus Bebel und Luxemburg versus David

Im Mittelpunkt des Parteikongresses stand das Grundsatzreferat Bebels über die *Angriffe auf die Grundanschauungen und die taktische Stellungnahme der Partei*. Bebel griff die von den Kritikern des Revisionismus entwickelten Gesichtspunkte auf und fasste sie zu einer Stellungnahme zusammen. Nach einer Würdigung der Verdienste von Marx und Engels wandte er sich den strategisch-taktischen Thesen Bernsteins zu. Die revisionistische Auffassung, die sozialen Gegensätze und die Klassenkämpfe würden immer milder, wies er zurück, ganz im Gegenteil stehe der Sozialdemokratie das Schwerste noch bevor. »Es ist für mich *selbstverständlich*, dass die Gewerkschaften wie die ganze Klassenbewegung an einer gewissen Stelle der Entwicklung mit der kapitalistischen Gesellschaftsordnung einen Kampf auf Leben und Tod zu führen haben.« Auf die von Bernstein vorgeschlagene Weise sei es ausgeschlossen, die Großindustrie und den Großgrundbesitz, die Banken usw. in die

Hände zu bekommen, »da müssen wir also wohl oder übel die Fresslegende zur Wahrheit zu machen trachten, um den schönen geschmackvollen Ausdruck Bernsteins zu gebrauchen«. In der Geschichte sei kein Beispiel einer Bewegung wie der sozialistischen. »Wo und wann sind aus den untersten Schichten Millionen und Millionen Arbeiter so weit in ihrer kulturellen und geistigen Entwicklung gekommen, dass sie aus sich selbst den Mut hatten, der ganzen Gesellschaft gegenüberzutreten mit dem ausgesprochenen Zweck, eine von Grund aus umgestaltete Staats- und Gesellschaftsordnung an deren Stelle zu setzen?« erwiderte Bebel auf die These, für eine allgemeine Enteignung gebe es kein Beispiel in der Geschichte. Auch habe man es nicht nötig, mit Gewalt vorzugehen. »Nicht die Revolutionäre sind es, die die Revolutionen machen, sondern zu aller und zu jeder Zeit die Reaktionäre.«

Bebel unterstrich energisch den revolutionären Charakter der SPD und wies die Aufforderung zurück, die Partei demokratisch-sozialistische Reformpartei zu nennen. Der Liberalismus sei die Ideologie des Bürgertums, jede noch so liberale Partei wolle im Gegensatz zur Sozialdemokratie die bestehende Staats- und Gesellschaftsordnung aufrecht erhalten. Der revolutionäre Charakter der Partei schließe selbstverständlich ein, »dass wir Reformen nicht zurückweisen, wo wir sie bekommen können. Das beweist unser Programm; es zerfällt nicht umsonst in einen prinzipiellen und einen praktischen Teil.«

Im Unterschied zu Stuttgart fand sich in Hannover mit dem Gymnasiallehrer Eduard David ein Verteidiger der Bernstein'schen Positionen. David war 1903 für den Wahlkreis Hessen 9 (Mainz) in den Reichstag eingezogen und gehörte zum rechten Flügel der Reichstagsfraktion, 1919 sollte er erster Präsident der Weimarer Nationalversammlung werden und danach mehrere Male Minister. Er plädierte unter anderem dafür, die Außenpolitik der kaiserlichen Regierung zu akzeptieren, und trat im Weltkrieg massiv und erfolgreich dafür ein, die deutschen Kriegsziele zu unterstützen. In diesem Punkt unterschied er sich von Bernstein, der sich bald nach Kriegsausbruch von der Mehrheitsmeinung distanzierte und auch nach 1918 darauf beharrte, dass Deutschland die Hauptschuld am Krieg trage. Im Gegensatz zu David war Bernstein der Nationalismus ein Gräuel. Beide aber trafen sich besonders in der Frage, ob Kleinbetriebe im Kapitalismus lebensfähig seien. Als Agrartheoretiker plädierte David vehement für den bäuerlichen Kleinbetrieb und damit gegen die so genannte Fresslegende, wonach immer und überall die Großbetriebe die kleineren niederkonkurrieren würden.

David gehörte zu den Köpfen einer Zeitschrift, die 1895 unter dem Titel *Der sozialistische Akademiker* in Berlin gegründet und bald in *Sozialistische Monatshefte* umbenannt wurde. Diese Zeitschrift entwickelte sich bald zum Sprachrohr des Revisionismus und zur Konkurrenz für Kautskys *Neue Zeit*. Bernstein gehörte zu ihren Hauptautoren. Parteisekretär Ignaz Auer blieb der Einzige aus dem Parteivorstand, der die *Sozialistischen Monatshefte* explizit unterstützte.

Bei seinem Auftritt auf dem Parteitag in Hannover hielt David es allerdings für notwendig zu erklären, dass er sich nicht mit allen revisionistischen Thesen solidarisieren könne.

Ganz im Sinn der verabredeten Parteitagstaktik der Revisionisten bemühte sich David, die Gegensätze zwischen den Lagern als harmloser darzustellen, als sie waren. Der Widerspruch in den Auffassungen lasse sich im Wesentlichen dadurch ausdrücken: »*Emanzipation* durch wirtschaftliche *Organisation* oder Emanzipation der Arbeiterklasse durch Expropriation auf dem Wege der politischen Gewalt.« Damit forderte David jedoch nicht, mit der bisherigen Praxis zu brechen: »Ihr habt jetzt schon das Richtige getan, ihr braucht gar nicht eure Taktik zu ändern. Er [Bernstein; C. D.] will gar nicht unsere Tätigkeit irritiert wissen, er beurteilt sie nur anders, und das ist sehr wichtig.« Die Bernstein'sche Schrift breche nicht mit dem ökonomischen Prinzip der Sozialisierung, sie wolle nur die Gegenwartsarbeit stärker betonen. An die gewerkschaftliche, genossenschaftliche und politische Bewegung solle der Hebel angesetzt werden, »diese *Dreieinigkeit* soll hochgehalten werden. Dann erst wird die ganze Kraft entfaltet werden können.«

David präzisierte die praktisch-politischen Auffassungen des Revisionismus auf der Grundlage einer zutreffenden Interpretation der Bernstein'schen Ansichten. Wo Bernstein sich oft im Allgemeinen verlor – erklärlich durch seine seit 1878 anhaltende Abwesenheit von der deutschen Bewegung –, erläuterte David in nahezu programmatischer Form die nächsten Aufgaben, die der Revisionismus der Sozialdemokratie zuwies.

Welch ein Kontrast. Gestern Abend, am 29. November 1999, war Großkundgebung der SPD in Lübeck. In der Musik- und Kongresshalle (MuK) warben der jetzige SPD-Generalsekretär Franz Müntefering – alias »Münte« – und Ministerpräsidentin Heide Simonis für den sozialdemokratischen Bürgermeisterkandidaten Bernd Saxe. Gut 500 Zuhörer waren da, der Kreisverband hatte kräftig getrommelt, um den Saal voll zu bekommen. Auch hier war zu bemerken, wie politische Kundgebungen immer mehr zu Inszenierungen für die Medien werden und die Zuhörer die Kulisse für das Fernsehen abgeben. Eine absurde Situation – drei Reden hören, klatschen, nach Hause gehen. Die Sache dauerte eine Stunde, damit die Medien etwas zu zitieren hatten, mehr ist nicht mehr nötig. Heide Simonis gab sich jovial-burschikos als Landesmutter und nannte den Landtagsabgeordneten Saxe, der Bürgermeister werden will, einen »Jungen«. »Münte« wusste offenbar zeitweise nicht, wo er war, sonst hätte er seine Genossinnen und Genossen nicht gebeten, es ihm zu ersparen, eine weitere sozialdemokratische Wahlniederlage in der »Berliner Runde« zu kommentieren – als gäbe es diese Runde anlässlich der Lübecker Bürgermeisterwahlen. Im Mittelpunkt seiner Rede stand die Verteidigung der Berliner Sparpolitik. Die SPD habe zu wenig darauf hingewiesen, dass man jetzt sparen müsse, um künftig wieder gestalten zu können. Dieses Argument hört man jetzt häufig, und manche Genossen vergessen angesichts dieser Perspektive ihren Unmut. Aber was wollen die Sozialdemokraten gestalten? Heißt das Sparpaket nicht »Zukunftsprogramm 2000«? Haben sich die sozialdemokratischen Marketingstrategen verheddert? Wenn das Sparpaket nicht das Zukunftsprogramm ist, obwohl es so heißt, was soll dann in einem zukünftigen Zukunftsprogramm stehen? Darüber hat bisher keiner ein Wort gesagt. Gerhard Schröder und Co. verlangen offenbar einen Blankoscheck. Man unterstellt ihnen nichts, wenn man behauptet, dass Schröder den Zugewinn an Gestaltungsspielraum benutzen wird, um seinen wirtschaftsfreundlichen Kurs fortzuführen, selbst wenn immer mal wieder etwas an Sozialklimbim abfallen wird, um die Mitglieder und Wähler bei der Stange zu halten.

Begeistert waren die Genossen in der MuK, als Müntefering

den Kanzler als Retter der Arbeitsplätze beim Bauriesen Holzmann pries. Schröder habe durch sein Eingreifen die Pleite verhindert. Ja, wirklich? Waren die Holzmann-Bauten überflüssig, wären sie also mit Holzmann untergegangen? Oder hätten nicht andere Firmen Baustellen und Arbeitsplätze übernehmen müssen? 250 Millionen Mark Staatsknete sind ja auch nicht von Pappe. Man nennt dieses Eingreifen des Staats zugunsten von Konzernen »staatsmonopolistischen Kapitalismus«. Als in den siebziger Jahren Klaus-Uwe Benneter als Jusovorsitzender davon sprach, flog er aus der Partei. Holzmann hatte sich nicht zuletzt mit Dumpingpreisen in die Schulden gewirtschaftet, also zu Lasten seiner Konkurrenten. Und jetzt werden die Holzmänner dank der Schröder-Finanzspritze die Konkurrenten noch mehr bedrängen. Wie viele Arbeitsplätze kostet also die Holzmann-Rettung? Die *taz* titelte: »Holzmann saniert Schröder«. So ist es.

Wie gut, dass wir einen sozialdemokratischen Kanzler haben, sagte »Münte« in der MuK. Leider aber hat er auch an diesem Abend nicht verraten, welche Ziele die gestaltungswilligen Sozis haben. Vielleicht soll das ja im nächsten Parteiprogramm stehen, an dem Gerhard Schröder und Rudolf Scharping arbeiten. Wenn ich mir aber die Programmautoren anschaue, dann kommt da eher die Beschneidung des Berliner Programms heraus, und zwar um alles, was zu konkret nach demokratischem Sozialismus aussieht.

Hinter dem »Zukunftsprogramm 2000« steht ein großes Fragezeichen. Wo es vom Gestaltungswillen sprechen sollte, klafft eine Leerstelle. In Wahrheit läuft es nach dem Motto: Wenn es VW gut geht, geht es Deutschland gut. Und um dieses Kredo ranken sich sozialdemokratische Girlanden wie etwa im Schröder/Blair-Papier.

Als die Revisionisten mit den »Marxisten« um Programm und Strategie stritten, ging es um die Zukunft Deutschlands. Keinem Revisionisten wäre es in den Sinn gekommen, Gestaltungswillen zu bekunden, ohne zu verraten, um was es geht.

Karl Kautsky hielt sich an seine Ankündigung, mit seiner *Antikritik* das letzte Wort in dieser Sache gesprochen zu haben. Er wies lediglich die von David geäußerte Ansicht zurück, man könne die ökonomische und politische Macht gleichzeitig gewinnen, ohne aber die marxistische Haltung zum Verhältnis von ökonomischem und politischem Kampf konkreter darzustellen.

Dagegen hatte Rosa Luxemburg einen ihrer fulminanten Auftritte. Sie setzte sich vor allem mit der revisionistischen These über den Sozialisierungsprozess auseinander. Diese empfand sie als »schwächste Seite in der theoretischen Auffassung Bernsteins und seiner Anhänger«. Nach ihrer Meinung übersahen die Revisionisten den Unterschied zwischen den vergangenen und den heutigen Klassenkämpfen. Das Proletariat wolle keine neue Klassenherrschaft begründen, sondern jegliche Klassenherrschaft abschaffen, es wolle keine neue Form des Privateigentums schaffen, sondern dieses in den Besitz der Gesellschaft überführen. Hieraus schloss sie, dass es eine Illusion sei zu glauben, »das Proletariat könne schon innerhalb der heutigen bürgerlichen Gesellschaft die wirtschaftliche Macht sich verschaffen; es kann nur die politische Macht sich verschaffen und dann das kapitalistische Eigentum aufheben«.

Die Revisionisten würden es sich sehr einfach machen, warf Rosa Luxemburg ihnen vor. Ihrer Auffassung nach könne die ganze praktische Politik bleiben wie bisher, vielleicht unter größerer Berücksichtigung der Genossenschaften, man müsse dann nur noch das Etikett »Sozialismus« darauf kleben, und schon sei dieser fertig. »Man vergisst nur, dass, wie Engels gesagt hat, wenn man auch die Kleiderbürste unter die Säugetiere klassifiziert, sie noch lange keine Milchdrüsen bekommt.« Wenn man schon alles, was die Partei mache, sozialistisch nenne, dann brauche man keinen Zusammenbruch herbeizuführen. Die Revisionisten würden die Evolutionstheorie so auffassen, dass sie lediglich »eine kleine Korrektur an der dialektischen Geschichtsauffassung vornehmen und die Geschichte ist wieder glatt und hübsch gelöst«. Tatsächlich seien aber alle bisherigen Klassenkämpfe so verlaufen, dass die aufstrebende Klasse im Schoß der alten Gesellschaft durch Reformen allmählich immer mehr erstarkt und gewachsen sei, bis sie sich stark genug gefühlt habe, die alten Fesseln durch eine soziale und politische Katastrophe abzustreifen.

Eine Revolution brauche durchaus nicht Blutvergießen zu bedeuten. Sie könne auch friedlich verlaufen, »und wenn je eine dazu Aussicht hatte, so ist es gerade die proletarische«. Aber dies hänge vom Gegner ab. Wie die Revolution sich gestalte, könne man nicht überschauen. »Es kommt nur auf das Wesen der Sache an, und das besteht darin, dass wir eine gänzliche Umbildung der herrschenden kapitalistischen Wirtschaftsordnung erstreben.«

Ein erfolgloser Sieg

In der Resolution des Parteitags wurde der Revisionismus zwar nicht mit Namen genannt, aber sie sollte Bernsteins Ideen zurückweisen, besonders durch die Erklärung, weder den Namen noch das Programm oder die Taktik, also nichts an den sozialdemokratischen Grundanschauungen ändern zu wollen. Die Resolution wurde mit 216 gegen 21 Stimmen angenommen, und zwar in einer Fassung, die Bebels Entwurf sogar noch leicht verschärfte. Einigen linken Delegierten – so dem Breslauer Reichstagsabgeordneten Bruno Schoenlank – war sogar diese Fassung nicht scharf genug, sodass sie dagegen votierten.

Die Linken hatten Recht, denn die eher abstrakte Resolution gab der revisionistisch-reformistischen Minderheit zu viel Manövrierraum, sie lud sie geradezu ein, Bebels Stoß auszuweichen. Die Resolution verfehlte durch einen taktischen Schachzug maßgeblicher Repräsentanten der Rechten zum Teil ihren Zweck, als diese ankündigten, sie in der Abstimmung unterstützen zu wollen. So erklärte der revisionistische Potsdamer Reichstagsabgeordnete Heinrich Peus: »Die Resolution Bebel wird ja angenommen werden. Cum grano salis kann sie jeder anerkennen.« Georg von Vollmar sagte für den mehrheitlich reformistischen bayerischen Landesverband zu, »mit Vergnügen einstimmig« für die Erklärung zu votieren. Auch Ignaz Auer begrüßte die Resolution, nicht weil sie gegen Bernstein gerichtet sei, sondern weil sie ebenso gut auch von Bernstein akzeptiert werden könne. »Und das bestätigt mir kein anderer als Bernstein selber, der mir schrieb, als ich ihm den Inhalt der ursprünglichen Resolution mitteilte: ›Lieber Freund Auer, mit dem nötigen, bei solchen Dingen üblichen Körnchen Salz, stimme ich auch für die Resolution!‹«

»Die bisherige Entwicklung der bürgerlichen Gesellschaft gibt der Partei keine Veranlassung, ihre Grundanschauungen über dieselbe aufzugeben oder zu ändern.
Die Partei steht nach wie vor auf dem Boden des Klassenkampfs, wonach die Befreiung der Arbeiterklasse nur ihr eigenes Werk sein kann, und betrachtet es demzufolge als geschichtliche Aufgabe der Arbeiterklasse, die politische Macht zu erobern, um mit Hilfe derselben durch Vergesellschaftung der Produktionsmittel und Einführung der sozialistischen Produktions- und Austauschweise die größtmögliche Wohlfahrt aller zu begründen.
Um dieses Ziel zu erreichen, benutzt die Partei jedes mit ihren Grundanschauungen vereinbare Mittel, das ihr Erfolg verspricht. Ohne sich über das Wesen und den Charakter der bürgerlichen Parteien als Vertreter und Verfechter der bestehenden Staats- und Gesellschaftsordnung zu täuschen, lehnt sie ein Zusammengehen mit solchen von Fall zu Fall nicht ab, sobald es sich um Stärkung der Partei bei Wahlen oder um Erweiterung der politischen Rechte und Freiheiten des Volkes oder um eine ernsthafte Verbesserung der sozialen Lage der Arbeiterklasse und der Förderung von Kulturaufgaben oder um Bekämpfung arbeiter- und volksfeindlicher Bestrebungen handelt. Aber die Partei bewahrt sich überall in ihrer Tätigkeit ihre volle Selbständigkeit und Unabhängigkeit und betrachtet jeden Erfolg, den sie erringt, nur als einen Schritt, der sie ihrem Endziel näher bringt.
Die Partei steht der Gründung von Wirtschaftsgenossenschaften neutral gegenüber; sie erachtet die Gründung solcher Genossenschaften, vorausgesetzt, dass die dazu nötigen Vorbedingungen vorhanden sind, als geeignet, in der wirtschaftlichen Lage ihrer Mitglieder Verbesserungen herbeizuführen, sie sieht auch in der Gründung solcher Genossenschaften, wie in jeder Organisation der Arbeiter zur Wahrung und Förderung ihrer Interessen, ein geeignetes Mittel zur Erziehung der Arbeiterklasse zur selbständigen Leitung ihrer Angelegenheiten, aber sie misst diesen Wirtschaftsgenossenschaften keine entscheidende Bedeutung bei für die Befreiung der Arbeiterklasse aus den Fesseln der Lohnsklaverei.
In der Bekämpfung des Militarismus zu Wasser und zu Lande

und der Kolonialpolitik beharrt die Partei auf ihrem bisherigen Standpunkt. Ebenso verbleibt sie bei ihrer bisherigen internationalen Politik, die auf eine Verständigung und Verbrüderung der Völker, in erster Linie der Arbeiterklasse in den verschiedenen Kulturländern, abzielt, um auf dem Boden einer allgemeinen Föderation die Lösung der gemeinsamen Kulturaufgaben herbeizuführen.
Nach all diesem liegt für die Partei kein Grund vor, weder ihre Grundsätze und Grundforderungen noch ihre Taktik, noch ihren Namen zu ändern, d. h. aus der Sozialdemokratischen Partei eine demokratisch-sozialistische Reformpartei zu werden, und sie weist jeden Versuch entschieden zurück, der darauf hinausgeht, ihre Stellung gegenüber der bestehenden Staats- und Gesellschaftsordnung und den bürgerlichen Parteien zu verschleiern oder zu verrücken.«

Resolution des SPD-Parteitags in Hannover, 1899

Die »Marxisten« hatten nun zwar die große Mehrheit des Parteitags hinter sich, aber nicht zu Unrecht betrachtete der rechte Flügel den Parteitag als halben Sieg. Auer hatte die Entwicklung richtig vorausgeahnt, als er schon vor den Parteitagsdebatten an Bernstein geschrieben hatte: »Die theoretischen Streitfragen – Elends- und Zusammenbruch, materialist. Geschichtsauffassung, Werttheorie usw. – bleibt alles unberührt und somit offen.« Und Vollmar berichtete Bernstein nach dem Schlagabtausch: »Hannover ist, wie du gesehen hast, weit günstiger verlaufen, als sich voraussehen ließ – ich meine das natürlich nicht nur persönlich, in Bezug auf dich, sondern hinsichtlich der ganzen Parteientwicklung. (…) Gegen die ›Bayernpolitik‹ erhob sich (…) kaum eine Stimme (…). Du siehst, wir sind auf besten Wegen und haben seit Stuttgart einen Fortschritt gemacht, den ich damals selbst nicht so vorausgesehen. Die Straße ist jetzt frei für die naturgemäße Entwicklung.« Diese Einschätzung traf den Nagel auf den Kopf.

Von der Niederlage zur Niederlage zum Sieg

Auf dem Dresdener Parteitag 1903 wurde der Revisionismus dann beim Namen genannt. Auch auf den Parteitagen in Lübeck 1901 und in München 1902 hatte es Streit um Bernstein gegeben; der Erfolg der Sozialdemokratie bei den Reichstagswahlen und der damit verbundene Vorstoß Bernsteins, die Partei solle den ihr zustehenden Vizepräsidenten des Parlaments nominieren, bildeten den Anlass zu einer heftigen Diskussion über Programm und Politik der Partei.

Aber an den Konfliktlinien änderte sich seit Stuttgart und vor allem seit Hannover nicht mehr viel, auch nicht als Bernstein aus dem Exil nach Deutschland zurückkehrte. Mit Eduard David war auf dem Parteitag von 1899 ein geschickter und beschlagener Bundesgenosse gefunden, der die revisionistische Sache nicht schlechter vertrat, als der Meister selbst sie hätte vertreten können. Andere Mitstreiter wie Auer und Vollmar hielten es auch nach Hannover für ratsam, der Parteireligion zu huldigen, um ihr reformistisches Geschäft ohne Verurteilung durch Parteigremien im Stillen weiter zu betreiben. Sie leugneten wider besseres Wissen, dass es in der Partei grundlegende Differenzen gab, allenfalls Meinungsverschiedenheiten über Nebensächliches mochten sie zugeben. Das hinderte die Vertreter reformistischer und revisionistischer Positionen aber nicht daran, enger zusammenzurücken, vor allem um ihr gemeinsames Organ, die *Sozialistischen Monatshefte*.

Es lässt sich im Nachhinhein natürlich nicht beweisen, aber es spricht viel dafür, dass Auers Weg eines Revisionismus auf Filzlatschen am Ende erfolgreich war. Jedenfalls stimmten die sozialdemokratischen Reichstagsabgeordneten im August 1914 für die kaiserlichen Kriegskredite unter Berufung auf die Prinzipien der Partei (dazu später mehr). Bernstein dagegen provozierte durch seinen vehementen Widerspruch gegen den parteioffiziellen Marxismus das Lager der Orthodoxie und festigte es. Er lud die »Marxisten« geradezu ein, ihn zu verdammen. Und die Mitgliedschaft hörte auf ihre Parteiführer, denn sie fürchtete den Verlust der Glück verheißenden Heilslehre. Viele Genossen brauchten die Gewissheit, dass die Gesetze der Geschichte auf ihrer Seite standen.

Man sollte den Parteitagen in Sachen Revisionismus aber nicht allzu viel Gewicht beimessen. Immer wurden Revisionismus und

Reformismus verurteilt, und doch konnten alle prinzipienfesten Resolutionen den Gang der Entwicklung nicht aufhalten. Grundlegende theoretische Fragen konnten ohnehin nicht auf Parteitagen geklärt werden. Die Debattenredner konnten nur zusammenfassen und zuspitzen, was längst publiziert und bekannt war.

Aber sie machten eine Tatsache publik, die die Zeitgenossen erst viel später erkannten: die Teilung der Partei in drei Strömungen. Vergleicht man die Argumente Kautskys und Luxemburgs gegen Bernstein, dann sieht man auf der einen Seite die Konturen der sozialistischen Linken, wie sie sich später vor allem im Spartakusbund zusammenschließen sollte. Auf der anderen Seite personifizieren Bebel und Kautsky im Keim die Strömung, die manche Historiker als Zentrismus bezeichnet haben. Es ist der Versuch, die Partei im Interesse ihrer Einheit auf die alten Lehrsätze zu verpflichten. Deshalb wehrten Kautsky und Bebel Bernsteins Kritik ab, obwohl sie diese zunächst keineswegs so abwegig fanden. Und deshalb verschärfte sich auch der Kampf zwischen der Parteiführung und der Linken um Luxemburg, Mehring und Zetkin. Diese Gruppe nämlich verstieß ebenfalls gegen die Parteikonvention, die darauf zielte, die Kräfte zu sammeln, bis die Gesetze der Geschichte dem Kapitalismus den Garaus machten. »Negative Integration und revolutionären Attentismus« hat der Historiker Dieter Groh diese Haltung in seinem Schlüsselwerk zur sozialdemokratischen Geschichte genannt.

Der rechte Flügel der Partei, der seine Basis vor allem in Süddeutschland, aber auch in der Reichstagsfraktion fand, akzeptierte Bernsteins Thesen erst unwillig. Zwar entsprachen Bernsteins Ausrichtung auf die politische Praxis und der Verzicht auf den revolutionären Weg zum Endziel den reformistischen Intentionen. Aber die meisten Reformisten hatten mit Theorie, gleich welcher Art, nicht viel im Sinn. Natürlich begrüßten sie es, dass eine einstige Koryphäe des Marxismus sich ihrem Lager annäherte. Aber die dadurch ausgelöste Debatte schätzten sie nicht. Sie bemühten sich nach Kräften, eine Theorie, die bestens geeignet war, die reformistische Praxis zu begründen, in ihrer Wirkung abzuschwächen.

Bernstein bewahrte sich seine intellektuelle Unabhängigkeit bis zum Ende. Er gehörte zu den Gründern der USPD, erwarb aber nach Kriegsende auch wieder das Parteibuch der SPD. Als diese Doppelmitgliedschaften untersagte, verließ er die USPD und kam vielen seiner Genossen zuvor, die diesen Schritt erst 1922 taten, nachdem sich bereits 1920 die meisten unabhängigen Sozialdemokraten mit der KPD zusammengeschlossen hatten. Aber auch in der Weimarer SPD blieb Bernstein ein kritischer Kopf. Er verärgerte seine Genossen wohl am meisten, als er darauf bestand, dass Deutschland Schuld am Ausbruch des Ersten Weltkriegs traf. Seine Partei dagegen behauptete, dass Deutschland von seinen Gegnern in den Krieg verwickelt worden sei. Wir wissen längst, dass Bernstein in diesem Punkt allemal Recht hatte.

Die SPD dagegen geriet durch ihre Zustimmung zu den Kriegskrediten im August 1914 unter Rechtfertigungsdruck. Von der Linken wegen Verrats angegriffen, beharrte sie auf falschen Positionen. Wenn Deutschland am Krieg schuld war, dann war die Bewilligung der Kredite für die Regierung des Kaisers falsch. Die Größe, diesen fundamentalen Fehler einzugestehen, hatte die Partei nicht. Das trug dazu bei, die revanchistischen und nationalistischen Stimmungen aufrecht zu erhalten, die den Nährboden abgaben für Hitlers Aufstieg. Aber ich bin der Darstellung vorausgeeilt.

Rosa Luxemburg und Bernstein bemühten sich, die neuen ökonomischen und sozialen Verhältnisse im nationalen wie im internationalen Maßstab zu untersuchen, jedoch mit kontroversem Ergebnis. Bernstein leitete seine Schlussfolgerungen nicht aus Dogmen ab, sondern aus seiner Analyse der Realität. Sein Sozialismus hatte keine religiösen Züge wie die offizielle Lehre und erweckte schon deswegen viele Anfeindungen.

Kautsky dagegen erwies sich dieser theoretischen Herausforderung nicht gewachsen. Er sah sich als »Chefideologe« und Bewahrer der reinen Lehre, da war es schwer, die Lehre zu verbessern. Während auf dem revisionistischen und dem linken Flügel der Partei neue Schlussfolgerungen aus veränderten Verhältnissen gezogen wurden, versank der Zentrismus in theoretischer und strategischer Stagnation. Diese Erstarrung aber machte ihn und mit ihm die Partei wehrlos gegen den großen Krieg, der sichtbar heraufzog.

Opfer für den Zukunftsstaat

Die SPD und der große Krieg

»The proof of the pudding is in the eating«, pflegte Friedrich Engels seinen deutschen Genossen hin und wieder nahe zu bringen. Oder auf Deutsch: »Die Praxis ist das Kriterium der Wahrheit.« Im Sommer 1914 hatte die sozialdemokratische Partei die Möglichkeit, Solidarität und Internationalismus zu verwirklichen. Noch bis wenige Tage vor Ausbruch des Krieges deklamierten die Sozialdemokraten ihre Forderungen nach Frieden. Aber eine Woche nach dem letzten großen Aufruf bewilligte die SPD-Reichstagsfraktion der kaiserlichen Regierung Kredite, die diese dringend brauchte, um Krieg gegen Frankreich, Russland und England zu führen. Was war geschehen? Was bewirkte den überraschenden Sinneswandel? Oder war es gar keine Überraschung?

Aufruf!

Noch dampfen die Äcker auf dem Balkan von dem Blute der nach Tausenden Hingemordeten, noch rauchen die Trümmer verheerter Städte, verwüsteter Dörfer, noch irren hungernd arbeitslose Männer, verwitwete Frauen und verwaiste Kinder durchs Land, und schon wieder schickt sich die vom österreichischen Imperialismus entfesselte Kriegsfurie an, Tod und Verderben über ganz Europa zu bringen.
Verurteilen wir auch das Treiben der großserbischen Nationalisten, so fordert doch die frivole Kriegsprovokation der österreichisch-ungarischen Regierung den schärfsten Protest heraus. Sind doch die Forderungen dieser Regierung so brutal, wie sie in der Weltgeschichte noch nie an einen selbständigen

Staat gestellt sind, und können sie doch nur darauf berechnet sein, den Krieg geradezu zu provozieren.
Das klassenbewusste Proletariat Deutschlands erhebt im Namen der Menschlichkeit und der Kultur flammenden Protest gegen dies verbrecherische Treiben der Kriegshetzer. Es fordert gebieterisch von der deutschen Regierung, dass sie ihren Einfluss auf die österreichische Regierung zur Aufrechterhaltung des Friedens ausübe und, falls der schändliche Krieg nicht zu verhindern sein sollte, sich jeder kriegerischen Einmischung enthalte. Kein Tropfen Blut eines deutschen Soldaten darf dem Machtkitzel der österreichischen Gewalthaber, den imperialistischen Profitinteressen geopfert werden.
Parteigenossen, wir fordern euch auf, sofort in Massenversammlungen den unerschütterlichen Friedenswillen des klassenbewussten Proletariats zum Ausdruck zu bringen. Eine ernste Stunde ist gekommen, ernster als irgendeine der letzten Jahrzehnte. Gefahr ist im Verzuge! Der Weltkrieg droht! Die herrschenden Klassen, die euch im Frieden knebeln, verachten, ausnutzen, wollen euch als Kanonenfutter missbrauchen, überall muss den Gewalthabern in die Ohren klingen:
Wir wollen keinen Krieg! Nieder mit dem Kriege!
Hoch die internationale Völkerverbrüderung!
Berlin, den 25. Juli 1914
Der Parteivorstand

Die Rivalität der großen Mächte hatte die Welt schon mehrfach an den Rand des Kriegs getrieben. Bis 1914 war es den Diplomaten jedoch immer wieder gelungen, die Gefahr zu bannen. Aber der politischen Öffentlichkeit war bewusst, dass nur ein kleiner Funke genügte, um den Flächenbrand zu entzünden. Den kleinen Funken schlug ein serbischer Terrorist namens Gavrilo Princip, der am 28. Juni 1914 den österreichischen Thronfolger Franz Ferdinand und seine Frau in Sarajewo erschoss. Princip und seine Gesinnungsgenossen sahen in dem Anschlag ein Zeichen für die Befreiung von der Unterdrückung der Slawen im habsburgischen Großreich. Dieses Ziel hatte auch das Königreich Serbien, das sich zu einem großserbischen Reich erweitern wollte. Russlands Regierung unterstützte den Panslawismus, auch weil es sich davon größeren Einfluss auf dem Balkan erhoffte. Das aber widersprach den Interessen Österreich-Ungarns, das die Freiheitsbewegungen auf dem Balkan unterdrückte. Die Konfrontation zwischen Österreich-Ungarn und dem Zarenimperium war eine der großen Kollisionen, die schließlich in den Krieg mündeten.

Andere Konflikte waren noch wichtiger. Dazu zählte der Kampf der Großmächte um Kolonien und Einflusssphären. Deutschlands Regierung glaubte, beim großen weltweiten Raubzug zu kurz gekommen zu sein. Es rüstete auf, zerstörte die Kräftebalance zwischen den Großmächten und hochfahrend auch die einst guten Beziehungen zu Russland und England. Den »Platz an der Sonne« wollte Kaiser Wilhelm II. im Zweifelsfall militärisch erringen, wenn es denn anders nicht ging. Deutschland fühlte sich stark genug und glaubte ohnehin, früher oder später von Russland oder Frankreich, das seine Niederlage von 1871 noch nicht verwunden hatte, angegriffen zu werden.

Nach der Ermordung Franz Ferdinands wich beim Kaiser in Wien das Gefühl der Trauer bald geopolitischem Kalkül. Seine Regierung glaubte, dass sich ihr nun endlich die Gelegenheit bot, abzurechnen mit Serbien, das die Habsburger als Bedrohung ihres Vielvölkerstaats fürchteten. Wien baute auf die Unterstützung der europäischen Öffentlichkeit, als es sich daran machte, Serbien zu bestrafen. Der Kaiser in Wien schrieb an seinen treuesten Bündnispartner, den Kaiser in Berlin, dass er gedenke, den »russischen Brückenkopf« Serbien »als politischen Machtfaktor auszuschalten«. Und Wilhelm bestärkte Franz Joseph nach Kräften.

Die hohen Herren hofften auf einen kleinen Krieg gegen ein kleines Land, an dessen Ende Serbiens Kapitulation stehen musste und damit seine Ausschaltung als unabhängiger Staat. Wohl wussten Berlin und Wien, dass hinter Serbien der Zar stand, und mit Russland waren England und Frankreich verbündet. Aber an die Einheit dieser Allianz glaubte so recht niemand. Deutschland gab Österreich-Ungarn freie Hand und nahm den großen Krieg in Kauf.

Welche Enttäuschung gab es in Wien, als Serbien dem österreichischen Ultimatum in praktisch allen Punkten zustimmte, auch der Forderung, die Slawen der Doppelmonarchie künftig nicht mehr in ihrem Freiheitsstreben zu unterstützen. Selbst Kaiser Wilhelm war nun überzeugt, dass es keinen Krieg mehr geben müsse. Aber Österreich-Ungarn wollte den Krieg. Als es gegen Serbien losschlug, kam St. Petersburg ins Spiel. Zwei Tage nach der Kriegserklärung Wiens an Belgrad befahl der Zar die Generalmobilmachung. Daraufhin stellte Deutschland Russland ein Ultimatum: Nikolaus II. möge binnen zwölf Stunden die Mobilmachung widerrufen. Dies geschah natürlich nicht, und am 1. August erklärte Deutschland Russland den Krieg, am 3. August auch Frankreich.

Es scheint fast so, als hätte der Generalstab für Hitlers Blitzkriege die Vorarbeit geleistet, wollten die Militärs doch Frankreich binnen sechs Wochen besiegen, um danach Russland zu bezwingen. Um die französischen Grenzbefestigungen auszuhebeln, war geplant, dass deutsche Truppen durch das neutrale Belgien in Nordwestfrankreich einfallen sollten. Der berühmte »Schlieffenplan« aber war ein eklatanter Bruch des Völkerrechts. England war der Garant für Belgiens Neutralität, und als die Deutschen Belgien überfielen, eröffneten sie auch den Krieg gegen Großbritannien.

Gavrilo Princip hatte einen Funken geschlagen, wie es zuvor viele Funken gegeben hatte. Aber dieser ließ das Pulverfass explodieren. Kaiser Franz Joseph hätte den Krieg nie gewagt ohne die Gewissheit, dass die deutsche Regierung alles unterstützen würde, was er befahl.

Am 4. August stimmte die Reichstagsfraktion der SPD einstimmig den Kriegskrediten der kaiserlichen Regierung zu. Manchmal verändert sich an einem einzigen Tag mehr als in Jahrzehnten. Zeitgenossen, vor allem aber Nachgeborene, erkannten im 4. August 1914 einen solchen Schicksalstag, gewissermaßen die Ursünde der Sozialdemokratie. An diesem 4. August habe die SPD die eigenen Grundsätze verraten und sei seitdem ein »stinkender Leichnam«, wie Rosa Luxemburg bitter schrieb.

Nebel, in den die Internationale gehüllt war

Aber war der 4. August 1914 wirklich eine Überraschung?

Schon ein Jahr zuvor hatte die sozialdemokratische Reichstagsfraktion einem Wehretat zugestimmt, und Bebel war dafür gewesen. Damals hatten die Sozialdemokraten dafür eine taktische Begründung parat. Sie forderten die Einführung direkter Steuern, mit dem Ziel, dass die Reichen stärker herangezogen würden zur Finanzierung der Staatsausgaben. Dies geschah mit der Einführung einer Vermögenszuwachssteuer, die dazu dienen sollte, den Rüstungsetat zu bezahlen. Um das Prinzip der direkten Steuern durchzusetzen, unterstützen die Sozialdemokraten den Wehretat, der auch ohne ihre Stimmen verabschiedet worden wäre. Welche taktischen Klügeleien diesem faulen Kompromiss zugrunde gelegen haben mögen, es war ein Dammbruch, das Vorspiel des 4. August, in dessen Folge sich die Sozialdemokratie in eine Kriegspartei verwandelte. Dass die Zustimmung zum Rüstungshaushalt 1913 etwas Neues war und keineswegs die Fortschreibung eherner sozialdemokratischer Grundsätze, zeigt schon die Mühe, die sich die Partei gab, diesen Schritt zu erklären. Sie trennte die Art und Weise, wie Steuern erhoben wurden, vom Zweck der Steuern – ein groteskes Manöver.

9. Dezember 1999. Gerade ist der SPD-Parteitag in Berlin zu Ende gegangen. Nach harten innerparteilichen Auseinandersetzungen, nicht zuletzt um die Wiedereinführung der Vermögenssteuer, habe sich die SPD berappelt, sagen die Kommentatoren. Gerhard Schröder hat mit 86 Prozent ein viel besseres Ergebnis als Vorsitzender erhalten als auf dem letzten Parteitag bei den Wahlen zum Vorstand. Er hat in seiner Rede öfter von sozialer Gerechtigkeit gesprochen, und das scheint den Genossinnen und Genossen zu genügen. Er hat die Seele der Partei gestreichelt, aber an seiner Politik ändert sich nichts. Es ging zuletzt ohnehin nur noch um Symbole: für eine Vermögenssteuer, gegen eine Vermögenssteuer oder -abgabe. Als würde eine solche Steuer etwas an der gigantischen Vermögensumverteilung von unten nach oben ändern. Es sind weiter die Rentner, Arbeitslosen und Sozialhilfeempfänger, die die Kapitalisten subventionieren. Eine Unternehmenssteuerreform ist angekündigt, sie wird die Steuerlast für die Reichen weiter senken. Hatten selbst die rechtesten Sozialdemokraten für ihre Zustimmung zu den Kriegskrediten Anerkennung oder gar politische Gleichberechtigung, also eine Gegenleistung, erhofft, so spekuliert Schröder nur, dass die bereicherten Reichen Arbeitsplätze schaffen. Als wäre das ihr Ziel.

Wie dem auch sei, der Proteststurm gegen die marktfixierten Zumutungen Schröders ist kläglich in sich zusammengebrochen. Rechte wie linke Sozialdemokraten wollen vor allem an der Macht bleiben. Das Umfragetief (30 Prozent!) hatte alle Flügel geschockt, noch mehr die unvergleichliche Serie von Niederlagen bei Landtagswahlen, die die SPD im Osten zur dritten politischen Kraft degradiert hatte.

In unserem Ortsverein allerdings hat sich nichts verändert. Keiner fällt auf die kosmetischen Übungen der Parteiführung herein. Am Dienstag, auf der Jahresabschlussfeier des Ortsvereins, wurde Bürgermeister Michael Boutellier für 25 Jahre Parteimitgliedschaft geehrt. Unser Ortvereinsvorsitzender hat eine gute, politische Ansprache gehalten, einige Genossinnen und Genossen haben ergänzend von ihren interessanten Erfahrungen mit Boutellier berichtet. Der hat sich bedankt und es sich bei aller Feierei nicht nehmen lassen, ein Wort über den SPD-Parteitag und den Zustand der Partei zu verlieren. Quintessenz: Solange die Schröders in der Partei bestimmen, wird es nichts mit sozialdemokratischer Politik.

Allein eine kleine Minderheit um Luxemburg und Mehring kritisierte das Prinzipiengeschacher. Mit an Hellseherei grenzender Weisheit kritisierte Rosa Luxemburg die SPD-Parlamentarier ein Jahr vor dem Sündenfall: »Wenn Sie sich nun auf den Boden des Mehrheitsbeschlusses unserer Fraktion stellen, dann kommen Sie in die Lage, wenn der Krieg ausbricht und wir an dieser Tatsache nichts mehr ändern können und wenn dann die Frage kommt, ob die Kosten durch indirekte oder direkte Steuern zu decken sind, dass Sie dann folgerichtig für die Bewilligung der Kriegskosten eintreten.«

Mehr noch als für ihr forsches Auftreten gegen Revisionismus und Reformismus erntete Rosa Luxemburg den Hass vieler Genossen, weil sie sie daran erinnert hat, dass sie ihre Prinzipien im Namen dieser Prinzipien mit Füßen traten. Der 4. August enthüllte, was die großen Reden und pathetischen Resolutionen der SPD und der internationalen Sozialdemokratie wert waren. Als die Flagge wehte, war der Verstand in der Trompete. Allerdings kann man den deutschen Sozialdemokraten nicht vorwerfen, dass sie ihren Genossen im Ausland nicht schon lange vorher wenigstens angedeutet hätten, dass sie im Fall des Kriegs nichts tun würden. Schon 1907, auf dem Stuttgarter Kongress der II. Internationale, hatte die deutsche Delegation klar gemacht, dass sie unter bestimmten Bedingungen bereit war, das deutsche Streben nach Kolonien zu unterstützen. Julius Braunthal, der Chronist der Internationale, schreibt:

»Der Krieg hatte gleichsam mit einem Schlag den revolutionären Nebel zerstreut, in den die Internationale gehüllt war. Sie hatte bis dahin im Geiste des Marxismus in unversöhnlichem Gegensatz zum bürgerlich-kapitalistischen Staat die Teilnahme an bürgerlichen Regierungen verworfen und in der Revolution eine unentrinnbare geschichtliche Phase im Klassenkampf des Proletariats erblickt. Sie war von der Vorstellung beherrscht, dass dieser historische Augenblick an der Weltwende eines Weltkrieges eintreten und der politische Kampf der Arbeiterklasse gegen den Krieg in eine revolutionäre Erhebung gegen die bürgerlich-kapitalistische Gesellschaftsordnung umschlagen würde.

Aber am 4. August bekannten sich nahezu alle sozialistischen Parteien in den Krieg führenden Ländern zur Verteidigung des bürgerlich-kapitalistischen Staates, dessen Sturz sie bis dahin erstrebt hatten. Sie verpflichteten sich zum ›Burgfrieden‹ im Klassenkampf. Sie verbündeten sich mit den herrschenden Klassen und unterstützten den Krieg moralisch und politisch mit dem vollen Einsatz ihrer Kräfte.«

Dabei waren etwa die französischen Sozialisten in einer anderen Lage als ihre deutschen Genossen. Frankreich hatte trotz des latenten Revanchismus als Reaktion auf die Niederlage von 1871 den Weltkrieg nicht angezettelt. Aber nicht wenige Franzosen sahen nun eine willkommene Gelegenheit, die Schmach zu tilgen, die Bismarck der *Grande Nation* zugefügt hatte.

Die deutschen Sozialdemokraten dagegen mussten sich mit der Regierung auseinander setzen, die den Krieg gemeinsam mit der Regierung in Wien herbeigeführt hatte. Es war kein Verteidigungskrieg, wie Frankreichs Sozialisten es mit einigem Recht für ihr Land erklärten. Die deutsche Militärführung hatte immer wieder vorgetragen, dass das Kräfteverhältnis für Deutschland umso ungünstiger werde, je länger man den Kriegsbeginn hinauszögere. Sie hatte darauf gedrängt, bald loszuschlagen.

Teile der sozialdemokratischen Reichstagsfraktion waren frühzeitig in die Planungen des Generalstabs einbezogen. Die Reichsleitung legte Wert darauf, die Sozialdemokratie in ihre Kriegsplanungen zu verstricken, um sie als Widerstandskraft auszuschalten. Generalstabschef Helmuth von Moltke, der den Krieg für eine in der »Weltentwicklung« liegende »Notwendigkeit« hielt, entfaltete eine regelrechte Kriegspropaganda. Mit großer Offenheit präsentierten die Generale Vertretern der SPD-Rechten ihre Aufmarschpläne, einschließlich ihrer Absicht, im Kriegsfall die belgische Neutralität zu verletzen. Für diese Sozialdemokraten um die Reichstagsabgeordneten Albert Südekum (Nürnberg), Ludwig Frank (Mannheim) und Gustav Noske (Chemnitz) war es nie eine Frage, dass sie Deutschlands Krieg unterstützen würden. Ein Viertel der sozialdemokratischen Abgeordneten hätte sogar die heilige Fraktionsdisziplin verletzt, um die Kredite zu bewilligen, die der Kaiser für seine Militärs brauchte. Franks Kriegsbegeisterung ging so weit, dass er sich freiwillig an die Front meldete und fiel. August Bebel hatte ihn vor seinem Tod 1913 als künftigen Parteiführer ausersehen.

Auch Eduard David, Bernsteins Adjutant im Revisionismusstreit, war von Anfang an für den Krieg. Er betrachtete die durch ihn auf die Tagesordnung gesetzte Entscheidung der Sozialdemokraten als einen Sieg des von der Weltgeschichte begünstigten Revisionismus. Aus seinem Tagebuch geht hervor, dass er die wahren Gründe der Katastrophe im Wesentlichen kannte. Er stimmte für die Kriegskredite, um »Deutschlands nationalen Bestand, seine wirtschaftliche und geistige Kultur zu erhalten«. Am 5. August schrieb er in sein Tagebuch: »Das Gefühl der nationalen Geschlossenheit beherrscht alles und hebt das Vertrauen, so dass man den Beitritt Englands zur Koalition der Gegner getrosten Mutes hinnimmt.« Der Berliner SPD-Abgeordnete Wolfgang Heine schrieb wenige Tage nach Kriegsausbruch in einem Brief an einen Genossen: »Allein und überall gilt Deutschland als der Friedensbrecher, der den Krieg durch Beeinflussung Österreichs hätte hindern können und dies nicht gewollt hat. Und die Leute haben ganz recht.« Es hinderte ihn nicht daran, sich auf die Seite der deutschen Regierung zu stellen.

Eduard Bernstein erkannte in der ihm eigenen Nüchternheit, dass es sich um einen »deutschen Expansionskrieg« handelte, den Berlin und Wien bewusst herbeigeführt hätten. Bernstein zog daraus – wenn auch mit Verspätung – eine andere Konsequenz als die meisten seiner Mitstreiter auf dem rechten Parteiflügel. Er ging ins wachsende Lager der Kriegsgegner über, wurde Mitglied der USPD und schwankte auch nach dem Krieg nicht in seiner Überzeugung, als seine Partei die deutsche Kriegsschuld wider besseres Wissen abstritt. Dem rechten Flügel genügte die bloße Tatsache des Kriegs, um sich auf die Seite von Kaiser und Regierung zu stellen, übrigens sehr zur Überraschung der Reichsleitung, die mit einer Zustimmung zu den Kriegskrediten nicht gerechnet hatte.

Marodierende Kosakenhorden

Aber nicht nur der rechte Flügel, sondern auch die Mehrheit der Parteiführung war für die Bewilligung der Kriegskredite. Sie war der Auffassung, dass Deutschland sich gegen den Hort der Reaktion, den Zarismus, verteidigen müsse. Schon August Bebel habe angekündigt, selbst er werde die Flinte schultern, wenn es darum gehe, die Heimat gegen den russischen Bären zu verteidigen. Diese Behauptung entsprach Moltkes Propagandakalkül im gleichen Maß, wie sie der offen zu Tage liegenden Wahrheit widersprach. In der oben angeführten Erklärung des SPD-Vorstands vom 25. Juli 1914 wurde bereits deutlich gemacht, dass nicht Russland der Angreifer war, sondern Österreich-Ungarn; über die deutsche Rolle in diesem bösen Spiel schwiegen sich die Genossen bereits aus, als ahnten sie, was sie keine zwei Wochen später tun würden.

Der sozialdemokratische Journalist Friedrich Stampfer beschreibt plastisch die gespenstige Stimmung im Juli 1914:

»Die dunklen Filzhüte und Kappen der Arbeiter kontrastierten scharf gegen die hellen Strohhüte der Studenten. Kriegs- und Friedenspartei schienen gleichsam uniformiert, und wo ein Konflikt drohte, stellte die Polizei – mit einiger Parteilichkeit für die Strohhüte – die Ruhe rasch wieder her. Vom nördlichen Bürgersteig ertönten das Deutschlandlied und die Wacht am Rhein, vom südlichen kam die Antwort:
Wohlan, wer Recht und Freiheit achtet,
Zu unsrer Fahne steht zu Hauf ...
Aufgeregt wandte sich ein Herr an mich: ›Diese Leute singen

die französische Nationalhymne, die Marseillaise, das ist doch offener Landesverrat!‹ Ich versicherte ihm, das wäre ein altes deutsches Arbeiterlied, und die Leute dächten gar nicht mehr daran, dass die Melodie französisch sei.
Als der Krieg ausbrach, schien es, als ob das Volk in seiner großen Masse vom Wahnsinn ergriffen sei. Die unsinnigsten Gerüchte liefen um und wurden geglaubt. Arme jüdische Emigrantinnen wurden aus der Straßenbahn geworfen, weil sie Russinnen wären! Die Spionenjagd war allbeliebter Sport. ›Merkwürdig‹, hörte ich einen Herrn auf der Straße sagen, ›wo ein Russe ist, da ist auch eine Bombe.‹ Der Mann war überzeugt, dass die russischen Revolutionäre, die nach Deutschland geflohen waren, allesamt bereit wären, für den Zaren zu sterben. Am Potsdamer Platz wurde ein ›russischer Spion‹ gehetzt, der sich auf der Polizei als bayerischer Major legitimierte.
Es gab aber inmitten dieses tollen Treibens auch noch andere Bilder. Eines davon ist sehr fest in meiner Erinnerung haften geblieben. Als der Trubel auf dem Gipfel war, sah ich an der Ecke der Belle-Alliance- und Yorckstraße einen Postbeamten damit beschäftigt, den Briefkasten zu reinigen. Er tat dies in aller Ruhe genau nach den geltenden Vorschriften; er benutzte für den blau lackierten Teil den dafür bestimmten Putzlappen und für die Metallteile den für diese bestimmten Lappen. Morgen musste der Mann vielleicht schon einrücken, aber heute tat er als pensionsberechtigter Beamter der Gehaltsklasse X gewissenhaft und ordentlich, was seine Pflicht war.«

Erstaunlicherweise hat sich Moltkes Propagandabild von den marodierenden Kosakenhorden in Berlin bis zum heutigen Tag erhalten. Der sozialdemokratische Historiker Horst Heimann etwa erklärte auf einer Geschichtskonferenz, für die Mehrheit der Parteiführung wie der Mitglieder sei die Überzeugung entscheidend gewesen, dass Deutschland gegen das reaktionäre zaristische Russland einen Verteidigungskrieg führe und damit die europäische Zivilisation und die sozialistische Bewegung vor der russischen Barbarei zu schützen habe. Das gilt aber für die Parteiführung genauso wenig wie für die Reichstagsfraktion, denn sie wussten, was sie taten. Und um das zu rechtfertigen, was sie taten, griffen sie auf die traditionelle Russenangst der Sozialdemokraten zurück. In den internen Diskussionen der Parteiführer spielte die Russenphobie keineswegs eine so große Rolle wie bei weiten Teilen der Mitglieder. Und wo doch die Rede war von Verteidigung, da war offensichtlich, dass es sich um Rechtfertigung handelte. Vergleichsweise ehrlich, aber nicht weniger demagogisch war die Vorstandsparole: »Schuld oder Unschuld, der Krieg ist da, der das deutsche Volk mit Knechtschaft und Vernichtung bedroht«. Auf die Idee, dass die deutsche Reichsleitung andere Völker mit Knechtschaft und Vernichtung bedrohte, kamen die einstigen Internationalisten nicht. Stattdessen schwadronierten sie über die »Horden des Blutzaren« oder das »kapitalistische England«, als hätte der Kaiser den Sozialismus ausgerufen. Der Historiker Dieter Groh spricht von »Hassorgien gegenüber Russland«, die nicht mehr zu unterscheiden gewesen seien vom Chauvinismus bürgerlicher Blätter.

Die meisten SPD-Führer stellten sich gewissermaßen dumm und taten so, als ob die Wirklichkeit so aussähe, wie sie es ihren Mitgliedern erklärten. Unter größtem Rechtfertigungsdruck gebiert der menschliche Unverstand abenteuerliche Argumente. So, wie Rudolf Scharping Konzentrationslager im Kosovo suchte, um den Krieg gegen Jugoslawien zu legitimieren, griffen Bebels Nachfolger Friedrich Ebert und die anderen Spitzengenossen zu jedem beliebigen Argument, wenn es denn nur dramatisch genug schien, um die eigene Zustimmung zum Krieg als unausweichlich erscheinen zu lassen. Eduard Bernstein beschrieb dieses Lavieren als eine »Politik des opportunistischen Als-Ob«, sie beruhe auf »Fiktionen einer gewollten Begrenzung des Erkennens, zu denen man seine Zuflucht nimmt, weil man nicht sehen will, was ist, weil man es für zweckmäßiger hält, den Dingen nicht auf den Grund zu gehen oder sie sogar bewusst in einem anderen Lichte darzustellen, als der Wirklichkeit entspricht«.

Bernstein widerspricht auch einer anderen These, die oft herangezogen wird, um die Entscheidung vom 4. August zu erklären oder gar zu rechtfertigen. Auch Heimann – und in ähnlicher Weise Dieter Groh – führt in seiner zitierten Darstellung dieses Argument an. Es lautet, die Stimmung der Bevölkerung wie der Parteimitglieder habe der SPD-Fraktion keine andere Wahl gelassen, als den Krediten zuzustimmen. Hätten sie es nicht getan, dann wäre die

Partei isoliert gewesen. Bernstein schreibt dazu wenige Monate später in einem Rückblick:

»In den nichtsozialistischen Kreisen Deutschlands war der Krieg von Anfang an oder vielmehr schon an seinem Vorabend populär gewesen. Aber in der sozialistischen Arbeiterschaft und den mit ihr verbundenen Bevölkerungskreisen hat erst das Votum der sozialistischen Reichstagsfraktion ihm Popularität verschafft, und weiterwirkend ist die Stimmung in Deutschland für den Krieg ganz allgemein gehoben worden.«

In weiten Kreisen der Bevölkerung brachen Jubelstürme aus, als der Krieg begann. Kein Zweifel war an der Überlegenheit der deutschen Soldaten und Waffen. Nun wollte man es dem »Erbfeind«, der ständig finstere Ränke gegen Deutschland schmiedete, noch einmal zeigen wie 1870 bei Sedan. Dieser chauvinistische Überschwang erreichte natürlich auch die Arbeiter, aber diese waren in ihrer Meinungsbildung abhängig von den Aussagen der Parteiführung und der SPD-Presse. Die sozialdemokratische Gegengesellschaft, das Milieu, lebte zwar nicht in einer anderen Welt, aber sie unterlag in ihren Stimmungen eigenen Gesetzen. Hätte die SPD-Führung gegen den Krieg votiert, sie hätte den Kern ihrer Anhängerschaft für diese Position gewonnen.

Vernachlässigt man diese Tatsachen einmal, so eignet sich die Entscheidung vom 4. August 1914 gut dafür, das Dilemma der sozialdemokratischen Strategie darzustellen, ihr Heil in Augenblicksmehrheiten zu suchen. Das Kalkül der SPD-Führung wäre unter zwei Bedingungen möglicherweise aufgegangen: Erstens hätte der Schlieffenplan klappen und Deutschland schon 1914 Frankreich und Russland besiegen müssen. Zweitens hätte Deutschland auf einen »Siegfrieden« verzichten müssen. Der kürzlich verstorbene Hamburger Historiker Fritz Fischer hat aber überzeugend nachgewiesen, welche ungeheuren Forderungen das siegreiche Deutsche Reich an seine Kriegsgegner stellen wollte. Der viel geschmähte Versailler Vertrag war im Vergleich dazu gemäßigt. Dass es sich dabei nicht um Beuteträume von Extremisten handelte, zeigt der Frieden von Brest-Litowsk im März 1918, in dem Deutschland der Sowjetregierung ein riesiges Territorium mit enormen wirtschaftlichen Ressourcen abpresste: Russland musste auf Finnland, Polen, Kurland, Litauen, die Ukraine und Bessarabien verzichten, die nun von Deutschland kontrolliert und ausgebeutet werden sollten. Außerdem musste Russland Ardahan, Kars und Batumi an die Türkei abtreten. Einige Monate später wurde Sowjetrussland auch noch gezwungen, auf Georgien, Estland und Livland zu verzichten, und als wäre dies nicht genug, schickte Berlin noch eine Rechnung über sechs Milliarden Goldmark an Reparationen. Erst die deutsche Niederlage im Herbst 1918 befreite Sowjetrussland vom Diktat von Brest-Litowsk.

Als sich in der Marneschlacht im September 1914 die Hoffnung auf einen schnellen Sieg als Illusion entpuppte, war die erste Voraussetzung der sozialdemokratischen Überlegung obsolet. Prompt begann es in der Mitgliedschaft zu rumoren, die Parteispaltung kündigte sich an. Die Mehrheit für den Unterstützungskurs der Reichsleitung bröckelte ab.

Keime einer neuen sozialdemokratischen Identität

Als weiterer Grund für die sozialdemokratische Zustimmung zum Krieg wird oft die Angst vor einem neuen Sozialistengesetz genannt. Diese Angst war nicht unbegründet. Aber war sie ein guter Ratgeber? Folgt man diesem Argument, dann betrachtete die SPD-Mehrheit den Krieg zwar als Fehler, aber aus Angst vor Unterdrückung verweigerte sie die Zustimmung zu den Kriegskrediten nicht. Diese Schlussfolgerung widerspricht der These, die Kriegskredite wären gewährt worden, weil sich auch die Sozialdemokratie im Glauben wähnte, Deutschland werde angegriffen. Außerdem würde diese Vorstellung, dass die Partei aus Furcht vor Verbot und Verfolgung einen falschen Beschluss fasste, einen krassen Unterschied verdeutlichen zu der Lage, in der sich die Partei 1878 befand, als Bismarck das Sozialistengesetz durch den Reichstag brachte. Damals hatte die Partei die Verfolgung in Kauf genommen, um ihren Prinzipien treu zu bleiben. Darauf gründete sich nach dem Fall des Ausnahmegesetzes der Heldenmythos, der die SPD und ihre Führer, vor allem Bebel und Liebknecht, umgab. Dass sie Bismarck und dem Kaiser getrotzt hatten, stärkte ihre Ausstrahlung auf die Arbeiter, aber wirkte genauso auf Kleinbürger und viele Intellektuelle. Schon während der zwölf Jahre des Sozialistengesetzes wuchs die Sozialdemokratie zu einer bedeutenden politischen Kraft heran. Als sich 1890 im Reichstag keine Mehrheit mehr fand, die das Sozialistengesetz verlängern wollte, wurde als Grund dafür auch angeführt, dass das Gesetz der Partei mehr nutze als schade.

Allerdings hatte sich im Unterschied zu 1878 die Partei längst in das politische und soziale Leben des Kaiserreichs integriert. Die Sozialdemokratie brachte mit wachsender Stärke immer mehr Funktionäre und Abgeordnete hervor, eine Schicht, die das politische Leben der Partei längst beherrschte. Daneben waren mächtige Gewerkschaften entstanden mit einem nicht minder zahlreichen Funktionärskörper. Diese einflussreiche Gruppe von Partei- und Gewerkschaftsfunktionären hatte einen mühsam errungenen sozialen und politischen Status zu verlieren und war naturgemäß mehrheitlich konservativ ausgerichtet. Sie fürchteten den »großen Kladderadatsch«, den Bebel noch als Verheißung empfunden hatte. Sie waren natürliche Anhänger Bernsteins, weil dieser den gleichförmigen Verlauf der politischen Entwicklung pries.

Die Gewerkschaften akzeptierten den »Burgfrieden« mit der Regierung. Sie hatten schon im November 1913 erklärt, dass sie auch im Krieg die materiellen Interessen ihrer Mitglieder zu vertreten hätten. Schon deshalb wollten sie sich nicht der Gefahr aussetzen, verboten zu werden.

Einige revisionistische Reichstagstagsabgeordnete, unter ihnen Eduard David und die Gewerkschaftsführer Gustav Bauer und Theodor Leipart, betrachteten den Krieg nicht als Gefahr, sondern als Chance: Im Gegenzug für eine sozialdemokratische Unterstützung der Reichsleitung erhofften sie, die Abschaffung des Dreiklassenwahlrechts in Preußen und eine Stärkung des deutschen Parlaments einhandeln zu können. Sie setzen außerdem darauf, die SPD aus einer Arbeiterpartei in eine Volkspartei verwandeln zu können, und hielten eine Spaltung der Partei nicht für hinderlich. Der rechte Abgeordnete Südekum hatte bereits im Juli 1914 mit der Reichsleitung vereinbart, dass die Arbeiterorganisationen nicht verboten würden, wenn sie auf Massenproteste verzichteten. Die Regierung forderte aber nicht, dass die sozialdemokratischen Reichstagsabgeordneten für die Kriegskredite stimmten.

Dass sozialdemokratische Gewerkschaftsführer wie Gustav

Bauer im August 1914 den Krieg geradezu begrüßten, ist keine Überraschung. Bauer vertrat schon seit längerem in der Kriegsfrage eine zynische Position. Auf einer Sitzung der SPD-Reichstagsfraktion im Dezember 1913, sieben Monate vor Kriegsausbruch, erklärte er zum Beispiel:

»Die Kriegsfrage ist kein prinzipielles, sondern ein taktisches Problem. Es gilt für das Proletariat der einzelnen Länder abzuwägen, ob der Krieg Vorteile bringen könne oder nicht, und danach ist ihr Verhalten einzurichten. (...) Es würde sich vielleicht die Frage aufwerfen lassen, ob es nicht möglich werde, eine bestimmte Sorte von Kriegen zu bezeichnen, die vom Proletarier unter allen Umständen zu bekämpfen wären, und diejenigen anzugeben, die im Interesse des Proletariats liegen. (...) Man könnte auch sagen, dass Staaten mit freiheitlicherer Institution im Kampf gegen rückschrittliche unterstützt werden sollen. In einem Kriege gegen das heutige Russland wird das Proletariat dem betreffenden Staate schwerlich fahnenflüchtig werden (...).«

Diese Äußerungen eines führenden Gewerkschafters waren zugleich ein Signal an die Reichsleitung, dass ein Krieg gegen Russland nicht auf den Widerstand der Gewerkschaften stoßen würde. Da die Partei der Generalkommission der sozialdemokratisch orientierten Gewerkschaften quasi das Monopol auf den Massenstreik übertragen hatte – ein verhängnisvoller Fehler –, wussten die Kriegsherren in Berlin nun, dass sie von der Arbeiterbewegung in ihren Plänen nicht gestört würden. (Die Rede Bauers befand sich übrigens in den Akten der politischen Polizei, und es gibt Vermutungen, dass Revisionisten wie Südekum oder David sie mitstenografiert und dann staatlichen Stellen zugespielt haben.)

Andere Vertreter des rechten Flügels wie Friedrich Ebert und Philipp Scheidemann sahen im Krieg eine schicksalhafte Fügung, mit der man sich abzufinden habe. Für sie war die bedingungslose Unterstützung der kaiserlichen Regierung eine Selbstverständlichkeit. Einige zentristische Abgeordnete verwiesen auf den Belagerungszustand, den die Regierung mit Kriegsausbruch verhängt hatte, und erklärten, sie würden den Kontakt zu ihren Wählern verlieren, wenn sie gegen den Krieg agitieren und deswegen von der Justiz verfolgt würden.

»Für den Frieden vertrauen wir zunächst auf die deutschen Waffen! (Beifall.) Vertrauen wir auf die deutschen Feldherren, auf das deutsche Volk, das da draußen Heldenhaftes leistet, das seinen Mut nicht wanken lässt, trotz der furchtbarsten Mühen und Entbehrungen, das treu und fest unsere Grenzen schirmt und den Feind zurückwirft. Heute ist das Heer das Volk und das Volk ist das Heer! (Stürmischer Beifall.) Vertrauen wir auch auf die Friedensliebe und den Friedenswillen des Kaisers. (Sehr richtig!) Wir wissen es: Zweimal hat er in den letzten Jahren persönlich durch sein Eingreifen den Frieden gerettet. Das erste Mal bei der Marokkokrise und später, als sich die Verhältnisse zu einem Krieg zwischen Österreich, Serbien und Russland zuspitzten. (...) Wir Sozialdemokraten haben auch schon in den letzten Jahren Gelegenheit genommen, ganz unbeschadet unserer sonstigen Gegnerschaft zu seiner Politik und Person, ihm unseren Dank für diesen ernsten und tätigen Friedenswillen auszusprechen. (Beifall.) Deshalb haben wir auch in diesem Augenblick das Recht, ihm zu vertrauen. (...)
Wie stellen wir uns künftig zu den Einrichtungen dieses gegenwärtigen Staates? Wir denken nicht daran, diese Einrichtungen zu verewigen, aber müssen die gegebene Form dieses Staates benützen, um ihn auszugestalten. Ich für meine Person erkläre und kann dies wohl für die ganze Partei erklären, dass wir nicht daran denken, unseren Kampf aufzugeben gegen jede Ungerechtigkeit und Willkür, wo wir sie auch finden. Wir sehen darin die wahre Liebe zum Vaterland. Aber wie gesagt, wir wollen diesen Staat durch unsere politische Arbeit erobern, wir dürfen und müssen ihn deshalb kritisieren, aber wir können nicht so tun, als ob er und seine Einrichtungen nicht da wären.
Für diese Aufgabe braucht die deutsche Sozialdemokratie Einigkeit und geschlossenen Willen zur Arbeit an Stelle der unaufhörlichen Zänkereien, mit denen gewisse Leute jeden neuen Schritt vorwärts zu begleiten, als Verleugnung der Grundsätze zu brandmarken und leider nur allzu vielen Genossen die politische Arbeit zu verekeln pflegen. (...)
Kein Sozialdemokrat denkt daran, sich anzubiedern bei hohen Herren. Stolz und frei stehen wir auch den deutschen

Fürsten gegenüber wie Mann dem Manne, aber auch nicht mit dem kleinlichen Groll und der heimlichen Angst, die eine Knechtseele dem Herrn gegenüber empfindet. (Beifall.) Auch die Fürsten tun mit Aufopferung und Hingabe ihre Schuldigkeit in der Verteidigung des Vaterlandes, auch ihre Kinder und Brüder fallen vor dem Feind, auch sie sind Glieder dieses deutschen Volkes, dessen Kraft und Treue sich jetzt so herrlich bewähren.«

Der SPD-Abgeordnete Wolfgang Heine im Reichstag, 1915

Viele Vertreter der sozialdemokratischen Führung und der Reichstagsfraktion begründeten ihre Haltung mit Argumenten, die sie sich selbst einredeten. Jedem war klar, dass nicht Russland den Krieg begonnen hatte, sondern die Habsburger und die Hohenzollern, die zu stürzen ein strategisches Ziel der Sozialdemokratie gewesen war. Die SPD hatte kein Konzept gegen den Krieg und die Gewerkschaften erst recht nicht. Das war sträflich, denn dem Kriegsausbruch waren mehrere weltpolitische Krisen vorausgegangen, die nicht weniger bedrohlich schienen als der österreichisch-serbische Konflikt. Niemand hatte lauter die Kriegsgefahr beschworen als die SPD. Aber sie hatte sich nicht auf diese Situation vorbereitet, sondern sich eingeredet, dass es so weit dann doch nicht käme. Im August 1914 rächte es sich, dass die Partei wohl ein revolutionäres Programm und reformpolitische Forderungen hatte, der Weg zu deren Durchsetzung aber im Nebel geblieben war. Das Pathos von den ehernen Gesetzen der Geschichte zerplatzte, als die Sozialdemokratie zum ersten Mal vor eine jähe Wendung der Ereignisse gestellt wurde. Die Internationale hatte noch verlangt, den Ausbruch eines Kriegs zu nutzen, um die eigene Regierung zu stürzen, aber die SPD hatte der Friedensliebe von Kaiser Wilhelm II. vertraut, statt die demokratische Republik zu erkämpfen.

Bernstein hatte Recht: Der Sozialismus kam nicht von allein. Und nun, da die Gleichförmigkeit der Entwicklung, die automatische Einführung des Sozialismus im Schongang und bei Aufrechterhaltung aller mühsam errungenen Privilegien des Funktionärskörpers dem Krieg zum Opfer fiel, erklärten die Sozialdemokraten, dass es im Interesse der Arbeiterklasse liege, wenn Deutschland den Krieg gewänne. Da die Partei trotz all ihrer Friedensagitation in den Jahren zuvor nicht auf einen Krieg vorbereitet war, entschied sie sich für das Vaterland und damit für die Kriegstreiber.

Parteisekretär Ignaz Auer hatte die stillschweigende Verwandlung der SPD in eine Reformpartei angekündigt. Große Teile des reformistischen Lagers hatten die Revisionismusdebatte gemieden wie der Vampir den Knoblauch. Dafür zahlten sie nun den Preis: Sie standen ohne Strategie und Taktik da. Genauso wie die zentristischen Wahrer der reinen Lehre.

Schlaglichtartig wurde deutlich, was die als hysterisch verschriene Parteilinke immer wieder angeprangert hatte: Die SPD hatte längst die Fundamentalopposition gegen das kaiserliche Deutschland aufgegeben. Vor allem die großen und kleinen Führer waren fest verwachsen mit dem gesellschaftlichen und politischen Leben. Ihre Loyalität galt, trotz aller Bekundungen am 1. Mai und bei anderen wohlfeilen Gelegenheiten, längst dem Vaterland und nicht mehr den Klassenbrüdern überall auf der Welt. Am 4. August 1914 entpuppte sich die SPD als eine nationale Partei, deren Mitglieder darangingen, die französischen, belgischen und russischen Genossen zu erschießen.

Über das, was an diesem Schicksalstag der deutschen Arbeiterbewegung offenkundig wurde, hatten die Parteiführer all die Jahre beredsam den Mantel des Schweigens gedeckt. Und weil die meisten Genossen den Verheißungen ihrer Führer glauben wollten, waren sie so ratlos und überrascht, als die Wahrheit ans Tageslicht trat. Die SPD wurde am 4. August nicht an einem Tag eine andere Partei, sie hatte sich längst verändert.

Gewollte Selbsttäuschung

Früher und klarer als die Genossen selbst erkannte die Reichsleitung die sich in der Partei abzeichnende Wandlung. Die Regierung konnte für sich das Verdienst beanspruchen, die Entwicklung der SPD zur staatsstützenden Partei – den Staat zu tragen wurde ihr bis 1918 verwehrt – nach Kräften gefördert zu haben. Statt auf Unterdrückung setzte sie darauf, die SPD einzubeziehen. Clemens v. Delbrück, Vizekanzler und Staatssekretär des Innern, war zwar dagegen, dass die Regierung sich von der SPD abhängig machte, setzte aber sonst ganz darauf, die sozialdemokratische Opposition aufzuweichen. Er resümierte später, dass es ein großer Fehler seiner Regierung gewesen wäre, wenn sie die »freiwillige Mitarbeit der Sozialdemokratie« abgelehnt oder hintertrieben hätte: »Es handelte sich jetzt darum, die Partei zu zersetzen; nicht aber ihre auseinander strebenden Elemente durch eine Gewaltpolitik wieder zusammenzuschweißen. Nach diesen Richtlinien hat die Regierung innerhalb der Jahre 1909 bis 1913 gearbeitet.« Mit Erfolg, wie sich im August 1914 zeigen sollte.

Nur 14 Abgeordnete von insgesamt 110 Mitgliedern der Reichstagsfraktion waren schließlich gegen die Kriegskredite. Unter ihnen war einer der beiden Parteivorsitzenden, Hugo Haase, wogegen der andere, Friedrich Ebert, für die Kriegskredite eintrat. Karl Liebknecht und Georg Ledebour machten sich später einen Namen als Führer der Linkssozialisten. Die Gegner einer Kreditbewilligung konnten es aber mit ihrem Demokratie- und Disziplinverständnis nicht vereinbaren, im Reichstag gegen die Fraktionsmehrheit zu stimmen, so, wie es sich Abgeordnete des rechten Flügels für den Fall vorgenommen hatten, dass sie für ihre Position keine Fraktionsmehrheit gewinnen würden. Am 4. August, an dem Tag, an dem Deutschland das neutrale Belgien überfiel, verlas ausgerechnet Haase die Erklärung der Reichstagsfraktion: »Nicht für oder gegen den Krieg haben wir heute zu entscheiden, sondern über die Frage der für die Verteidigung des Landes erforderlichen Mittel. (...) Wir lassen in der Stunde der Gefahr das eigene Vaterland nicht im Stich.« Am 2. Dezember 1914, nachdem die Illusionen eines schnellen Sieges über Frankreich längst zerstoben waren, stimmte Liebknecht als einziger Abgeordneter gegen weitere Kriegskredite.

Da war längst klar geworden, dass die Entscheidung vom 4. August auch Folge einer gewollten Selbsttäuschung war. Niemand konnte sich mehr darauf berufen, dass Deutschland angegriffen worden sei. Die Hoffnung auf einen kurzen Krieg entpuppte sich schon im September 1914 als wirklichkeitsfremd; in der Schlacht an der Marne zerschlugen Franzosen und Engländer mit dem rechten Flügel der deutschen Invasionsarmee den Schlieffenplan gleich mit. Das veranlasste die Reichsleitung aber nicht dazu, ihre abenteuerlichen Kriegsziele zu mäßigen.

Den Lohn für ihre Zustimmung zu den Kriegskrediten hat die SPD nie erhalten. Sie wurde nicht zu einer gleichberechtigten politischen Kraft. An den undemokratischen Verhältnissen im Reich änderte sich nichts, im Gegenteil, wurden doch im Krieg selbst die wenigen Rechte, die der Kaiser seinen Untertanen zugestanden hatte, suspendiert. Die Versuche der SPD, die Kriegspolitik zu beeinflussen, scheiterten. Noch im Sommer 1917 weigerte sich die Regierung, der Forderung nachzukommen, defensive Kriegsziele festzulegen. Sogar Eduard David erklärte daraufhin die Lage für »hoffnungslos«. Statt mehr Einfluss zu erlangen, saß die Partei in der Falle. Und trotzdem hofften die die eigene Regierung stützenden Sozialdemokraten auf einen Sieg der deutschen Waffen. Eine Niederlage könne die Startchancen für den Sozialismus nur verschlechtern, erklärte etwa der spätere Ministerpräsident Scheidemann. Deswegen schickte der Reichstagsabgeordnete seinen Genossen und Wählern in den Schützengräben der Westfront Durchhalteparolen. Das ganze Volk müsse zusammenhalten, um die Feinde zu einem angemessenen Frieden zu zwingen. Einige rechte Sozialdemokraten gingen in ihrer Kaisertreue nun sogar so weit, dass sie oppositionelle Genossen an die Behörden verpetzten, damit diese die Widerspenstigen möglichst bald durch die Einberufung an die Front aus dem politischen Verkehr zogen.

Eine Art geistige Gefangenschaft

Immerhin war die SPD dem drohenden Verbot ausgewichen. Das ist aber die einzige Position auf der Habenseite der Bilanz des 4. August. Wenn man bedenkt, welchen Preis sie dafür bezahlt hat, dann kommt man leicht zum Ergebnis, dass ein Verbot vorteilhafter gewesen wäre. Jedenfalls im Blick auf die Zukunft. Denn mit dem 4. August 1914 spaltete sich die Sozialdemokratie. Die SPD verlor einen großen Teil ihrer Anhänger und einen nicht geringen Teil ihrer Glaubwürdigkeit, vor allem in der deutschen Linken. Dort war nun immer wieder vom »Verrat am 4. August« die Rede; kein Vorwurf traf die Sozialdemokratie härter. Nicht allein Kommunisten begründeten ihre zeitweise hysterische Bekämpfung der SPD mit dieser Verdammung. Wir werden noch sehen, welche zerstörerischen Folgen die Zustimmung zu den Kriegskrediten noch Jahrzehnte später für die sozialdemokratische Identität haben sollte.

Auf Bernstein konnten die Befürworter der Kriegskredite sich bald nicht mehr stützen. Seine »Schüler« warfen ihm vor, die Politik abzulehnen, die er selbst gefordert hatte. Aber das war ein himmelschreiendes Missverständnis. Bernstein war kein Chauvinist, auch kein »nationaler« Politiker, sondern ein Theoretiker und Politiker, der eine aktive Reformpolitik forderte und seine Partei in ihrer Erstarrung angriff. Sozialdemokratische Politik war für ihn Friedenspolitik, und die Aufwertung der SPD sollte sich nicht in der Folge eines zynischen Geschachers mit Kriegstreibern, sondern durch Demokratisierung herstellen. Bernstein ließ sich auch im Krieg nicht davon abbringen, sich als Feind der Hohenzollernherrschaft zu betrachten. Seine Partei sah er schon 1916 in »eine Art geistige Gefangenschaft geraten«. Daraus konnte sie sich nicht selbst befreien, das vermochte erst die deutsche Niederlage im Oktober 1918.

Zuvor aber musste sie einen hohen Preis für den August 1914 bezahlen. Nicht geringe Teile der Sozialdemokratie verließen die Partei in einem schmerzhaften Ablösungsprozess, darunter Bernstein, Kautsky und Eberts Mitvorsitzender Haase. Sie gründeten im April 1917 die Unabhängige Sozialdemokratische Partei Deutschlands (USPD), ihr Programm war der Kampf für einen sofortigen Frieden. Sonst erhoben die Unabhängigen in ihrem von Kautsky verfassten Manifest Forderungen nach demokratischen Grundrechten: allgemeines, gleiches und geheimes Wahlrecht, Rede-, Presse- und Versammlungsfreiheit sowie eine Amnestie für politische Gefangene.

Zur USPD stieß auch eine seit Anfang 1916 bestehende kleine Gruppe um Rosa Luxemburg, Franz Mehring, Clara Zetkin und Karl Liebknecht, die unter dem Pseudonym »Spartacus« illegale Schriften veröffentlichte und bald nach ihrem Decknamen bezeichnet wurde. Die Spartakusgruppe setzte fort, was Rosa Luxemburg in ihrer Auseinandersetzung mit Revisionisten und Parteiführern begonnen hatte. Die Spartakisten wollten die eigene Regierung revolutionär stürzen. Sie hatten am äußersten linken Flügel der SPD gestanden und bildeten nun den linken Flügel der USPD. In dem Maß, wie der Krieg sich verlängerte und in der Heimat für Hunger und Elend sorgte, rechneten sich die Spartakisten Chancen aus für ihr revolutionäres Programm. In der Gruppe aber sammelten sich zunehmend auch abenteuerliche Elemente, die mit wachsender Verzweiflung alles zerschlagen wollten, was ihnen im Weg zu stehen schien. Kriege erzeugen nicht nur Tote und Verwundete, sondern auch zerstörte Seelen, von denen Zerstörung ausgeht. Die Tragödie des Januaraufstands 1919 zeichnete sich früh ab.

Viele Historiker sprechen von einer dreifachen Spaltung der deutschen Sozialdemokratie und verweisen mit einigem Recht darauf, dass der Spartakusbund im Rahmen der USPD eine selbstständige Erscheinung gewesen sei. Dafür spricht auch, dass sich die Spartakisten am Jahreswechsel 1918/19 als Kommunistische Partei Deutschlands (Spartakusbund) unter der Losung »Wir sind wieder bei Marx« verselbstständigten. Seitdem gab es drei Parteien: SPD, USPD und KPD. In Wahrheit aber teilte sich die politische Arbeiterbewegung in einem komplexen Prozess in zwei Teile, und dazu gehört die Verwirrung über die scheinbare Vielzahl der Strömungen in der Übergangsphase. Auf der einen Seite standen die Mehrheitssozialdemokraten und der rechte Flügel der USPD, die sich in einem einzigen Punkt unterschieden: weitere Unterstützung der Kriegsregierung oder Verweigerung. Für die Vertreter des rechten USPD-Flügels war dies eine drängende Frage, die die Gründung einer eigenen Partei rechtfertigte. Als aber der Krieg beendet war, zeigte sich, dass dies der einzige Grund gewesen war. Mit einiger Verzögerung, die der Eigendynamik der Parteigründung zuzuschreiben ist, stieß schließlich der zentristische Flügel wieder zur von Rechts dominierten Mehrheitssozialdemokratie, und der Teilungsprozess der Arbeiterbewegung war vollendet. Eine linke USPD-Mehrheit hatte zuvor die Aufnahmebedingungen der Kommunistischen Internationale akzeptiert und sich mit der KPD verschmolzen. Nun standen sich die beiden Flügel der Arbeiterbewegung in klarer organisatorischer Ausprägung gegenüber. In dem Maß aber, wie die KPD unter das Diktat der Komintern, also Moskaus, geriet und schließlich mit ihrer so genannten Bolschewisierung unter dem einstigen USPD-Mitglied Ernst Thälmann im stalinistischen Sumpf versank, verabschiedete sich dieser Flügel der deutschen Arbeiterbewegung aus dem Kampf um mehr Demokratie. In der zweiten Hälfte der Weimarer Phase vertrat nur noch die Sozialdemokratie die demokratisch-sozialistische Arbeiterbewegung, aber dies wohl auch aus Mangel an demokratischer Konkurrenz zu oft in kläglicher Weise.

Mit der Bolschewisierung der KPD wurde Rosa Luxemburgs Erbe zerstört. Nicht umsonst begannen Stalin und seine Genossen bald, den »Luxemburgismus« genauso zu verfolgen wie den »Sozialdemokratismus«. In der Vernichtungsorgie der Stalinisten wuchs wieder zusammen, was zusammengehörte. Wenn überhaupt, dann stößt man auf dem linken Flügel der Weimarer SPD und in den Absplitterungen von SPD und KPD auf die Ideen Rosa Luxemburgs.

»Das andere Opfer des sich neu erhebenden Militarismus, Rosa Luxemburg, ist lediglich als die selbstlose Kämpferin für eine Idee gefallen, der sie ihr ganzes Ich gewidmet hatte. Auch sie hat in der Einschätzung der Tragkraft der Revolution geirrt, und ihre im Krieg erschienene, glänzend abgefasste Schrift über die Krise in der Sozialdemokratie zeigt auch, warum sie irren musste. Vor ihrem geistigen Auge stand und in ihrer Seele lebte ein aus der Abstraktion abgeleitetes Proletariat, dem das wirkliche Proletariat nicht entsprach. War sie doch, wie ihre hinterlassenen Briefe zeigen, im letzten Grunde eine durchaus dichterische Natur. In ihr hat der Sozialismus eine hoch begabte Mitstreiterin verloren, die der Republik unschätzbare Dienste hätte leisten können, wenn nicht falsche Einschätzung der Möglichkeiten sie ins Lager der Illusionisten der Gewaltpolitik geführt hätte. Aber auch wer um dessentwillen im Parteikampf ihr Gegner war, wird das Andenken dieser rastlosen Kämpferin in Ehren halten.«

Eduard Bernstein, 1919

Ihre und Karl Liebknechts Ermordung im Januar 1919 raubte dem Linkssozialismus die überragenden, charismatischen Köpfe. Es ist müßig zu spekulieren, wie der Weg der KPD weitergegangen wäre, wenn die beiden Führer am Leben geblieben wären, denn es gibt keinen vernünftigen Grund anzunehmen, dass die KPD sich anders entwickelt hätte als die anderen kommunistischen Parteien fast überall auf der Erde. Dass aber Rosa Luxemburg Stalins und Thälmanns Demokratiefeindlichkeit auf das Äußerste bekämpft hätte, darf als sicher unterstellt werden – man lese nur ihre Schrift über die russische Revolution.

Mit der Abspaltung des linken Flügels im Weltkrieg verlor die SPD nicht nur brillante Köpfe zeitweise – Bernstein, Kautsky, Haase – und für immer – Luxemburg, Liebknecht, Mehring, Zetkin –, sondern auch einen wesentlichen Teil ihrer Identität. In der der Niederlage im Krieg folgenden Revolution sollte sich bestätigen, was sich während des Kriegs bereits gezeigt hatte: dass nämlich die SPD sich von Revolution und Sozialismus längst verabschiedet hatte, auch wenn beides noch eine Zeit lang im Programm zu finden sein würde. Das Erfurter Programm von 1891 war nicht nur zeitlich überholt, es entsprach auch schon lange nicht mehr der Identität der Sozialdemokratie. Die USPD berief sich 1919, als sie ihr Aktionsprogramm beschloss, auf das Erfurter Programm vor allem, um im Wettbewerb der sozialdemokratischen Parteien das gemeinsame Erbe für sich zu beanspruchen. In ihrem Programm von 1919 geht sie weit über das hinaus, was im Erfurter Programm festgelegt war. Explizit ist nun von der Diktatur des Proletariats die Rede, von der Eroberung der politischen Macht und der Einführung eines Rätesystems sowie von der Vergesellschaftung der Produktionsmittel: »Nur durch die proletarische Revolution kann der Kapitalismus überwunden, der Sozialismus verwirklicht und damit die Befreiung der Arbeiterklasse durchgeführt werden.«

Als handelte es sich um ein Nullsummenspiel: Was sich an revolutionärem Potential in der Unabhängigen Sozialdemokratie versammelte, fehlte der Mehrheitssozialdemokratie. Sie erschien nun als eine bürgerlich-demokratische Partei mit Verwurzelung in der Arbeiterschaft und einer unbestimmten Forderung nach Sozialisierung. Als die von den Sozialisten so lange herbeigesehnte Revolution herannahte, fürchtete sie kaum einer mehr als der Führer der mehrheitssozialdemokratischen Partei, Friedrich Ebert.

15. Dezember 1999. Gestern Abend habe ich mich an einer Telefonaktion der Lübecker SPD beteiligt. Damit wollten wir die Aussichten unseres Bürgermeisterkandidaten Bernd Saxe bei der Stichwahl kommenden Sonntag verbessern. Ich habe Listen mit einigen Dutzend Namen abgearbeitet, also mehr oder minder überraschte Bürger freundlich gebeten, sich an der Wahl zu beteiligen und für Saxe zu stimmen. Das Argument: Saxe sei sozial kompetenter als der CDU-Kandidat. Das trifft zwar im Vergleich zu, aber dass gerade Saxe ein Sozialpolitiker sein soll, ist nicht wahr. Er zählt eher zum wirtschaftsfreundlichen Flügel der Partei. Im Wahlkampf hat er jedoch immer wieder die soziale Gerechtigkeit beschworen. Das

war nicht nur in seinen Augen das entscheidende Argument. Es ist schon seltsam, dass Wirtschaftsfreunde im Wahlkampf Sozialpolitiker werden. Es bedarf keiner besonderen Prognosefähigkeit, um vorauszusagen, dass sich dieser biografische Abstecher unseres Bürgermeisterkandidaten nicht fortsetzen wird.

Einer muss der Bluthund sein

Der demokratische Sozialismus an der Macht

Im Juni 1919, nur wenige Monate nach dem Ende der deutschen Revolution, nachdem Luxemburg und Liebknecht ermordet und die letzten Unruhen niedergeschlagen waren, erklärte der Sozialdemokrat Otto Wels auf dem SPD-Parteitag in Weimar im Rechenschaftsbericht des Parteivorstands:

»Wir können nicht sagen, wir haben die Revolution ›gemacht‹, aber wir sind nicht ihre Gegner gewesen. Wir sahen sie kommen und beginnen. Wir glauben nicht, dass die geschichtliche Forschung einst von der ›Revolution vom 9. November‹ sprechen wird. Man wird sie die Revolution des Kapitalismus nennen und ihre Anfänge zumindest in die Zeit von 1914 verlegen. Der Weltkrieg wird als Revolution betrachtet werden, als Revolution des Kapitalismus, dem sein Kleid zu eng geworden ist und der es mit Gewalt gesprengt hat. (...) Die Revolution ist überhaupt nicht gemacht und am wenigsten in Berlin gemacht worden, von Berlin, das nach Kiel, Hamburg und anderen Orten in die Revolution eingetreten ist.«

In der Tat, die SPD hatte die Revolution nicht gemacht. Dies nicht, weil sie, wie weiland Kautsky im Vertrauen auf die Gesetze der Geschichte erklärt hatte, keine Revolution machende Partei sei. Sondern vielmehr, weil die SPD die Revolution, als sie ausbrach, nicht wollte. Rechte Sozialdemokraten legten stattdessen Wert darauf, die Monarchie fortzusetzen.

»Nachdem alle Herren versammelt waren, besprach zunächst Ebert die Lage in kurzen Ausführungen. Es sei jetzt nicht die Zeit, nach dem Schuldigen für den allgemeinen Zusammenbruch zu suchen. Die allgemeine Stimmung im Volke sähe aber im Kaiser den Schuldigen, ob mit Recht oder Unrecht, sei jetzt gleichgültig. Die Hauptsache sei, dass das Volk den vermeintlichen Schuldigen an dem Unglück von seinem Platz entfernt sehen wolle. Daher sei die Abdankung des Kaisers, wenn man den Übergang der Massen in das Lager der Revolutionäre und damit die Revolution verhindern wolle, unumgänglich notwendig. Er schlage vor, dass der Kaiser noch heute, spätestens morgen, freiwillig seine Abdankung erkläre und einen seiner Söhne, vielleicht den Prinzen Eitel Friedrich oder Prinz Oskar, mit der Regentschaft betraue. Der Kronprinz sei im jetzigen Augenblick ›unmöglich‹, da er bei den Massen zu verhasst wäre. General Groener erwiderte kurz und scharf, dass von einer Abdankung des Kaisers nicht die Rede sein könne. Im jetzigen Augenblick, wo die Armee noch im letzten schweren Ringen mit dem Feinde stünde, sei es unmöglich, ihr den Obersten Kriegsherrn und damit den autoritativen Halt zu nehmen. Solange wir noch im Kampfe mit dem äußeren Feinde stünden, müssten die Interessen der Armee allem anderen vorangestellt werden. Er lehne es daher auf das allerentschiedenste ab, in der Abdankungsfrage irgendeinen Schritt zu unternehmen oder wohl gar dem Kaiser Derartiges vorzutragen.

Die Abgeordneten David und Südekum versuchten daraufhin, General Groener nochmals in eindringlichen Worten die Notwendigkeit der Abdankung klarzumachen. Beide erklärten, sie seien keineswegs Gegner der Monarchie an sich, und dieser Schritt würde in keiner Weise die Abschaffung der Monarchie bedeuten. Große Teile der deutschen Sozialdemokratie würden sich mit der monarchischen Staatsform bei einem parlamentarischen System durchaus abfinden. Während der fast akademisch gehaltenen Ausführungen des Abgeordneten David war der Staatssekretär Scheidemann ans Telefon gerufen worden. Nach wenigen Minuten kam er kreidebleich, vor Aufregung am ganzen Körper zitternd, wieder herein und unterbrach den Abgeordneten David mit den Worten: ›Die Abdan-

kungsfrage steht jetzt gar nicht mehr zur Diskussion. Die Revolution marschiert. Eben habe ich die Nachricht erhalten, dass zahlreiche Kieler Matrosen in Hamburg und Hannover die staatlichen Machthaber festgenommen und die öffentliche Gewalt an sich gerissen haben. Das bedeutet: Die Revolution!‹ Er schloss mit den Worten: ›Meine Herren, jetzt gilt es nicht mehr zu diskutieren, jetzt gilt es zu handeln. Wir alle wissen nicht, ob wir morgen noch auf diesen Stühlen sitzen werden.‹
Dem aufgeregten Scheidemann gegenüber blieb Ebert jedoch von unerschütterlicher Ruhe. Er erklärte, noch sei nichts entschieden. Was die Frage der Monarchie anbeträfe, so seien er und Scheidemann im Gegensatz zu den übrigen Herren zwar überzeugte Republikaner, aber die Frage: Monarchie oder Republik habe vorläufig für sie nur eine theoretische Bedeutung. In der Praxis würden auch sie sich mit der Monarchie mit parlamentarischem System abfinden. Er rate daher dem General Groener dringend, die letzte Gelegenheit zur Rettung der Monarchie zu ergreifen und die schleunige Beauftragung eines der kaiserlichen Prinzen mit der Regentschaft zu veranlassen. Der Abgeordnete Südekum unterstützte die Ausführungen Eberts mit bewegten Worten, und mit Tränen in den Augen und mit leidenschaftlicher Stimme beschwor er den General Groener, auf den Ebert'schen Vorschlag einzugehen, sonst stünde eine furchtbare Katastrophe bevor, ›deren Folgen keiner von uns heute absehen könne‹.«

Aus einem Gespräch des Generals Wilhelm Groener (Oberste Heeresleitung) mit Vertretern der SPD-Reichstagsfraktion und der Generalkommission der Gewerkschaften. Auszug aus den Erinnerungen des Oberst Hans von Haeften, 1918

Als Philipp Scheidemann im November 1918 die Republik ausrief, zog er sich einigen Ärger zu, vor allem von seinem Parteivorsitzenden. Scheidemann berichtete später: »Ebert war vor Zorn dunkelrot im Gesicht geworden, als er von meinem Verhalten hörte. Er schlug mit der Faust auf den Tisch und schrie mich an: ›Ist das wahr?‹ Als ich ihm antwortete, dass es nicht nur wahr, sondern selbstverständlich gewesen sei, machte er mir eine Szene, bei der ich wie vor einem Rätsel stand. ›Du hast kein Recht, die Republik auszurufen! Was aus Deutschland wird, ob Republik oder was sonst, das entscheidet eine Konstituante [also eine verfassunggebende Nationalversammlung; C. D.]!‹«

Ebert hasste nichts mehr als die Revolution, die ihn doch in höchste Ämter bringen sollte. Zuvor hatte er alles getan, um zu verhindern, dass das Kaiserreich zusammenbrach. Überliefert ist seine berühmte Äußerung gegenüber dem letzten kaiserlichen Reichskanzler, Prinz Max von Baden: »Wenn der Kaiser nicht abdankt, dann ist die soziale Revolution unvermeidlich. Ich aber will sie nicht, ja, ich hasse sie wie die Sünde.« Der Kaiser sollte abdanken, um die Monarchie zu retten. Ein bemerkenswertes Verständnis sozialdemokratischer Politik, das sich nicht erst in den Tagen des »Kriegssozialismus« herausgebildet hatte.

Der Krieg, den Ebert und die anderen rechten Sozialdemokraten unterstützt hatten, war im Oktober 1918 längst militärisch verloren. Es waren nicht die Sozialdemokraten, die den Frieden erzwangen, sondern Franzosen, Briten und US-Amerikaner. Als deren Truppen vor einem entscheidenden Durchbruch durch die deutsche Westfront standen, drängten Hindenburg und Ludendorff, des Kaisers oberste Kriegsherrn, auf einen sofortigen Waffenstillstand. Es war nicht die Revolution, die den Krieg beendete, sondern die Überlegenheit der Feinde des Deutschen Reichs. Die Sozialdemokraten wurden von dieser Wendung genauso überrascht wie die Reichsleitung. Bis zuletzt hatte nicht nur der Vorsitzende der sozialdemokratischen Reichstagsfraktion, Scheidemann, seine Genossen in den Schützengräben der Westfront zum Siegen aufgemuntert. Ebert hatte sich zusammen mit Scheidemann und anderen im Januar 1918 von für den Frieden streikenden Arbeitern in den Berliner Arbeiterrat wählen lassen, um »den Streik zum schnellsten Abschluss zu bringen«, wie er später erklären sollte. Und Philipp Scheidemann erinnerte sich: »Wenn wir nicht in das Streikkomitee hineingegangen wären, dann wäre der Krieg und alles andere nach meiner festen Überzeugung schon im Januar erledigt gewesen. (...) Durch unser Wirken wurde der Streik bald beendet und alles in geregelte Bahnen gelenkt. Man sollte uns eigentlich dankbar sein.«

Aber nun, Ende September 1918, war alles umsonst. Die Übermacht der Feinde war so groß, dass sich kein General mehr fand, der an einen deutschen Sieg oder ein Remis glauben wollte. Das hinderte die Herren des Militärs und die politischen Nachfolger der Kaisertreuen nicht daran, die Dolchstoßlegende in die Welt zu setzen. Demnach seien die deutschen Soldaten »im Felde unbesiegt« und nur durch den Verrat an der Heimatfront um den Erfolg gebracht worden. Ebert und Scheidemann trugen ihren Teil dazu bei, dass die Dolchstoßlüge in die Welt gesetzt werden konnte. Als die heimkehrenden Fronttruppen am 10. Dezember 1918 in Berlin, am Brandenburger Tor, von den Volksbeauftragten empfangen wurden, erklärten die beiden mehrheitssozialdemokratischen Oberhäupter den Soldaten: »Kein Feind hat Euch überwunden!« Da stellte sich die Frage, warum Deutschland den Krieg verloren hatte.

Eine komische Revolution

Tatsächlich hatten der Hunger und die offenkundige Aussichtslosigkeit, den Krieg zu gewinnen, viele Deutsche von ihrer Kriegsbegeisterung geheilt. Es wuchs die Einsicht, dass Millionen deutsche Soldaten einen sinnlosen Tod starben. Das Massenschlachten des ersten Maschinenkriegs fraß sich tief in die Gemüter ein, so tief, dass nach 1918 viele Deutsche ernsthaft glaubten, es werde nie wieder Krieg geben. Das auch militärisch sinnlose Ausbluten der französischen und deutschen Armeen bei Verdun symbolisierte den Wahn dieses Weltkriegs. Der Krieg von 1870/71, in dem das Deutsche Reich begründet wurde, war ein heroischer Spaziergang im Vergleich zum Irrsinn des millionenfachen Sterbens in den Schützengräben der Westfront.

Kein Wunder also, dass in der Heimat die Unzufriedenheit wuchs. Die Konzentration aller Anstrengungen auf die Rüstungsindustrie und die Blockade Deutschlands durch seine Feinde verschärften die Versorgungsmängel. Die Hungerwinter des Weltkriegs beschäftigten die Deutschen noch jahrzehntelang. Katastrophale Arbeitsbedingungen mündeten in Streiks, auch in der Munitionsindustrie. Und immer mehr Soldaten sahen nicht mehr ein, warum sie in erfolglosen Offensiven verheizt werden mussten.

Aber die Missstimmung reichte nicht für eine Revolution, schon gar nicht in Deutschland. Es brauchte noch einen kräftigen Zündfunken. Der wurde in Kiel geschlagen. Dort hatte die kaiserliche Admiralität die gewaltige deutsche Flotte zusammengezogen. Sie hatte sich, sieht man von den U-Booten ab, im Krieg als nutzlos erwiesen, zu groß war die Übermacht der britischen Seestreitkräfte gewesen. Zu dem Zeitpunkt aber, als der Krieg verloren war und das deutsche Waffenstillstandsgesuch bei den Alliierten lag, wollten die Admirale zur letzten Schlacht in die Nordsee auslaufen. Davon waren zumindest die Matrosen überzeugt, als Manöver in der Nordsee befohlen wurden. Die Seeleute aber hatten nicht die Absicht, der britischen Flotte das letzte Gefecht zu liefern und sich für die zweifelhafte Ehre der deutschen Kriegsmarine zu opfern. Sie löschten die Feuer unter den Kesseln. Daraufhin verhafteten die Offiziere so genannte Rädelsführer. Aber die Matrosen ließen sich nicht mehr einschüchtern, sondern erhoben sich und gründeten in Kiel einen Arbeiter- und Soldatenrat. Dessen erste Forderung war: Befreiung der gefangenen Matrosen. Diese Forderung setzten sie durch. Sie entwaffneten die Offiziere und rissen ihnen die Schulterstücke ab.

Wie ein Flächenbrand raste die Revolution von Kiel aus erst an der Küste entlang, dann durch ganz Norddeutschland, bis sie am 9. November Berlin erreichte. Die Arbeiter streikten und demonstrierten gegen den Kaiser und seine Generäle, und die Soldaten, die die Arbeiter zurückschlagen sollten, verweigerten den Befehl. Daraufhin übergab der letzte durch den Kaiser ernannte, aber von der SPD gestützte Reichskanzler, Prinz Max von Baden, sein Amt an Friedrich Ebert weiter. Der Kaiser wurde zur Abdankung veranlasst. Deutschlands erster sozialdemokratischer Reichskanzler warnte die Deutschen als Erstes vor Unruhe und Bürgerkrieg. Noch am Abend des 9. November wurde in Berlin beschlossen, die Arbeiter- und Soldatenräte der Hauptstadt für den nächsten Tag zusammenzurufen. Ebert forderte die USPD auf, in eine gemeinsame Regierung einzutreten, diese nannte sich »Rat der Volksbeauftragten«, was nicht zufällig an den »Rat der Volkskommissare« erinnerte, der in Sowjetrussland von Lenin geleitet wurde.

Die Stimmung in Berlin und in weiteren Großstädten stand auf Sturm, und Ebert wusste, dass eine Regierung ohne Unabhängige Sozialdemokraten keine ausreichende Massenbasis gehabt hätte. Ebert hätte sogar Karl Liebknecht vom Spartakusbund in die Regierung aufgenommen. Aber der forderte von seiner Partei, der USPD, dass alle Macht an die Arbeiter- und Soldatenräte übertragen werden solle. Dazu waren die USPD-Führer am 10. November nicht bereit. Sie wollten sich noch nicht festlegen. Die Partei war zerrissen zwischen den gemäßigten Zentristen um Haase und den Linken um Liebknecht und Emil Barth, der der kleinen, aber aktiven Gruppe »Revolutionäre Obleute« angehörte. Barth wurde in den Rat der Volksbeauftragten geschickt. Im Rat saßen nun die Mehrheitssozialdemokraten Ebert, Scheidemann und Landsberg sowie die Unabhängigen Haase, Dittmann und Barth.

Sieht man von Barth ab, so bestand der Rat, der die Revolution zu Ende bringen sollte, aus altbekannten Vertretern der klassischen Sozialdemokratie. Zwischen zentristischen Unabhängigen wie dem ehemaligen SPD-Vorsitzenden Haase und rechten Mehrheitssozialdemokraten gab es keine Gräben mehr. Allerdings mussten Haase und Dittmann Rücksicht nehmen auf eine starke linke Mehrheit in ihrer Partei. So klangen USPD-Verlautbarungen immer etwas revolutionärer als die Erklärungen der SPD.

Es war eine komische Revolution. Als der Kaiser abgedankt hatte und die Republik ausgerufen war, war alles Wesentliche geschehen. Von vornherein drängten SPD und Teile der USPD auf die Selbstentmachtung der Arbeiter- und Soldatenräte. Etwas anderes als den gewohnten Parlamentsbetrieb konnten Ebert, Scheidemann und Haase sich nicht vorstellen. Sie fürchteten nichts mehr als »russische Verhältnisse«, als den Umsturz der bürgerlichen Gesellschaft. So erinnerte die deutsche Revolution in ihrer Begrifflichkeit an ihre russische Vorläuferin, aber in Wahrheit hatte sie nicht viel mit ihr zu tun. Zumindest nicht mit Lenins Putsch im Oktober, eher schon mit dem Zarensturz im Februar 1917, als sich in Erinnerung an die erste Erhebung 1905 wieder Räte als Organe der revolutionären Massen herausgebildet hatten. Im Oktober 1917 gab es keine Massenerhebung, so wenig wie im Januar 1919 in Deutschland, als die Spartakisten gegen den Rat Rosa Luxemburgs und Karl Liebknechts den Aufstand probten, um von den kaiserlichen Generälen unter dem Oberbefehl des Mehrheitssozialdemokraten Gustav Noske zusammengeschossen zu werden.

Novemberverräter

Es ist müßig, zu spekulieren. Und doch soll angedeutet werden, dass der Einfluss der sozialdemokratischen Führer auf die eigene Anhängerschaft gereicht hätte, um die Massen zur Fortsetzung der Revolution zu veranlassen. Die enormen Anstrengungen Eberts und seiner Genossen, die Revolution zu bremsen und schließlich zu stoppen, zeugen von der gesellschaftlichen Kraft, die losgetreten worden war. Hätten die Sozialdemokraten – SPD *und* USPD – die soziale Revolution, von der sie jahrzehntelang fabuliert hatten, wirklich gewollt, sie hätten sie vollenden können. So kam es erst siebzig Jahre später zur ersten siegreichen Revolution in Deutschland, als nämlich die Menschen in Ostdeutschland die SED-Diktatur stürzten.

Die Historiker werden nie aufhören zu streiten, ob die Novemberrevolution abgeschlossen, unvollendet oder stecken geblieben sei. Ein Fazit hängt ab von der Perspektive. Haben Revolutionen eigene innere Gesetze, die sich durchsetzen müssen, sodass man bemessen kann, ob sie abgeschlossen sind oder nicht? Haben Revolutionen *objektive* Aufgaben? Hatte die deutsche Revolution von 1918/19 eine Aufgabe? Und wenn ja, welche? Vollendete der Oktoberaufstand in Russland die russische Revolution? Welches Maß man auch anlegt, es bleibt das Maß des Bewertenden.

Bei aller Skepsis, die deutsche Revolution erreichte einiges, gerade wenn man bedenkt, dass ihre Führer sie nicht wollten. Aber gemessen an den Anforderungen leistete sie zu wenig. Sie beließ den staatlichen Machtapparat fast unverändert. Sie behandelte die Militärs von gleich zu gleich, statt sie sich zu unterwerfen oder sie in die Wüste zu schicken. Die Sozialdemokratie nahm nachhaltig Schaden, als sie im Verbund mit des Kaisers Generälen die Unruhen in Berlin niederschlug. Ebert und Genossen hätten wenigstens eine radikale Demokratisierung durchsetzen müssen.

Aber nun ließ sich die Republik vom kaiserlichen Militär dazu benutzen, einen Waffenstillstand zu vereinbaren, den ihr diese Militärs und die ihnen nahe stehenden Kräften aufgezwungen hatten. Statt eines katastrophalen Siegfriedens bescherten diese Herren Deutschland eine katastrophale Niederlage. Es ist ein Hohn, dass die wenigen Republikaner von Weimar als »Novemberverräter« beschimpft wurden, wohingegen die feigen Generäle göttergleiche

Verehrung genossen. Es war der Generalfeldmarschall Paul von Hindenburg, des Kaisers oberster Krieger, der gleich nach dem Krieg das Gift vom Dolchstoß in die Welt setzte. Nur wenige Jahre nach dem voreiligen Abschluss der Revolution wird dieser Hindenburg zum Aushängeschild der Sozialdemokratie gegen Hitler werden, um diesen schließlich doch an die Macht zu bringen.

Mitverantwortlich dafür sind die Sozialdemokraten, die die Möglichkeiten der Revolution nicht genutzt haben. Kurt Tucholsky schrieb über Ebert: »Dass er die Revolution des Vierten Standes nicht machen konnte, mag sein geschichtliches Verhängnis gewesen sein. Dass er nicht einmal die des Dritten gemacht hat, ist seine Schuld.«

20. Dezember 1999. Gestern Abend war ich in Lübeck. Im Rathaus gab es eine Prognose und Hochrechnungen zur Bürgermeisterstichwahl. Auf der Fahrt zum Rathaus sah ich Plakate der SPD mit der Aufforderung, Bernd Saxe zu wählen, weil er in Lübeck zu Hause sei. Dämliche Begründung.
Saxe hat die Wahl gewonnen, weil Helmut Kohl als CDU-Vorsitzender eine schwarze Kasse geführt hat. Das nennt die Landes-SPD nun eine »Trendwende«. Heide Simonis war auch im Rathaus und erklärte, die SPD-Politik sei gut, es seien am Anfang aber zu viele »handwerkliche Fehler« gemacht worden. Es ist erstaunlich: Wo viele Genossinnen und Genossen zu Recht eine soziale Schieflage entdeckten, gibt es jetzt nur noch »handwerkliche Fehler«. Gut, Heide Simonis kämpft um ihren Ministerpräsidentinnenjob. Aber der Richtungsstreit in der SPD lässt sich so nicht beerdigen. Das aber wird kräftig versucht. Auf dem gerade vergangenen Parteitag in Berlin machte die Linke folgsam den Kotau. Ex-Bundesgeschäftsführer Ottmar Schreiner, von Schröder aus dem Amt gemobbt, hatte noch vor kurzem auf einem Regionalparteitag im Saarland den Mangel an sozialer Gerechtigkeit beklagt. Aber auf dem Bundesparteitag bescheinigte er der Regierung, dass ihre Politik sozial ausgewogen sei. Der Jusovorsitzende Benjamin Mikfeld hatte mehr mit seiner frisch ondulierten Elvistolle zu kämpfen als mit Schröder, was aber seine Pflicht gewesen wäre. Nur die Ex-Jusovorsitzende Andrea Nahles gab sich kritisch, wenn auch defensiv. Der SPD-Oberlinke im Bundestag,

Detlev von Larcher, frisst schon seit Wochen Kreide. Ob links, ob rechts – alle wollen an der Macht bleiben. Und deswegen reduzieren sich die politischen Unterschiede auf Symbole. Die einen sind für eine Vermögenssteuer (oder -abgabe), die anderen dagegen. Als Beruhigungspille sollen vielleicht Erbschaften stärker besteuert werden. Als würde dies auch nur ein Jota ändern an der Umverteilung zugunsten der Reichen. Die wird demnächst noch einmal richtig beschleunigt, wenn die Unternehmenssteuerreform kommt.

Revolutionen haben keine objektiven Aufgaben, aber Möglichkeiten – so, wie die Geschichte fast immer Alternativen bietet. Die deutsche Revolution sah mit der Mehrheitssozialdemokratie eine Partei in der Führung, die sich schon so stark an die Kastration in der Kaiserzeit gewöhnt hatte, dass sie nicht mehr in der Lage war zu gestalten. Arthur Rosenberg, der Chronist der Weimar Republik, schreibt treffend:

»Aber die deutsche Revolution, die Erhebung der friedensbedürftigen Sozialpolitiker, hat keinen Cromwell, keinen Carnot und keinen Trotzki hervorgebracht. In den großen Revolutionen der Weltgeschichte haben die neuen Führer sich zugetraut, auf dem Schlachtfeld zu siegen. Die Männer der deutschen Revolution von 1918 glaubten nicht einmal, dass sie ohne Hilfe der kaiserlichen Generäle die Truppen nach Hause bringen könnten.«

Im Juni 1920 sagte Reichswirtschaftsminister Rudolf Wissell in einem Rückblick auf die Revolution:

»Trotz der Revolution sieht sich das Volk in seinen Erwartungen enttäuscht. Es ist nicht das geschehen, was das Volk von der Regierung erwartet hat. Wir haben die formale politische Demokratie weiter ausgebaut, gewiss, aber wir haben doch nichts anderes getan, als das Programm fortgeführt, das von der kaiserlich-deutschen Regierung des Prinzen Max von Baden schon begonnen worden war. Wir haben die Verfassung fertig gestellt ohne tiefere Anteilnahme der Bevölkerung. Wir konnten den dumpfen Groll, der in den Massen steckt, nicht befriedigen, weil wir kein richtiges Programm hatten. (...)

Wir haben im wesentlichen in den alten Formen unseres staatlichen Lebens regiert. Neuen Geist haben wir diesen Formen nur wenig einhauchen können. Wir haben die Revolution nicht so beeinflussen können, als dass Deutschland von einem neuen Geist erfüllt erschiene. Das innere Wesen der deutschen Kultur, das gesellschaftliche Leben, erscheint wenig verändert. Vielfach nicht zum Besseren. Und das Volk glaubt, dass die Errungenschaften der Revolution lediglich negativen Charakter haben, dass an die Stelle einer militärischen und bürokratischen Herrschaft einzelner nur eine andere getreten ist und dass sich die Regierungsmaximen im Wesen nicht von denen des alten Regimes unterscheiden. (...) Ich glaube, die Geschichte wird, wie über die Nationalversammlung, auch über uns in der Regierung hart und bitter urteilen.«

Die Geschichte urteilt nicht, aber die Historiker werten. Im Fall der Weimarer Republik ist es sinnvoll, ihre Tauglichkeit als Demokratie angesichts ihrer Gefährdungen zu beurteilen. Eine Demokratie ist so stark wie ihre Verwurzelung im Volk. 1920, als die Rechte im Bunde mit Teilen der Reichswehr im so genannten Kapp-Putsch zum ersten Mal nach der Macht griff, schlug die Arbeiterbewegung ihre schlecht organisierten Feinde zurück, die Regierung des Sozialdemokraten Gustav Bauer aber hatte sich fast schon in ihr Schicksal ergeben und war über den Umweg Dresden nach Stuttgart geflohen. Die Reichswehr weigerte sich, der Demokratie zu Hilfe zu eilen. Berühmt geworden ist die von General Hans von Seeckt, Leiter des Truppenamts, ausgegebene Parole: »Reichswehr schießt nicht auf Reichswehr.« Zum Dank machte ihn die sozialdemokratisch geführte Regierung anschließend zum Chef der Heeresleitung und damit zum obersten Soldaten der Republik. Erst der Generalstreik, zu dem Sozialdemokraten und mit einiger Verzögerung dann auch die Kommunisten und Unabhängigen Sozialdemokraten aufgerufen hatten, machte den Putschisten den Garaus.

Schon in der ersten großen Krise der neuen Demokratie rächte sich, dass die Sozialdemokratie darauf verzichtet hatte, auch das Militär demokratischer Kontrolle zu unterwerfen (um nicht von der nach wie vor mehrheitlich monarchistisch gesinnten Ministerialbürokratie und Justiz zu sprechen). All die Jahre gab es in Weimar eine Art Doppelherrschaft: eine zivile Regierung mit demokratischer Legitimation und eine selbst ernannte nationale oder völkische Elite, die es als ihre erste Aufgabe ansah, die Niederlage von 1918 so bald wie möglich zu tilgen. In der Sozialdemokratie hat sie dabei keinen Gegner gefunden. Ganz im Gegenteil, wir werden noch sehen, wie es den Militärs gelingen wird, auch mit Hilfe von Sozialdemokraten durchzusetzen, was sie durchsetzen wollten.

Ein Anachronismus bedeutete schon die Tatsache, dass die Reichswehr nicht nur sich selbst überwachte, sondern gewissermaßen auch Koalitionen mit der Reichsregierung einging, indem sie maßgeblich bestimmte, wer Reichswehrminister werden durfte. Sie hatte in der politischen Klasse eine starke Lobby. Hindenburgs Nachfolger Groener etwa demissionierte zwar schon 1919, besorgte dann aber die Geschäfte seines ehemaligen Arbeitgebers in hohen politischen Ämtern (Verkehrsminister, Innenminister, Reichswehrminister). Nicht einmal Seeckt, der sich den Befehlen der Regierung offen verweigert hatte, wurde zur Rechenschaft gezogen. Die Verteidigung der Republik lag von Anfang an allein in den Händen der nicht eben zahlreichen Demokraten. Die Weimarer Institutionen – Reichswehr, Justiz, Ministerialbürokratie – aber waren keine Pfeiler der Republik. Diese gefährlichen Voraussetzungen waren in einer Revolution geschaffen worden, die ihre Möglichkeiten nicht genutzt hatte. Die Verantwortung dafür tragen die Führer der Mehrheitssozialdemokraten.

Eberts Bündnispartner

Die Revolution von 1918 war keine sozialistische, auch wenn Karl Liebknecht wenige Stunden nach Philipp Scheidemanns Proklamation der Republik die »sozialistische Republik« ausrief und obgleich sowohl die die Revolution anführenden wie auch die sie bremsenden Kräfte sich allesamt als Sozialisten bezeichneten. Es war nicht einmal eine konsequente bürgerlich-demokratische Revolution, weil sie ihren Gegnern zentrale Bastionen überließ, ohne dazu genötigt worden zu sein. Die Monarchisten waren durch die Kriegsniederlage und den Zusammenbruch ihrer Ordnung in Verzweiflungs- oder Angststarre verfallen, sodass die Republikaner alles hätten durchsetzen können, wofür damals Massen mobilisierbar waren.

Alle diese und andere Unzulänglichkeiten der Politik haben

Zeitgenossen wie auch Historiker mit einigem Recht in Friedrich Ebert personifiziert. Der Führer der SPD und erste deutsche Reichspräsident gilt gemeinhin als eher fade, biedere Gestalt, die aus dem Dunstkreis fantasieloser Zentristen stammt. Mir geht es nicht darum, Eberts Biografie zu ergänzen, sondern darum, den Versuch der Ehrenrettung, wie ihn manche sozialdemokratisch orientierte Historiker unternehmen, kritisch zu beleuchten. So hat etwa Helga Grebing darauf verwiesen, Ebert habe »als Voraussetzung und Grundlage für die Stabilität der angestrebten demokratischen Verhältnisse die gesellschaftlich-politische Kooperation von demokratischer Arbeiterschaft und freiheitlich gesonnenem Bürgertum« erkannt. Richtig ist, dass Ebert der Architekt der »Weimarer Koalition« aus Sozialdemokratie und bürgerlichen Demokraten war. Aber genauso richtig ist, dass Ebert an dem Tag, an dem er vom Berliner Arbeiter- und Soldatenrat als Mitglied der provisorischen Revolutionsregierung bestätigt wurde (10. November), eine geheime Telefonleitung zur Obersten Heeresleitung aufbauen ließ. Dort waren seine wichtigsten Verbündeten. Laut General Groener war das Ziel dieses Bündnisses »die restlose Bekämpfung der Revolution, Wiedereinsetzung einer geordneten Regierungsgewalt, Stützung dieser Regierungsgewalt durch die Macht einer Truppe und baldigste Einberufung einer Nationalversammlung«. Die Koalition zwischen dem SPD-Führer und den kaiserlichen Generälen prägte die Geschichte der Weimarer Republik erheblich kräftiger als die so genannte Weimarer Koalition.

Traditionspflege folgt eher aktuellen Bedürfnissen als dem Wunsch, Geschichte und ihre Akteure zu bewerten. Eberts Verhalten in der ungeliebten Revolution war keine Überraschung. Er zählte von Anfang an zu jenen nationalen Kräften in der Sozialdemokratie, die ihr Bündnis mit den eigenen Kriegsherren trotz aller Enttäuschungen bis zum katastrophalen Ende nie in Frage stellten. Die Feinde der sozialdemokratischen Führer waren nicht mehr die Hohenzollern und die Kapitalisten, sondern die französischen, englischen, russischen und amerikanischen Soldaten.

Am Ende aber trauten die Sozialdemokraten und die Generäle nicht einmal mehr den eigenen Soldaten. Diese galten als unzuverlässig, soweit es darum ging, die Revolutionäre niederzuwerfen. Deshalb ließ die Oberste Heeresleitung so genannte Freikorps aufstellen, Einheiten mit besonders demokratiefeindlichen Offizieren und Soldaten, die dann auch mit der gewünschten Rücksichtslosigkeit den Rat der Volksbeauftragten, der bald nur noch aus Mehrheitssozialdemokraten bestand, von seinen linken Feinden befreiten. Auch hier schwächte die Republik ihr Fundament, denn aus den zunächst rund 400 000 Freikorpssoldaten rekrutierte sich das Umfeld der völkischen, später nationalsozialistischen Umtriebe gegen die Weimarer Demokratie. Eines dieser unzähligen Freikorps, die so genannte Marinebrigade Ehrhardt, gehörte zu den Hauptakteuren des Kapp-Putsches 1920. Auf Bildern, die diese Söldner zeigen, erkennt man schon das Hakenkreuz.

Die Republik von Weimar war von Anfang an einäugig. Auf dem rechten Auge sahen ihre Verantwortlichen nichts, gab es skandalöse Urteile zugunsten der Mörder von rechts und zuungunsten der Mörder von links, wobei es die Richter auf dieser Seite mit der Beweisführung nicht so ernst nahmen. Für manche war schon die Tatsache, dass ein Angeklagter einer linken Partei angehörte, fast ein Kapitalverbrechen. Selbst wenn die Volksbeauftragten Maßnahmen im sozialistischen Sinn für übereilt hielten (in Wahrheit hatten sie damit nichts mehr im Sinn), so hätten sie wenigstens die Bastionen der Justiz und Verwaltung schleifen müssen. Selbst wenn es danach in manchen Behörden drunter und drüber gegangen wäre. Das wäre reparierbar gewesen und für die Demokratie besser, als ihre Feinde zu ihrer Zerstörung einzuladen.

Die Ebert-freundliche Helga Grebing erklärt, dass Ebert gewissermaßen hereingefallen sei auf die raffinierte Taktik der kaiserlichen Militärs. Diese hätten ihn und seine Partei gegen deren Willen benutzt, um das Lager der Revolutionäre zu spalten. Ihr Ziel war es, einen Zipfel der Macht zu behalten. Und das gelang ihnen denn auch. Es ist keine Äußerung von Ebert überliefert, in der dieser im Rückblick diese verheerende Selbstverstrickung in die Ranküne der Generäle bedauert hat. Aber ist Ebert überhaupt hereingefallen? Ich glaube es nicht, und es lässt sich auch nicht belegen. Ebert war gewiss bieder, aber er war nicht dumm. Er war politisch gewitzt und hatte sich in den Auseinandersetzungen in der Partei durchgesetzt.

Nein, Ebert verkörpert den grundlegenden Identitätswandel der SPD, wie er sich am 4. August 1914 schlaglichtartig zeigte. Es ist die Annäherung an die herrschende Klasse in Deutschland, inklusive deren Militärs. Zwischen der von Ebert vertretenen Sozialdemokratie und der Reaktion lag aus Sicht der SPD kein Graben mehr – längst vorbei die Zeiten, als man diesem System keinen Pfennig bewilligen wollte. Aus der internationalistischen Sozialdemokratie war eine nationale Partei geworden. Ihr Ziel bestand, erstens, in Ruhe und Ordnung und, zweitens, in der Einführung einer parlamentarischen Demokratie, ohne aber den Antidemokraten weh zu tun. Das große Bündnis aus dem Krieg, auch mit den Generälen, fand so seine unausgesprochene Fortsetzung.

Sozialisierung und Arbeiterräte

Natürlich wirkten Traditionen nach. Der Rat der Volksbeauftragten mit Ebert an der Spitze verstand sich als eine »rein sozialistische« Regierung mit einem »sozialistischen Programm«. Diese Begriffe zeigen, dass in den ersten Wochen nach dem 9. November, als der revolutionäre Flächenbrand aus Kiel Berlin erreichte, nichts populärer war als der Sozialismus. Von ihm hatten viele Menschen verschiedene Auffassungen, weil ja auch die Vorkriegssozialdemokratie sich zurückgehalten hatte beim Ausmalen des Zukunftsstaats. Der Common Sense in dieser Angelegenheit, jedenfalls in der sozialdemokratischen Mitgliedschaft, hieß »parlamentarische Demokratie plus Vergesellschaftung der Produktionsmittel«.

Sozialisierung versprachen nun auch die Führer der Mehrheitssozialdemokratie. Sie taten es, um wenigstens in Worten eine Forderung der Arbeiter zu erfüllen. Ebert erklärte aber im Januar 1919 vor der Nationalversammlung: »Sozialismus ist nach unserer Auffassung nur möglich, wenn die Produktion eine genügend hohe Stufe der Arbeitsleistung innehält. Sozialismus ist uns Organisation, Ordnung und Solidarität, nicht Eigenmächtigkeit, Egoismus, Zerstörung.« Der bedeutende USPD-Theoretiker Rudolf Hilferding – dessen Hauptwerk *Das Finanzkapital* Lenin zu seinen Imperialismusstudien angeregt hatte –, hatte schon zuvor auf dem Reichsrätekongress gesprochen: »Denn wir können nur sozialisieren, wenn etwas zum Sozialisieren da ist, wenn gearbeitet wird, und wenn diese Arbeit Früchte trägt. Deswegen möchte ich Sie bitten, stets daran zu denken, dass wir die neue Gesellschaft nicht in einem Tage und nicht in einem Monat erringen können, sondern dass sie allmählich, aber in energischer fortschreitender Arbeit aufgebaut werden muss.« Das waren Floskeln, Mahnungen, bloß nicht vom Weg des Bündnisses aller Klassen abzugehen. Man konnte den deutschen Sozialdemokraten nach dem ersten großen Krieg viel unterstellen, aber nicht, dass sie an einem Überschuss an Fantasie litten.

Es wäre möglich gewesen, die spontan entstandenen Räte in Organe der Sozialisierung zu verwandeln. Dies hätte der Demokratie neue Kraft und neuen Schwung geben können. Nicht Verstaatlichung wäre das Gebot der Stunde gewesen, sondern die Überführung großer Industrien in gesellschaftliches Eigentum. Wären die Produzenten direkt an der Leitung der Unternehmen beteiligt worden, dann wäre auch keine neue Bürokratie entstandenen, wie sie etwa die staatssozialistischen Projekte der Bolschewiki erzeugten, sondern neue Formen einer in der Arbeiterschaft verwurzelten Demokratie. Die Sozialisierung der Grundstoffindustrien und deren Kontrolle durch gewählte und verantwortliche Räte, das wäre ein Projekt mit Perspektive gewesen.

Genauso wichtig war eine andere Aufgabe, und auch sie wurde nicht gelöst: die Enteignung der ostelbischen Großgrundbesitzer, einer wichtigen Stütze der demokratiefeindlichen Rechten. Bei den Junkern fanden nicht zuletzt die antirevolutionären Bürgerkriegstruppen Unterschlupf. Dort wurden die Fememörder alimentiert, die Erzberger und Rathenau ermordeten, weil diese für Versöhnung mit den Kriegsfeinden und eine parlamentarische Demokratie eintraten. Diese Desperados hassten mehr noch als Kommunisten »Verräter« aus dem eigenen Lager, das immer noch auf den Kaiser fixiert war.

Die Mehrheitssozialdemokraten aber verzichteten auf eine Landreform genauso wie auf die Sozialisierung der Grundstoffindustrie. In beiden Fällen lauteten die Einwände, dass dies die Versorgung der Wirtschaft und der Bevölkerung gefährden würde. Vergesellschaften könne man nur nach gründlicher Vorbereitung. Und so wurde eine Kommission gegründet, die umfassende Sozialisierungen vorbereiten sollte. Diese Kommission leistete viel Arbeit, aber sie diente vor allem dem Zweck, das dieser Arbeit zugrunde liegende Ziel auf den Sankt-Nimmerleins-Tag zu verschieben. Langer Rede kurzer Sinn: Die Sozialdemokraten trauten sich nicht, etwas anzupacken, was sie nie zuvor versucht hatten. Manche von ihnen hatten ja schon Furcht davor gehabt, den Kaiser als

Fixstern ihres Denkens zu verlieren. Es ist eine der verrücktesten Kapriolen der Geschichte: Als die Sozialdemokratie die Macht hatte, ihre zentralen, immer wieder beschworenen Ziele zu verwirklichen, bekam sie Angst vor dem eigenen Programm.

Am meisten Angst aber hatten die führenden Sozialdemokraten vor dem Chaos. Aus einer Partei, die sich auf die anonymen Gesetze der Geschichte verlassen hatte, wurde eine Partei, die jeden tief gehenden Eingriff in Staat, Wirtschaft und Gesellschaft ablehnte. Die Räte waren der SPD aufgezwungen worden, den Untergang der Monarchie hatte Ebert nicht verhindern können, also hofften die Mehrheitssozialdemokraten auf eine Nationalversammlung, die mit dem Rätespuk bald Schluss machen würde.

Bemerkenswerterweise waren es Teile der alten Revisionisten um die *Sozialistischen Monatshefte*, die dafür plädierten, die Arbeiterräte zu erhalten, indem man sie in »Kammern der Arbeit« überführte. Sie sollten neben den Parlamenten arbeiten und die »wirtschaftliche Demokratie«, ein Schlüsselbegriff in Bernsteins Konzept, darstellen. Diese Idee hätte sich möglicherweise zusammenbringen lassen mit Ideen in der USPD, die zwar in Sachen Sozialisierung ebenfalls eher verbal aktiv war, aber die Räte neben der Nationalversammlung als Produkt der Revolution erhalten wollte. Da gab es doch einige über den mehrheitssozialdemokratischen Trott hinausweisende Vorstellungen. Aber sie scheiterten allesamt an der »Sperrminorität« politischer Fantasielosigkeit à la Ebert und Scheidemann.

Historisch überlegen

Philipp Scheidemann, mit genug Eitelkeit, aber unterentwickelter Stetigkeit ausgestattet für höchste Ämter, gab nach seinem Rücktritt als Ministerpräsident frustriert den Oberbürgermeister von Kassel (bis 1925), um sich danach mit dem Reichstagsmandat zu begnügen. Schuld an seinem und der Sozialdemokratie Niedergang war in Scheidemanns Augen vor allem einer: Ebert. Im Rückblick, nach dem Debakel von 1933, lamentierte er: »Für den ernsthaften Forscher liegt ganz klar zutage, wie eine große und starke Partei durch ellenbogenstarke Männer mit ungeheuerlichem Einfluss – trotz aller Demokratie – mit großem Ehrgeiz, kleinem politischen

Horizont und keinem historischen Sinn zugrunde gerichtet werden kann.«

Bei dieser Äußerung führte natürlich auch die Bitterkeit über den eigenen Karriereknick die Feder. Aber ganz Unrecht hatte er nicht. Das gilt nicht zuletzt für die Wirtschaftspolitik der Ebert-SPD. Aber die Ebert-SPD war keine grundsätzlich andere Partei als die Bebel-SPD. In seiner *Geschichte der Weimarer Republik* schreibt Arthur Rosenberg:

»An dem Programm der Volksbeauftragten fällt sofort seine merkwürdige Einseitigkeit auf. Die Volksbeauftragten waren gerade auf den Gebieten wirksam, auf denen auch die Interessen der alten deutschen Sozialdemokratie lagen, und sie haben dort überall versagt, wo auch die SPD vor 1914 keine ernsthafte Initiative zeigte. Sozialpolitik und Wahlrecht waren und blieben die eigentlichen Objekte sozialdemokratischer Politik, und was daneben lag, wurde entweder ignoriert oder nur zaghaft und unzulänglich angefasst. Wenn man sich den Zusammenhang zwischen der Tätigkeit der Sozialdemokratie vor 1914 und ihrer Wirksamkeit während der Revolution klarmacht, ist man vor ungerechten Urteilen über einzelne Personen gesichert. Was sich in der deutschen Revolution rächte, war die unzulängliche politische Schulung der deutschen Sozialdemokratie vor 1914. Wenn man überhaupt einen einzelnen Schuldigen suchen will, dann hätte es viel mehr historische Berechtigung, August Bebel zu nennen, als Ebert oder Scheidemann.

Die Volksbeauftragten haben bei ihren Maßregeln viel zu wenig beachtet, dass die Sozialpolitik niemals als Ding an sich im luftleeren Raum schweben kann, sondern dass ihr Erfolg von der Gesamtsituation der Wirtschaft abhängt. Die schönsten sozialpolitischen Bestimmungen nützen nichts, wenn zum Beispiel die Unternehmer nicht reich genug sind, um die Kosten der Sozialpolitik zu tragen, oder wenn der Staat zu arm ist, um seine sozialpolitischen Verpflichtungen zu erfüllen, oder wenn durch die schnellen Sprünge einer Inflation dem Arbeiter sein Lohn in der Hand entwertet wird, oder wenn gar die politische Staatsmacht von arbeiterfeindlichen Kräften erobert wird und diese die sozialpolitischen Paragraphen nach Belieben durchlöchern. Im November 1918 und in den darauf folgenden Monaten hing das Schicksal der deutschen Sozialpolitik von dem Schicksal der deutschen Wirtschaft ab, und auf dem Gebiete der Wirtschaftspolitik war die Leistung der Volksbeauftragten gleich null.«

Die mehrheitssozialdemokratischen Volksbeauftragten hatten kein wirtschaftspolitisches Konzept. Stattdessen hofften sie, dass die Wirtschaft sich vom Krieg erholen und störungsfrei produzieren könne. Nun hatte die Sozialdemokratie schon vor 1914 kein wirtschaftspolitisches Programm, wohl aber einige wirtschaftspolitische Forderungen, wie etwa die Einführung des Achtstundentags, die der Rat dann auch gleich anordnete. Sonst aber hatte man auf die historisch unvermeidliche große Sozialisierung gebaut und sich nicht mit der Frage geplagt, was zu tun sei, wenn die Revolution sich nicht, wie sonst immer, verspätete, sondern zu früh kam – jedenfalls gemessen an der Erwartung der Sozialdemokraten. Als sie wirklich zu früh, also ungeplant und unangekündigt vom Donnergroll der Geschichte, ausbrach, befand man die kapitalistischen Betriebe, selbst die hoch konzentrierten Banken, die Kohle-, Eisen- und Stahlindustrie, nicht für reif zur Vergesellschaftung. Man müsse, so sagten Ebert, Scheidemann und Hilferding, Geduld haben. Erst wenn die Kriegsfolgen beseitigt seien und die Wirtschaft wieder in Gang gekommen sei, könne man allmählich daran gehen, das Gemeineigentum zu stärken. Sie übersahen dabei, dass der Kapitalismus seine Massenbasis nur in Krisen einbüsste, nicht in Zeiten der Hochkonjunktur, wenn die Arbeitslosigkeit gering war und die Löhne mangels einer industriellen Reservearmee stiegen. So war eine demokratische Legitimation für Sozialisierungen in Zeiten der Hochkonjunktur prekär, und in der Krise wollte die Sozialdemokratie nicht enteignen, weil dies die Versorgung gefährde. Nicht zuletzt war es zumindest naiv, zu glauben, dass in Krisenzeiten ausgesprochene Aussichten auf Enteignungen für die Hoch-Zeit des Wirtschaftskreislaufes das Kapital zu kräftigen Investitionen anregen könnten.

Betrachtet man also die wirtschaftliche Realität und die wirtschaftliche Doktrin der Sozialdemokratie seit dem Erfurter Programm, so könnte man die Schlussfolgerung ziehen, dass die Sozialdemokraten warteten, bis sich der Kapitalismus entsprechend der Voraussetzung entwickelte, die im Programm für die Vergesellschaftung genannt ist. Hätten die Führer der Partei das Programm an die Wirklichkeit angepasst, so hätten sich ihnen dazu wenigstens zwei Varianten angeboten: Rosa Luxemburgs Konzept, das aktive Reformpolitik mit einem revolutionären Ziel verband. Oder Eduard Bernsteins zum Teil schon detailliert ausgearbeitete Überlegungen, den Sozialismus an die moderne Wirtschaft und Gesellschaft anzupassen. Die Parteiführung jedoch ahnte, dass die Einheit der Partei bedroht war, wenn sie die eingefahrenen Geleise verließ. Daher entschieden sich Bebel und sein Nachfolger Ebert, die heißen Kartoffeln nicht anzufassen. Die Formel lautete: Ja, wir wollen den Sozialismus mitsamt Sozialisierung, aber erst dann, wenn die Geschichte ihn auf die Tagesordnung stellt. Dies blieb den ominösen historischen Gesetzen vorbehalten, als deren Vollstrecker sich die Sozialdemokratie verstand. Aber bis die Geschichte dem Kapitalismus das letzte Stündlein schlug, waren die Sozialdemokraten gut beraten, ihre Kräfte zu sammeln, Verwerfungen zu vermeiden und sich bis zum entscheidenden Augenblick mit der Gewissheit zu trösten, die bessere, historisch wie moralisch überlegene Partei zu sein.

Aber warum nur wurden nicht wenigstens der Steinkohlebergbau und die ostelbischen Güter sozialisiert? An ihrer Wirtschaftstätigkeit hätte sich nichts geändert. Im Winter lag die Landwirtschaft ohnehin weitgehend brach. Warum konnte der Staat nicht ebenso Verwalter für die Großgüter bestimmen, wie dies ja auch etliche Junker taten, um der Öde des Landlebens nach Berlin zu entfliehen? Wie hätte es die Kohleversorgung behindern können, wenn man die privaten Leitungen des Steinkohlebergbaus durch staatliche ersetzt hätte? Auf dem Land wie unter Tage hätten die Sozialdemokraten Sozialisierung und Mitbestimmung durch Räte zustande bringen können. Ihre angeschlagene Glaubwürdigkeit wäre wenigstens teilweise wieder hergestellt worden, und der Bergbau wäre zur Bastion der Demokratie geworden.

In beiden Fällen, Steinkohlebergbau und ostelbische Güter, hätte keiner einwenden können, diese Wirtschaftszweige seien noch nicht reif für die Sozialisierung. Sie hatten den höchsten Zustand der Vergesellschaftung unter kapitalistischen Bedingungen längst erreicht, waren also gemäß der Marx'schen Theorie fällig zur Expropriation. Anhand dieser beiden Beispiele erweist sich vielmehr, dass die Sozialdemokratie in der Sozialisierungsfrage durch zwei Tendenzen geprägt war: das Programm bzw. Marx' Lehre, wie sie von den Mitgliedern begriffen wurden, und die Unfähigkeit, grundlegende wirtschaftliche und gesellschaftliche Veränderungen zu betreiben. Und tatsächlich zielte das sozialpolitische Programm der SPD nicht darauf, den Kapitalismus zurückzudrängen, um ihn schließlich zu überwinden, sondern darauf, den Arbeitern das Leben im Kapitalismus erträglicher zu machen.

August Bebel, Karl Kautsky, Wilhelm Liebknecht und all die anderen Köpfe der deutschen Sozialdemokratie hatten immer wieder darauf hingewiesen, dass die Sozialdemokratie keine Revolution mache. Man könne Revolutionen nicht *machen*, weil sie das Produkt geschichtlich gewachsener gesellschaftlicher Widersprüche seien. Nachdem die Geschichte eine Revolution auf die Tagesordnung gesetzt hatte, befassten sich die meisten Sozialdemokraten damit, ihr den Garaus zu machen. Diese Revolution entsprach nicht dem offiziellen Bild, in dem sich der Kapitalismus quasi selbst abschaffte, die Macht des Kapitals kraftlos im großen Kladderadatsch versank. Weil dem nicht so war, war die Industrie noch nicht reif zur Sozialisierung. Es mag manchem geschwant haben, dass es solche Revolutionen mit einer Selbstauflösung des Gegners nicht nur noch nie gegeben hatte, sondern auch nie geben würde. Nein, als die Sozialdemokratie ihren Sozialismus hätte durchsetzen können, rettete sie den Kapitalismus und noch einiges mehr.

Das hat aber nichts zu tun mit Verrat. Nicht weil die bisherigen staatssozialistischen Experimente alle schief gegangen sind – das hat damals niemand wissen können. Sondern weil die Sozialdemokratie längst zu einer Partei geworden war, deren zentrale Ziele Sozialpolitik und Demokratisierung waren, nicht der Sozialismus (wie immer man ihn sich vorstellte). Die Partei verfolgte in der Revolution und der sich anschließenden Republik keine anderen Ziele, als sie in all den Jahren seit 1890, dem Jahr der Aufhebung des Sozialistengesetzes, verfochten hatte. Der Sozialismus war ihr bis zum Programm von Bad Godesberg eine Ersatzreligion, in deren Licht sie die Zustände im Kapitalismus geißelte. Einzig die Sozialdemokratie hatte eine Lehre, welche die Arbeiter dereinst für alle Zeit von den Gebrechen des Kapitalismus – Armut, Arbeitslosigkeit, Ausbeutung, Krieg – erlösen würde. Wann dies geschehen würde, war unklar. Aber die Existenz dieser Religion genügte, um die SPD zu einer besseren Partei zu machen. Diese Heilslehre war so freundlich wie manch andere auch. Und sie war genauso realitätsfremd. Aber das stört die Anhänger von Glaubensgemeinschaften ohnehin nicht, sondern macht oft sogar die Anziehungskraft von Heilslehren aus.

Bolschewisten und Sozialdemokraten

Und dann war da noch die Konkurrenz von links. Viel einflussreicher als die auffälligeren Spartakisten-Kommunisten war der linke USPD-Flügel. Allerdings konnte er keine Ikonen wie Luxemburg und Liebknecht vorzeigen. Und: Die Partei paralysierte sich selbst. Ihren linken Flügel zog es zu Lenins Bolschewisten, ihren rechten Flügel zur Ebert'schen Sozialdemokratie. Die USPD war ein Zufallskonstrukt des Kriegs. Aber sie war eine Zeit lang in den Augen der Zeitgenossen und auch in Wahlergebnissen nur wenig schwächer als die Mehrheitssozialdemokratie. Bei den ersten Reichstagswahlen am 6. Juni 1920 erhielt sie 18 Prozent der Stimmen (SPD: 21,6; KPD: 2) und damit 84 Mandate (SPD: 102; KPD: 4). In diesem Ergebnis, das den Sieg über die Rätebewegung markierte, standen sich zwei praktisch gleich starke Fraktionen auf der Linken gegenüber. Als aber die Republik ihre Krisen – Versailler Vertrag, Kapp-Putsch, Inflation, französisch-belgische Ruhrbesetzung – überwunden hatte, gewann die wieder vereinigte Sozialdemokratie klar die Oberhand und konnte dauerhaft einen Vorsprung von mindestens sechs Prozent verteidigen (ausgenommen die Wahlen vom November 1932, als die Nazis ihr bestes Ergebnis in freien Wahlen erzielten, genauso wie die KPD mit 16,9 Prozent gegenüber 20,4 Prozent der SPD).

Zur Konkurrenz von links gesellten sich in den Augen der SPD-Führer die Bolschewisten. Denn diese unterstützten den Spartakusbund und die Revolutionären Obleute. Nicht nur kommunistischen Arbeitern erschien die Oktoberrevolution zunächst als Fanal.

Mitte November 1918 hatte Ebert auf einer Versammlung in Wuppertal-Elberfeld den Sieg Lenins und Trotzkis begrüßt: Die deutschen Arbeiter betrachteten es als ihre »Ehrensache«, das russische Proletariat zu unterstützen. Erst nachdem Ebert Reichskanzler geworden und die Sozialdemokratie in die Regierungsverantwortung eingetreten war, verschlechterten sich die Beziehungen der Sozialdemokraten zu Sowjetrussland drastisch. Im November 1918 aber schien Ebert weniger die russische Revolution als solche begrüßt zu haben als vielmehr die Tatsache, dass Lenin und Genossen für einen sofortigen Frieden ohne Vorbedingungen eintraten. Damit verließ Russland die Kriegsallianz mit England und Frankreich. Darauf hatte die Oberste Heeresleitung spekuliert, als sie Lenin und einigen Getreuen, wie dem polnisch-russischen Revolutionär Karl Radek, erlaubte, Deutschland in plombierten Eisenbahnwaggons in Richtung Russland zu durchqueren. Nicht zuletzt hatte Lenin auch deutsches Geld bekommen, um seine Revolution zu machen.

Als Lenin und Trotzki im Oktober 1917 erfolgreich in Petrograd putschten, waren sie gewissermaßen die »fünfte Kolonne« Hindenburgs. Aber im Gegensatz zur »fünften Kolonne« Francos im spanischen Bürgerkrieg bewies Lenin, dass die Heeresleitung in Berlin zu kurz gedacht hatte. Kaum war die Revolution in Deutschland ausgebrochen, tauchte Radek als Entwicklungshelfer in Berlin auf, und die sowjetrussische Botschaft half mit Geld, was sich spektakulär enthüllte, als ein Geldkoffer der Diplomaten mitten auf der Straße platzte. (Ein solcher Fauxpas sollte den sowjetischen Genossen bei ihren gigantischen Investitionen in die Weltrevolution nicht mehr passieren.)

Die Begeisterung der Mehrheitssozialdemokraten über die Revolution in Russland schwand also auch in dem Maß, wie das taktische Kalkül ausgereizt war. Als der Krieg für Deutschland verloren war, stand am Himmel das selbst geschaffene Menetekel der bolschewistischen Gefahr. Und im Land agierte als Zweig der Kommunistischen Internationale die Kommunistische Partei, ein Sprössling der Sozialdemokratie, der mit dieser in heftigste Konkurrenz geriet.

Nun verwiesen die Mehrheitssozialdemokraten auf die »russischen Verhältnisse«, um sich vom verhassten linken Bruder abzusetzen. In der Tat zerschlugen Lenin und Genossen bald alle demokratischen Institutionen, welche die Februarrevolution hervorgebracht hatte. Als die Bolschewiki gut einen Monat nach der Erhebung in Petrograd bei allgemeinen Wahlen zur Konstituante (Nationalversammlung) haushoch verloren gegen die Partei der von ihnen gestürzten Regierung und den gemäßigten Flügel der Sozialdemokratie (Menschewiki), jagten die Bolschewisten die Nationalversammlung auf ihrer Gründungssitzung auseinander. Schritt für Schritt unterdrückten und verfolgten sie gegnerische

Parteien, schließlich auch ihre Bündnispartner, die Linken Sozialrevolutionäre. Nun war der Weg zur Parteidiktatur offen, vor der Rosa Luxemburg so eindringlich gewarnt hatte.

Aber bedrohte Sowjetrussland Deutschland? Wäre es dazu überhaupt in der Lage gewesen? Richtig ist, dass Moskau sich finanziell und personell in Deutschland engagierte, um die Revolution voranzutreiben. Aber schaut man genau hin, so entdeckt man, wie kläglich die Mittel waren, die in Berlin den Petrograder Putsch neu auflegen sollten. Trotzdem ist es seit damals auch in sozialdemokratischen Kreisen Mode gewesen, vor der »sowjetischen Gefahr« zu warnen und die Kommunisten als »Filiale Moskaus« abzutun.

Wahr aber ist eher das Gegenteil. Bis ins Jahr 1919 hinein bekämpften Freikorps der Regierungen Ebert und Scheidemann die Rote Armee auf russischem Territorium. Wo sich Arbeiterräte bildeten, wurden sie mit Waffengewalt auseinander gejagt. Diese Freikorps agierten mit dem Wohlwollen der Entente, denn auch diese hatte mit dem Bolschewismus nichts im Sinn.

Noch wichtiger aber ist etwas anderes: Als das sowjetische Weltreich unterging, hatte dies weniger mit der überlegenen Militärmacht des Westens zu tun als vielmehr mit der sozialdemokratischen Durchsetzung des sozialistischen Lagers. Die »Konterrevolution auf Filzlatschen«, wie der ehemalige DDR-Außenminister Otto Winzer Willy Brandts Entspannungspolitik genannt hatte, war für die stalinistischen Machthaber viel bedrohlicher als die so teuren wie ineffizienten Versuche von Moskaus Satelliten im Westen, dort Macht zu gewinnen.

Die Bolschewistenangst der Sozialdemokratie war die alte Russenphobie in neuem Gewand. Zu Bebels Zeiten hatte Russland als der Hort der finstersten Reaktion gegolten und angesichts der riesigen Ausmaße des Zarenreichs und der großen Zahl seiner Bewohner als stets gegenwärtige Gefahr. Da Polen zum russischen Reich gehörte, grenzte Deutschland direkt an den Furcht erregenden Koloss. Nicht zuletzt deshalb unterstützten die deutschen Sozialdemokraten ihre russischen und polnischen Genossen auch finanziell. Wie die Geldkoffer ausgesehen haben, weiß ich nicht. Aber sie hatten den gleichen Inhalt wie der geplatzte Sowjetkoffer in Berlin. Es war selbstverständlich, dass die große deutsche Sozialdemokratie, gerade nach ihrer Erfahrung mit Bismarcks Sozialistengesetz, die polnischen und russischen Sozialdemokraten ideell und materiell unterstützte, mussten diese doch unter gefährlichen illegalen Bedingungen arbeiten. Aber die deutsche Sozialdemokratie hatte damals schon das gleiche Ziel wie die Reichsleitung, nämlich den Zarismus zu schwächen. Solange Revolutionen in Russland aus deutscher Sicht nützlich schienen, wurden sie von den Sozialdemokraten lauthals, von des Kaisers Getreuen klammheimlich begrüßt.

Dabei hätte der Krieg zwischen Russland und Japan (1904/05) auch den Deutschen klarmachen müssen, dass Russland ein Papiertiger war: kaum industrialisiert, mit einer vorsintflutlichen Infrastruktur und von Korruption zerfressen. Das Einzige, was in Russland funktionierte, war die Geheimpolizei, die Ochrana. Sie diente 1917 dem polnischen Sozialdemokraten Feliks Dserschinski als Vorbild, als dieser die »Außerordentliche Kommission für den Kampf gegen Konterrevolution und Sabotage«, kurz »Tscheka«, gründete, den ersten der furchtbaren Unterdrückungsapparate, deren Blutspur die folgenden Jahrzehnte durchziehen sollte. Aber die Ochrana war nicht geeignet, Krieg zu führen.

1904 und 1905 hatte das bis dahin eher belächelte Japan der Welt vorgeführt, wie eine Industriemacht einen Krieg gewann. Die Japaner hatten den Zaren und seine goldbetressten Operettengeneräle bis aufs Hemd blamiert. Die riesige russische Ostseeflotte lag auf dem Meeresgrund, bei Tsushima zusammengeschossen von den Japanern, die gerade mal drei Torpedoboote eingebüßt hatten (die Russen dagegen verloren allein acht Schlachtschiffe und neun Kreuzer!).

Der Niederlage folgte die Revolution von 1905, Vorspiel von 1917. Auch in dieser Revolution erwies sich das Zarenreich als tönerner Koloss. Es verdankte sein Überleben allein dem Umstand, dass seine Widersacher sich nicht auf eine gemeinsame Taktik einigen konnten, die Bauernpolitiker nicht mit den Sozialdemokraten und die Sozialdemokraten nicht mit den Demokraten. Als Lehre dieser Tage entwickelten Lenin und Trotzki ihre Theorien über die Fortsetzung demokratischer Revolutionen in unterentwickelten Ländern.

Eine schlechte Verfassung

In der deutschen Sozialdemokratie dagegen wurde schon lange nicht mehr gelernt. In der Folge der russischen Ereignisse diskutierten Deutschlands Sozialdemokraten über die Legitimation von Massenstreiks. Aber die ganze Diskussion war ohnehin nur ein Gedankenspiel, denn als die SPD beschloss, die Frage des Massenstreiks in die Hände der Gewerkschaftsführer zu legen, hätte sie den Massen- oder Generalstreik auch gleich beerdigen können. Denn niemand glaubte, dass deutsche Gewerkschaften jemals zum Generalstreik aufrufen würden. Es hätte die Gefahr ihres Verbots heraufbeschworen und damit des Verlusts von Vermögen und Jobs, vor allem von Führungspositionen. Die Gewerkschaften waren stark geworden nach dem Jahrhundertwechsel. Sie hatten viel zu verlieren. Und deshalb wurden die Gewerkschaften politisch ohnmächtig in dem Maß, wie ihr Apparat und die Zahl ihrer Mitglieder wuchsen.

Keine Sekunde dachten die führenden deutschen Sozialdemokraten vor dem Weltkrieg über Räte nach, jenes spontane Resultat der russischen Erhebung. Räte gaben dem aktiven Teil der sich erhebenden Klassen und Schichten ein hervorragendes, unbürokratisches und, so weit dies in Revolutionen möglich ist, demokratisches Instrument an die Hand. Arbeiter- und Bauernräte, später wegen der großen Zahl Uniformierter auch Soldatenräte, gaben jenen die Möglichkeit, sich zu artikulieren und mitzubestimmen, die zuvor zum Schweigen verurteilt waren. Obwohl auf den Versammlungen der Räte Leute dominierten, die das politische Handwerk gelernt hatten, blieb allen anderen immer die Möglichkeit, ihren Willen kundzutun und durchzusetzen. Dadurch stehen Räte im Widerspruch zur jakobinischen Tradition der straff organisierten Geheimzirkel, die, trotz geringer Zahl der zur Teilnahme Befugten, durch Geschlossenheit und Organisation einen enormen Einfluss ausüben konnten. Es sollte sich nach 1917 zeigen, dass die Räte in Russland in dem Maß an Bedeutung verloren, wie die kommunistische Partei die Macht an sich riss.

»Ja, unsere Revolution ist eine bürgerliche, solange wir mit der Bauernschaft in ihrer Gesamtheit zusammengehen. Darüber waren wir uns völlig im Klaren, das haben wir seit 1905 Hunderte und Tausende Male gesagt, und niemals haben wir versucht, diese notwendige Stufe des historischen Prozesses zu überspringen und durch Dekrete zu beseitigen. Die krampfhaften Bemühungen Kautskys, uns in diesem Punkt ›bloßzustellen‹, legen nur die Verworrenheit seiner Ansichten bloß und zeigen, dass er Angst hat, sich an das zu erinnern, was er 1905 geschrieben hat, als er noch kein Renegat war.

Aber im Jahre 1917, seit April, lange vor der Oktoberrevolution, bevor wir die Macht ergriffen, sagten wir dem Volk offen und klärten es darüber auf, dass die Revolution nunmehr dabei nicht stehen bleiben kann, denn das Land ist vorwärts gegangen, der Kapitalismus hat Fortschritte gemacht, die Zerrüttung hat unerhörte Ausmaße angenommen, und das erfordert (ob man es will oder nicht) weitere Schritte vorwärts, zum Sozialismus hin. Denn anders vorwärts zu kommen, anders das durch den Krieg erschöpfte Land zu retten, anders die Qualen der Werktätigen und Ausgebeuteten zu mildern ist unmöglich.

Es kam denn auch so, wie wir gesagt hatten. Der Verlauf der Revolution hat die Richtigkeit unserer Argumentation bestätigt. Zuerst zusammen mit der ›gesamten‹ Bauernschaft gegen die Monarchie, gegen die Gutsbesitzer, gegen das Mittelalter (und insoweit bleibt die Revolution eine bürgerliche, bürgerlich-demokratische Revolution). Dann zusammen mit der armen Bauernschaft, zusammen mit dem Halbproletariat, zusammen mit allen Ausgebeuteten gegen den Kapitalismus, einschließlich der Dorfreichen, der Kulaken, der Spekulanten, und insofern wird die Revolution zu einer sozialistischen Revolution.

Der Versuch, künstlich eine chinesische Mauer zwischen dieser und jener aufzurichten, sie voneinander durch etwas anderes zu trennen als durch den Grad der Vorbereitung des Proletariats und den Grad seines Zusammenschlusses mit der Dorfarmut, ist die größte Entstellung und Vulgarisierung des Marxismus, seine Ersetzung durch den Liberalismus. Das würde bedeuten, durch quasigelehrte Hinweise auf die Fortschrittlichkeit der Bourgeoisie im Verhältnis zum Mittelalter eine reaktionäre Verteidigung der Bourgeoisie gegenüber dem sozialistischen Proletariat einzuschmuggeln.«

Lenin über Kautskys Bolschewismus-kritische Schrift »Die Diktatur des Proletariats«, 1918

Als im November 1918 auch in Deutschland überall spontan Räte entstanden, wurden die Sozialdemokraten überrascht. Ihre Führer gingen in die Räte und propagierten den Sozialismus, den man nicht ultralinken Wirrköpfen überlassen dürfe. Am Ende stand eine reduzierte bürgerliche Demokratie.

Gewiss war einer der Taufpaten des Bündnisses zwischen den kaiserlichen Generälen und der Führung der Mehrheitssozialdemokratie der Oktoberaufstand in Russland und die ihm folgende Flut von Unterdrückung und Terror. Weil die Bolschewiki im Gegensatz zu Lenins Verbalartistik kein Echo in der Bevölkerung, nicht einmal in der Arbeiterklasse fanden, mussten sie den Mangel an sozialer und politischer Unterstützung mit der in solchen Fällen immer hilfreichen Gewalt ausgleichen. Auch wenn in Berlin das ganze Maß des Schreckens von rotem und weißem Terror nicht bekannt war, so reichten doch die unvollständigen Informationen, um eine hysterische Angst vor russischen Verhältnissen zu erzeugen. In dem Maß, wie sich die Kommunisten und große Teile der USPD mit Lenins und Trotzkis Bolschewisten solidarisierten, wuchs die Furcht vor Bürgerkrieg und einer Diktatur des Proletariats, die in Wahrheit die Diktatur einer Partei war. Das ist verständlich, entschuldigt aber nichts. Schon gar nicht die Mobilisierung pränazistischer Freikorps. Denn diese verteidigten nicht die wankende Demokratie, sondern nutzten die Gelegenheit, mit ihren Feinden blutig abzurechnen.

Aber auch die Russlandphobie erklärt nicht, warum die Sozialdemokraten darauf verzichteten, die Räte in das politische Gefüge Deutschlands einzubauen – nicht als Gegenspieler der höher legitimierten Nationalversammlung und des Reichstags, sondern als Organ, in dem Arbeiter und Bauern ihre Interessen artikulieren konnten. Die Räte waren ja Ausdruck der Revolution, die Deutschland die erste Demokratie gebracht hatte. Warum also nicht den Versuch wagen, sie in die Ausgestaltung der Demokratie einzubinden?

Die politische Fantasie der deutschen Sozialdemokraten aber überschritt nicht die Welt der eigenen Erfahrung. Vollständig mit sich selbst beschäftigt, schuf man sich einen Reichstag und einen Ersatzkaiser, einen von der Verfassung mit starken Machtmitteln ausgestatteten Reichspräsidenten, der Friedrich Ebert hieß. Sein Nachfolger, der bei den Präsidentschaftswahlen 1932 auch von den Sozialdemokraten unterstützte ehemalige Chef der Obersten Heeresleitung, Hindenburg, wird am Ende der Republik die Machtmittel dieser Verfassung dazu nutzen, um die Demokratie ad absurdum zu führen und schließlich Adolf Hitler zum Reichskanzler zu berufen. Aber schon Ebert wusste seine Kompetenzen meist nur gegen links zu nutzen, im Zweifelsfall sogar gegen eigene Genossen.

Kurz vor dem Ende der ersten deutschen Demokratie erklärte der Reichstagsabgeordnete Rudolf Breitscheid, er halte die Weimarer Verfassung für schlecht, »weil sie einen Dualismus zwischen der Macht des Reichstages und der Macht des Reichspräsidenten darstellt«. Erst als die Notverordnungspraxis die Demokratie gänzlich auszuhebeln drohte, wurden manchem Sozialdemokraten die von ihnen selbst zu verantwortenden, auf Ersatzkaiser Ebert zugeschnittenen Ungereimtheiten der Verfassung deutlich. Die hätten sie schon früher entdecken können, zum Beispiel, als Ebert 1923 die sozialdemokratisch-kommunistischen Landesregierungen in Sachsen und Thüringen mit militärischer Gewalt davonjagen ließ.

Die sozialdemokratische Kriegsschuldlüge

Als Hindenburg an maßgeblicher Stelle dazu beitrug, die Weimarer Demokratie zu zerstören, schloss sich ein historischer Kreis. Er öffnete sich mit dem Bündnis Eberts mit der Obersten Heeresleitung. Weil sich die Republik immer mehr von links bedroht sah, wurde der Weg für die Rechte frei.

Zum ideologischen Untergrund der Entwicklung von Ebert über Hindenburg zu Hitler gehört die Kriegsschuldlüge. Sie wird in der sozialdemokratisch orientierten Geschichtsschreibung weitgehend ausgeblendet. Umso verdienstvoller sind die Ausführungen des Historikers Heinrich August Winkler, der sich mit Bernsteins Kampf für die Wahrheit in dieser Frage befasste.

Schon im September 1914 erkannte Bernstein, dass die deutsche

Reichsleitung am Kriegsausbruch wesentlich beteiligt war. Daher hielt er die Zustimmung zu den Kriegskrediten für einen Fehler. Auf dem ersten Parteitag nach dem Krieg, im Juni 1919 in Weimar, forderte er von den Delegierten, sich nicht länger zu Gefangenen des 4. August 1914 zu machen: »Machen wir uns doch frei von den Ehrbegriffen der Bourgeoisie, nur die Wahrheit, die volle Wahrheit kann uns nützen.« Weil Deutschland Schuld am Krieg sei, seien neun Zehntel der alliierten Friedensbedingungen »unabweisbare Notwendigkeiten«.

Aber bei der Wahrheitsfindung machten die Genossen nicht mit. Otto Braun, später preußischer Ministerpräsident, hielt den Vertrag gar für eine nachträgliche Bestätigung der Haltung, welche die Partei in der Kriegszeit eingenommen hatte. Ein anderer Genosse verglich Bernstein mit dem ermordeten bayerischen Ministerpräsidenten Kurt Eisner (USPD), auf dessen Grab geschrieben werden müsse: »Er litt arg am Wahrheitsfimmel.« Scheidemann beschimpfte Bernstein als »Advokaten des Teufels«, der übergerecht die feindlichen Imperialisten verteidige. Nur der Abgeordnete Gustav Hoch, Vertreter des linken Flügels, verteidigte Bernstein vehement. Und er tat dies mit einer verblüffenden prophetischen Klarsichtigkeit. Man lese seine Worte und frage sich, ob das nicht auch die anderen Genossen hätten wissen müssen:

»Wir haben mit der großen Gefahr zu rechnen, dass eine nationalistische Strömung über uns kommt, was unsagbares Unglück gerade für die Arbeiterschaft, für die sozialistische Republik bedeuten würde. Aber in unsere Hand ist es gegeben: Wenn wir hier tatkräftig eingreifen, mit allem Nachdruck, rücksichtslos und schonungslos, ohne Scheu nach irgendwelcher Seite, der Wahrheit die Ehre geben, wenn der Wahrheitsfimmel (...) bei uns vollkommen zum Durchbruch kommt, überall bis in die kleinste Hütte, dann brauchen wir eine nationalistische Strömung nicht zu fürchten, dann wird diese schwere Zeit zwar eine Zeit unsagbaren Elends sein, aber zugleich auch der Vorbote eines neuen Glücks für unser Volk.«

Aus diesen Gründen trat Bernstein für die Wahrheit ein, so, wie er stets seine Positionen an dem gemessen hatte, was er als wahr empfand, um sie dann ohne Winkelzüge zu verfechten. »Wenn ich die Schuld des alten Systems feststelle, dann sage ich nicht, wir, das deutsche Volk, sind schuld, sondern dann sage ich, diejenigen sind schuld, die das deutsche Volk damals belogen und betrogen haben. Damit wälze ich die Schuld ab vom deutschen Volk.«

Trotz Bernsteins Widerspruch kam zu dem verheerenden Fehler von 4. August 1914 die Lüge über diesen Fehler hinzu. Es war der vermeintlich bequemere Weg. In der Tat, was hatte der 4. August alles bewirkt! Vor allem die Spaltung der Partei in zweieinhalb Fraktionen. Und nun sollte der Streit umsonst gewesen sein und der »Verrat« eingestanden werden? Für die Führung der Mehrheitssozialdemokratie war diese Vorstellung undenkbar. Also kam es, wie Gustav Hoch vorhergesagt hatte: Die auch von der SPD vertretene Kriegsschuldlüge öffnete die Köpfe der Menschen für das völkisch-nationalistische Gift. Ob »Dolchstoßlegende« oder Kriegsschuldlüge: Die wahren Schuldigen an Krieg und Niederlage waren nicht Frankreich und England und nicht der »Verrat der Heimatfront«, sondern der Kaiser, seine Regierung, die Oberste Heeresleitung und die politischen Kreise, die all die Jahre vor dem 1. August 1914 zum Krieg gehetzt hatten. Und eine moralische Mitschuld tragen auch die Sozialdemokraten, die lange vor dem 4. August wussten, wohin die Reise ging, und nichts taten, um den Krieg zu vermeiden.

Es ist müßig, darüber zu spekulieren, ob die Sozialdemokratie den Kriegsausbruch hätte verhindern können. Dass aber die Reichsleitung wusste, dass mit sozialdemokratischen Potestaktionen nicht zu rechnen war, machte ihr das kriegerische Geschäft leichter. Unzweifelhaft ist das Gewicht der Hinterlassenschaft des 4. August 1914, das durch die Kriegsschuldlüge noch schwerer wird. Statt Hindenburg, Ludendorff und Groener als Kriegsanstifter wenigstens politisch anzuklagen, betrieben die Sozialdemokraten deren Rechtfertigungsgeschäfte. Denn wenn »die anderen« Deutschland angegriffen hatten, dann waren Hindenburg und Kameraden Vaterlandsverteidiger. Und hätten die Sozialdemokraten einen Präsidentschaftskandidaten Hindenburg unterstützen können, wenn dieser als Kriegsanstifter am Pranger gestanden hätte?

So gehört in die Revolutionsbilanz der Sozialdemokratie auch die Kriegsschuldlüge, neben der Bewahrung der Macht des Militärs, der kaiserlichen Bürokratie und der ostelbischen Junker. Nur wiegt die Kriegsschuldlüge vielleicht am schwersten, weil es ganz allein in der Macht der Sozialdemokratie lag, sie gar nicht erst aufkommen zu lassen. Man mag die anderen Mängel als Versäumnisse, als Mangel an Entschluss- und Handlungsfreude verbuchen, für die Kriegsschuldlüge waren die Sozialdemokraten selbst verantwortlich. Wie schrieb Bernstein 1924:

»Wir gehen dem Staatsstreich der Nationalisten entgegen, das scheint mir, wenn wir so weiter wursteln, unabwendbar. Wie er ausgeht, ist natürlich zweifelhaft, ein zeitweiliger Sieg jener indes nicht ausgeschlossen, und bekommen sie auch nur zeitweilig das Heft in die Hand, dann gibt es, das ist sicher, einen Terrorismus, wie ihn sich die meisten nicht träumen lassen. Kapp war ein Doktrinär, die aber diesmal obenauf kommen, sind skrupellose, brutale Schurken.«

Sozialismus ist das Ziel

Die Weimarer Bewährungsprobe des demokratischen Sozialismus

Die Politik der SPD vom 4. August 1914 und dann in der Novemberrevolution hat viele Zeitgenossen verblüfft und ist selbst für Historiker kaum verständlich. Vor allem den 4. August haben viele linke Kritiker als plötzlichen Bruch einer Traditionslinie empfunden. Ich habe bereits gezeigt, dass diese Sicht falsch ist. Sie ist geeignet, Empörung hervorzurufen, aber nicht, die historische Wirklichkeit darzustellen. Die SPD wandelte sich nicht am 4. August, vielmehr wurde die Wandlung an diesem Datum offenkundig. Wer genau hinschaute, wie etwa Rosa Luxemburg, hatte sie schon früher erkannt. Solche markanten Ereignisse wie die Billigung der Kriegskredite schließen eher Wandlungsprozesse ab, als dass sie diese einleiten oder begründen. Es war für die SPD in der Opposition zumeist einfach, erst einmal gegen fast alles zu sein, was die kaiserliche Reichsleitung bezweckte. Am 4. August 1914 waren zwar die Stimmen der Sozialdemokraten für die Kriegskreditbewilligung nicht erforderlich, aber die Partei fühlte sich angesichts der chauvinistischen Stimmung im Land und in der Reichstagsfraktion gezwungen, Farbe zu bekennen. Nun wurde auf einen Schlag erkennbar, was sich in den Jahren seit dem Sozialistengesetz in der Partei verändert hatte. Aus einer marxistischen, internationalistischen Oppositionspartei war eine nationale Reformpartei geworden, und dies ohne jede Änderung des Programms. Die Identität einer Partei ändert sich nicht auf dem Papier, sondern in der Wirklichkeit. Auch wenn sich die SPD das lange nicht eingestehen wollte, war sie längst hineingewachsen in den kaiserlichen Obrigkeitsstaat. Und im Kleinen ahmte sie mitunter nach, was das Hohenzollernreich vormachte. Nicht umsonst nannten viele Bebel den »Arbeiterkaiser«, und die Vorstandshörigkeit der deutschen Sozialdemokraten ließ bis in die siebziger Jahre des letzten Jahrhunderts hinein alle Anfechtungen von links fast wirkungslos abprallen.

Bernstein ist keineswegs der Vater der Wandlungen in der SPD. Er hat seine Thesen nur zu einer Zeit vorgetragen, als sie der reformistischen Strömung inhaltlich zupass kamen, wenn sie diese auch aus taktischen Gründen nicht allzu laut begrüßen mochte. Bis 1914 waren Revisionismus und Reformismus dennoch zwei Seiten einer Medaille, galt der Revisionismus als theoretische Begründung der reformistischen Praxis. Nach dem Krieg aber war der Urheber des Revisionismus genauso in der Minderheit wie vor dem Krieg. Diesmal überholte ihn seine Partei rechts, wohingegen er auf dem einmal eingeschlagenen Kurs blieb. Bernstein wollte einen evolutionären Sozialismus, seine Partei hatte sich längst von jedem Sozialismus verabschiedet, auch diesmal ohne dies programmatisch zu dokumentieren.

Die Novemberrevolution war wie der 4. August 1914 die Probe aufs Programm. Nicht auf jeden Paragraphen, aber auf die Quintessenz. Es zeigte sich, dass in der revolutionären Partei nicht nur Ebert die Revolution hasste.

Am 4. August 1914 traf die Mehrheit der sozialdemokratischen Reichstagsfraktion jenseits aller programmatischen Überlegungen eine katastrophale Fehlentscheidung. Fast alle Gründe, die für die Kriegskreditbewilligung angeführt wurden, waren falsch. Und manche Sozialdemokraten, die diese Gründe vortrugen, wussten dies oder ahnten es wenigstens. Am Ende blieb die archaische Grundentscheidung: Es ist Krieg, wir sind Deutsche, die anderen sind unsere Feinde. Wie der Kaiser kannte nun auch die SPD keine Parteien mehr, sondern nur noch Deutsche. Und das begründeten die unter Rechtfertigungsdruck stehenden führenden Genossen mit »sozialistischen« Argumenten.

Bernsteins kurzer Triumph

Mit ihrem Görlitzer Programm von 1921 bemühte sich die Mehrheitssozialdemokratie, ihre theoretischen Aussagen an die Wirklichkeit anzupassen. Die Federführung hatte praktisch Eduard Bernstein, dessen historischer Konkurrent Kautsky nach wie vor der USPD angehörte. Das Görlitzer Programm hätte einen ähnlichen Stellenwert wie die programmatische Wende von Godesberg im Jahr 1959 haben können, wenn es die Wiedervereinigung der beiden sozialdemokratischen Parteien 1922 überlebt hätte. So währte die programmatische Ehrlichkeit ein Jahr, um dann von einem Aktionsprogramm der vereinigten SPD abgelöst zu werden.

»Die Sozialdemokratische Partei Deutschlands ist die Partei des arbeitenden Volkes in Stadt und Land. Sie erstrebt die Zusammenfassung aller körperlich und geistig Schaffenden, die auf den Ertrag eigener Arbeit angewiesen sind, zu gemeinsamen Erkenntnissen und Zielen, zur Kampfgemeinschaft für Demokratie und Sozialismus.
Die kapitalistische Wirtschaft hat den wesentlichen Teil der durch die moderne Technik gewaltig entwickelten Produktionsmittel unter die Herrschaft einer verhältnismäßig kleinen Zahl von Großbesitzern gebracht, sie hat breite Massen der Arbeiter von den Produktionsmitteln getrennt und in besitzlose Proletarier verwandelt. Sie hat die wirtschaftliche Ungleichheit gesteigert und einer kleinen, in Überfluss lebenden Minderheit weite Schichten entgegengestellt, die in Not und Elend verkümmern. Sie hat damit den Klassenkampf für die Befreiung des Proletariats zur geschichtlichen Notwendigkeit und zur sittlichen Forderung gemacht. (...)
Eine gewaltig erstarkte Arbeiterbewegung, groß geworden durch die ruhmvolle opferreiche Arbeit von Generationen, stellt sich dem Kapitalismus als ebenbürtiger Gegner. Mächtiger denn je erhebt sich der Wille, das kapitalistische System zu überwinden und durch internationalen Zusammenschluss des Proletariats, durch Schaffung einer zwischenstaatlichen Rechtsordnung, eines wahren Bundes gleichberechtigter Völker, die Menschheit vor neuer kriegerischer Vernichtung zu schützen.
Diesem Willen den Weg zu weisen, den notwendigen Kampf der schaffenden Massen zu einem bewussten und einheitlichen zu gestalten, ist die Aufgabe der Sozialdemokratischen Partei.
Die Sozialdemokratische Partei ist entschlossen, zum Schutz der errungenen Freiheit das Letzte einzusetzen. Sie betrachtet die demokratische Republik als die durch die geschichtliche

Entwicklung unwiderruflich gegebene Staatsform, jeden Angriff auf sie als ein Attentat auf die Lebensrechte des Volkes. Die Sozialdemokratische Partei kann sich aber nicht darauf beschränken, die Republik vor den Anschlägen ihrer Feinde zu schützen. Sie kämpft um die Herrschaft des im freien Volksstaat organisierten Volkswillens über die Wirtschaft, um die Erneuerung der Gesellschaft im Geiste sozialistischen Gemeinsinns. Die Überführung der großen konzentrierten Wirtschaftsbetriebe in die Gemeinwirtschaft und darüber hinaus die fortschreitende Umformung der gesamten kapitalistischen Wirtschaft zur sozialistischen, zum Wohl der Gesamtheit betriebenen Wirtschaft erkennt sie als notwendige Mittel, um das schaffende Volk aus den Fesseln der Kapitalherrschaft zu befreien, die Produktionserträge zu steigern, die Menschheit zu höheren Formen wirtschaftlicher und sittlicher Gemeinschaft empor zu führen.«

Aus dem Görlitzer Programm der SPD, 1921

Auch wenn das Görlitzer Programm sich in der Tradition des vorausgegangenen Erfurter Programms verstand, so sollte der Hinweis darauf wohl eher die dramatischen Änderungen erträglicher machen. Denn die SPD verabschiedete sich in Görlitz von der Idee, Partei der Arbeiterklasse zu sein. Sie verstand sich nun als linke Volkspartei und kam damit heutigen Interpretationen nah. Die Sozialdemokratie verzichtete auch theoretisch auf die Eroberung der politischen Macht, also die Diktatur des Proletariats, und anerkannte die bürgerlich-demokratische Republik als die beste Staatsform. Auch die Sozialisierungsforderungen sind vergleichsweise gemäßigt, vor allem wenn man sie im Vergleich mit KPD und USPD betrachtet. Der Klassenkampf wird mehr entschuldigt als gepriesen und erscheint als Verteidigung der Arbeiter gegen Übergriffe des Kapitals.

Das Görlitzer Programm war Bernsteins später Triumph. Der Autor des praktischen Teils des Erfurter Programms hatte seine in der Revisionismusdebatte vorgetragenen Positionen weitgehend in einem mehrheitsfähigen Parteiprogramm verankert. Allerdings währte der Triumph nur kurz. Nach der Vereinigung mit den nicht zur KPD abgewanderten Resten der USPD erarbeitete eine Kommission ein neues Dokument, das mit einiger Verspätung im September 1925 vom Heidelberger Parteitag der SPD verabschiedet wurde. Leiter dieser Kommission war zunächst Karl Kautsky, der Autor des allgemeinen Teils des Erfurter Programms. Als Kautsky krank nach Wien zurückkehrte, löste ihn Rudolf Hilferding als Leiter ab, dieser hielt sich aber an Kautskys Vorarbeit. Bernstein war zwar Mitglied der Programmkommission, konnte aber seine Niederlage nicht verhindern. Der programmatische Wirklichkeitsgewinn von Görlitz wurde der neu gewonnenen Parteieinheit geopfert.

Gemessen an der politischen Praxis der Staatspartei SPD – als solche verstand sie sich auch in der Opposition –, war das Heidelberger Programm fast schon ein anachronistischer Rückfall in die Zeiten des Immobilismus. Als ginge es darum, sein Vermächtnis um jeden Preis, auch um den des Wirklichkeitsverlusts, zu erhalten, orientierte sich Kautskys Kommission so weit wie möglich am Erfurter Programm. Der Antagonismus von Kapitaleignern und Arbeiterklasse wird gegenüber dem Görlitzer Programm wieder erheblich verschärft.

»Das kapitalistische Monopolstreben führt zur Zusammenfassung von Industriezweigen, zur Verbindung aufeinander folgender Produktionsstufen und zur Organisierung der Wirtschaft in Kartelle und Trusts. Dieser Prozess vereinigt Industriekapital, Handelskapital und Bankkapital zum Finanzkapital.
Einzelne Kapitalistengruppen werden so zu übermächtigen Beherrschern der Wirtschaft, die nicht nur die Lohnarbeiter, sondern die ganze Gesellschaft in ihre ökonomische Abhängigkeit bringen.
Mit der Zunahme seines Einflusses benutzt das Finanzkapital die Staatsmacht zur Beherrschung auswärtiger Gebiete als Absatzmärkte, Rohstoffquellen und Stätten für Kapitalanlagen. Dieses imperialistische Machtstreben bedroht die Gesellschaft ständig mit Konflikten und mit Kriegsgefahr. Doch mit dem Druck und den Gefahren des Hochkapitalismus steigt auch der Widerstand der stets wachsenden Arbeiterklasse, die durch den Mechanismus des kapitalistischen Produktionsprozesses selbst sowie durch stete Arbeit der Gewerkschaften und der

Sozialdemokratischen Partei geschult und vereint wird. Immer größer wird die Zahl der Proletarier, immer schroffer der Gegensatz zwischen Ausbeutern und Ausgebeuteten, immer erbitterter der Klassenkampf zwischen den kapitalistischen Beherrschern der Wirtschaft und den Beherrschten. Indem die Arbeiterklasse für ihre eigene Befreiung kämpft, vertritt sie das Gesamtinteresse der Gesellschaft gegenüber dem kapitalistischen Monopol. Eine gewaltig erstarkte Arbeiterbewegung, groß geworden durch die opferreiche Arbeit von Generationen, stellt sich dem Kapitalismus als ebenbürtiger Gegner gegenüber. Mächtiger denn je ersteht der Wille, das kapitalistische System zu überwinden und durch internationalen Zusammenschluss des Proletariats, durch Schaffung einer internationalen Rechtsordnung, eines wahren Bundes gleichberechtigter Völker, die Menschheit vor kriegerischer Vernichtung zu schützen.

Das Ziel der Arbeiterklasse kann nur erreicht werden durch die Verwandlung des kapitalistischen Privateigentums an den Produktionsmitteln in gesellschaftliches Eigentum. Die Umwandlung der kapitalistischen Produktion in sozialistische, für und durch die Gesellschaft betriebene Produktion wird bewirken, dass die Entfaltung und Steigerung der Produktivkräfte zu einer Quelle der höchsten Wohlfahrt und allseitiger Vervollkommnung wird. Dann erst wird die Gesellschaft aus der Unterwerfung unter blinde Wirtschaftsmacht und aus allgemeiner Zerrissenheit zu freier Selbstverwaltung in harmonischer Solidarität emporsteigen.«

Aus dem Heidelberger Programm der SPD, 1925

Nun hatte die SPD in mancher Hinsicht den Vorkriegszustand wiederhergestellt. Wie bis 1914 klafften Programm und politische Praxis auseinander. Die Lehre der Sozialdemokratie aus der Revolution lautete in dieser Hinsicht, dass sie ihren Fehler wiederholen wolle. Warum nur schrieb man nicht ins Programm, was offensichtlich war: dass die Sozialdemokratie politisch längst eine bürgerlich-demokratische Partei mit sozialer Verankerung in der Arbeiterschaft geworden war? Ebert und die ihm folgenden führenden Genossen hassten nicht nur die Revolution wie die Sünde, sondern auch den Sozialismus, jedenfalls das, was man mit Marx darunter verstehen konnte. Der hatte geschrieben: »Jeder Schritt wirklicher Bewegung ist wichtiger als ein Dutzend Programme.« Aber damit hatte er nicht gemeint, dass man Programme als Dutzendware betrachtete. Jedem Mitglied der Programmkommission und jedem Delegierten des Heidelberger Parteitags musste dieser Anachronismus aufstoßen. In der politischen Praxis entschied sich die SPD im Zweifel gegen links, in ihrem Programm aber forderte sie, dass die Arbeiterklasse die politische Macht übernehmen und das Kapital enteignen solle. Die Gelegenheit dazu war längst verpasst. Man konnte es verdammen oder begrüßen, aber die Sozialdemokraten hätten ein Programm verabschieden müssen, das mit ihrer historischen wie politischen Praxis etwas zu tun hatte. Es war grotesk, eine Revolution zu fordern, ohne sich mit der Frage auseinander zu setzen, warum man die letzte zerschlagen hatte. Nachdem sich geschichtlich erwiesen hatte, dass die SPD keine revolutionäre Partei mehr war, gab sie sich erneut ein marxistisches Programm.

Anachronismen

Die soziale Wirklichkeit im sozialdemokratischen Lager widersprach dem Heidelberger Programm, das eine Verschärfung der Klassengegensätze unterstellte. Der Anteil der Arbeiter unter den Mitgliedern hatte vor dem Krieg 90 Prozent ausgemacht. 1926 waren es 73 Prozent und 1930 nur noch 60 Prozent. In diesem Jahr waren 10 Prozent der SPD-Mitglieder Angestellte, 3 Prozent Beamte und 17 Prozent Hausfrauen. In der Gesellschaft stagnierte währenddessen der Anteil der Arbeiter an der erwerbstätigen Bevölkerung, wohingegen der Anteil der Beamten und Angestellten wuchs und 16,5 Prozent erreichte. Sozialstatistische Daten aus dem Jahr 1926 zeigen, dass mehr als 50 Prozent der Bevölkerung zur Unterschicht zu zählen waren. Weiteren 12 Prozent der Kleinbürger ging es kaum besser. Das war ein gewaltiges Potential, dass die Sozialdemokraten nicht einmal annähernd ausschöpften.

Die Mitgliederzahlen der SPD schwankten zwischen 1,2 Millionen (1920) und 800 000 (1926), 1930 betrugen sie eine Million. 1918 waren zahlreiche Mitglieder zur USPD abgewandert, weil sie mit der Politik Eberts und Scheidemanns nicht einverstanden waren und den revolutionären Parolen der Unabhängigen Sozialdemokraten folgten. Aber die Verluste wurden ausgeglichen durch neue Mitglieder, die in die Staatspartei strömten und zuvor zum konservativen alldeutschen Lager gehört hatten. Sie erkannten in der SPD die Partei der Ordnung, die die Revolution niedergeschlagen hatte und ein Bündnis mit den neuen alten herrschenden Schichten eingegangen war. Zahlreiche Angehörige des öffentlichen Dienstes traten der SPD bei, weil sie glaubten, so ihr berufliches Fortkommen zu begünstigen.

Die Fluktuation der Mitgliedschaft war erstaunlich: 1930 waren nur noch 21 Prozent der Mitglieder länger als fünfzehn Jahre in der SPD. Knapp 80 Prozent der Sozialdemokraten kannten die SPD demnach nur noch als Partei des Burgfriedens im Krieg und als Weimarer Staatspartei. Umso erstaunlicher der Mangel an Wechseln in den Führungsorganen. Wer Mitglied des Parteivorstands war, blieb dies quasi auf Lebenszeit. Ein einziges Mitglied des Parteivorstands wurde in der Weimarer Zeit abgewählt, ein Linker. Während die soziale Zusammensetzung der SPD sich umschichtete, änderte sich in der Führung nichts. Dieser Anachronismus ist wenigstens genauso erstaunlich wie das Heidelberger Programm.

Bemerkenswert war die Schwäche der Partei auf dem Land. Sie hatte schon die Bebel-SPD geplagt, und trotz mancher Anstrengungen gelang es der Sozialdemokratie nie, in der Landarbeiterschaft Fuß zu fassen. Das lag gewiss auch am »Idiotismus des Landlebens«, den Marx und Engels im *Kommunistischen Manifest* beklagt hatten, und auch an der halbfeudalen Herrschaft der Großbauern über ihr Gesinde. Aber die Sozialdemokratie verstand es außerdem nicht, ihr »Image« als reine Industriearbeiterpartei abzulegen. Obwohl sie in ihrer Politik oftmals nicht nur die sozialpolitischen Interessen der Arbeiterschaft vertrat, versagte sie in ihrer Bündnispolitik kläglich, sofern man von Bündnispolitik überhaupt sprechen kann. Ihre kommunistischen »Klassengenossen« begingen hier übrigens genau die gleichen Fehler.

Die SPD zog weder aus gesellschaftlichen und wirtschaftlichen Umstrukturierungen, die ja Bernsteins Thesen bestätigten, politische Konsequenzen, noch aus den Umschichtungen in ihrer Mitgliedschaft oder gar aus dem Gebot, die Massenbasis der völkischen Rechten auf dem Land zu verringern. Die SPD-Reichstagsfraktion hatte die Weimarer Verfassung als Erfüllung des Erfurter Programms gefeiert, und seitdem waren strategische Konzepte Mangelware. Der zum Reichsinnenminister avancierte Revisionist Eduard David erklärte vor der Nationalversammlung, dass die Arbeiter 99 und mehr Prozent der Bevölkerung ausmachten. Insofern gab es in seinen Augen keinen Unterschied zwischen bürgerlicher und sozialistischer Republik, waren also die Ziele der Sozialdemokratie in Sachen Demokratie erfüllt.

Natürlich waren Achtstundentag und Frauenwahlrecht großartige Errungenschaften, auch das Dreiklassenwahlrecht in Preußen war zerschlagen, aber nun hätten die Sozialdemokraten beginnen müssen, Konzepte für die Fortentwicklung der Demokratie und der Sozialpolitik zu erarbeiten und umzusetzen.

Die Führung der Partei stammte aus Bebels Zeit, und sie war geprägt durch die in dieser Zeit unabweisbare Forderung, eine parlamentarische Demokratie zu erkämpfen, also alles zu bekämpfen, was der Ausgestaltung der Demokratie im Weg stand. Mehr Demokratie hatten viele Sozialdemokraten für die Zustimmung zu den Kriegskrediten und den Verzicht auf Antikriegsaktionen eintauschen wollen, aber nicht erhalten. Erst die ungewollte Revolution erfüllte zentrale Forderungen. Mehr aber gab die Fantasie der Sozialdemokraten nicht her. War den Sozialdemokraten die demokratische Republik bis zur Jahrhundertwende bloß ein guter Kampfplatz für den Sozialismus gewesen, so war die Demokratie nach dem Krieg längst Selbstzweck. Sie hatten so lange für die bürgerliche Demokratie gekämpft, dass sie sich keine andere mehr vorstellen konnten. Deshalb die Zerstörung der Räte-Idee, deshalb das Klammern an die Reste der Weimarer Demokratie, als diese längst zu Tode toleriert war (dazu später mehr). Die SPD der Weimarer Zeit war in ihrem geistigen Horizont nicht über den Rahmen der Vorkriegszeit hinausgekommen. Die Partei war in den Händen der alten Reformisten und Revisionisten, die sich nie mehr gewünscht hatten als das, was die Revolution gebracht hatte. Nur Bernstein beharrte auf seinen Forderungen nach einer sozialistischen Umgestaltung der Gesellschaft.

Wie aber sollte die Partei mit einem veralteten Programm (Heidelberg) und einer geistig erstarrten Führung neue Wählermassen gewinnen? Das war unmöglich. Sie begnügte sich mit einer gewissen Folgerichtigkeit darauf zu bewahren, was erkämpft war. Sie hatte spätestens seit dem Kapp-Putsch eine durch und durch defensive Haltung: Verteidigung der Demokratie gegen die sich am Horizont abzeichnende braune Gefahr. Aber gegen Ende der Weimarer Republik, als diese Verteidigungshaltung angebracht war, skandierten viele Sozialdemokraten, vor allem auf dem linken Flügel: »Demokratie, das ist nicht viel / Sozialismus ist das Ziel.« Die einzigen organisationspolitischen Neuerungen der Sozialdemokratie – Reichsbanner und Eiserne Front – dienten der Verteidigung gegen die Nazis, die auf dem Feld der Massenorganisationen mit ihrer SA aber viel erfolgreicher waren als die Sozialdemokraten.

Die Logik der Geschichte

Geistig war die SPD der Weimarer Zeit ein Dinosaurier aus kaiserlicher Vorzeit. Wie sollte diese Partei des ewigen Kompromisses und der tönenden Phrasen Menschen begeistern? Die Demokratie starb nicht nur wegen Hitler, sondern auch aus Mangel an Fantasie. Nationalsozialismus und Kommunismus reklamierten für sich die Zukunft, die Sozialdemokraten begnügten sich mit der Vergangenheit. So konnten Nazis wie Kommunisten in das Wählerpotential der SPD einbrechen.

Die Weltwirtschaftskrise hatte unsägliche Not für Millionen gebracht, die Zeichen standen auf Veränderung, aber die Sozialdemokraten verwiesen auf ihre bewährte Taktik, wie sie es schon zu Zeiten des Revisionismusstreits getan hatten. Wer auf dem linken Flügel auf Aktionen gegen rechts drängte, wurde gemaßregelt wie einst Bernstein und Luxemburg, weil sie es gewagt hatten, die ewige Weisheit der Parteiführung anzuweifeln.

Auf dem Kieler Parteitag 1927 sagte der sozialdemokratische hessische Ministerpräsident Karl Ulrich: »Wir müssen den Massen sagen, dass wir entschlossen sind, die demokratische Republik mit Nägeln und Zähnen zu verteidigen, weil wir in ihr einen erfolgverheißenderen Kampfboden für unsere sozialpolitischen Forderungen und sozialistischen Ziele sehen als in der Monarchie.« Dieser Satz eines SPD-Funktionärs in der beginnenden Endphase der Republik zeigt die Wirklichkeitsblindheit der sozialdemokratischen Führungskaste, ihre Verhaftung in der Vergangenheit in prototypischer Klarheit. Es ging schon lange nicht mehr um Demokratie oder Monarchie, das war das Thema der Bebel-Zeit, es ging um nicht weniger als die Fortexistenz der politischen Arbeiterbewegung. Dies hätte aber verlangt, dass die Partei eine Strategie entwickelte, die über die Grenzen von Weimar hinauswies. Das ist ja die eigentümliche Logik der Geschichte: Wer stehen bleibt, bleibt zurück. Wer sich nur am Vergangenen ausrichtet, ist bald selbst Vergangenheit. Das war auch das unvermeidliche Schicksal einer erneuerungsunfähigen Sozialdemokratie.

Wie zu Kaisers Zeiten warteten die Genossen darauf, dass der Kapitalismus durch seine inneren Widersprüche den Sozialismus gewissermaßen gesetzmäßig hervorbringen würde. Das stand im Erfurter Programm von 1891, das stand im Heidelberger Programm von 1925 und das war ein später Sieg über Bernstein, aber vor allem über die soziologische und ökonomische Wahrheit der Weimarer Republik. Die Erben des Zentrismus erzeugten eine unübertreffliche programmatische, strategische und taktische Hilflosigkeit. Auch sie trug bei zum Sieg der Nazis.

Friedrich Ebert hatte 1919 in seiner Rede zur Eröffnung der Nationalversammlung erklärt, es gehe nun um den »Sozialismus der werdenden Wirklichkeit«. Die Praxis zeigte, dass die Weimarer Verfassung diesem Anspruch nicht standhalten konnte. Sie enthielt zwar einige vorwärts weisende Artikel über die Rolle der Räte und die Sozialisierung, aber diese »Schritte zum Sozialismus« wurden in der Realität zu Makulatur. Nur sechs Jahre später erkannte der sozialdemokratische Gewerkschaftsführer Fritz Tarnow, »dass im Seelenleben der deutschen Arbeiterbewegung etwas gebrochen ist. Eine Illusion ist geplatzt. Das, woran man jahrzehntelang geglaubt hat, wenigstens in den Massen, indem man meinte, an dem Tage, an dem wir die politische Macht erringen würden, werde es ein Kinderspiel sein, die letzten Ziele unserer Bewegung zu verwirklichen, ist nicht in Erfüllung gegangen.«

Tarnow schloss aus dieser Analyse, dass es notwenig sei, neue Konzepte zu entwickeln, Konzepte, die wirklichkeitstreu und motivierend sein sollten. Aber er und andere, die nach vorn drängten – ob politisch, ob theoretisch –, rannten gegen die Wand der ewigen Wahrheiten, wie sie der verknöcherte Parteivorstand verkörperte. Der SPD-Reichstagsabgeordnete Julius Leber, später einer der Verschwörer des 20. Juli gegen Hitler, sah in seiner Parteiführung

»eine geschlossene Kampffront«, gegen die sich kein Redner der Opposition durchsetzen könne. Dies lähmte die Partei schon deswegen, weil in ihr im Gegensatz zu allen Bekenntnissen zur Demokratie die Führerverehrung ungebrochen fortbestand.

7. Januar 2000. Nachdem in der rot-grünen Koalition weniger gestritten wird und die Union sich fast nur noch mit ihrem Parteispendenskandal beschäftigt, hat die SPD gute Aussichten, die Wahlen in Schleswig-Holstein (Februar) und in Nordrhein-Westfalen (Mai) zu gewinnen. Es ist wie zu Weimarer Zeiten: Die Führung der Partei kann gegen sozialdemokratische Grundsätze in Serie verstoßen. Es genügt dann ein bisschen Seelenmassage und die Mitglieder sind wieder versöhnt. Als bestünden die protesterregenden politischen Fakten nicht fort. Nach wie vor zahlen die Rentner und Arbeitslosen einen ungerechten Anteil an der Haushaltssanierung. Die Ankündigung, dass mit der Unternehmenssteuerreform Beteiligungen an Wirtschaftsunternehmen steuerfrei verkauft werden können, löste an der Börse ein Kursfeuerwerk aus. Damit hatten nicht einmal die größten Optimisten im Unternehmerlager gerechnet. Ich habe aber keinen Protest gehört in der Partei über die Milliarden, die angesichts leerer Kassen Unternehmen in den Rachen geworfen werden, während Arme weiter den Staatshaushalt konsolidieren dürfen. Nun siegen wir also wieder wie in Lübeck bei der Bürgermeisterwahl. Was interessiert uns der Rest?

Die Politik der SPD in der Weimarer Zeit aber wurde auch durch eine selbst gewählte Verstrickung geprägt. Die Sozialdemokratie hatte zusammen mit ihren Partnern in der Weimarer Koalition den Versailler Vertrag unterzeichnet und sich dadurch den Hass jener Politiker und Militärs eingehandelt, die der Republik Krieg und Vertrag eingebrockt hatten. Die Kriegskreditbewilligung am 4. August 1914 brachte die SPD in die moralische Mitverantwortung, eine politische Verantwortung für die Auslösung des Kriegs hatte sie nicht. Und doch sollte sie nun die Zeche für den Größenwahn des Kaisers bezahlen. Zugleich wurden ausgerechnet die Mehrheitssozialdemokraten als »Novemberverräter« beschimpft, die der

Front mit dem »Dolchstoß« in den Rücken gefallen seien. Statt Dankbarkeit zu zeigen, baute die extreme Rechte die Sozialdemokratie als feindlichen Popanz auf, auf den sich alle Hassgefühle leiten ließen. Die Sozialdemokratie wurden von links wie von rechts des Verrats geziehen: entweder an der Revolution oder wegen der Revolution.

Allerdings hätten die Sozialdemokraten sich aus der Verstrickung in das Hassgewebe freikämpfen können. Sie hätten Schluss machen müssen mit der Kriegsschuldlüge. Sie hätten die Verantwortlichen an Krieg und Niederlage klar benennen müssen. Sie hätten die abstrusen Kriegsziele der Reichsleitung nennen müssen, also das geplante deutsche Diktat über Frankreich, Russland und England. Sie hätten die Notwendigkeit der Revolution und ihren demokratischen Charakter herausstellen müssen. In allen diesen Punkten haben sie versagt.

Verwischtes Profil

Die SPD hat sich zu Recht als Weimarer Staatspartei verstanden. Sie versuchte auch andere Parteien, sogar eher rechts angesiedelte wie die Deutsche Volkspartei Gustav Stresemanns, in die Mitverantwortung zu ziehen. Sie verzichtete hin und wieder auf die Regierungsteilnahme, um dem Druck der Rechtskräfte auszuweichen, in dem Irrglauben, dass eine Teilhabe der Rechten an der verhassten Republik sie politisch integrieren werde. Das war natürlich eine Fehlkalkulation. Das »nationale Lager« tat mit seinen Kräften alles, um die Republik so bald wie möglich von der Landkarte zu tilgen. Und doch mühten sich die Sozialdemokraten, gerade diesen Kräften zu beweisen, dass sie eine Partei von Ruhe und Ordnung waren. Das gelang nicht, denn Völkische und Nationale betrachteten Sozialdemokraten und Kommunisten gleichermaßen als »Marxisten« und »Novemberverräter«, die es auszurotten gelte wie Ungeziefer. Da mochten sich Ebert und Genossen noch so mühen, auch im rechten politischen Lager Gunst zu gewinnen. Die Nazis verfolgten später beide Parteien, machten aber zwischen Kommunisten und Sozialdemokraten feine Unterschiede. So blieben Gustav Noske, Gustav Bauer und andere Funktionäre der verbotenen Partei vor schlimmster Verfolgung bewahrt.

Selbst in der Opposition verstand sich die SPD als halbe Regierungspartei. Sie tolerierte schon lange vor 1930 Regierungen, an denen sie nicht beteiligt war. Die Konturen der Partei verschwammen in dem Maß, wie sie nach links, in Konkurrenz zur KPD, auf dem Sozialismus beharrte und sich nach rechts als nationale Partei gerierte.

Im Untergrund aber wirkten weitere, oft stärkere Kräfte, die das Profil der Partei verwischten. Am 4. August 1914 war die Partei gezwungen gewesen, plötzlich in einer Grundsatzfrage Farbe zu bekennen. Sie beging einen Fehler, versäumte es, ihn einzugestehen und die politischen Konsequenzen zu ziehen. Lebenslügen produzieren neue Lügen. Der Rechtfertigungsdruck, der mit der Kriegskreditbewilligung entstand und mit jedem Kriegstag stieg, begann die Identität der SPD als Friedenspartei zu zerstören. Die Revolution unterhöhlte ihre Identität als sozialistische Partei. Solche Prozesse vollziehen sich über Jahre und Jahrzehnte, ihre Nachwirkungen sind bis heute spürbar. Die Bewunderung, wenn nicht Anbetung, die Willy Brandt während einiger Jahre seiner Regierungszeit erfuhr, hat unter anderem auch zu tun mit der Erlösung von der Schuld des 4. August. Dank Brandt war die SPD wieder Friedenspartei. Der sozialdemokratische Widerstand gegen Helmut Schmidts »Nachrüstung« Anfang der achtziger Jahre widerspiegelte auch die Angst vor dem Verlust der wiedergewonnenen Identität als Friedenspartei. Wir werden später die Frage zu erörtern haben, welche Wirkungen auf die SPD die deutsche Teilnahme am Jugoslawienkrieg vor dem beschriebenen Hintergrund hat.

In der Sozialdemokratie der Weimarer Republik wirkten die Konfliktlinien der Vorkriegszeit weiter. Sieht man einmal ab vom kurzen Görlitzer Zwischenspiel, wagte es kaum ein Sozialdemokrat, die programmatischen Konsequenzen aus der politischen Praxis der eigenen Partei zu ziehen. Die einstigen Zentristen um Kautsky oder Hilferding suchten ihr Heil in der Vergangenheit und verklebten die unübersehbaren Widersprüche der eigenen Theorie und Praxis, indem sie die bürgerliche Politik der SPD mit marxistischen Phrasen behängten. »Hegel bemerkt irgendwo, dass alle großen weltgeschichtlichen Tatsachen und Personen sich sozusagen zweimal ereignen. Er hat vergessen hinzuzufügen: das eine Mal als Tragödie, das andere Mal als Farce«, schrieb Marx über Louis Bonaparte, der sich als Napoleon III. verehren ließ. Dieser Satz gilt auch für die Rolle Kautskys und der Zentristen in der Weimarer Zeit. Es ist schon erstaunlich: Die Partei bekundete gegenüber ihren rechten Kritikern fortlaufend ihre staatstragende Gesinnung, und gegenüber ihren linken Kritikern innerhalb und außerhalb der Partei erklärte sie sich zur einzig wahren sozialistischen Partei.

Reichspräsident Ebert führte zahlreiche Prozesse gegen Leute, die ihm vorwarfen, im November 1918 das Vaterland verraten zu haben. Als ein Gericht ihn als »Landesverräter« titulierte, erfuhr er am eigenen Leib, wie falsch es gewesen war, nicht aufzuräumen mit der wilhelminischen Justiz. (Manche Fehler müssen offenbar mehrfach begangen werden, denn auch nach 1945 wurde die Justiz nicht gesäubert. Erst nach der ersten erfolgreichen Revolution, 1989, ging man einen anderen Weg und erneuerte die Justiz in Ostdeutschland. Ich habe allerdings den Verdacht, dass es hier weniger darum ging, aus Fehlern der Geschichte zu lernen, als vielmehr darum, eine offiziell sozialistische Justiz abzuschaffen.)

Die einstigen Revisionisten waren bedeutungslos geworden, seitdem die Partei 1922 wieder vereinigt war. Der äußerste linke Flügel der Partei hatte sich in den Revolutionstagen endgültig von der Sozialdemokratie abgetrennt. Aber auch die Nachfolger Rosa Luxemburgs fanden keine Konzepte, keinen roten Faden für ihre Politik. Auch sie waren »Opfer« des 4. August und bestimmten ihr Verhältnis zur SPD von der Geschichte ihrer Abspaltung her. Die Schlachten von damals wurden nun unter neuen Namen wieder und wieder geschlagen. Die Niederlage der Linken im Spartakusaufstand im Januar 1919 lebte fort als Quelle immer neuer Hassorgien gegen die SPD, nur unterbrochen von kurzen Phasen der Einsicht in die Forderungen des politischen Alltags. Von bewaffnetem Kampf bis zu weitgehenden Einheitsfrontangeboten reichte das Spektrum der sich ständig häutenden Kommunisten. Einer, der diesem ewigen Wechseln zwischen »Linksradikalismus« und »Rechtsopportunismus« nicht standhielt, war Paul Levi, der bald zum Kopf des linken Flügels der SPD wurde.

Die Kommunisten gerieten zunehmend an die Leine Moskaus. In dem Maß, wie sie jedes Detail der doch oft traurigen Wirklichkeit im Sowjetreich entweder abstritten oder es auf die Kriegstreiberei der Imperialisten zurückführten, wuchs der Raum für die sozialistische Linke in der SPD. Aber er wurde nicht genutzt, und die Linke blieb schwach. Der Antikommunismus war schon immer ein Prügel, um die Parteilinke zu schwächen. Und er rechtfertigte die Angriffe von Rechtsaußen gegen die gesamte Partei – denn führten letztlich nicht alle Wege des Marxismus nach Moskau?

Eine SPD ohne starken linken Flügel musste politisch und organisatorisch ihren Strukturen verhaftet bleiben. Entsprechend gering war ihre Anhängerschaft in der Jugend. Auch deswegen fehlte das vorandrängende Element. Die fruchtlosen Streitereien mit der KPD stärkten eher die Konservativen in der Partei, die dazu neigten, gesellschaftspolitische Fragen auf die Alternative Demokratie oder Diktatur zu reduzieren. Demnach herrschte in Berlin Demokratie und in Moskau Diktatur. Das traf mit einigen Einschränkungen hinsichtlich der deutschen Demokratie zu, bot aber nicht ein Jota Zukunftsperspektive. Betrachtet man die Geschichte der Weimarer SPD, dann beschleicht einen manchmal der Gedanke, dass die Partei zwangsläufig in der Nazibarbarei versinken musste, dass erst damit die Tragödie des 4. August 1914 ihren Schlussakt fand.

Das Staatsmissverständnis

Im Oktober 1929 brach die Weltwirtschaftskrise los, beschleunigt auch durch den Wahn der Reparationsmilliarden, die Deutschland an die Siegermächte zahlen musste. Die SPD hatte kein Konzept, als immer wieder neue Kompromisse einzugehen mit den Kräften von rechts, die die Krise nutzten, um die Demokratie zu zerstören.

Während der Kapitalismus zusammenbrach, Pleitewellen den Markt erschütterten und die Arbeitslosigkeit bislang ungeahnte Höhen erreichte, hätten die Sozialdemokraten den Systemüberwindungsplänen von Nazis wie Kommunisten mehr entgegensetzen müssen, als sich mit der Rolle zu bescheiden, Arzt am Krankenbett des Kapitalismus zu sein. In der größten seiner zahlreichen Krisen war der Kapitalismus weltweit diskreditiert, und besonders in Deutschland gewann im Volk alles an Attraktivität, was sich sozialistisch nannte, ob der Sozialismus der KPD oder der Nationalsozialismus der NSDAP. Die Führung der SPD aber erkannte nicht die riesige Chance, sich als authentische sozialistische Partei zu profilieren. Stattdessen tolerierte sie den Abbau der selbst geschaffenen Demokratie, bis es nichts mehr zu tolerieren gab.

»Einige Genossen glauben, die Zeichen dafür sehen zu können, dass es sich diesmal nicht mehr um eine der zyklusmäßigen Krisen des kapitalistischen Systems handelt, sondern dass wir die entscheidende Krise des kapitalistischen Systems vor uns haben, die endgültige Krise, die mit dem Zusammenbruch des Kapitalismus enden müsse. In der Partei ist ja ernsthaft die Zusammenbruchstheorie schon längst nicht mehr vertreten worden. Das ist natürlich kein absolut schlüssiger Gegenbeweis, dass nun nicht doch die kapitalistische Wirtschaft in eine Sackgasse geraten sein könnte, aus der es ein Herauskommen nicht mehr gibt, außer durch eine vollständige Umwandlung des Systems. Ich glaube aber, dass man mit solchen Prophezeiungen sehr vorsichtig sein muss, weil ja möglicherweise die Tatsachen selbst früher oder später den Gegenbeweis liefern könnten. Die gegenwärtige Krise ist zweifellos umfangreicher und in ihren Wirkungen tiefer als alle früheren Krisen. Das erklärt sich zu einem Teil aus dem Eingriff des Weltkriegs in das ganze Getriebe der Weltwirtschaft. Es erklärt sich auch daraus, dass die Verbundenheit der Volkswirtschaften in der Weltwirtschaft sehr viel enger geworden ist. Es erklärt sich weiter aus den künstlichen Störungen durch die Politik und Reparationszahlungen, und schließlich auch durch die Strukturwandlungen innerhalb des kapitalistischen Systems. Die Krise muss auch schon deswegen schwerer sein, weil eine Industriekrise mit einer Agrarkrise zusammengefallen ist, was wir bisher nur einmal in der Weltwirtschaftsgeschichte erlebt haben.

Trotz dieser noch nie da gewesenen Häufung von Krisenursachen glaube ich, dass die Wirtschaft die Wege finden wird, die wieder zum Aufstieg führen, und ich befinde mich damit, soweit ich übersehen kann, in Übereinstimmung mit ziemlich allen Wirtschaftstheoretikern in unseren Reihen. Die starke Senkung der Zinssätze und der Rohstoffpreise sind nach allen früheren Krisenerfahrungen auch schon die sichtbaren Anzeichen dafür, dass ein Umschwung sich vorbereitet, was natürlich nichts über die Zeitdauer sagt.

Nun stehen wir ja allerdings am Krankenlager des Kapitalismus nicht nur als Diagnostiker, sondern auch – ja, was soll ich da sagen? – als Arzt, der heilen will?, oder als fröhlicher

Erbe, der das Ende nicht erwarten kann und am liebsten mit Gift noch etwas nachhelfen möchte? (Heiterkeit.) In diesem Bild drückt sich unsere ganze Situation aus. (Sehr gut!) Wir sind nämlich, wie mir scheint, dazu verdammt, sowohl Arzt zu sein, der ernsthaft heilen will, und dennoch das Gefühl aufrechtzuerhalten, dass wir Erben sind, die lieber heute als morgen die ganze Hinterlassenschaft des kapitalistischen Systems in Empfang nehmen wollen. Diese Doppelrolle, Arzt und Erbe, ist eine verflucht schwierige Aufgabe. (Sehr richtig!) Wir könnten uns in der Partei manche Auseinandersetzung ersparen, wenn wir uns dieser Doppelrolle immer bewusst bleiben würden. Aber wir sind es nicht immer. Manchmal glaubt der eine, die Notlage derjenigen, die davon abhängen, dass der Patient gesund wird, erfordere, alles zu tun, um den Patienten zu heilen; der andere meint, jetzt, wo er schon röchelt, sei es richtig, ihm den Gnadenstoß zu geben.
Der Patient selbst barmt uns gar nicht so sehr, aber die Massen, die dahinterstehen. (Sehr richtig!) Wenn der Patient röchelt, hungern die Massen draußen. (Sehr richtig!) Wenn wir das wissen und eine Medizin kennen, selbst wenn wir nicht überzeugt sind, dass sie den Patienten heilt, aber sein Röcheln wenigstens lindert, sodass die Massen draußen wieder mehr zu essen bekommen, dann geben wir ihm die Medizin und denken im Augenblick nicht so sehr daran, dass wir doch Erben sind und sein baldiges Ende erwarten.
Ich will die Frage nicht aufwerfen, ob denn, wenn wir mit dem Gedanken spielen wollten, die Gelegenheit zum totalen Zusammenbruch zu benutzen, um diesen Zusammenbruch gewaltsam herbeizuführen und zu beschleunigen, in der gegenwärtigen Krise durch einen vollständigen Zusammenbruch wirklich die kapitalistische Wirtschaftsordnung erledigt wäre. Ich könnte mir denken, dass etwas anderes zusammenbricht, als das kapitalistische System.«

Der sozialdemokratische Gewerkschaftsfunktionär Fritz Tarnow, 1931

Schon in der Revolution und nun in der Tolerierung schlug sich nieder, was sich spätestens seit dem Revisionismusstreit abgezeichnet hatte: eine Veränderung des sozialdemokratischen Staatsverständnisses oder besser die Aufdeckung eines großen Missverständnisses. Für Marx und Engels war der Staat nichts als der »geschäftsführende Ausschuss der Bourgeoisie«. Im *Antidühring*, der für die deutschen Sozialdemokraten geschriebenen populären Zusammenfassung der Marx'schen Theorie, erklärt Engels:

»Der Staat war der offizielle Repräsentant der ganzen Gesellschaft, ihre Zusammenfassung in einer sichtbaren Körperschaft, aber er war dies nur, insofern er der Staat derjenigen Klasse war, welche selbst für ihre Zeit die ganze Gesellschaft vertrat: im Altertum Staat der sklavenhaltenden Staatsbürger, im Mittelalter des Feudaladels, in unsrer Zeit der Bourgeoisie. Indem er endlich tatsächlich Repräsentant der ganzen Gesellschaft wird, macht er sich selbst überflüssig. Sobald es keine Gesellschaftsklasse mehr in der Unterdrückung zu halten gibt, sobald mit der Klassenherrschaft und dem in der bisherigen Anarchie der Produktion begründeten Kampf ums Einzeldasein auch die daraus entspringenden Kollisionen und Exzesse beseitigt sind, gibt es nichts mehr zu reprimieren [unterdrücken], das eine besondre Repressionsgewalt, einen Staat, nötig machte. Der erste Akt, worin der Staat wirklich als Repräsentant der ganzen Gesellschaft auftritt – die Besitzergreifung der Produktionsmittel im Namen der Gesellschaft – ist zugleich sein letzter selbständiger Akt als Staat.«

Die deutschen Sozialdemokraten aber glaubten, mit der Überwindung der Monarchie den »Volksstaat« eingeführt zu haben, wenn er auch Mängel aufwies, die aus der Kaiserzeit herrührten. Diesen über allen Klassen stehenden Staat mühten sie sich zu verteidigen gegen den Ansturm von links und rechts. Stattdessen hätten sie auf weitere Demokratisierung setzen müssen, vor allem im Verwaltungsapparat, um die Republik von Weimar durch ihre schrittweise Überwindung zu retten. Natürlich lässt sich die Frage nicht beantworten, ob ein solches sozialistisches Konzept erfolgreich gewesen wäre. Sicher ist aber, dass das stete Lavieren zwischen Oppositions- und Regierungsrolle und das Festhalten an der Mumie des Weimarer Staates im politischen Bankrott enden mussten.

Man mache es sich aber nicht zu leicht. Die Herausforderungen, denen sich die Sozialdemokraten in der Weimarer Zeit gegenübersahen, waren nicht nur für die erstarrte Partei neu. Eine Massenbewegung wie den Nationalsozialismus hatte es zuvor nirgendwo gegeben. Die neuen Formen der Propaganda, wie sie vor allem Hitlers Berliner Gauleiter Joseph Goebbels vorantrieb, überrollten nicht nur die SPD. Was war schon die bieder-reaktionäre *Kreuzzeitung* der Kaiserzeit im Vergleich mit der hasserfüllten Demagogie des *Völkischen Beobachters*? Das Zusammentreffen von Massennot mit der keinerlei moralische Grenzen respektierenden Massenpropaganda ergab eine geistige Mixtur, die das ihre dazu beitrug, die Republik zu zerstören. Aber die chauvinistischen Hetzkampagnen gegen das »Diktat von Versailles« und die »Novemberverräter« waren auch deshalb so erfolgreich, weil die Sozialdemokraten sich in der Kriegsschuldlüge verheddert hatten. Das Versagen am 4. August hatte Fernwirkungen, die das Ende der klassischen Sozialdemokratie herbeiführen sollten.

Panzerkreuzer A

Der Untergang der Sozialdemokratie war nicht unausweichlich. Es hatte immer wieder Gelegenheiten gegeben, das Ruder herumzureißen. Es ist verblüffend, mit welcher Konsequenz sich die Partei der Rettung verweigerte.

Eine solche Gelegenheit, die Weichen zu stellen, war die Affäre um den Bau des Panzerkreuzers A. Was war der Hintergrund dieser unglaublichen Episode? Die Reichswehr war durch den Versailler Friedensvertrag auf 100 000 Mann begrenzt und durfte keine Luftstreitkräfte, Panzer, schwere Artillerie, Schlachtschiffe und U-Boote besitzen. Von Anfang an aber bemühte sich die Reichswehrführung, diese Beschränkungen zu umgehen, um sie schließlich zu beseitigen. Unter dem Vorwand, sich um Abrüstung zu bemühen, forderten Generäle und auch sozialdemokratische Politiker »Gleichberechtigung« mit den anderen Großmächten. Diese, viel stärker bewaffnet als das Deutsche Reich, sollten abrüsten. Wenn sie dies aber nicht täten, habe Deutschland das moralische Recht, gleichzuziehen. Es war Heuchelei, denn angesichts der Vorgeschichte des Ersten Weltkriegs konnte man es vor allem Frankreich nicht verdenken, dass es an Abrüstung nicht dachte. Es fürchtete, nicht unberechtigt, deutsche Revanchegelüste. Tatsächlich forderten die Deutschen Gleichberechtigung, um selbst aufrüsten zu können. Die Sozialdemokraten duldeten diesen Kurs. Sie begründeten dies mit der verwegenen These, es sei in Deutschland schon mehr an sozialistischen Errungenschaften zu verteidigen als in der Sowjetunion. Deshalb unterstützte die SPD auch die geheime Zusammenarbeit der Reichswehr und der Roten Armee. In der Sowjetunion konnten deutsche Militärs den Einsatz von Waffen üben, die ihnen verboten waren, vor allem von Panzern und Kampfflugzeugen. Die Sowjetarmee wiederum profitierte vom technischen und militärtaktischen Know-how ihrer gut getarnten Gäste.

Ein deutliches Signal der Aufrüstung war der Plan, einen Panzerkreuzer für die Reichsmarine zu bauen. Der Panzerkreuzer mit dem schlichten Namen »A« war ein erster Schritt zur Marineaufrüstung, wobei die Schiffsgattung eigens erfunden wurde, um das Verbot zu umgehen, Schlachtschiffe zu bauen. Vor den Reichstagswahlen vom Mai 1928 hatten die Sozialdemokraten gegen diese Aufrüstung protestiert und gefordert: »Kinderspeisung statt Panzerkreuzer«. Bei den Wahlen gab es einen Linksruck, SPD und KPD gewannen, die Rechtsparteien büßten Stimmen ein. Im Juni 1928 bildete der Sozialdemokrat Hermann Müller eine Koalitionsregierung mit dem Zentrum, der Deutschen Demokratischen Partei (DDP), der Deutschen Volkspartei (DVP) und der Bayerischen Volkspartei (BVP). Vor allem DVP und BVP hatten sich im Wahlkampf für den Panzerkreuzerbau stark gemacht. Um die Koalition zu erhalten, beschloss die Reichsregierung mit den Stimmen des sozialdemokratischen Reichskanzlers Müller und der SPD-Minister Rudolf Hilferding, Carl Severing und Rudolf Wissell, das verkappte Schlachtschiff zu bauen. Der Chef der SPD-Reichstagsfraktion, Rudolf Breitscheid, gab dazu eine enthüllende Erklärung ab:

»Indem wir uns zum Eintritt in die Regierung bereit erklärten, nahmen wir den Panzerkreuzer ›A‹ mit in Kauf. Immerhin waren wir berechtigt, anzunehmen, dass unsere vier Minister mit Nein stimmen und andere Ausgaben, insbesondere solche für sozialpolitische Zwecke, für vordringlicher erklären würden als die für den Schiffsersatzbau. Wir waren dazu auch entschlossen, aber nun machten ihnen die Demokraten insofern einen Strich durch die Rechnung, als sie erklärten, sich in jedem Falle der Entscheidung der Sozialdemokraten anschließen zu wollen. Damit wäre eine Mehrheit für die Ablehnung entstanden, und das hätte die Krisis bedeutet, die unsere Genossen vermeiden wollten.«

Die Sozialdemokraten in der Regierung stimmten also für den Schiffsbau, weil der Koalitionspartner DDP erklärt hatte, dem Votum der Sozialdemokraten zu folgen. Damit war das geplante Täuschungsmanöver geplatzt. Als es darauf ankam, entschieden sich die Führer der SPD für die Aufrüstung. Um den Protest in der eigenen Partei zu dämpfen, wurde die Reichstagsfraktion angewiesen, im Parlament gegen diesen Regierungsbeschluss zu stimmen, wohl wissend, dass es eine klare Mehrheit für das Schiff geben würde. Was bedeutete, dass sozialdemokratische Minister nun als Reichstagsabgeordnete gegen den eigenen Beschluss votierten. Eine groteskere Situation hat es in der Geschichte des Parlamentarismus kaum gegeben. Es war Heuchelei, Ausdruck auch des Umstandes, dass die Sozialdemokraten das verhängnisvolle Bündnis mit der antirepublikanischen Reichswehr fortsetzten.

Von Brüning zu Hitler

Die vorletzte Etappe des Niedergangs der SPD und damit der von ihr geschaffenen Republik verbindet sich mit dem Namen Brüning. Als im März 1930 das Kabinett der großen Koalition unter Reichskanzler Müller trotz aller Panzerkreuzerverrenkungen zerbrach, ernannte Reichspräsident Hindenburg den rechten Zentrumspolitiker Heinrich Brüning zum Kanzler. Der verlor aber schon im Juli die Unterstützung des Parlaments für sein Sanierungsprogramm, das man in heutiger Terminologie als monetaristisch bezeichnen würde. In der Wirtschaftskrise setzte die neue Regierung auf Sparen und die Sanierung des Staatshaushalts. So glaubte sie, die Arbeitslosigkeit bekämpfen und die ausstehenden Reparationen laut Versailler Vertrag bezahlen zu können. Als Brüning im Parlament scheiterte, löste er den Reichstag auf. Bei den Neuwahlen im September 1930 erhielt seine rechtslastige Regierung wiederum keine Mehrheit, dafür aber gewannen die Nazis explosionsartig hinzu

(1928: 2,6; 1930: 18,3 Prozent). Auch die Kommunisten wurden stärker (1928: 10,6; 1930: 13,1 Prozent), wohingegen die Sozialdemokraten die Quittung für ihr Lavieren erhielten (1928: 29,8; 1930: 24,5 Prozent). Die SPD sollte in den verbleibenden Jahren der Weimarer Republik keine Wahlsiege mehr feiern. Bei der letzten freien Wahl, am 6. November 1932, erhielt die SPD noch gut 20 Prozent der Stimmen, die KPD fast 17 Prozent, die Linke zusammen also rund 37 Prozent. Bei den Wahlen zur Nationalversammlung hatte die SPD noch trotz USPD-Konkurrenz (7,6 Prozent) fast 38 Prozent der Stimmen, die Linke zusammen also mehr als 45 Prozent der Wähler für sich gewonnen. Der Abstieg der Weimarer Republik verlief analog zum Niedergang der Linken.

Da sich keine Mehrheit für Hindenburgs Kandidaten Brüning fand, griff der Reichspräsident zum Hilfsmittel der Notverordnung, das ihm die Weimarer Verfassung mit dem Artikel 48 lieferte. Dieser Artikel war zum Schutz der Republik vor ihren Feinden von rechts und für Notfälle wie zum Beispiel den Kapp-Putsch gedacht. Nun aber diente er dazu, den Reichstag auszuschalten. Gesetze, die im Parlament keine Mehrheit fanden, wurden auf dem Weg der Notverordnung verabschiedet. Steuern wurden erhöht, Sozialleistungen gekürzt, und die Pressefreiheit wurde eingeschränkt. Deutschland war auf dem Weg zur Abschaffung der Demokratie. Nur, wohin sollte die Reise gehen? Teile der Rechten wollten die Monarchie wieder einführen, andere setzten auf Hitler, wieder andere erhofften eine Diktatur der Reichswehr.

Politik des kleineren Übels

Die Sozialdemokraten standen vor der Alternative, die Brüning-Regierung zu stürzen (wofür es mit ihren Stimmen immer eine Mehrheit gegeben hätte, allerdings mit Unterstützung von NSDAP und KPD) oder die Regierung zu tolerieren, auch wenn sie deren Politik nicht guthieß. Sie garantierte den Bestand des Präsidialsystems bis zum Mai 1932, als Hindenburg Brüning fallen ließ.

Reichswehrgeneral Kurt von Schleicher, der die weitere Zerschlagung der Demokratie betrieb, war in diesen Jahren der herausragende Drahtzieher. Er hatte dafür gesorgt, dass Brüning Kanzler wurde, und er sorgte dafür, dass Brüning es nun nicht mehr war.

Schleicher sollte nach der Übergangsperiode mit dem eitlen Herrenreiter und Präsidentenintimus Franz von Papen schließlich selbst ins Rampenlicht treten. Seine Kanzlerschaft aber währte nur bis zum Januar 1933, als Hindenburg die Macht an Hitler übertrug und die Republik von Weimar beerdigte. Schleicher hatte sich mit seinen Winkelzügen übernommen. Er wollte die Demokratie abschaffen, sich aber Hitler vom Hals halten. Dazu war er sogar bereit, mit Gewerkschaften und Sozialdemokraten zu kooperieren. Erst später sollten die Generäle erkennen, welch großartiger Reichskanzler ihnen mit Hitler beschert worden war. Da aber war Schleicher längst tot, ermordet beim so genannten Röhm-Putsch, den Nazigrößen auch dazu nutzten, alte Rechnungen blutig zu begleichen.

Die SPD entschied sich für die Tolerierung des Brüning-Kabinetts als »kleineres Übel«. Das größere war in ihren Augen die Machtübernahme durch Hitler. Das Argument verliert an Überzeugungskraft, wenn man sich vergegenwärtigt, dass die Nazipartei bei den Wahlen vom September 1930 keine zwanzig Prozent der Wählerstimmen bekam. Ihr potentieller Bündnispartner, die Deutschnationale Volkspartei (DNVP) des Medienmoguls Alfred Hugenberg (unter anderem Eigentümer der Filmgesellschaft Ufa), erreichte sieben Prozent. Kein Grund, die rechte Gefahr zu verharmlosen, aber auch kein Grund, aus Furcht politisch zu erstarren. Noch vereinigten die Parteien der Weimarer Koalition über vierzig Prozent der Stimmen, und die Stimmen der Kommunisten durften unter der Rubrik Antinazismus verbucht werden. So komplex die Lage war, so gefährlich das Anwachsen der Hitlerpartei erschien, ein Notstand herrschte nicht, und es gab auch keinen Grund, die Demokratie zu beschädigen. All die Ausreden vom »kleineren Übel«, von einer vorübergehenden Phase wie schon 1923 angesichts von Ruhrgebietsbesetzung und Rekordinflation, waren Schminke über dem Versagen der Sozialdemokraten, als es darum ging, die Demokratie zu verteidigen. Die Demokratie verteidigt man nicht, indem man sie abbaut, sondern indem man sie festigt und erweitert, indem man »mehr Demokratie wagt«.

Zugunsten der Tolerierungspolitik muss man drei Punkte anführen: Da war zum einen die Weltwirtschaftskrise, die alle Regierungen in Hektik verfallen ließ. Erst später entdeckten Politiker, vor allem in Skandinavien, die kriseneindämmende Kraft des *deficit spending*, die schließlich mit dem Namen des größten Ökonomen seiner Zeit, John Maynard Keynes, verbunden wurde. Keynes war aus der britischen Delegation bei den Versailler Verhandlungen 1919 ausgeschieden, als er erkannte, dass der Reparationswahn den deutschen Chauvinismus nur stärken würde. Er sollte auch in diesem Punkt Recht behalten. Bis Keynes den Weg aus der Krise wies, hatten weder die Sozialdemokraten noch irgendjemand sonst ein Konzept gegen das Desaster.

Zum anderen erwuchs der SPD auf der Linken ein immer gefährlicherer Konkurrent um die Wähler aus der Arbeiterschaft. Die KPD nutzte die Enttäuschung der Unterschichten über die Hilflosigkeit der SPD. Sie denunzierte die Sozialdemokraten als »Sozialfaschisten«, die viel gefährlicher seien als die Nazis. Der »antifaschistische Kampf« der KPD richtete sich zuerst gegen die SPD. Das war eine katastrophale Politik der Stalin-hörigen Partei, Ausfluss auch der aufkeimenden Machtkämpfe in Moskau. Das Gerede der Kommunisten nach Hitlers Machtantritt, die Sozialdemokraten hätten die Einheitsfront gegen die Nazis verraten, erwies sich bei Betrachtung der Tatsachen als billige Polemik. Sofern denn die Kommunisten überhaupt phasenweise eine Einheitsfront anstrebten, dann um die sozialdemokratischen Anhänger und Mitglieder von der SPD-Führung abzuspalten. Die KPD-Einheitsfrontpolitik zielte auf die Zerstörung der SPD im Interesse der von den Kommunisten angesteuerten proletarischen Revolution, die aus Deutschland ein Zuchthaus gemacht hätte nach dem Vorbild der großen Sowjetunion.

Angesichts des Vernichtungswillens der KPD war es der Sozialdemokratie kaum zuzumuten, mit den Kommunisten eine Front gegen die Hitlerpartei zu verabreden. Und doch haben es einige Sozialdemokraten versucht, unter ihnen das Führungsmitglied Friedrich Stampfer, der auf dem rechten Parteiflügel angesiedelt war. Aber es konnte nicht klappen. Noch nach dem Desaster von 1933 beschimpften Kommunisten Sozialdemokraten als »Sozialfaschisten«, die man schlagen müsse, wo man sie treffe. Streichen wir den Einheitsfrontmythos aus den Akten!

Wenn die KPD Hitler hätte verhindern wollen, dann hätte sie dazu zahlreiche Gelegenheiten gehabt, unter der Voraussetzung allerdings, dass sie Verabredungen von gleich zu gleich und von Vorstand zu Vorstand angestrebt hätte. Warum etwa hätte man jenseits des Einheitsfrontgeredes nicht das Vorgehen im Reichstag absprechen sollen? Man lese die Reden der kommunistischen Parlamentarier, um festzustellen, dass sie stattdessen von der Revolution schwafelten und immer wieder vom »Sozialfaschismus«.

Der dritte Umstand, der die Erstarrung der SPD etwas verständlicher macht, ist die Tatsache, dass wir heute über den Nationalsozialismus unendlich viel mehr wissen als die Menschen am Ende der Weimarer Republik. Viele Sozialdemokraten verglichen die Bedrohung durch Hitler mit dem Sozialistengesetz – auch in dieser Beziehung hatte sich die Parteifantasie nicht weiterentwickelt. Das Sozialistengesetz war eine Heimsuchung gewesen, hatte viele Sozialdemokraten die soziale Existenz gekostet und nicht wenige ins Gefängnis gebracht. Aber verglichen mit Hitlers KZ- und Mordmaschine war das Bismarck'sche Ausnahmegesetz harmlos. In der Reichstagsdebatte über das Ermächtigungsgesetz im März 1933 erklärte der SPD-Vorsitzende Otto Wels: »Das Sozialistengesetz hat die Sozialdemokratie nicht vernichtet. Auch aus neuen Verfolgungen kann die deutsche Sozialdemokratie neue Kraft schöpfen.« Eine furchtbare Fehleinschätzung. Die neuen Verfolgungen würden die Sozialdemokratie vernichten.

Der Anfang vom Ende war die Tolerierung bis zur Selbstverleugnung. Manche SPD-Führer hätten aus Furcht vor den Nazis sogar die Wiedererrichtung der Monarchie akzeptiert, was nur zeigt, welch veraltete Maßstäbe die Genossen an die Wirklichkeit der dreißiger Jahre des 20. Jahrhunderts anlegten. Statt den Widerstand gegen den Abbau sozialer Errungenschaften und der Demokratie zu organisieren, verwirklichten die sozialdemokratisch geführten Landesregierungen Notverordnungen. Sie halfen mit, mehr Arbeitslosigkeit und mehr Not zu schaffen, das war das Ergebnis der Brüning'schen Sparpolitik. Besonders tat sich dabei die bedeutendste Landesregierung hervor, die preußische unter Otto Braun mit seinem schneidigen Innenminister Carl Severing. Brüning hatte Braun und Severing im Auge, als er sich später erinnerte: »Ein Wort der Anerkennung verdienen die sozialdemokratischen Minister in den Ländern (...). Die Entwicklung war so weit gediehen, dass aus früheren Parteiagitatoren Männer geworden waren, die nur das Interesse des ihnen anvertrauten Landes im Auge hatten. Ich (...) musste erkennen, dass sie bereit waren, ihre eigene Zukunft und die Zukunft ihrer Partei jederzeit aufs Spiel zu setzen, wenn es sich um das Gesamtinteresse handelte.«

Spaltung der Arbeiterklasse

Mit der Tolerierung der rechtsorientierten Brüning-Politik demotivierte die SPD Mitglieder und Wähler. Sie hatte das Gesetz des Handelns aus der Hand gegeben. Statt außerhalb des Parlaments gegen rechts zu mobilisieren, baten sozialdemokratische Führer im trauten Zwiegespräch mit Brüning, auf diese oder jene soziale Härte zu verzichten.

Natürlich gab es in der Partei Widerstand gegen die desaströse Tolerierung. Der Parteiführung aber war das Bündnis mit Brüning näher als Genossen, die die politische Selbstaufgabe kritisierten. Im März 1931 gab es Krach in der Reichstagsfraktion. Neun Abgeordnete stimmten gegen weitere Mittel für den Panzerkreuzerbau, die sich die Regierung Brüning bewilligen ließ. Der folgende Parteitag in Leipzig 1931 verurteilte das abweichende Abstimmungsverhalten der neun Abgeordneten und löste gleich noch die tolerierungskritische Arbeitsgemeinschaft der Jungsozialisten auf. Kurz darauf wurden die Wortführer der Parteilinken, die Reichstagsabgeordneten Max Seydewitz und Kurt Rosenfeld, aus der SPD ausgeschlossen. Sie gründeten bald die Sozialistische Arbeiterpartei (SAP), der sich auch der Lübecker Sozialdemokrat Herbert Frahm – später: Willy Brandt – anschloss. Die SAP erkannte, dass nur die entschlossene Aktivität aller antinazistischen Kräfte die Demokratie retten konnte. Sie forderte SPD und KPD auf, Trennendes zurückzustellen, um den gemeinsamen Feind zu bekämpfen. Aber die Kommunisten hielten nach wie vor die Sozialdemokraten für einen »Zwillingsbruder des Faschismus«, wenn nicht für die Hauptgefahr, und die Sozialdemokraten bemühten sich, Risse im rechten Lager auszumachen und zu vertiefen. Beide Strategien führten in den eigenen Untergang. Immerhin darin hatten Sozialdemokraten und Kommunisten etwas Gemeinsames.

Beide Parteien, die sich nach 1945 so lautstark ihres »antifaschistischen Kampfes« rühmen sollten, haben im Angesicht der Gefahr versagt. Sie schlugen, wenn nun auch mit anderen Kampfwörtern, die Schlacht von 1918/19. Beide standen unausgesprochen unter dem Rechtfertigungsdruck, den eine Parteispaltung verursacht und der die Spaltung nur weiter verschärft. Man findet Gründe nicht mehr nur in der in die Spaltung mündenden Vergangenheit, sondern immer neue in der Gegenwart, im politischen

Alltag, die die alten Gründe rechtfertigen sollen. Auf beiden Seiten häuft sich so schließlich ein Berg von Hassargumenten an, der es unmöglich macht zusammenzuarbeiten, nicht einmal gegen eine für beide tödliche Gefahr.

Die Diskussionen über die Mitschuld am Aufstieg des Nationalsozialismus haben auch nach dem Krieg nicht aufgehört. Sie dienten aber vor allem tagespolitischen Zwecken. Die KPD warf der SPD vor, die Einheitsfront nicht gewollt zu haben, und die SPD der KPD, die Arbeiter gespalten zu haben. Beide Vorwürfe treffen zu. Die so genannte Einheitsfrontpolitik der KPD hatte das Ziel, die SPD zu vernichten. Die antinazistische Politik der SPD verzichtete von vornherein auf den Faktor KPD. Alles andere wäre auch ein Wunder gewesen, denn seit dem 4. August 1914 setzte die SPD im Zweifelsfall auf das Bündnis mit den »nationalen Kräften«, und seit der Revolution waren der Sozialdemokratie zweifelhafte Demokraten näher als der feindliche Bruder auf der linken Seite. Diese Politik setzte die Partei auch fort, als die Nazis nach der Macht griffen. Nicht nur linke Sozialdemokraten verzweifelten an der Unbeweglichkeit ihrer Partei, auch vom rechten Flügel kamen harsche Vorwürfe. Julius Leber, Carl Mierendorff oder Kurt Schumacher verdammten die Inaktivität der Parteiführung.

Die Sozialdemokratie nahm sich durch die Tolerierung sämtliche strategische Optionen. Sie tolerierte, bis Hindenburg das erste Präsidialkabinett durch das zweite ersetzte. Es trat nun Franz von Papen auf die Bühne, Zentrumspolitiker wie sein Vorgänger, aber noch weiter am rechten Rand dieser konservativen katholischen Partei. Papen bildete ein Kabinett aus Kreisen reaktionärer Kaiserverehrer. Er buhlte um die Reichstagsfraktion der Nazis. Nach zwei Wochen Amtszeit hob er das Verbot von Hitlers Bürgerkriegstruppen SA und SS auf, und sieben Wochen nach Amtsantritt schleifte er die letzte Bastion der Demokratie: Per Notverordnung des Präsidenten Hindenburg jagte er die geschäftsführende preußische Landesregierung aus dem Amt und ernannte sich selbst zum Reichskommissar für Preußen.

Da half es nicht mehr viel, dass der »Preußenputsch« schon im Oktober 1932 vom Staatsgerichtshof als verfassungswidrig verurteilt wurde und Ministerpräsident Otto Braun seine Amtsgeschäfte wieder aufnehmen konnte, bis ihn dann wenig später die Nazis ins Schweizer Exil zwangen. Der »Preußenputsch« vom 20. Juli 1932 entlarvte auf einen Schlag die wortreichen Ankündigungen der SPD-Führung, Anschläge auf die Demokratie auch mit außerparlamentarischen Mitteln zu verhindern. Nichts geschah, als ein Leutnant mit zwei Begleitsoldaten den großen Carl Severing aus seinem Amtszimmer jagte. Der Innenminister war Chef der preußischen Polizei, gerade auf ihn und seine Truppen hatten die Demokraten gebaut. Statt Widerstand gab es Worte. Wenn sie es nicht schon längst gewusst hatten, jetzt war allen sonnenklar, dass diese Sozialdemokratische Partei nur noch geeignet war, als Opfer in die Vorgeschichte des Dritten Reichs einzugehen.

»Auch in unserer Partei hat der 20. Juli eine Rolle gespielt, und denjenigen gegenüber, die den 20. Juli immer wieder zum Streitgegenstand in der Partei machen wollen, möchte ich betonen, dass nach meiner Beurteilung die Stimmung in der Partei in bezug auf politische Haltung und Taktik selten einmal eine so einheitliche gewesen ist wie gegenwärtig. Wenn eine Kritik an der Partei erfolgt ist, so ist das eine ganz natürliche Auslösung des Gefühls: Wo bleibt hier die grade Führung, die uns klar das Ziel erkennen lässt, auf das wir losmarschieren könnten usw.? Ist nicht der Führer daran schuld? Und man denkt nicht daran, dass zu dem hohen Ziel auch krumme Wege notwendig sind. Aus dieser Gefühlseinstellung heraus ist meiner Überzeugung nach die Kritik geboren. Als ich heute morgen nach Berlin mit dem Genossen Vogel fuhr und meinen Wagen steuerte, musste ich wegen des starken Nebels sehr langsam fahren. Da habe ich mir gesagt, so ungefähr fährst du jetzt auch in der Politik. Aber alle andren Parteien müssen das auch tun. Wenn du jetzt Vollgas geben würdest, dann würden alle sagen: Der haut aber ab! So neblig wie draußen die Witterung heute ist, so neblig ist auch die politische Situation für uns alle. Wir fahren langsam. Nicht nur die Autofahrer haben dafür Verständnis, sondern auch die, die im Auto sitzen. Ihr werdet wohl sagen, dass ich es heute sehr leicht habe, diesen Vergleich zu ziehen, weil es neblig ist.«

Der SPD-Vorsitzende Otto Wels auf einer Parteivorstandssitzung, Dezember 1932

Betrachtet man die Diskussionen in den Führungsgremien der SPD gegen Ende der Weimarer Republik, so kann man im Rückblick nur die Schlussfolgerung ziehen, dass die Partei sich aufgegeben hatte. Manche verbargen die Einsicht hinter pathetischen Ankündigungen, aber die SPD war längst am Ende, als die Nazis sie schließlich verboten. Sie fand nicht den Mut zum außerparlamentarischen Kampf. Der eigens dafür geschaffene Kampfverband, das Reichsbanner Schwarz-Rot-Gold, blieb untätig bis zu seinem Verbot, und der Zusammenschluss des Reichsbanners mit den sozialdemokratisch orientierten Freien Gewerkschaften unter dem martialischen Namen »Eiserne Front« erwies sich als Papiertiger.

Die Parteiführung wurde von der Ernennung Hitlers zum Reichskanzler kalt erwischt. Der Parteivorsitzende Otto Wels befand sich zur Kur in Ascona, aber auch in seiner Anwesenheit hätten die Genossen mit Mehrheit beschlossen abzuwarten. Auf keinen Fall sollten Massenaktionen initiiert werden, denn diese würden die angeblich auseinander strebenden rechten Koalitionäre nur zusammentreiben.

Die sozialdemokratische Führung vertraute auf das Gewaltmonopol eines Staats, dessen Unzulänglichkeit aber mittlerweile auch viele SPD-Mitglieder erkannt hatten. Was konnte man von der Reichswehr erwarten, die dem gestürzten Kaiserreich so viel näher stand als der Demokratie? Die Führung der Reichswehr plante schon die Revanche für Versailles, und da waren ihr die Demokratiefeinde allemal näher als die Sozialdemokraten, auch wenn diese sie an keiner finsteren Absicht hinderten. Was sollte man von einer Justiz halten, die Mörder von der politischen Rechten mit Samthandschuhen anfasste und unerbittlich auf Linke einschlug, wo sich nur die Gelegenheit bot? Das staatliche Gewaltmonopol war kein Bollwerk gegen Hitler, das hätten die Sozialdemokraten wissen müssen. Viele Zeitgenossen wie Kurt Tucholsky oder Carl von Ossietzky wussten es und verzweifelten an der abenteuerlichen Untätigkeit der SPD oder dem wirkungslosen Abenteurertum der KPD.

Die Regierung Franz von Papens brauchte die Sozialdemokratie nicht mehr, und so war ihre parlamentarische Rolle erschöpft. Der letzte Weimarer Reichskanzler Kurt von Schleicher, der große Intrigant, versuchte die Gewerkschaften, die Sozialdemokratie und sogar den nationalrevolutionären Strasser-Flügel der NSDAP zu einem Regierungsbündnis zu überreden. Aber mehr als Gespräche gab es nicht, auch weil die SPD allen Grund hatte, Schleicher zu misstrauen. Aber es hätte sich gelohnt, einen letzten Kraftakt gegen Hitler zu versuchen.

Hitlers nationale Revolution

Gewiss, wir wissen heute mehr als die Akteure der sterbenden Republik. Die damals Handelnden ahnten nicht, was der Nationalsozialismus bedeutete. Erst nach dem 30. Januar 1933 wurde klar, dass das NS-Regime mit ungebremster Radikalität alle Institutionen der Republik zerstören sollte und nicht einmal den Anschein erwecken wollte, sich bei der Verfolgung seiner Gegner an irgendein Recht zu halten. Aber immerhin, angekündigt hatten die Nazis, was sie tun wollten. Und ein Vorbild dafür gab es auch, nämlich den italienischen Faschistenführer Benito Mussolini. Aber sogar die Diktatur des einstigen linken Sozialisten, der mit seinen Gegnern auch nicht nach Recht und Gesetz umsprang, sollte vergleichsweise gemäßigt bleiben. In den Wochen vor Hitlers Machtantritt galt das faschistische Italien als das Menetekel schlechthin. Um die Mitglieder zu beruhigen, erklärten führende Sozialdemokraten immer wieder: »Deutschland ist nicht Italien!« »Hitler ist nicht Mussolini!« In diesem Punkt hatten sie Recht, wenn auch in anderer Weise.

Das Mordsystem des Nationalsozialismus lässt sich mit Blick auf die Zahl seiner Opfer nur mit dem Mordsystem Stalins vergleichen. Im Blick auf die Systematik seiner Verbrechen, auf den Ausrottungswillen seiner Führer aber findet es keinen Vergleich in der Weltgeschichte. Manches davon deutete sich bereits in den ersten Monaten der braunen Diktatur an. Mord und Totschlag begannen am Tag der Machtübertragung an Hitler.

Die deutschen Konservativen haben sich schließlich der »nationalen Revolution« angeschlossen; die wenigen, die widerstanden, haben zu lang gebraucht, um das Wesen des NS-Staats zu begreifen. Weil den Kommunisten die Abgeordnetenmandate durch einen Willkürakt aberkannt waren, blieben nur die Sozialdemokraten, die im März 1933 der Errichtung der Diktatur durch das Ermächtigungsgesetz widersprachen. Neun Fraktionsmitglieder waren bereits verhaftet. Im mutigen Widerspruch des Parteivorsitzenden

Otto Wels, unter dem höhnischen Gejohle der SA und bereits körperlich bedroht durch Hitlers Schlägerbande, spiegelte sich aber auch die Inkonsequenz der sozialdemokratischen Politik in der Weimarer Republik. Noch in der Reichstagsdebatte über das Ermächtigungsgesetz im März 1933 verteidigte Wels die nationale Gesinnung der Sozialdemokratie:

»Der außenpolitischen Forderung deutscher Gleichberechtigung, die der Herr Reichskanzler [Adolf Hitler] erhoben hat, stimmen wir Sozialdemokraten umso nachdrücklicher zu, als wir sie bereits von jeher grundsätzlich verfochten haben. (Sehr wahr! bei den Sozialdemokraten.) Ich darf mir wohl in diesem Zusammenhang die persönliche Bemerkung gestatten, dass ich als erster Deutscher vor einem internationalen Forum, auf der Berner Konferenz am 3. Februar des Jahres 1919, der Unwahrheit von der Schuld Deutschlands am Ausbruch des Weltkrieges entgegengetreten bin. (Sehr wahr! bei den Sozialdemokraten.) Nie hat uns irgendein Grundsatz unserer Partei daran hindern können oder gehindert, die gerechten Forderungen der deutschen Nation gegenüber den anderen Völkern der Welt zu vertreten.«

Die Kriegsschuldlüge, der ideologische Sündenfall der Sozialdemokratie und der Ausgangspunkt der Bündnisversuche mit den Rechtskräften, wirkte fort und versperrte auch am letzten Tag der Republik den Blick auf die Wahrheit von 1918. So schloss sich der Kreis.

Der Weg in den Untergang

Es ist notwendig, den Weg zum Ende der Sozialdemokratie zu beleuchten. Am Tag nach der Machtübernahme Hitlers erklärte der SPD-Reichstagsfraktionsvorsitzende Rudolf Breitscheid:

»Es ist begreiflich, dass man in den Diskussionen jetzt in erster Linie spricht von außerparlamentarischen Aktionen und die Frage ventiliert: Massenstreiks, Einzelstreiks, Demonstrationen mit dem Ziel, dass etwas anderes und mehr daraus wird als ein Marsch durch die Straße. Wir aber stellen die Gegenfrage: Ist der Augenblick zu einer großen außerparlamentarischen Aktion gekommen? (...) Ich will meine Meinung dazu sagen. Wenn Hitler sich zunächst auf dem Boden der Verfassung hält, und mag das hundert Mal Heuchelei sein, wäre es falsch, wenn wir ihm den Anlass gäben, die Verfassung zu brechen, ganz abgesehen davon, dass wir in demselben Augenblick die widerstrebenden Kräfte innerhalb des Kabinetts zusammenschweißen würden.«

Statt auf Widerstand setzte Breitscheid darauf, dass die Partei »für den Augenblick dieses Verfassungsbruches gerüstet sein« müsse. In diesem Sinn hatte sich auch der Parteivorstand zu Hitlers Ernennung zum Reichskanzler geäußert:

»Wir führen unseren Kampf auf dem Boden der Verfassung. (...) Jeder Versuch der Regierung, ihre Macht gegen die Verfassung anzuwenden oder zu behaupten, wird auf den äußersten Widerstand der Arbeiterklasse und aller freiheitlich gesinnten Volkskreise stoßen. Zu diesem entscheidenden Kampf sind alle Kräfte bereitzuhalten.«

Nun war der Verfassungsbruch bereits mit der Einsetzung von Präsidialkabinetten und deren Regieren durch Notverordnungen gegeben, genauso mit dem »Preußenschlag«. Die SPD aber hatte die Ausschaltung des Reichstags erst ermöglicht, als sie Brüning als »kleineres Übel« unterstützt hatte. Die Nationalsozialisten hatten trotz aller Legalitätsbekundungen Hitlers nie einen Zweifel daran gelassen, dass sie die demokratischen Institutionen der Republik zerstören würden. Es war also längst Zeit, Widerstand zu organisieren.

Die sozialdemokratischen Mitglieder waren dazu bereit, sie warteten auf das Signal. Parteigliederungen, die nicht stillhalten wollten, wurden an Aktionen gehindert.

Spätestens am Tag des »Preußenputsches« hätte die Parteiführung begreifen müssen, dass »ihre« Republik nicht gefährdet war, sondern schon nicht mehr existierte. Die politischen Kräfte, die nun um die Macht stritten, waren durchweg antidemokratisch. Damit war die Bindung an die Republik von Weimar de facto gelöst und die Sozialdemokratie aus ihrer selbst auferlegten Pflicht befreit, sogar in der Opposition Regierungspartei zu sein.

In Wahrheit ging es der Parteiführung um etwas anderes, nämlich darum, ein Verbot der Partei zu verhindern. Und dies um jeden Preis. Statt, wie angekündigt, zum Widerstand zu rüsten, verzichtete die SPD auf jede Aktion gegen das Regime. Bis zum Verbot der Partei gab es weitere Verfassungsbrüche und damit Gelegenheiten, die Angekündiung wahr zu machen. Man denke an den Reichstagsbrand in der Nacht vom 27. zum 28. Februar, als die SA zur Hilfspolizei ernannt wurde und Prügelorgien gegen Unschuldige veranstaltete. Am 28. Februar verbot die Regierung die KPD und die sozialdemokratische Presse. 24 Stunden später beseitigte eine Notverordnung des Reichspräsidenten Meinungs-, Presse- und Versammlungsfreiheit, das Postgeheimnis wurde aufgehoben. Die KPD-Reichstagsmandate nach den Wahlen vom 5. März, die selbst schon unter denkwürdigen Bedingungen durchgeführt wurden, wurden aberkannt. Willkürlich verhafteten die Nazis Abgeordnete, missliebige Beamte wurden entlassen und die Gewerkschaftspresse wurde verboten. Auf was warteten SPD und Gewerkschaften? Auf den Verfassungsbruch.

Der Fraktionsvorsitzende Breitscheid erklärte großtrabend:

»Wir stehen jetzt in einem Klassenkampf in seiner reinsten Form. Es stehen zwei Fronten einander gegenüber: die Arbeiterklasse auf der einen, die vereinigte Reaktion, der vereinigte Kapitalismus, unterstützt von den braunen Scharen des Herrn Hitler, auf der anderen Seite. Nie gab es eine klarere, einwandfreiere Klassenkampfsituation als in diesem Moment, in dieser Zeit. Parteigenossinnen und -genossen! Wir müssen uns bewusst sein, dass nach Hitler nichts anderes mehr kommen kann und kommen darf als eine Regierung, auf die die Arbeiterschaft den maßgebenden Einfluss ausübt.

Für diese Entscheidungsstunde gilt es frei zu sein, für diese Entscheidungsstunde gilt es die Kräfte zu sammeln. Zu früh losschlagen hieße nur die Lebensdauer des Gedankens der Autorität verlängern. Wir müssen wissen, was wir wollen, und wir müssen wollen, was wir wissen; aber wir müssen an diese Dinge mit jener Kaltblütigkeit herangehen, die nicht durch irgendwelches hysterisches Geschrei getrübt werden darf. Wir müssen auch, wenn wir es für richtig halten, in diesem Augenblick innerhalb der Bahn bleiben, die wir bisher beschritten haben. Ich wiederhole: Wir müssen alles tun, um im Einzelnen gerüstet zu sein für den Moment, wo Hitler von der Demokratie abweicht.«

Es hatte schon am 30. Januar spontane Massendemonstrationen gegen die Hitlerregierung gegeben. Noch an diesem Tag waren Abgesandte von Arbeitervertretungen in Großbetrieben und Arbeiterorganisationen nach Berlin geeilt, um bei Partei und Gewerkschaftsverband Instruktionen abzuholen für den Gegenschlag. In der Nacht des 30. Januar traten die Führungen von SPD und ADGB zusammen, um zu beraten. Weil die Arbeiter fest mit dem Signal zum Kampf rechneten, bereiteten sie sich auf den Generalstreik vor. Am 7. Februar marschierte eine unübersehbare Menschenmenge in Berlin gegen Hitler. Trotzdem warteten Partei und Gewerkschaften ab. Sie hatten Angst, verboten zu werden, wenn sie energische Aktionen durchführten. Am Ende wurden sie zerstört, weil sie das Verbot nicht riskiert hatten.

Reisepässe für SPD-Führer

In dem Maß, wie die Parteiführung den Worten keine Taten, sondern nur neue Worte folgen ließ, zerbrach die Partei. »Wir waren weder Fisch noch Fleisch. (...) Offenkundige Schwäche wirbt nicht, sondern stößt zuletzt die treuesten Anhänger ab«, kommentierte verbittert der Reichstagsabgeordnete Wilhelm Hoegner, später bayerischer Ministerpräsident. Die führenden Parteigenossen setzten nicht auf Handeln, sondern hofften, dass die Hitler-Papen-Koalition auseinander fallen werde. Die Nationalsozialisten würden bald abwirtschaften, prophezeiten kluge Genossen (sie waren nicht klüger als die nach wie vor den »Sozialfaschismus« strapazierende kommunistische Konkurrenz, die auf einen baldigen »roten Oktober« setzte). Einige Sozialdemokraten hatten sogar Reichspräsident Hindenburg geraten, die Hitler-Leute endlich mit an die Regierung zu lassen. Sie hatten damit das Kalkül verbunden, dass die Marktschreier sich binnen kurzem selbst entlarven würden. »Ich weiß, dass die, die jetzt an der Macht sind, einer des anderen Teufel sind und jeder seine Interessen wahrnimmt im Kampfe gegen uns. Und in diesem Kampfe geraten sie sich gegenseitig in die Haare«, wusste der Parteivorsitzende Wels zu berichten.

Die SPD-Führer gingen hart nur gegen eigene Genossen vor, so Anfang April 1933, als die Berliner Jugendorganisation der Sozialistischen Arbeiterjugend (SAJ) in die Illegalität übergehen wollte, um den Widerstand gegen das braune Regime zu organisieren. Statt Widerstand gab es eine Anbiederung an die neuen Machthaber. Während die bayerische SPD-Landtagsfraktion der dortigen Vorlage eines Ermächtigungsgesetzes aus eher lauen Gründen nicht zustimmte, aber versprach, auf »kleinliche Nörgeleien« zu verzichten, verhandelte die Parteiführung mit Hermann Göring, NS-Reichsminister ohne Geschäftsbereich und preußischer Ministerpräsident, über die Wiederzulassung der sozialdemokratischen Presse. Als Vorleistung erbaten die Genossen Reisepässe. Nachdem sie diese erhalten hatten, mühten sie sich, ihre europäischen Bruderparteien davon abzuhalten, das NS-Regime allzu hart zu kritisieren. So verharmloste die SPD-Führung den braunen Terror, dem nicht nur Kommunisten, sondern längst schon viele Sozialdemokraten zum Opfer fielen. Man muss fast froh sein, dass Hitler und Göring die sozialdemokratische Goodwilltour durch die Nachbarländer nicht belohnten, indem sie das Verbot der SPD-Zeitungen aufhoben. Denn es schaudert einen bei der Vorstellung, was in diesen Zeitungen zu lesen gewesen wäre.

Schon Ende März erfolgte wieder ein Beweis der Loyalität gegenüber der neuen Regierung. Die SPD trat aus der Sozialistischen Internationale aus. Begründung: Diese habe zwei Resolutionen gegen die NS-Machthaber ohne Konsultation mit den deutschen Sozialdemokraten beschlossen. Beide Resolutionen widersprachen dem organisationsnarzisstischen Kurs der Berliner Parteiführung. Die eine kritisierte den Terror, die andere befasste sich mit der Zusammenarbeit mit der Kommunistischen Internationale gegen Faschismus und Nazismus. Damit wollten die deutschen Genossen nichts mehr zu tun haben, und sie hofften, dass die Hitler-Regierung diesen Verrat an den Genossen belohnte. Das tat diese natürlich nicht. Erst nachdem zahlreiche Parteiführer nach Prag emigriert waren, hob Otto Wels im Namen der Exil-SPD diesen fatalen Beschluss wieder auf. Aber da war es zu spät, die Loyalitätsbekundungen gegenüber Hitler hatten die Mitglieder schon demoralisiert.

Alle diese Schritte verursachten in den Parteigremien keinen Streit. Der kam erst auf, als es um die Frage ging, ob die Reichstagsfraktion einer Hitler'schen Friedensresolution zustimmen solle. Bis sie den herbeigesehnten Krieg endlich beginnen konnte, legten die braunen Herren nämlich Wert darauf, dem aufgeregten Ausland Friedenswillen zu bekunden. Einigermaßen klarsichtige Zeitgenossen aber erkannten schon früh das diesem Regime eigene Gewaltpotential. 1933 ging es Hitler darum, den europäischen Nachbarn mitzuteilen, dass Deutschland nach Gleichberechtigung strebe.

Löbe spaltet die Partei

Einige SPD-Führer, auch der Parteivorsitzende Wels, gingen Ende April/Anfang Mai auf Grund eines Parteibeschlusses in die Emigration. Sie rieten ihren in Deutschland gebliebenen Genossen, der Reichstagssitzung am 17. Mai fernzubleiben, weil dort über die Hitler'sche Friedensresolution abgestimmt werden sollte. Eine Zustimmung zur Resolution konnte nur fatale Wirkungen auf die europäische Arbeiterbewegung und die Regierungen der Nachbarstaaten haben.

Die im Reich verbliebenen Parteiführer um den ehemaligen Reichstagspräsidenten Paul Löbe und die noch in Freiheit befindlichen SPD-Abgeordneten im preußischen Landtag und im Reichstag wollten diesen Kotau. Sie änderten ihre Position auch nicht, als am 2. Mai die Gewerkschaften zerschlagen wurden, nachdem diese noch am »Tag der nationalen Arbeit« hinter Hakenkreuzfahnen hermarschiert waren. Die Führung des Allgemeinen Deutschen Gewerkschaftsbundes (ADGB) hatte sich bald nach der Verabschiedung des Ermächtigungsgesetzes von der SPD distanziert im Glauben, sich dadurch zu retten. Natürlich stachelte dieses opportunistische Zugeständnis den Vernichtungswillen der Nazis nur an.

Am 17. Mai stimmten 48 von 65 anwesenden sozialdemokratischen Reichstagsabgeordneten für Hitlers Friedensresolution. Löbe und Genossen hätten längst begreifen müssen, dass das NS-Regime jede Unterwerfungsgeste mit neuer Unterdrückung beantwortete. Wo die braunen Herren eine Schwäche beim Gegner erkannten, setzten sie nach bis zu dessen Vernichtung. Aber vorher gaben sie ihren Opfern noch die Gelegenheit, sich selbst zu diskreditieren. Löbe und die in Berlin verbliebenen Parteifunktionäre aber stimmten nicht nur Hitlers Friedensheuchelei zu, sie distanzierten sich sogar offiziell von den in die Emigration gegangenen Parteiführern. Am 19. Juni 1933 wählte eine Reichskonferenz einen neuen Parteivorstand. Gleichzeitig entzog sie der Emigrationsparteiführung die Ämter. Damit war die Partei gespalten.

Der neue Parteiführer in Deutschland, Paul Löbe, nahm das Angebot der »loyalen Mitarbeit« ernst, das Otto Wels in seiner letzten Rede im Reichstag vorgetragen hatte. Zu Recht warf er dem alten Parteivorstand vor, diese – fatale – Linie verlassen zu haben. Dieser hatte seinen Fehler endlich begriffen. Die Stimmung gegen die ehemaligen Parteivorstandsmitglieder im Ausland sei gereizt gewesen, berichtete der Reichstagsabgeordnete Wilhelm Hoegner, der an der Konferenz in Berlin teilgenommen hatte.

Die Spaltung hatte nur deshalb keine größere Bedeutung, weil die SPD drei Tage nach der Reichskonferenz der Löbe-Fraktion verboten wurde. In Abgrenzung zur Politik der Reichskonferenz, aber auch zur gesamten Partei am Ende der Weimarer Republik nannten sich die Sozialdemokraten nun »Sopade«. Julius Leber, der das Attentat auf Hitler am 20. Juli 1944 mitplanen und einer neuen Regierung als Innenminister angehören sollte, saß im Gefängnis, als die SPD verboten wurde. Er schrieb an seine Frau: »Nun sind wir also endgültig verboten! Ich weiß nicht, ob es möglich war, dieses Schicksal noch abzuwenden seit dem 23. [Ermächtigungsgesetz] oder dem 5. März [Reichstagswahlen] oder dem 30. Januar [Ernennung Hitlers zum Reichskanzler, C. D.]. Aber soviel weiß ich: Etwas hinzugelernt hatten unsere maßgebenden Leute nicht einmal in diesen Monaten. Sie waren wirklich von Gott verlassen.« Ein anderer Lübecker Sozialdemokrat, Willy Brandt, schreibt in seinen Memoiren: »Wir gingen mit sauberen Händen, aber doch mit der Last der Mitverantwortung für das Scheitern der deutschen Demokratie: damit für das Unglück, das über Deutschland und Europa kommen sollte.«

Revolution machen

Wenn man so will, dann war der Untergang von 1933 die letzte Konsequenz des Versagens von 1918/19. Die Sozialdemokraten hatten die Revolution gestoppt, bevor sie die Machtbastionen der Rechten zerschlagen konnte. Als die SPD die Macht hatte und die

Unterstützung eines Großteils der Deutschen dazu, hat sie die Macht aus den Händen gegeben.

In den Jahren von 1918 bis 1932 identifizierte sich die SPD mit dem von ihr geschaffenen Staat. Sie war *die* Staatspartei. Wenn es auch auf dem linken Flügel der Partei oft rumorte, hat sie ihre über diesen Staat hinausreichenden programmatischen Ziele nicht verwirklichen wollen. Ihre gesellschaftsverändernden Absichten hatte sie gewissermaßen an die KPD abgegeben, die aber die Idee des Sozialismus spätestens seit Mitte der zwanziger Jahre in Stalinhörigkeit erstickte. Die Sozialdemokratie musste ihren Staat gegen den Angriff des Stalinismus verteidigen, weil die demokratische Republik der beste Ausgangspunkt für den Sozialismus war. Aber die SPD begriff den Staat von Weimar als Endpunkt, trotz anders lautender Programme. Die Parteiführung erhielt all die Jahre große Unterstützung für einen Kurs, der wie ein Sieg des Zentrismus in der Revisionismusdebatte aussah: Wenn es einen Weg zum Sozialismus geben sollte, dann würde die Geschichte ihn weisen. An der theoretischen wie politisch-praktischen Unbeweglichkeit prallten die Erneuerungsimpulse des linken Flügels ab. Der Revisionismus à la Bernstein meldete sich nach der niedergeschlagenen Revolution hin und wieder zu Wort, um schließlich in der Bedeutungslosigkeit zu verschwinden. Man mag es als Erfolg Bernsteins und seiner Mitstreiter oder Nachfolger ansehen, dass sie die sozialdemokratische Doktrin vom blanquistischen Element bei Marx befreiten. Aber ursprünglich hatte der Revisionismus gegen den geistigen Stillstand der Partei protestiert, war er entstanden als Reaktion auf die vulgärmarxistische Erstarrung der Sozialdemokratie unter Bebel und Kautsky.

Die programmatische und die politische Identität der SPD klafften weit auseinander. Die Partei war schizophren. Ihre Daseinsberechtigung verdankte sie ihrem sozialistischen Ziel, ihre Funktion aber bestand darin, die Arbeiterbewegung in die bürgerliche Gesellschaft einzubeziehen. So wurde die kapitalistische Gesellschaft in Maßen, die Arbeiterbewegung dafür umso stärker verändert. Vor allem am Ende der Weimarer Zeit offenbarte sich ein grotesker Organisationsfetischismus: Der Erhalt der Partei war wichtiger als die Beachtung ihrer *raison d'être*. Neu war das nicht, schon am 4. August 1914 hatten viele Sozialdemokraten ihre Zustimmung zum Krieg begründet mit dem Argument, im anderen Fall hätte ein

Verbot der Partei gedroht. Ein solches Verbot aber hätte die programmatische, moralische und geistige Identität der SPD keineswegs zerstört. Weil die Partei ihre geistige Identität schon weit vor 1914 – mit dem Hinweis auf diese Identität! – verleugnet hatte, war ihre ursprüngliche Existenzberechtigung erodiert. Sie verlor dadurch an Halt. Sie gab die Systemüberwindung auf, um ihr Schicksal mit dem Weimarer System zu verknüpfen. In dem Maß, wie das Weimarer System an Massenunterstützung und Ausstrahlungskraft verlor, verlor die SPD an Kraft. Der Sozialismus irrte noch als Heilslehre durch Reden und Papiere, als identitätsstiftendes Elixier mit schrumpfender praktischer Bedeutung.

Als alles verloren war, ging der Streit im Exil los. Trotz aller Bemühungen, die politische Arbeit im anbrechenden Dritten Reich aufrecht zu erhalten, war die Partei bedeutungslos geworden. Gelegenheit also, auf Vergangenes zurückzublicken und Lehren für die ungewisse Zukunft zu ziehen. Schon im Lauf des Jahres 1933 wurde klar, dass das NS-Regime nicht daran dachte abzuwirtschaften. Ganz im Gegenteil, es baute seine Macht aus und gewann auch Menschen für sich, die Hitler zuvor abgelehnt hatten.

In Prag, wo der Exilvorstand der SPD bis zur »Erledigung der Tschechoslowakei« durch Hitler residierte, trafen sich die Genossen unter Führung von Otto Wels, um über die Strategie zu streiten. Nicht zuletzt ging es um die Frage, wie sich das Verhältnis zu den gleichfalls verfolgten Kommunisten gestalten solle. Ein wesentliches Ergebnis dieser Diskussionen war das *Prager Manifest* der Sopade, quasi das neue Parteiprogramm, in dem erklärt wird, dass »die Einigung der Arbeiterklasse zum Zwang [wird], den die Geschichte selbst auferlegt«. Das Programm beschreibt einen revolutionären Weg zum Sozialismus unter Führung der Sozialdemokratie. Das Manifest zerschlägt die Erstarrung und die Dogmen des Spätzentrismus und verlangt Aktionen. Der Sozialismus ist nun das Ergebnis des Kampfes der Arbeiterklasse. Die Sozialdemokratie will nun Revolution *machen*, und dies nicht nur, um die bürgerlich-demokratischen Verhältnisse der Weimarer Republik wiederherzustellen, sondern um den Sozialismus als Endziel zu erreichen. Erst jetzt überwindet die Partei Kautsky *und* Bernstein und ist gewissermaßen bei Rosa Luxemburg angekommen, nämlich bei der Verbindung des Kampfes für Reformen mit der sozialistischen Revolution: »Freiheit bis zur völligen Aufhebung aller Ausbeutung und aller Herrschaft von Menschen über Menschen!« Das war auch eine Absage an die Verlockung, sich mit Stalin einzulassen, Hitlers vermeintlichem Hauptfeind.

»Der Sturz der Despotie wird sich, wenn nicht äußere Katastrophen ihn herbeiführen, nur in der gewaltsamen Niederringung, nur durch den Sieg im revolutionären Kampfe vollziehen. Er wird sich ergeben, wenn die Bedingungen einer objektiv revolutionären Situation ausgenützt werden von einer entschlossenen, von radikalem Kampfgeist durchseelten, von einer erfahrenen Elite geführten Partei des revolutionären Sozialismus. Er kann nur erwachsen aus der Tat der Massen selbst.

Diese Art der Eroberung der Macht bestimmt die Art ihrer Ausübung.

Im schweren, opferreichen, leidenschaftlichen Ringen um den Sturz der Diktatur erfüllt sich die Arbeiterbewegung mit radikalem, kompromisslosem Geist. Der politische Umschwung von 1918 vollzog sich am Abschluss einer konterrevolutionären Entwicklung, die durch den Krieg und die nationalistische Aufpeitschung der Volksmassen bedingt war. Nicht durch den organisierten, vorbereiteten, gewollten revolutionären Kampf der Arbeiterklasse, sondern durch die Niederlage auf den Schlachtfeldern wurde das kaiserliche Regime beseitigt. Die Sozialdemokratie als einzig intakt gebliebene organisierte Macht übernahm ohne Widerstand die Staatsführung, in die sie sich von vornherein mit den bürgerlichen Parteien, mit der alten Bürokratie, ja mit dem reorganisierten militärischen Apparat teilte. Dass sie den alten Staatsapparat fast unverändert übernahm, war der schwere historische Fehler, den die während des Krieges desorientierte deutsche Arbeiterbewegung beging.

Die neue Situation schließt jede Wiederholung aus. Die Niederwerfung des nationalsozialistischen Feindes durch die revolutionären Massen schafft eine starke revolutionäre Regierung, getragen von der revolutionären Massenpartei der Arbeiterschaft, die sie kontrolliert. Die erste und oberste Aufgabe dieser Regierung ist es, die Staatsmacht für die siegreiche Revolution zu sichern, die Wurzeln jeder Wider-

standsmöglichkeit auszureißen, den Staatsapparat in ein Herrschaftsinstrument der Volksmassen zu verwandeln.
Der revolutionären Regierung obliegt deshalb die sofortige Durchführung einschneidender politischer und sozialer Maßnahmen zur dauernden völligen Entmachtung des besiegten Gegners.«

Aus dem Prager Manifest der Sopade, 1934

Sozialismus als Tagesaufgabe

Der Neuanfang des demokratischen Sozialismus

Eine Stunde Null hat es nie gegeben, nicht einmal für die Sozialdemokraten. Ein Neuanfang aber war nötig. Die Sozialdemokratie hatte nur in den Köpfen vieler ehemaliger Mitglieder in wirkungslosen Resten in der Emigration überlebt. Die Ankündigung, den Marxismus in allen seinen Formen auszurotten, hatte Hitler aber nicht wahr machen können. Schon in der Endphase des großen Krieges trafen sich in den befreiten Gebieten Deutschlands Sozialdemokraten und gründeten Ortsvereine. Die neue Partei entstand von unten her. Am wichtigsten sollte sich die Neugründung des Ortsvereins Hannover erweisen. Dort hatte schon im April 1945 der ehemalige Reichstagsabgeordnete Kurt Schumacher seinen Willen bekundet, schnell überregionale Parteistrukturen unter seiner Führung zu schaffen. Schumacher wartete nicht auf Legitimation – der Londoner Exilvorstand verlieh sie ihm später –, sondern betrachtete sich von vornherein als neuen Führer der zu erneuernden Partei.

Man mag diese Idee für Größenwahn halten, und ein Element davon war unübersehbar. Aber bis 1952, als er starb, war Schumacher identisch mit seiner Partei, und genauso sah er es. Mit eisernem Besen zwang er seine Genossen auf seinen Kurs, und wenn Landesfürsten wie Wilhelm Hoegner in Bayern dem Zentralismus widerstehen wollten, hielten sie unter der Wucht von Schumachers Führungsanspruch nicht allzu lange durch.

Eine erste beeindruckende Kostprobe seines Willens zur Macht hatte Schumacher bereits zu Weimarer Zeiten gegeben. In Stuttgart hatte er sich wegen des Panzerkreuzerbaus mit dem dortigen Granden der Parteiorganisation und Herausgeber des örtlichen SPD-Blatts, Wilhelm Keil, angelegt. Keil hatte seinen Genossen in der *Schwäbischen Tagwacht* empfohlen, die Zustimmung der SPD-Minister zum Bau des Panzerkreuzers A zu akzeptieren. Das sei besser als das Ende der Koalitionsregierung. Und dann war Keil in Urlaub gefahren. Schumacher mobilisierte unterdessen den Widerstand gegen Keils Position. Er tat dies so geschickt und überzeugend, dass er zwei Jahre später zum Vorsitzenden der Stuttgarter Parteiorganisation gewählt wurde. Außerdem gelang ihm der Sprung auf den vierten Platz der Landesliste für die Reichstagswahlen.

Der gleichfalls vorstandskritische Reichstagsabgeordnete Julius Leber sah in Schumacher einen »verbissenen doktrinären Kaffeehausmarxisten« und interpretierte dessen Rhetorik als »persönlich befriedigendes Instrument seiner streitlustigen Überlegenheitsbekundungen«.

Schumacher hatte im Ersten Weltkrieg einen Arm verloren, nach dem Zweiten wurde ihm auch ein Bein amputiert. Er hatte zehn der zwölf Jahre des »Tausendjährigen Reiches« in Konzentrationslagern verbracht. Er personifizierte als Opfer das Elend Deutschlands und der Sozialdemokratie. Er hatte bereits vor 1933 die Erstarrung der SPD-Führung kritisiert und betrachtete seine Partei als mitschuldig am Sieg der Nazis. Aus seiner Opferbiografie und seiner Haltung zur Parteiführung leitete er den Anspruch ab, dass er allein berufen sei, die Sozialdemokratie wieder aufzubauen und zu führen. Die politische Wirklichkeit gab ihm Recht.

Kurt Schumacher widersprach der Kollektivschuldthese, wonach alle Deutschen verantwortlich seien für die nationalsozialistische Katastrophe. Diese Behauptung diene nur dazu, die Schuldigen zu tarnen. Das waren in seinen Augen die Kapitalisten. Für ihn war der Kapitalismus der Nährboden des NS-Regimes, und deswegen trat er für den »Sozialismus als Tagesaufgabe« ein. Aber auch den Kommunisten warf er ihr Versagen von 1933 vor, sie hätten den »klassenpolitischen Wert der Demokratie« nicht erkannt. Er forderte, nicht nur die politischen Machtverhältnisse in Deutschland grundlegend umzugestalten, sondern auch die wirtschaftlichen:

»Die Vergesellschaftung der Produktionsmittel erfolgt auf die verschiedenste Weise und in den verschiedensten Formen. Es gibt für den Sozialismus keine Einförmigkeit und keine Unfreiheit, keine Kollektivierung und keine Vermassung, keinen kommandierten Kasernensozialismus, keine Uniformität. Es gibt keine sozialistische Gesellschaft ohne die mannigfaltigsten Betriebsarten und Formen der Produktion. Der Sozialismus will so viel wirtschaftliche Selbstverwaltung wie möglich, unter stärkster Beteiligung der Arbeiter und Verbraucher. (...)

Die deutsche Sozialdemokratie sieht ihre politische Aufgabe darin, die umstürzenden Veränderungen des gesellschaftlichen Seins, die unvermeidlich und notwendig sind, in das politische Bewusstsein der Massen zu übertragen und die Mehrheit des Volkes für die Vorstellungen und Begriffe des Sozialismus zu gewinnen.«

Prüfung vor dem Richterstuhl der Geschichte

Schumacher propagierte eine aktive Politik, die keine programmatische Tradition hat, abgesehen vielleicht vom *Prager Manifest* der Sopade, das gleichfalls nicht darauf zielte, die Weimarer Demokratie wieder herzustellen, sondern den Kapitalismus in den Sozialismus überführen wollte. Aber der Sozialismus, so Schumacher, sei ohne Demokratie nicht denkbar, die Demokratie wiederum ohne Sozialismus nicht vollendet. In Schumachers SPD war der Marxismus kein Kriterium für die Mitgliedschaft, aber der übermächtige Parteivorsitzende sah in der Lehre von Karl Marx »die Methode, der wir, besonders in der Analyse angewendet, mehr Kraft und mehr Erkenntnisse und mehr Waffen zu verdanken haben als jeder anderen wissenschaftlichen und soziologischen Methode in der Welt«. Aber wie dereinst die neukantianischen Kritiker Bernsteins hielt er den Sozialismus nicht für eine historische, sondern für eine moralische Notwendigkeit. Dies umso mehr, als sich der Kapitalismus, vor allem die Großindustrie, durch den Nazismus diskreditiert hatte. Außerdem hielt Schumacher den Kapitalismus für ein »Hemmnis der Erholung und des Fortschritts«. Deutschland sei nicht mehr in der Lage, »eine privatkapitalistische Unternehmerwirtschaft zu ertragen und Unternehmerprofite, Kapitaldividenden und Grundrenten zu zahlen«. Für ihn war es selbstverständlich, dass allein die SPD die Gesellschaft zum Sozialismus führen könne.

»Aus dem Klassencharakter des Nazismus ergibt sich zu seiner Überwindung als Konsequenz: der Sozialismus. Die Voraussetzung ist die völlige Zerbrechung der finanzkapitalistischen, imperialistischen und militärischen Linie. Die Arbeit kann sich nicht im Negativen erschöpfen. Das positive Ziel und einzige ausreichende Sicherung gegen die Wiederkehr solch volkszerstörender und weltgefährdender Kräfte ist die Änderung der ökonomischen und gesellschaftspsychologischen Voraussetzungen der deutschen Politik.
Als geistige und politische Grundlage steht neben dem Sozialismus und völlig mit ihm zusammengewachsen die Demokratie. Die Demokratie ist untrennbar von Begriff und Ethik des Sozialismus. Der Sozialismus ist in sich demokratisch, ist als Kampf um die geistige, politische und ökonomische Befreiung der arbeitenden Massen ein Kampf um das Recht und die Freiheit gegen Vergewaltigung und Knechtung. Ein auf diktatorischem Wege erkämpfter und behaupteter ›Sozialismus‹ ist kein Sozialismus, sondern bestenfalls Staatskapitalismus oder irgendeine andere überindividualistische Wirtschaftsform.«

Kurt Schumacher, 1945

Schumacher sah die SPD im Kampf mit einer Koalition aus Nationalismus und Kommunismus, die gegnerischen Parteien waren KPD und CDU. In der Sowjetischen Besatzungszone (SBZ) vereinigten sich in seinen Augen der alte Nationalismus mit dem revolutionären Totalitarismus, ähnlich wie im Dritten Reich, diesmal von »links«. In seinem übersteigerten Feindbild nahm sogar das mittlerweile völlig bedeutungslose, in sowjetischen Kriegsgefangenenlagern aus deutschen Soldaten gebildete Nationalkomitee Freies Deutschland einen wichtigen Platz ein als Sammelbecken der militärischen Elite, die sich mit den Kommunisten zusammengeschlossen habe. Aber nicht nur in der SBZ erkannte Schumacher eine Kooperation zwischen Kommunisten und Christdemokraten. Auf dem SPD-Parteitag in Nürnberg erklärte Schumacher 1947:

»Allmählich spielen in Europa und vor allem in Deutschland die Kräfte, die bei den Kommunisten und bei der CDU ihre Zusammenballung finden, sich gegenseitig die Bälle zu. Es wird jetzt in Deutschland und Europa der Versuch gemacht, die politische Macht zwischen Kommunisten und CDU, zwischen nationalem Kommunismus und Kapitalismus zu verteilen. CDU und Kommunisten wollen die beiden großen, harten Mühlsteine sein, zwischen denen die Sozialdemokratie zerrieben wird. (...) Heute sehen die Kapitalisten in der Sozialdemokratie die einzige akute Klassenbedrohung, und die Kommunisten sehen in der deutschen Sozialdemokratie die einzige bedingungslose Kämpferin gegen den totalen Staat und für die menschliche Freiheit.«

Die Kommunisten in der SBZ appellierten ja an »alle einheitsliebenden Deutschen«, und mancher bürgerliche Politiker fiel auf die Einheitsavancen aus dem Osten herein. Dennoch ist Schumachers lautstark bekundete Furcht vor einer Koalition zwischen Kommunisten und bürgerlichen Kräften im Westen weit hergeholt. Dagegen spricht schon allein der Antikommunismus, der in der NS-Zeit übersteigert worden war und weiter wirkte. Genauso wie es Konstanten in der sowjetischen Politik gab, gab es in Deutschland die Kontinuitätslinie des Antikommunismus, der auch nach 1945 zum Teil groteske, zum Teil sogar rassistische Formen angenommen hatte. Natürlich bedienten sich bürgerliche Politiker gern der so einfach zu verwendenden und wirksamen Keule, etwa Adenauer, als er auf Wahlplakaten die SPD denunzieren ließ: »Alle Wege des Marxismus führen nach Moskau.«

Wer so freiwillig die Opferrolle einnimmt, darf sich nicht wundern, wenn er zu den Verlierern zählt. Der teilweise maßlose Führungsanspruch, kombiniert mit stets neuen Anklagen gegen alle anderen, kapselte die SPD von Teilen der Gesellschaft ab. Sie hätte versuchen müssen, Bündnisse mit allen gesellschaftlichen Gruppen einzugehen, die sich für mehr soziale Gerechtigkeit einsetzten. Sogar Teile der CDU waren ja damals für eine bestimmte Art von Sozialismus, und es wäre klug gewesen, den sozialpolitischen Flügel der Partei gegen die konservativen Kräfte zu unterstützen. Aber Schumacher war nicht zu erschüttern in seiner Überzeugung, dass die SPD die stärkste deutsche Partei mit einem moralisch garantierten Führungsanspruch sei. Was brauchte es da Bündnispartner? Im Sommer 1945 erklärte die SPD in einem Aufruf:

»Die Sozialdemokratische Partei ist die einzige Partei in Deutschland gewesen, die an der großen Linie der Demokratie und des Friedens ohne Konzessionen festgehalten hat. Darum kann nur sie allein von sich sagen, dass die Grundsätze ihrer Politik eine Prüfung vor dem Richterstuhl der Geschichte bestanden haben. Alle anderen Richtungen in Deutschland sind mehr oder weniger schuld am Aufkommen des Nazismus, haben entweder seine geistigen und politischen Grundlagen oder seine praktischen und taktischen Voraussetzungen geschaffen.«

Natürlich wusste Schumacher, dass dieser Aufruf schönfärberisch war. Die SPD hatte gegen Ende der Weimarer Republik lautere Absichten gehabt, aber keine gute Rolle gespielt. Und Schumacher hatte mit einigen anderen gegen die Unterwerfung protestiert. Er konnte sich bei diesem Appell aber immerhin darauf berufen, dass 1932/33 die SPD als einzige Partei die Demokratie verteidigt hatte. Wenn man Schumachers Bekundungen liest, so drängt sich einem allerdings der Eindruck auf, dass er bei solchen Erklärungen wie dem Aufruf vom Sommer 1945 vor allem an sich dachte. Er war die SPD, und seine moralische Überlegenheit übertrug sich auf seine Partei, die seinen Führungsanspruch angenommen hatte.

Genauso unbeirrbar war Schumacher in seinem Antikommunismus. Er hatte ihn in den Auseinandersetzungen mit den Kommunisten vor 1933 ausgeprägt. Diese hatten wiederholt antinazistische Kundgebungen dieser Jahre, an denen auch Schumacher teilnahm, gestört. Wer nun nach 1945 in und außerhalb seiner Partei die sowjetischen Vereinigungsavancen auch nur prüfen wollte, war bald verdächtig, mit dem Kreml zu paktieren. In diesem Punkt arbeitete er gewissermaßen mit Konrad Adenauer zusammen, der ebenfalls alle Vereinigungsbestrebungen aus dem Osten als finstere Machenschaften bekämpfte. Eine deutsche Neutralität, wie sie die Sowjetunion verschiedentlich ins Spiel brachte, war für Adenauer wie für Schumacher ein heimtückisches Projekt, durch das ganz Deutschland am Ende im sich herausbildenden Ostblock landen sollte. Schumacher aber plädierte in einem viele Zeitgenossen skeptisch stimmenden Pathos auch gegen Adenauers starke Hinwendung zu den Westalliierten. Wenn sich Westdeutschland zu sehr an die USA binde, werde die Spaltung zementiert.

Kerntruppe der Demokratie

Schumachers übersteigerter Nationalismus stieß in der eigenen Partei auf manches Unverständnis. Aber er setzte diesen Kurs gegen alle Widerstände durch und geißelte jeden, der anderer Meinung war. Adenauer schalt er den »Kanzler der Alliierten«, und die Kommunisten waren für ihn ohnehin nur die Verkörperung des sowjetischen Machtstrebens. Wer sich Schumacher in den Weg stellte, bekam Schwierigkeiten.

Der ehemalige Reichstagspräsident Löbe zum Beispiel, der sich sowjetischen Offerten gegenüber offenherziger zeigte als Schumacher, wurde kaltgestellt. Natürlich hatten viele Sozialdemokraten seine unrühmliche Rolle am Ende der Weimarer Republik in Erinnerung. Er verlor sein Bundestagsmandat schon nach der ersten Wahlperiode und wurde 1954 Präsident des Kuratoriums »Unteilbares Deutschland«. Löbes Karriere war damit am Ende.

Die SPD-Führer der Weimarer Zeit sollten nach Schumachers Willen das Gesicht der Partei nicht mehr prägen. Der zweite Mann nach Schumacher war Erich Ollenhauer, von 1928 bis 1933 Vorsitzender der führungskritischen Sozialistischen Arbeiterjugend und erst im Exil Mitglied des Parteivorstands. Aber auch der zweite Mann hatte nichts zu sagen. Willy Brandt erinnerte sich mit einiger Verwunderung an sein erstes Treffen mit dem Parteichef: »Ich begriff etwas widerstrebend die magnetische Wirkung, die er auf viele ausübte. Er bat nicht, sondern forderte. Er wog nicht Argumente gegeneinander ab, sondern schleuderte das Ergebnis seines Nachdenkens in den Zuhörerkreis – und dies mit erheblichem Stimmaufwand.«

»Als ich nach Hannover kam, waren meine Gefühle eher verwirrt. Es war eine gewaltige Sache, daß die Sozialdemokraten sich wieder zu einem Parteitag, jedenfalls für die Westzonen, zusammenfanden, doch zugleich drängte sich die Sorge auf, daß der Prozeß der deutschen (und europäischen) Teilung noch beschleunigt werden könnte. Zuvor schon hatte ich festgestellt: Die Zwangseinheit im Osten trage zweifellos dazu bei, daß sich die Zonengrenzen verfestigen würden. Ich respektierte Schumachers Bedeutung, doch das Apodiktische seiner Aussagen oder Ausbrüche widerstrebte mir, wie auch die

Absolutheit seines Anspruchs auf Gefolgschaft. Ich hoffte, er würde die Partei wirklich neu begründen wollen, doch befürchtete ich auch, es würde bei kosmetischen Korrekturen der alten Partei bleiben. Unser erstes längeres Gespräch, das mich nicht unbeeindruckt ließ, war in seinem damaligen Büro in der Jacobstraße. Später übernachtete ich häufig – wenn ich während der Blockade zu Gesprächen aus Berlin herüberkam – in seinem Arbeitszimmer, als der Parteivorstand in die Odeonstraße eingezogen und er ernsthaft erkrankt war.
Der Parteitag begann ungewöhnlich stimmungsgeladen im Kantinensaal der Hanomag-Werke, den die Arbeiter nach schwerer Zerstörung wieder hergerichtet und festlich geschmückt hatten. Der Parteitag wurde, wie es schon bei den fast einjährigen Vorbereitungen der Fall gewesen war, eindeutig durch den 50jährigen Mann dominiert, der im ersten Krieg den rechten Arm verloren und unter den Nazis so schwer gelitten hatte (1948 mußte auch noch sein linkes Bein amputiert werden). Die Partei sah in ihm eine Verkörperung des von Hitler unbesiegten Deutschland. Gequält und ausgemergelt wie er war, wurde der ›Doktor Schumacher‹ für viele, über die Reihen der Parteigänger hinaus, zu einem Symbol des geschundenen und schwergeprüften Deutschland. Sein dominierender Charakterzug war ein eiserner Wille zur Macht. Er war ein ungewöhnlicher Mensch, asketisch geworden und unbestechlich geblieben, ein dynamischer Führer und Volkstribun. Wie kaum ein anderer deutscher Politiker der ersten Nachkriegsjahre verstand er es, inmitten extremer Not neue Hoffnung zu wecken. Doch wie andere fand auch ich es nicht leicht, mit ihm zu diskutieren und zusammenzuarbeiten. Die an Fanatismus grenzende Unbedingtheit, mit der er an einer einmal gefaßten Entscheidung festhielt, seine Art des Redens und die Überbetonung nationaler Gesichtspunkte – ich könnte nicht behaupten, daß ich mich mit Schumacher wesensverwandt fühlte.«

Willy Brandt, 1982

Der Historiker Thomas Stamm schreibt über Schumacher:

»Kurt Schumacher hat geholfen, die Bundesrepublik zu einem festen Bestandteil des demokratischen Westens zu machen. Er hat die autoritären Tendenzen des Faschismus und des Kommunismus gleichermaßen rücksichtslos bekämpft. Doch weil er ein so rücksichtsloser Kämpfer war, fehlte ihm der Sinn dafür, die von ihm verteidigte Demokratie im Kleinen und im Alltag einzuüben. Ein Lehrmeister der Deutschen in praktischer Demokratie ist er nicht geworden.«

Wichtig war Schumacher, das Profil der Partei nach links wie nach rechts abzugrenzen – bei eher verbaler Bekundung des Willens zur Zusammenarbeit mit anderen politischen Kräften. Er wollte die SPD weltanschaulich öffnen, aber den Marxismus als Methode beibehalten. Die Partei sollte nicht nur die Arbeiter führen, sondern auch die Mittelschichten für sich gewinnen. Die SPD war laut Schumacher die einzige sozialistische Partei in Deutschland, sie sollte die Keimzelle eines sozialistischen Westeuropas sein. Weil lediglich die SPD moralisch unbelastet das Hitlerreich überstanden hatte und eine der Ausgangslage angemessene Strategie besaß, musste sie die führende Kraft in Deutschland sein: »Dabei hat die Sozialdemokratische Partei Funktionen, die durch keine andere politische Richtung in Deutschland ersetzt werden können. Sie ist die Kerntruppe der Demokratie, die diesen Gedanken nicht aufgeben kann, ohne sich selbst zu vernichten.« Die Idee, dass Westeuropa sozialistisch werden sollte, hatte nicht nur die SPD. Sie stand hier im Einklang mit der Sozialistischen Internationale. Die erklärte im Jahr 1951:

»Der Sozialismus will das kapitalistische System überwinden durch eine Wirtschaftsordnung, in der das Interesse der Gemeinschaft über dem Profitinteresse steht. Die unmittelbaren wirtschaftlichen Ziele sozialistischer Politik sind Vollbeschäftigung, Produktionssteigerung, stetige Vergrößerung des Wohlstandes, soziale Sicherheit und eine gerechte Verteilung der Einkommen und Vermögen.

Um diese Ziele zu verwirklichen, muss die Produktion im Interesse des Volkes geplant werden. Solche Planwirtschaft ist unvereinbar mit der Konzentration wirtschaftlicher Macht in den Händen weniger; sie erfordert eine wirksame demokratische Kontrolle der Wirtschaft.

Der demokratische Sozialismus steht daher im scharfen Gegensatz zum Monopolkapitalismus wie zu jeder Form der totalitären Wirtschaftsplanung, denn diese Formen der Wirtschaftsorganisation schließen die öffentliche Kontrolle des Produktionsprozesses aus und sichern nicht eine gerechte Verteilung der Arbeitsprodukte.

Sozialistische Planung kann sich verschiedener Methoden bedienen. Das Ausmaß öffentlichen Eigentums und die Formen der Planung sind durch die Struktur der einzelnen Länder bedingt.«

Nach Schumachers Überzeugung sollten sich alle Sozialisten in der SPD versammeln, auch die ehemaligen Mitglieder der SAP und anderer sozialistischer Gruppen wie etwa »Neu Beginnen«, die aktiv gegen die Nazis gekämpft hatten. »Wir erstreben die einheitliche Partei als demokratische Sozialisten. (...) Die Zukunft hat nur für eine Partei demokratischer Sozialisten im System der Parteien Platz.«

Schon Anfang Mai 1945, der Krieg war noch nicht beendet, sprach sich Schumacher gegen die Vereinigung mit der KPD aus. Er warb dafür, dass Kommunisten Mitglieder der SPD wurden. Gegen eine Einheitspartei aber standen in seinen Augen die machtpolitischen Gegebenheiten. Die KPD war für ihn gebunden an Stalins Direktiven und daher nicht fähig, selbstständig zu handeln: »Die Kommunisten sind ja lediglich eine Funktion der russischen Außenpolitik.« Nur die Sozialdemokratie diene nicht einer ausländischen Macht, sei »nicht russisch und nicht britisch, nicht französisch und nicht amerikanisch«. Von Anfang an wies Schumacher alle Bestrebungen zurück, SPD und KPD zu verschmelzen. Stalins Außenpolitik habe der deutschen Arbeiterbewegung bereits vor 1933 geschadet. Und natürlich hatte sich der Sozialfaschismusvorwurf tief eingegraben in die Erinnerung vieler Sozialdemokraten. Der Hitler-Stalin-Pakt, den auch die deutschen Kommunisten bejubelt hatten, hatte weiteres Misstrauen gesät hinsichtlich der Bereitschaft der KPD, aus ihren Fehlern zu lernen, den eingestandenen wie den nicht eingestandenen. Und die offenkundige Bevorzugung der Kommunisten in der SBZ war ein Grund mehr, vorsichtig zu sein gegenüber der kommunistischen Annäherung.

Heute liegen die Fakten offen zutage, und es ist leicht, die Vereinigungsambitionen der Kommunisten zu bewerten. Damals, als Schumacher gegen die KPD und ihre Moskauer Auftraggeber polemisierte, waren die Absichten der Kommunisten viel schwerer zu erkennen. Sie hatten in einer Proklamation im Juni 1945 sogar das Eigentum garantiert und sich zum Parlamentarismus bekannt. Und hatte sich die Kommunistische Internationale auf ihrem VII. Weltkongress 1935 nicht selbst scharf gerügt wegen ihrer Angriffe auf die Sozialdemokraten und Sozialisten? Bereits zuvor hatte die KPD auf einer Konferenz erstaunlich deutliche Worte gefunden, um die eigenen Attacken auf die SPD zu rügen.

Durch seinen Führungsanspruch trieb Schumacher die SPD zwar in die Isolierung, aber es bleibt sein Verdienst, die SPD als selbstständige Partei gerettet zu haben. Hinter allen Anbiederungen aus dem Osten entlarvte er den Machtwillen Stalins. Als viele in seiner Partei die Einheitspartei forderten und diese sogar an manchen Orten in den Westzonen bereits gegründet hatten, ignorierte Schumacher den Druck und verweigerte jedes Zugeständnis. Wäre die SPD der antifaschistischen Verlockung erlegen, dann hätten es die anderen Parteien im Westen viel schwerer gehabt, dem auch auf ihnen lastenden Druck hinsichtlich einer Zusammenarbeit mit dem Osten zu entgehen.

Die Geschichte der SPD bis 1989 prägte kaum etwas stärker als der Kampf um die Einheitspartei. Die »Zwangsvereinigung«, wie sie innerhalb und außerhalb der westdeutschen Sozialdemokratie nur noch genannt wurde, begründete einen vehementen Antikommunismus. In der Tat hatten die Kommunisten die Sozialdemokratie nach der Verschmelzung der beiden Parteien in Ostdeutschland vernichtet. Das machte es der SPD lange Jahre unmöglich, mit Kommunisten zusammenzuarbeiten. Umso größer später die Überwindung, die es kostete, den Dialog mit dem Osten aufzunehmen und zu pflegen. Dazu später mehr. Hier sollen zunächst noch einige Anmerkungen zur »Zwangsvereinigung« folgen.

Der Kampf um die Einheitspartei

In den Dörfern, Städten, Kreisen und Ländern nicht nur der sowjetischen Besatzungszone hat es eine breite Bewegung für eine Einheitspartei gegeben. Genauso unbestreitbar aber ist, dass der SPD-Vorstand in Berlin von der KPD und der Sowjetischen Militäradministration stark bearbeitet wurde. Auch ist bis heute die Zahl derjenigen nicht festgestellt, die als sozialdemokratische Einheitsgegner oder -skeptiker bearbeitet, schikaniert, verhaftet und umgebracht wurden. Keine Frage, es hat brutalen Zwang gegeben. Aber es hätte des Zwangs nicht bedurft, um die Einheitspartei zu gründen. Die Gewalt war dem Stalinismus immanent, sie bedurfte keines äußeren Grundes. Das stalinistische System wandte auch dann Gewalt an, wenn es sie nicht benötigte, um seine Ziele zu erreichen. Deswegen ist die Tatsache, dass es Zwang gegeben hat, kein hinreichender Beleg für die These, die Einheitspartei sei ohne die Zwangsvereinigung nicht entstanden.

Das Dilemma der sozialdemokratisch orientierten Geschichtsschreibung wird deutlich, seit die Wende den Historikern den Zugriff auf bis dahin verschlossene Aktenbestände eröffnet hat. Zuvor galt folgende Darstellung: Direkt nach Kriegsende hätten die Kommunisten eine Vereinigung mit der SPD abgelehnt, wohl im Glauben, stärkste Partei werden zu können. Aber bald sei klar geworden, dass trotz allen Zulaufs zur KPD (März 1946: 600 000 Mitglieder) die Sozialdemokraten die stärkste Kraft in der SBZ werden würden, wenn nicht schon waren (März 1946: 680 000 Mitglieder). Deshalb, und um die zahlreichen Positionen in der Verwaltung ausfüllen zu können, habe die KPD seit Herbst 1945 nach »dem großen Blutspender« gesucht und sei daran gegangen, sich die SPD einzuverleiben. Hatte die KPD bis dahin lediglich auf eine Aktionseinheit der beiden Arbeiterparteien gesetzt, so habe sie nun das Projekt SED betrieben. Im Dezember 1945 habe es auf einer Konferenz von je dreißig Spitzenfunktionären beider Parteien (»Sechziger-Konferenz«) zunächst starken Widerstand der SPD gegeben. Deren Vorsitzender Otto Grotewohl und seine Genossen erklärten, eine Vereinigung könne gesamtdeutsch erfolgen, nicht in einer der vier Besatzungszonen. Andere Sozialdemokraten beklagten Übergriffe der Besatzer gegen Sozialdemokraten, die die Vereinigung ablehnten. Das geschah am ersten Tag der Konferenz. Am zweiten Tag akzeptierten die Sozialdemokraten überraschenderweise die Verschmelzung mit der KPD. Kurz darauf, im Januar 1946, aber ging der Zentralausschuss der SPD, wie sich der provisorische Parteivorstand nannte, wieder zurück auf seine Position, nur ein Reichsparteitag könne die Vereinigung beschließen. Schließlich aber habe es der Druck der Besatzungsmacht erreicht, dass der SPD-Zentralausschuss einer Vereinigung zustimmte. »Wo sich Ablehnung zeigte, griff die sowjetische Besatzungsmacht massiv ein, unter anderem mit Redeverboten und sogar Verhaftungen von sozialdemokratischen Einheitsgegnern«, schreibt der große Biograf der deutschen Arbeiterbewegung, Hermann Weber, in seinem vorzüglichen Standardwerk zur DDR-Geschichte, das vor der Wende erschienen ist.

Kurz nach der Wende publizierte Hermann Weber einen Aufsatz unter dem Titel *Mit Zwang und Betrug*, in dem er schreibt: »Bis vor kurzem haben Historiker der DDR überhaupt geleugnet, dass die Bildung der SED 1946 eine Zwangsvereinigung war. Sie sprachen stets vom ›freiwilligen Zusammenschluss‹, gegen den sich angeblich nur einige ›rechte‹ Sozialdemokraten unter dem Einfluss Kurt Schumachers gewandt hatten. Wenn jetzt die Archive geöffnet werden, dürfte sich durch Einsicht in geheim gehaltene Unterlagen ein ganz anderes Bild ergeben. Schließlich ist schon aus den bisher bekannten Dokumenten und nach dem heutigen Forschungsstand jedem unvoreingenommenen Betrachter klar, dass die Sozialdemokraten zunächst in die Einheitspartei hineingezwungen und danach betrogen und von den sowjetischen und deutschen Kommunisten, den Trägern der Macht, unterdrückt worden sind.«

1996 bekräftigt Hermann Weber seine Position und beruft sich dabei auf die verdienstvolle Quellenedition zur SED-Gründung, die der Berliner Historiker Andreas Malycha 1995 vorgelegt hat. Andreas Malycha, der bis zur Wende am ZK-Institut für Marxismus-Leninismus (IML) arbeitete, hat in der Tat bahnbrechende Forschungsarbeiten zur Gründung der SED und darüber hinaus vorgelegt und dazu einen gewaltigen Quellenberg abgearbeitet. Er spricht an keiner Stelle von »Zwangsvereinigung«, sondern von »Zusammenschluss«, »Verschmelzung« oder »Fusion«. Malycha schildert die »stalinistische Geburtshilfe«, verkürzt aber den Einheitsprozess nicht auf seine von Repression geprägten Begleitumstände. In seinem vorzüglichen Buch über die Umwandlung der gerade gegründeten SED in eine stalinistische Partei zeigt er stattdessen, dass die Gewalt umfassend erst nach dem Zusammenschluss der beiden Parteien eingesetzt hat, als es darum ging, den »Sozialdemokratismus« auszurotten.

Ich führe das Umdenken der SPD seit Dezember 1945 auf zahlreiche Faktoren zurück, darunter auf den Zwang der Besatzungsmacht. Entscheidend aber war der Druck der Basis, der wiederum nicht ohne Zutun der Kommunisten aus Deutschland und aus Moskau zustande kam, aber auch ohne dies stark gewesen wäre. Hätte der Zentralausschuss unter Otto Grotewohl der Vereinigung nicht zugestimmt, dann wäre sie in den Ländern gegen den Vorstand erfolgt. Am Ende siegte die Hoffnung, dass in der neuen Partei die einstigen Sozialdemokraten die Übermacht gewinnen und sich dem Zugriff der Besatzungsmacht entziehen könnten. Schließlich brachten sie mehr Mitglieder und vor allem auch mehr erfahrene Funktionäre als Mitgift ein. Aber die Braut wurde betrogen – hier hat Hermann Weber recht –, weil sie nicht mit Stalin und Ulbricht gerechnet hatte. Schon binnen kurzer Zeit waren die ehemaligen Sozialdemokraten entweder bekennende Anhänger der Lehren Stalins oder aus der Partei ausgeschlossen, verjagt, verhaftet, wenn nicht gar ermordet. Übrigens waren auch manche Kommunisten gegen die Einheitspartei. Bei ihnen wirkte das Sektierertum der Weimarer Zeit nach, sie wollten lieber kleiner, aber ideologisch »rein« sein.

Hermann Weber beklagt zu Recht, dass Konservative heute der SPD vorwürfen, die Vereinigung 1946 sei freiwillig erfolgt. »Offensichtlich wollen sie damit von der einstigen Mitmacher-Rolle der Blockparteien ablenken.« In der Tat bestehen die ostdeutschen Landesverbände von CDU und FDP bis heute zu einem beachtlichen Teil aus einstigen Mitgliedern und Funktionären der mit der SED verbündeten Blockparteien CDU, DBD, NDPD und LDPD. Im Bundestag sitzen noch heute Leute, die bis 1989 die Mauer gepriesen und die führende Rolle der SED bejubelt haben, und dies auf den Fraktionsbänken der Christdemokraten und der Liberalen.

Im Juli 1990 publizierte die CDU/CSU-Bundestagsfraktion eine Broschüre über »die politischen Verstrickungen der SPD in die SED-Diktatur«. In der Einleitung heißt es: »In der sowjetischen Besatzungszone waren es Blauäugigkeit und Opportunismus, die die SPD in die Arme der KPD trieben. Sie machte sich damit mitverantwortlich an der Errichtung der zweiten schrecklichen Diktatur auf deutschem Boden in diesem Jahrhundert.« Und es folgt ein Potpourri aus Zitaten, das mich in seiner Machart an SED-Agitationsbroschüren erinnert. Man rührte all das zusammen, was einem ins Weltbild passt, und was nicht hineinpasst, wurde großzügig übersehen.

Erstaunlich übrigens, dass diese Sichtweise exakt übereinstimmt mit der Position der SED und mancher Unbelehrbarer in der PDS, die ebenfalls unterstellen, dass die Sozialdemokraten einstmals einheitsbeseelt in die SED geströmt waren.

Die historische Wahrheit, so, wie sie auch Malycha in seinen Arbeiten schildert, ist komplizierter und für Agitatoren, gleich welcher Couleur, nicht brauchbar. Wenn man den Begriff »Zwangsvereinigung« als eindimensional ablehnt, so bestreitet man keineswegs, dass Zwang eine wichtige Rolle gespielt hat.

1945/46 konnten die Sozialdemokraten in Ostdeutschland nicht wissen, dass die KPD von Anfang an einen eindeutigen Kurs verfolgte: Sie wollte die herrschende Partei werden, entweder allein oder durch »Blutspende«. Das war der kommunistischen Führung um Pieck und Ulbricht schon lange vor Kriegsende klar. Der Berliner Historiker Manfred Wilke hat dieses Konzept in einem brillanten Vortrag vor der Bundestags-Enquetekommission zur Aufarbeitung der DDR-Geschichte dargelegt.

Alle strategischen und taktischen Erwägungen der KPD waren der Machtfrage untergeordnet. Am Ende ging es darum, die politische Herrschaft zu erlangen und die Konkurrenten um die Macht auszuschalten. Der Weg zur Liquidierung des jederzeit erfolgreicheren Hauptrivalen in der Arbeiterbewegung war die Vereinigung, der die Säuberung umgehend folgte. In diesem Sinn hatte Thälmann Recht gehabt, als er erklärte, die Vernichtung der Sozialdemokratie sei erst möglich, wenn die Kommunisten die Macht erobert hätten. Nach dem Parteibuchumtausch 1951 hatte die stalinisierte SED 320 000 Mitglieder weniger! Walter Ulbricht, Wilhelm Pieck und Wilhelm Florin – Letzterer war in der Komintern für Säuberungen zuständig gewesen! –, die einstigen Politbürogenossen Thälmanns, führten den Kampf gegen die Sozialdemokraten siegreich zu Ende. Stalin hatte sie gelehrt, »dass ohne Zerschlagung der in den Reihen der Arbeiterklasse tätigen kleinbürgerlichen Parteien (...) der Sieg der proletarischen Revolution unmöglich ist«. Wer den Marxismus-Leninismus in der Arbeiterbewegung durchsetzen wollte, musste den Sozialdemokratismus vernichten. Davon ließen sich die Kommunisten auch durch die Schrecken des Nationalsozialismus nicht abhalten. Das konnten die Sozialdemokraten 1945/46 allerdings bestenfalls ahnen. Sie hofften, dass die Kommunisten aus dem Desaster von 1933 gleichfalls Lehren gezogen hatten. Und was die Kommunisten nach 1945 erklärten, hörte sich danach an.

Auch die »Grundsätze und Ziele« der SED, die auf dem Vereinigungsparteitag 1946 beschlossen wurden, erinnern eher an das Heidelberger Programm der SPD von 1925 oder an das *Prager Manifest* des sozialdemokratischen Exilvorstands von 1934. In ihrer Struktur erinnern die Grundsätze sogar an das Erfurter SPD-Programm von 1891, auch dieses war aufgeteilt in Gegenwartsforderungen und Aussagen über das sozialistische Endziel. In den SED-Grundsätzen ist zum Beispiel die Rede von der »Sicherung der demokratischen Volksrechte, Freiheit der Meinungsäußerung in Wort, Bild und Schrift (...). Gesinnungs- und Religionsfreiheit«. Garantiert werden soll auch das »Koalitions-, Streik- und Tarifrecht«. Und da heißt es auch: »Die Sozialistische Einheitspartei Deutschlands erstrebt den demokratischen Weg zum Sozialismus; sie wird aber zu revolutionären Mitteln greifen, wenn die kapitalistische Klasse den Boden der Demokratie verlässt.«

Betrachtet man die Programme der SPD vor dem Godesberger Programm (1959), so konnten sich die Sozialdemokraten inhaltlich als Sieger fühlen. Von Marxismus-Leninismus steht nichts im ersten SED-Programm, genauso wenig vom demokratischen Zentralismus, und nicht einmal Stalin wird bejubelt. Die Zugeständnisse der KPD waren groß, und wenn man zu DDR-Zeiten Forderungen aus den »Grundsätzen« erhoben hätte, wäre man in Bautzen gelandet. Zu den Verlockungen auf dem Weg zur Einheitspartei gehörte die Illusion, die Sozialdemokraten könnten in der SED die Oberhand gewinnen.

Bei alldem sollte man sich in die Lage nach 1945 versetzen. In den Augen der meisten politisch denkenden Deutschen hatte der Kapitalismus abgewirtschaftet, wie es auch die CDU in ihrem Ahlener Programm sagte. Irgendein Sozialismus sollte an seine Stelle treten. Die Sowjetunion hatte die Hauptlast des Kriegs getragen und war nicht nur Besatzer, sondern auch Befreier. Stalin –

»Uncle Joe« – war kurz nach 1945 nicht der blutrünstige Diktator, sondern der Führer einer der großen Mächte der Welt, die gemeinsam das Erbe des Nationalsozialismus zu verwalten hatten. In den Konzentrationslagern hatte es meist keinen Unterschied gemacht, welches Parteibuch ein Gefangener hatte. Und nach der Niederlage der Nazis, war es da nicht klar, dass deren entschiedenste Gegner eine führende Rolle beanspruchten? Waren nicht die Kommunisten 1933 als Erste aus dem Reichstag ausgeschlossen und gejagt worden, während Konservative und Liberale Hitlers Ermächtigungsgesetz zustimmten, dem allein die sozialdemokratischen Abgeordneten widersprachen? Und hatten sich die bürgerlichen Kräfte nicht diskreditiert, als sie die Nazis an die Macht brachten und sich ihnen andienten? Die Zukunft gehörte dem Sozialismus und seinen Parteien – das war vor allem in der sowjetischen Zone, wo die Besatzungsmacht sozialistisch war, in den Monaten nach dem Mai 1945 eine klare Sache. Hunderttausende strömten in die Parteien, die den Sozialismus versprachen: Mehr als 1,2 Millionen Mitglieder hatten SPD und KPD vor ihrem Zusammenschluss allein in der SBZ!

Die sozialdemokratischen Befürworter und die konservativen Kritiker der Zwangsvereinigungsthese haben politische Motive. Es geht um die so genannte Kommunismusanfälligkeit der SPD, die die einen behaupten und die anderen bestreiten. Konservative werfen der SPD traditionell vor, mit den Kommunisten zu kungeln, mindestens unsichere Kantonisten zu sein. Und Sozialdemokraten verweisen darauf, dass nur die Gewalt sie in Ostdeutschland zur Vereinigung mit den Kommunisten gebracht habe, um damit die Vorwürfe von rechts abzuweisen.

In der Opposition

Während in der SBZ die SPD mit der KPD fusionierte (und die sozialdemokratische Idee in den kommenden Jahren zerstört wurde), konnte sich die Partei in den Westzonen erfolgreich reorganisieren. Ende 1946 hatte die SPD in Westdeutschland mehr Mitglied als im gleichen Gebiet vor 1933, nämlich 700 000. Es gab 8000 Ortsvereine, fast 3000 mehr als zu Weimarer Zeiten.

Allerdings lagen die einstigen sozialdemokratischen Stammländer Sachsen und Thüringen nun unter sowjetischer Kontrolle, ab

1946 gab es in ihnen keine Sozialdemokratie mehr. Dort aber war der Ursprung der deutschen Sozialdemokratie, nicht in Berlin, nicht im Ruhrgebiet. Nicht umsonst tragen die ersten sozialdemokratischen Programme die Namen von Eisenach, Gotha und Erfurt. Die »marxistische« Strömung in der deutschen Arbeiterbewegung, die im Kampf mit den Lassalleanern lag, wurde die »Eisenacher« genannt, angeführt wurde sie vom Sachsen August Bebel. In Sachsen errang die 1869 gegründete Sozialdemokratische Arbeiterpartei die ersten Erfolge. Sie war aus der Sächsischen Volkspartei hervorgegangen, gegründet von Bebel und Wilhelm Liebknecht. August Bebel war zuvor Vorsitzender des Leipziger Arbeiterbildungsvereins gewesen und von dort zum Leiter aller deutschen Arbeiterbildungsvereine aufgestiegen. In Sachsen und Thüringen war die Sozialdemokratie immer stark und fest verwurzelt gewesen. Dort blühte auch das sozialdemokratische Milieu am besten: die unzähligen Nebenorganisationen, Vereine und Genossenschaften, die es den Sozialdemokraten erlaubten, in hohem Maß neben der bürgerlichen Gesellschaft zu leben und nicht in ihr.

Das Milieu hatten bereits die Nazis zerstört, in Sachsen, Thüringen und überall. Teile davon entstanden neu im Ruhrgebiet, das nun zur sozialdemokratischen Hochburg wurde, nachdem die Kommunisten schon vor dem Parteiverbot 1956 ihre Stalintreue mit deftigen Einflussverlusten bezahlen mussten. Der Städtemoloch am Rhein stellte nun die stärksten SPD-Bataillone. Erst in unseren Tagen bröckelt die lange Jahre für uneinnehmbar gehaltene Festung.

26. Januar 2000. In Schleswig-Holstein haben die Sozialdemokraten wieder Oberwasser. Der CDU-Spendenskandal treibt ihnen laut Umfragen die Wähler zu, die schon als an die Konkurrenz verloren gegolten hatten. Doch tickt in Düsseldorf die nächste Bombe. Ministerpräsident Johannes Rau, inzwischen Bundespräsident, und einige seiner Minister haben zig Mal den Flugdienst der Westdeutschen Landesbank benutzt. Finanzminister Heinz Schleußer musste gestern zugeben, dass in einigen Fällen seine Freundin dabei war. Er hatte es bisher bestritten. Erstaunlicherweise führten des Finanzministers dienstliche Flüge oft nach Split, wo rein zufällig sein Segelboot liegt. Zweifellos ist Split aber auch ein Zentrum der Fi-

nanzwelt. Ministerpräsident Wolfgang Clement will nicht, dass Schleußer zurücktritt. Er will wohl bis zur Landtagswahl durchhalten und rechnet damit, dass die CDU-Affäre schwerer wiegt als die eigene. (Natürlich konnte Clement dann Schleußer doch nicht bis zu den Wahlen halten.)
Woanders gelten andere Maßstäbe. Gestern gab es im hessischen Landtag eine heftige Debatte über die von SPD und Grünen beantragte Selbstauflösung des Parlaments. Auch die hessische CDU hatte ein Schwarzgeldsystem aufgebaut. In der Debatte ereiferten sich die SPD-Redner in höchsten Tönen über politische Moral. Schade, dass die Genossen in Nordrhein-Westfalen nicht genauso konsequent sind. Oder sind sie es in Hessen nur, weil es ihnen nutzt, und in Nordrhein-Westfalen nicht, weil es ihnen schaden würde?

Nicht nur die Organisationsstrukturen, auch die programmatischen Vorstellungen hatten schon 1945 feste Formen angenommen. Auf dem ersten Nachkriegsparteitag in Hannover wurden sozialistische Forderungen erhoben. Es ging den Sozialdemokraten vor allem um das, was Bernstein »Wirtschaftsdemokratie« genannt hatte und was auch in den SPD-Programmen vor 1933 verankert war: die Sozialisierung der Grundstoffindustrie und ein neuer Ordnungsrahmen auf sozialistischer Grundlage, eine »Lenkungswirtschaft«. Vergesellschaftet werden sollten die Großunternehmen der Branchen Bergbau, Eisen, Stahl, Energie, Chemie, Baugrundstoffe, Versicherungen und Banken. Außerdem sollte der Staat das Recht besitzen, weitere Unternehmen in Gemeineigentum zu überführen, wenn er dies für sinnvoll hielte.

Dieses Mal, so schien es, sollten die Sozialismusbekundungen nicht ersticken, nicht am Mangel an Entschlossenheit, nicht durch die Entscheidung für falsche Loyalitäten. Schumachers SPD trat ein für einen Schnitt, auch in der Beziehung der eigenen Partei zum Großkapital. Das war seine Lehre daraus, dass erhebliche Teile der deutschen Unternehmer vaterlandslose Gesellen waren und vom Nationalsozialismus profitiert hatten, solange es irgendwie ging, während Demokraten wie Schumacher in den KZ saßen und viele von ihnen ermordet wurden. Anders als Ebert und Scheidemann glaubte Schumacher, dass die Deutschen nun reif seien für den Sozialismus. Und dies nicht, weil die kapitalistische Gesellschaft durch innere Gesetze zur Vergesellschaftung gedrängt wurde, sondern weil der Kapitalismus in den Augen vieler Zeitgenossen moralisch verschlissen war. Es war ja im Hinblick auf Produktivkräfte und Eigentumsverhältnisse kein grundlegend anderer Kapitalismus als 1933. Kurt Schumacher erklärte 1946 zur Abgrenzung gegenüber den Sozialismusvorstellungen der Kommunisten:

»Für die deutschen Sozialdemokraten ist der Sozialismus ein Mittel zur ökonomischen Befreiung der Persönlichkeit. Der Sozialismus in Deutschland will die Persönlichkeit, und zwar eine solche Persönlichkeit, die der Individualismus und der Liberalismus nicht haben schaffen können, eine Persönlichkeit auf sozial sicherer Basierung. Für die deutsche Sozialdemokratie ist unvorstellbar ein Sozialismus der autoritär dirigierten Vermassung. Wenn alle prinzipiellen, taktischen und historischen Differenzen geklärt wären – in Wirklichkeit ist keine einzige Differenz geklärt –, dann wäre allein diese Frage schon entscheidend.«

Im Jahr 1918 lag Deutschland am Boden, auch wirtschaftlich war es durch den Krieg schwer beschädigt. 1945 war Deutschland zerstört. Man brauchte im Gegensatz zu 1918 Versorgungsmängel durch Sozialisierung nicht zu befürchten. Es gab in den Städten kaum eine Versorgung, sieht man von der Hilfe der Alliierten ab. Aber die wäre durch Enteignungsmaßnahmen nicht betroffen gewesen. Nicht nur Schumacher und die SPD forderten den Sozialismus, was immer dieser im Einzelnen sein sollte, auch andere Parteien traten für ihn ein, etwa die CDU mit ihrem Ahlener Programm. Manche bürgerlichen Zeitgenossen waren keineswegs für den Sozialismus, sie hielten ihn aber für unvermeidlich, da der Kapitalismus auf ewig diskreditiert sei.

Mit dem gleichen Eifer kämpfte die SPD dafür, die nationale Einheit zu erhalten. Sie wandte sich gegen die Oder-Neiße-Grenze zu Polen und griff alle Bestrebungen an, in Ost wie in West, durch Unterwerfung unter die jeweiligen Besatzungsmächte die Spaltung Deutschlands zu vertiefen, während der anhebende Kalte Krieg die Welt in zwei Lager teilte. Die Sozialdemokratie orientierte sich an der Perspektive eines westeuropäischen Sozialismus und wandte sich gegen stalinistische Staatswirtschaft und Unterdrückung und gehörte so bei allem Beharren auf einer eigenen Identität zum Lager des Westens. Diese Zugehörigkeit zum Westen personifizierte niemand besser als Ernst Reuter. Der ehemalige bolschewistische Funktionär (unter dem Decknamen Friesland) war 1947 zum Berliner Oberbürgermeister gewählt worden, konnte aber sein Amt nicht antreten, weil die sowjetischen Behörden dagegen intervenierten. Während der Berlinblockade 1948/49 wurde Reuter weltberühmt durch seine Appelle, der von sowjetischen Soldaten abgeriegelten Stadt zu helfen.

Schumachers Debakel

Der Sozialismus war 1918 ein nicht gehaltenes Versprechen, 1945 war er unmöglich. Denn in dem Maß, wie die Welt in zwei feindliche Lager zerfiel, gab es im besetzten Westdeutschland nicht den Hauch einer Chance für gesellschaftspolitische Experimente. Auch bröckelte die Unterstützung für den Sozialismus in der Bevölkerung bald ab. Spätestens mit dem Marshallplan, der Währungsreform 1948 und dem durch sie ausgelösten Wohlstandsschub war die SPD weltanschaulich mit sich allein. Im bürgerlichen Lager waren alle sozialistischen Verlockungen erloschen, und der Kampf zwischen Kapitalismus und stalinistischem Sozialismus ließ feine Unterscheidungen nicht mehr zu.

1918 scheiterte das sozialistische Experiment an der sozialistischen Partei SPD. 1945 scheiterte es an den weltpolitischen Umständen und an der mangelnden Bereitschaft der in den Wohlstand driftenden Westdeutschen, sozialistische Konsequenzen aus der Nazibarbarei zu ziehen. Unter der Zustimmung der Mehrheit bat die CDU-geführte Bundesregierung unter Konrad Adenauer, die von den Alliierten inhaftierten deutschen Kriegsverbrecher freizulassen. Es war auch die Zeit der geistigen Restauration. Zwar gab es massenhaft Opfer des Nazireichs, aber keine Täter mehr, außer denen, die tot waren. Die Deutschen überwanden die Not und vergaßen, vor allem die eigene Schuld. Das Verdrängen dieser Schuld sollte Ralph Giordano später zu Recht als »zweite Schuld« anklagen.

Diese Voraussetzungen mündeten in die fatale Niederlage der SPD bei den ersten Bundestagswahlen im August 1949. Mit 29,2

Prozent startete die SPD schlechter in das parlamentarische System der Bundesrepublik, als Beobachter und vor allem die Sozialdemokraten selbst es vermutet hatten. Schumachers unbedingter Führungsanspruch führte die Partei in die Sackgasse. Aber die Linke hatte insgesamt miserabel abgeschnitten. Dieses Bild ergibt sich, wenn man die 5,6 Prozent für die KPD zu den sozialdemokratischen Stimmen zählt. Nur etwa ein Drittel der Deutschen wählte links. Der »Antimarxismus« hatte einen großen Sieg errungen, und nicht nur in den Augen Schumachers waren jene Kräfte an die Macht gekommen, an deren antinazistischer Tradition und Gesinnung zu zweifeln war. Die Kommunisten fielen als Bündnispartner aus, und die Sozialdemokratie sollte bis 1966 von der Macht ausgeschlossen bleiben.

Im Jahr 1952, auf ihrem Parteitag in Dortmund, zog die SPD erste Folgerungen aus dem Debakel. Neben die Sozialisierung trat nun die Absicht, das kleine und mittlere Eigentum genauso wie den Wettbewerb zu fördern. Zwei Jahre später, auf dem Berliner Parteitag, galt bereits die Devise »Wettbewerb soweit wie möglich, Planung soweit wie nötig«. Auch wenn es noch weitere fünf Jahre brauchte, die SPD war auf dem Weg zur Wende von Godesberg. Im Gegensatz zur Sozialdemokratie bis 1933 passte die Partei ihre programmatischen Aussagen bald der Wirklichkeit an. Mit den Forderungen, welche die Partei bis 1950 erhoben hatte, war in Deutschland über die feste Anhängerschaft hinaus nichts zu gewinnen. Der Sozialismus der Sozialisierung war passé, zumal die westdeutsche Wirtschaft boomte. Den meisten Deutschen erschien die Vorstellung absurd, die Wirtschaft umzustülpen. »Wir müssen wissen, dass wir bei dem augenblicklichen Stand der Gesellschaft nicht mit dem Strom, sondern gegen ihn schwimmen«, erklärte der spätere Vorsitzende der SPD-Bundestagsfraktion Fritz Erler bereits 1950. Aber erst nach Schumachers Tod 1952 war die Partei fähig, Programmatik und Politik an das anzupassen, was sie als westdeutsche Wirklichkeit betrachtete.

Schumachers SPD war eine sozialistische Partei, die die von ihr gesetzten Ziele erreichen wollte. Dass sie diese Ziele nicht erreichte, lag auch an der Starrheit ihres Vorsitzenden, mehr noch aber an der wirtschaftlichen und politischen Realität, deren Entwicklungsrichtung festgelegt war, bevor die ersten Bundestagswahlen diese grundlegenden politischen Entscheidungen für den Kapitalismus und für die Westintegration legitimierten. Das Wahlergebnis von 1949 war auch ein Resultat der vorweggenommenen Entscheidungen. Marshallplan und Währungsreform vertrieben alle sozialistischen Träume ins Reich der Utopie. Es war für die SPD ein langer Weg von dort nach Godesberg.

Die Wende von Bad Godesberg

Der Weg war früh vorgezeichnet. Das Godesberger Programm der SPD geht im Kern zurück auf Eduard Bernstein. Mit diesem Programm passte die SPD sich auch »offiziell« an die Entwicklung der bürgerlichen Gesellschaft an und warf »Ballast« ab, wie Carlo Schmid erklärte. Sie verzichtete nun auch auf die Sozialismuspropaganda. Betrachtet man die Politik der Partei von 1945 bis 1959, so erkennt man, dass Godesberg ähnlich wie Görlitz 1921 der programmatische Niederschlag der Einsicht in die politische und wirtschaftliche Realität und die eigenen Möglichkeiten darstellt. Schon zuvor hatten skandinavische Sozialdemokraten pragmatisch auf soziale Demokratie gesetzt, also auf soziale Gerechtigkeit in der kapitalistischen Ordnung und die Demokratisierung des Wirtschaftslebens. Auch wenn der geistige Urheber wie so oft nicht genannt wurde: Es ging um Bernsteins Wirtschaftsdemokratie, um Reformen des Arbeitsrechts, den Sozialstaat und die Mitbestimmung der Arbeiter. Die SPD wollte den Kapitalismus nicht mehr überwinden und verzichtete auf planwirtschaftliche Konzepte, stattdessen setzte sie auf die Ausgestaltung der sozialen Demokratie im Sinn der Grundwerte des demokratischen Sozialismus. Der Sozialismus war kein Ziel mehr, sondern eine Aufgabe.

»Grundwerte des Sozialismus

Die Sozialisten erstreben eine Gesellschaft, in der jeder Mensch seine Persönlichkeit in Freiheit entfalten und als dienendes Glied der Gemeinschaft verantwortlich am politischen, wirtschaftlichen und kulturellen Leben der Menschheit mitwirken kann.
Freiheit und Gerechtigkeit bedingen einander. Denn die Würde des Menschen liegt im Anspruch auf Selbstverantwortung

ebenso wie in der Anerkennung des Rechtes seiner Mitmenschen, ihre Persönlichkeit zu entwickeln und an der Gestaltung der Gesellschaft gleichberechtigt mitzuwirken.
Freiheit, Gerechtigkeit und Solidarität, die aus der gemeinsamen Verbundenheit folgende gegenseitige Verpflichtung, sind die Grundwerte des sozialistischen Wollens.
Der demokratische Sozialismus, der in Europa in christlicher Ethik, im Humanismus und in der klassischen Philosophie verwurzelt ist, will keine letzten Wahrheiten verkünden – nicht aus Verständnislosigkeit und nicht aus Gleichgültigkeit gegenüber den Weltanschauungen oder religiösen Wahrheiten, sondern aus der Achtung vor den Glaubensentscheidungen des Menschen, über deren Inhalt weder eine politische Partei noch der Staat zu bestimmen haben.
Die Sozialdemokratische Partei Deutschlands ist die Partei der Freiheit des Geistes. Sie ist eine Gemeinschaft von Menschen, die aus verschiedenen Glaubens- und Denkrichtungen kommen. Ihre Übereinstimmung beruht auf gemeinsamen sittlichen Grundwerten und gleichen politischen Zielen. Die Sozialdemokratische Partei erstrebt eine Lebensordnung im Geiste dieser Grundwerte. Der Sozialismus ist eine dauernde Aufgabe – Freiheit und Gerechtigkeit zu erkämpfen, sie zu bewahren und sich in ihnen zu bewähren.«

Godesberger Programm der SPD, 1959

Aber das neue Programm trug doch kräftige Merkmale der Vergangenheit. Allerdings haben kein sozialdemokratischer Kanzler und keine sozialdemokratisch geführte Regierung jemals auch nur den Versuch gemacht, diese »altsozialistischen« Programmforderungen durchzusetzen. Und kein Parteitag hat sie deshalb gerügt. In diesen Punkten lebte die Kluft fort zwischen Programm und Politik, wie sie in viel schärferem Maß die Partei bis 1933 geprägt hatte, manchmal bis zur Unkenntlichkeit. Der Vertrauensverlust der SPD in der Weimarer Republik beruhte auch darauf, dass die Partei zu oft das Gegenteil von dem praktizierte, was sie gefordert oder versprochen hatte. Das war im Kleinen so beim Panzerkreuzerbau, und im Großen geschah es in Fragen des Sozialismus und der Sozialisierung, wo die Partei die radikalsten Forderungen erhob, um sie gleich wieder abzuschwächen mit dem Hinweis auf Versorgungssicherheit oder mangelnde Reife der Industrie.

Wenn die SPD sich auch auf die Wirklichkeit zu bewegt hatte, so blieb mit dem Godesberger Programm ein Glaubwürdigkeitsdefizit. Das Programm sah eine Überführung großer Wirtschaftsgebilde in Gemeineigentum vor, seine Verwirklichung wurde aber nicht ernsthaft erwogen. Das Gleiche gilt für die Investitionskontrolle, die Unternehmensverfassung für die Großwirtschaft und die Änderung der ungerechten Einkommens- und Vermögensverteilung. So ist Godesberg zu einem Teil die Hinwendung zu einer modernen Variante des Revisionismus, zum anderen die Verfestigung der Kluft zwischen Theorie und Praxis. Nur wenig überspitzt formuliert: Bis heute trauen sich manche Sozialdemokraten nicht mehr, auf das gültige Parteiprogramm zu verweisen, denn nur Naive können annehmen, dieses sei ernst gemeint und würde die Regierungsarbeit beeinflussen.

Im Berliner Programm von 1989 etwa steht:

»Wir erstreben eine solidarische Gesellschaft der Freien und Gleichen ohne Klassenvorrechte, in der alle Menschen gleichberechtigt über ihr Leben und ihre Arbeit entscheiden. Die neue und bessere Ordnung, die der Demokratische Sozialismus anstrebt, ist eine von Klassenschranken befreite Gesellschaft. Wir wollen sie durch den Abbau von Privilegien und Vollendung der Demokratie erreichen.«

Wachstumsfixierung

In Wahrheit will die gegenwärtige sozialdemokratische Politik die Reichen noch reicher machen in der Hoffnung, dass dabei Arbeitsplätze entstehen. Jede Statistik beweist, dass in Deutschland (aber nicht nur dort) die Klassenunterschiede zunehmen, dass eine kleine Gruppe von Kapitaleignern ihre Vermögen zum Teil grotesk vermehrt, wohingegen die Zahl der Armen wächst (an dieser soziologischen Tatsache ändert sich nichts, wenn man die Existenz von Armut mit dem Hinweis auf die Sozialhilfe dementiert). Im hochgepriesenen Wirtschaftswunderland USA, regiert von den Schröder seelenverwandten »New Democrats«, wächst die Kluft zwischen Arm und Reich in der Hochkonjunktur noch krasser als bei uns. Zu diesen erstaunlichen Folgen des angebeteten Wachstums später mehr.

Die Wachstumsfixierung findet sich auch im Godesberger Programm. Auch die »marxistischen« Programme der SPD wollten, dass die Wirtschaft stetig wuchs. Darin sah schon Marx das Allheilmittel: Überfluss und gerechte Verteilung sind seine Maximen. Man muss es den Programmautoren und Parteitagen bis in die fünfziger Jahre hinein nachsehen, dass sie die Ökologie nicht im Blick hatten. Als das Godesberger Programm diskutiert und verabschiedet wurde, wuchs die Wirtschaft, und es fiel auch für die nicht Wohlhabenden etwas ab: Arbeitsplätze und steigende Löhne, ein besseres Konsumangebot, vor allem die Tilgung der Nachkriegsarmut. Die Wachstumsphase der westdeutschen Wirtschaft, die die meisten Menschen binnen kurzer Zeit aus der Not befreite, prägt die Mentalität der Westdeutschen bis heute. Natürlich neigen Menschen dazu, nur die Gegenwart ernst zu nehmen. Sie können und wollen sich nicht vorstellen, dass morgen alles schlechter sein kann. Im Wirtschaftswunder wurde aus dem Wachstumsglauben der Wachstumsfetischismus. Auch wenn die SPD einige sozialistische Forderungen in ihr Programm schrieb, so ging es ihr doch nur um eines: um eine gerechte Teilhabe der Lohnabhängigen an diesem Wachstum.

Das Godesberger Programm ist aber auch aus einem weiteren Grund von besonderer Bedeutung für die Entwicklung der deutschen Sozialdemokratie. Es relativiert den Marxismus mitsamt seinen zentralen Kategorien – Klassenkampf, Sozialisierung und Planung – und öffnet die Partei für weitere geistige Strömungen. Auch dies ist ein Rückgriff auf Bernstein. Dieser hatte den historischen Materialismus kritisiert, vor allem dessen These, dass die Geschichte nach Gesetzen verlaufe und der Kapitalismus unvermeidlich abgelöst werde durch den Sozialismus, der eine eigenständige Gesellschaftsformation sei. Bis hin zu Schumacher hatte die Partei in marxistischen Kategorien gedacht (aber nicht gehandelt). Nun waren die Wege in die Sozialdemokratie auch programmatisch offen (in der Praxis waren sie es schon längst). Das galt vor allem für Menschen, die die sozialistische Idee aus ethischen Überlegungen ableiteten. Wir erinnern uns, dass Bernstein auch auf Kant als Begründer sozialistischer Vorstellungen verwiesen hatte.

Der bedeutende sozialdemokratische Staatsrechtler und Politiker Carlo Schmid sagte knapp und richtig über das Godesberger Programm: »Bernstein hat auf der ganzen Linie gesiegt.« Aber, das sei hinzugefügt, Bernstein hätte gewiss die politische Praxis der SPD gerügt, in der die sozialistischen Forderungen nicht vorkamen. Bernstein litt unter der Kluft zwischen revolutionärer Theorie und reformistischer Praxis, und er hätte wohl nicht weniger gelitten unter der Kluft zwischen revisionistischer Theorie und bürgerlicher Praxis. »Ede« war ein reformistischer *Sozialist* und kein *Reformpolitiker*. Es mag auch daran gelegen haben, dass sich die SPD nicht offiziell zu ihrem neuen Vordenker bekannte. Sie hätte so eine neue theoretische Tradition begründen können, die gewissermaßen in einer dialektischen Aufhebung der Marx'schen Lehre begründet gewesen wäre (auch wenn Bernstein eine solche Formulierung nur als Ironie hätte durchgehen lassen). Möglicherweise ahnten damals schon die Parteidenker, dass eine neue Tradition künftige Entwicklungen auch behindern könnte. Auf dem Weg in die theoretische Unverbindlichkeit, wie sie heute in der SPD herrscht, wäre Bernsteins Revisionismus ein Hindernis gewesen.

Eine auf Bernstein gründende historische und theoretische Tradition aber hätte die Identität der Partei klarer profiliert und gefestigt. Die Sozialdemokraten brachen mit dem 19. Jahrhundert, mit Marx vor allem, auch mit Lassalle, aber sie setzten keine festen neuen Identitätslinien. Das bisschen Sozialismus, das im Godesberger Programm blieb, konnte das sozialistische Theoriegebilde des 19. Jahrhunderts, so widersprüchlich es in sich ist, nicht ablösen. So war die Partei auf dem Weg, an Identität zu verlieren, aber Wahlen zu gewinnen. Die Frage war, was geschehen sollte, wenn die SPD die Kernabsichten des Godesberger Programms durchgesetzt haben würde? War sie dann überflüssig? Wo waren Identitätselemente, die über die gegenwärtige Politik hinauswiesen?

So abstrus der Unterschied zwischen politischer Praxis und Theorie bis 1933 zuweilen gewesen war, die über die Praxis hinausweisenden Ziele der Partei, wie sie in den Programmen beschrieben waren, markierten den entscheidenden Unterschied zu anderen politischen Kräften. Es sind die Unterschiede, die die Identität schärfen, und nicht die Übereinstimmungen. Die Weimarer SPD war programmatisch die einzige demokratisch-sozialistische Partei. Links standen die stalinistisch gewordenen Kommunisten, die die Demokratie für einen »roten Oktober« abschaffen wollten. Rechts arbeiteten die antidemokratischen Parteien und Gruppen nur zu dem Zweck, eine chauvinistische Diktatur zu errichten. In der Mitte gab es mit dem Zentrum und den Deutschen Demokraten Kräfte, die eingeschworen waren auf die bestehende politische und gesellschaftliche Ordnung.

Nach 1945 gab es bald den Druck von links nicht mehr. 1956 wurde die KPD verboten, aber sie hatte schon zuvor stark an Bedeutung verloren. Es gab bis auf unbedeutende Ausnahmen am rechten Rand nur demokratische Parteien. In dem Maß, wie die SPD aber nach rechts rückte, wuchs die Unzufriedenheit auf ihrem linken Flügel. Vor allem verlor die Sozialdemokratie in zunehmendem Maß die identitätsprägenden Unterschiede zu den anderen Parteien.

Mit dem Godesberger Programm beschrieb die SPD endlich annähernd die Identität, die sie seit langem angenommen hatte. Sie war eine linksbürgerliche Volkspartei mit Verankerung in der Arbeiterschaft. 1960 vollzog sie den entsprechenden außenpolitischen Schwenk und akzeptierte die Integration der Bundesrepublik in die von den USA beherrschte Gemeinschaft westlicher Staaten. Es war der Abschied von Schumachers Nationalismus und die Übernahme der Adenauer'schen Axiome der Westbindung. So war die Partei bereit, aus dem »30-Prozent-Turm« auszubrechen, in den die Wähler sie gesteckt hatten. Ihre innen- und rechtspolitischen Forderungen liefen kongruent mit Entwicklungen in der FDP, wo sich allmählich eine Richtung herausschälte, die die Freiheitsrechte der Bürger stärker betonte. Schon damals waren die sozialdemokratischen Strategen davon überzeugt, dass sie ihr linkes Wählerpotential nicht verlieren durften, dass aber Wahlen in der Mitte entschieden wurden. Allerdings handelte es sich damals nicht um Sprüche der Marketingfachleute, sondern um den Versuch einer Zusammenarbeit von Arbeiterbewegung und liberalem Bürgertum. Die »Neue Mitte« – der Begriff stammt von Brandt (oder einem seiner Berater) – war in der zweiten Hälfte der sechziger Jahre tatsächlich neu. Historisch findet sie ihre Traditionslinie im Zusammenwirken von SPD und DDP in der Weimarer Republik, aber auch in der Kaiserzeit hatte es, etwa bei Stichwahlen, punktuelle Gemeinsamkeiten mit dem Liberalismus gegeben.

Die große Koalition unter dem CDU-Kanzler Kurt Georg Kiesinger von 1966 bis 1969 sollte in den Augen der SPD-Strategen der Öffentlichkeit beweisen, dass die Sozialdemokratie nicht die geborene Oppositionspartei war. Es stellte sich heraus, dass es für die SPD ein begrenzter Nachteil war, die ersten siebzehn Jahre der Bundesrepublik in der Opposition verbracht zu haben. Nun nämlich identifizierten sich CDU und CSU mit dem neuen Staat, im Gegensatz zur Weimarer Republik, die die Sozialdemokraten immer als ihre Schöpfung ansahen und an die sie sich deshalb auch stärker ketteten, als es für die Partei gut war. Die SPD der Weimarer Zeit war strukturkonservativ, trotz aller anders lautenden Bekundungen. Die SPD der Bonner Republik aber drängte auf Veränderung, nach innen wie nach außen. Die außenpolitischen Veränderungen begannen schon während der Großen Koalition, in der die Partner erstaunlich harmonisch miteinander umgingen. Bundesaußenminister Willy Brandt setzte erste Markierungen für die Verständigung mit dem realsozialistischen Lager; Gespräche mit der DDR fanden statt, wenn auch meist informell. Es war die Zeit der Emissäre.

Die APO-Revolte

In der Innenpolitik half die Koalition unfreiwillig, die Republik zu verändern. Die Verabschiedung der Notstandsgesetze im Juni 1968 entzündete die Studentenproteste, auch wenn sie nicht deren Ursache war. Die junge Republik war verknöchert, viele Politiker dachten in den Kategorien der Vorkriegszeit, in Behörden, Schulen und Hochschulen herrschte der Geist der Unterordnung. Vasallentreu unterstützten die führenden Parteien und die Bundesregierung den Krieg der US-Amerikaner in Vietnam. Der pathetische Antikommunismus und die einseitige Westbindung – manche sprachen von Unterwerfung unter die USA – weckten zunehmend Unverständnis, vor allem bei jungen Leuten. Diese forderten besonders, dass die vorangegangenen Generationen endlich ihr Schweigen über die Nazizeit brechen und die Beschönigungen, mit denen viele den Krieg verherrlichten und den Holocaust verharmlosten, ein Ende haben sollten. Zu viele Menschen waren noch davon überzeugt, dass Deutschland sich gegen den Bolschewismus habe verteidigen müssen. (Es gibt bis heute namhafte Politiker, die diesen Unsinn verkünden. Als hätte die Sowjetunion den Krieg angefangen.)

Die Notstandsgesetze waren das Streichholz am Pulverfass. Was als Protestbewegung begann, mündete in Rebellion. Die Gesetze trafen Regelungen für den so genannten Verteidigungs- und Spannungsfall (äußerer Notstand) und für innere Unruhen und Naturkatastrophen (innerer Notstand). Der Verteidigungsfall kann vom Bundestag mit Zweidrittelmehrheit und unter Zustimmung des Bundesrates festgestellt werden, wenn die BRD angegriffen wird oder ein Angriff droht. In Ausnahmefällen entscheidet der Gemeinsame Ausschuss – ein aus Vertretern des Bundestags und des Bundesrats gebildetes Notparlament – über den Verteidigungsfall. Tritt ein äußerer oder innerer Notstand ein, kann der Bund Freiheitsrechte einschränken und Wahlen aussetzen.

In diesen Regelungen erkannten viele Menschen, vor allem Studenten und andere Jugendliche, einen Angriff auf die demokratischen Grundrechte. Sie misstrauten den Politikern, von denen zu viele eine ungeklärte Vergangenheit hatten. Kiesinger war NSDAP-Mitglied gewesen und hatte im Rundfunk Nazipropaganda betrieben. Bundespräsident Heinrich Lübke wurde nachgesagt, »KZ-Baumeister« gewesen zu sein, ein Vorwurf, der auf Aktenfälschungen des Ministeriums für Staatssicherheit beruhte. Und sie waren nicht die Einzigen mit brauner (oder vermeintlich brauner) Biografie. Wie sollten sie glaubwürdig demokratische Werte verkörpern, die sie einst mit Füßen getreten hatten, ob aus Überzeugung oder aus Opportunismus?

Willy Brandt und die Konterrevolution auf Filzlatschen

Die Revolte der Außerparlamentarischen Opposition (APO) Ende der sechziger Jahre verstärkte den Drang zur Veränderung verkrusteter (Denk-)Strukturen. Es war die endlich nachgeholte Aufklärung der westdeutschen Demokratie. Willy Brandt personifizierte den Wandel wie kein anderer. Was ihm konservative Kreise vorwarfen, machte ihn zum Idol eines Teils der Jugend. Brandt hatte gegen die Nazis gekämpft und hatte fliehen müssen ins skandinavische Exil. Er verkörperte das Gegenteil des konservativen Muffs.

Willy Brandt setzte das Godesberger Programm der SPD in weiten Teilen um. In seine Regierungszeit fällt vor allem der Ausgleich mit dem Osten, ohne die Westbindung aufzugeben. Die Regierung Brandt profitierte vom internationalen Tauwetter, den Entspannungsbemühungen, die die USA unter Präsident Richard Nixon und die Sowjetunion unter ihrem neuen Generalsekretär Leonid Breschnew einleiteten. Die Zeichen standen auf Abrüstung, und es wurden einige Fortschritte erreicht.

Die Westdeutschen holten nach, was sie in der Adenauer- und Erhard-Zeit versäumt hatten: die Verständigung mit den einstigen Kriegsgegnern in Osteuropa, die nun zum sozialistischen Lager gehörten. Polen war Deutschlands erstes Kriegsopfer gewesen – die Tschechoslowakei hatten Großbritannien und Frankreich Hitler ausgeliefert –, kein anderes Volk hatte unter dem von Deutschland angezettelten Krieg mehr leiden müssen als die Polen. Der Warschauer Vertrag von 1970 brachte endlich die Anerkennung der Oder-Neiße-Grenze. Der Vertrag und der Kniefall Brandts in Polens Hauptstadt vor dem Mahnmal für das ehemalige Warschauer Ghetto waren ehrliche Signale, die jeder verstand – auch die Kritiker im konservativen Lager, die Sturm liefen gegen die Zeitenwende und sich nun weltweit isolierten.

Der Grundlagenvertrag rundete das Vertragssystem mit Staaten des sozialistischen Lagers ab. Erstmals erkannte die Bundesrepublik die DDR als Staat an, und beide deutsche Staaten wurden Mitglieder der UNO. Beide nahmen gleichberechtigt teil an der Konferenz für Sicherheit und Zusammenarbeit in Europa. Ohne den Grundlagenvertrag hätten sich die Beziehungen zwischen Bonn und Ostberlin, zwischen Bonn und Moskau nicht so vorteilhaft entwickeln können, wie sie es taten.

Der damalige DDR-Außenminister Otto Winzer kritisierte die Entspannungspolitik als »Aggression auf Filzlatschen«, er hatte Recht. In dem Maß, wie die Staaten die gegenseitigen Feindbilder abbauten, schöpften Oppositionelle in der DDR und anderen sozialistischen Staaten Mut, die Versprechungen der eigenen Regierung einzuklagen. Der Kalte Krieg hatte auch die Innenpolitik der realsozialistischen Staaten beherrscht, in der äußeren Konfrontation wurde innerer Widerstand als Kollaboration betrachtet und unterdrückt.

Im Innern wagte die sozialliberale Koalition mehr Mitbestimmung. Sie erweiterte die Mitgestaltungsmöglichkeiten der Arbeiter, die nun in größeren Firmen genauso viele Vertreter in die Aufsichtsräte schicken durften wie die Kapitaleigner (wenn auch im Zweifelsfall die Eigentümer das Sagen behielten). Weitere wichtige Reformen gab es im Familienrecht, die Emanzipation der Frauen machte Fortschritte, und an den Hochschulen wurde der Muff von tausend Jahren gelüftet.

Ich war bis 1983 Kommunist. Willy Brandt bereitete uns in der DKP genauso wie unseren großen Brüdern in Moskau und Ostberlin Kopfschmerzen. An seinen Verdiensten für den Frieden konnten nicht einmal wir rütteln. Der demokratische Sozialismus erschien uns als der gefährlichste Feind. Wie eine ansteckende Krankheit befiel er kommunistische Organisationen und verursachte heftige innerparteiliche Debatten. In der DDR bekam das lebenswichtige Feindbild BRD Risse. Der gefährlichste Gegner der SED war nicht Franz Josef Strauß, waren nicht kalte Krieger oder Neonazis, sondern der demokratische Sozialismus. Während man mit Brandt Verträge aushandelte, arbeiteten die Propagandamaschinen mit höchster Drehzahl, um die ideologische Front zu begradigen. Es half nichts. Die Aufweichung des sozialistischen Lagers von innen ist unter den vielen Verdiensten sozialdemokratischer Entspannungspolitik die nachhaltigste Folge. Die Vorzüge der Demokratie strahlten umso stärker, je besser die Kontakte zwischen Ost und West wurden und je mehr die realsozialistische Propaganda ad absurdum geführt wurde. Als Brandt Kanzler war, war die Bundesrepublik kein fast faschistischer Staat mehr, der jeden Augenblick bereit war, seine Soldaten gegen den Friedensstaat DDR loszuschicken, sondern ein friedlicher, interessanter, offener Staat. Nicht Raketen, nicht die markigen Sprüche und das Wiedervereinigungsgerede, nicht die Ablehnung der KSZE durch CDU und CSU, sondern die dem Osten entgegengestreckte Hand zog den Spätstalinismus auf die Schlachtbank. Den Anfang vom Ende habe ich erlebt.
Der Sozialismus soll im neuen SPD-Parteiprogramm nicht mehr stehen. Er sei diskreditiert, heißt es. Seltsam, als es den Warschauer Pakt noch gab, war der Sozialismus offenbar weniger diskreditiert als heute, wo es das realsozialistische Lager nicht mehr gibt.

Damals waren die Jungsozialisten eine treibende Kraft und Gegenstand dauerhaften Ärgers für die Parteioberen. Diese waren erpicht darauf, dem Kommunismusverdacht der Konservativen keine Munition zu liefern. Dass manche Jusos mit Kommunisten zusammenarbeiteten, war für die Rechte Bestätigung und für die SPD-Führung eine Bedrohung. Sie reagierte darauf mit einem Abgrenzungsbeschluss. Kommunistische Bewerber um Beamtenstellen, oder auch nur solche, die der Sympathie mit den Kommunisten verdächtigt wurden, wurden mit Berufsverboten belegt. Der Jusovorsitzende Klaus-Uwe Benneter, der zur so genannten Stamokapfraktion zählte, wurde aus der Partei ausgeschlossen, weil er Bündnisse mit der DKP nicht ablehnte. (Heute gilt Benneter als graue Eminenz der Berliner SPD.) Brandt hat den Radikalenerlass später als Fehler eingestanden, er verdüsterte zusammen mit den im Klima der Terroristenhysterie beschlossenen Einschränkungen von Freiheitsrechten die Bilanz der sozialliberalen Koalition.

Helmut Schmidt und die Nachrüstung

Helmut Schmidts Kanzlerschaft von 1974 bis 1982 fiel in eine schwierige Zeit. Die Ölkrise erschütterte die Weltwirtschaft und die Gewissheit der Deutschen, dass es krisenfrei immer weiter aufwärts gehe. Nun zeigte sich, dass das Wachstum Grenzen hatte. Aber wie wollte die Partei ihre Ziele durchsetzen, wenn die Wirtschaft nicht wuchs? Wie Arbeitsplätze und Sozialstandards erhalten? Darauf gab die SPD genauso wenig eine Antwort wie andere Parteien. Stattdessen setzte sie darauf, Wachstum wieder zu ermöglichen – ein gefährlicher Kurs, der am Ende nicht nur die Umwelt schädigte, sondern auch die soziale Sicherheit und die Wirtschaft. Es hatte schon Ende der sechziger Jahre Rezessionserscheinungen gegeben, auch wilde Streiks, aber die Krise war bald überwunden worden. Schmidt öffnete die Partei nach rechts, fuhr einen rigiden Sparkurs und erweckte bald den Eindruck eines über allen Parteien stehenden Kanzlers. Seine an Überheblichkeit grenzende Attitüde des Weltökonomen entfernte ihn nur noch weiter von seiner Partei. Der Riss aber brach auf mit dem so genannten Nachrüstungsbeschluss der NATO.

In der Außenpolitik zogen dunkle Wolken auf, als Kanzler Helmut Schmidt eine »Abschreckungslücke« zwischen Ost und West diagnostizierte. Er drängte die NATO-Partner zum Doppelbeschluss. Das Bündnis forderte Moskau zu Verhandlungen über Mittelstreckenraketen auf. Sollten diese Verhandlungen bis Ende 1983 nicht erfolgreich beendet werden, wollte die NATO neue Mittelstreckenraketen aufstellen, vor allem in den Niederlanden und in Westdeutschland.

In Wahrheit war die NATO dem Warschauer Pakt nie unterlegen, schon gar nicht bei Atomwaffen. Beide Paktsysteme hatten genug Bomben und Raketen, um die Erde mehrfach zu zerstören. Die Mittelstreckenraketen der Sowjetunion zielten auf die westeuropäischen Bündnispartner der USA, hatten also keine strategische Bedeutung. So manifestierte sich im Doppelbeschluss vor allem die Befürchtung der westeuropäischen NATO-Staaten, die US-Amerikaner wären im Kriegsfall nicht bereit, für Westeuropa zu sterben.

Der NATO-Doppelbeschluss hat den Aufrüstungswahn nicht gestoppt, sondern beschleunigt. Nur wer glaubt, dass die Geschichte eingleisig vorbestimmte Ziele ansteuert, kann übersehen, dass der Doppelbeschluss der NATO die Welt näher an einen Krieg heranführte. Es war ein Glück für die NATO und die Welt, dass die Generalsekretäre der KPdSU in Reihe starben, bis endlich Michail Gorbatschow an die Schlüsselstelle der Macht gekommen war. Er hatte nur sechs Jahre, sie erschütterten die Welt.

Als 1983 das Ultimatum der NATO ergebnislos auslief, begann das Bündnis, neue Raketen in Europa aufzustellen. Die Sowjetunion brach daraufhin die Verhandlungen ab und rüstete weiter. Der NATO-Nachrüstungsbeschluss hatte ergeben, was Kritiker prognostiziert hatten: Moskau konnte ohne Gesichtsverlust nicht klein beigeben und fühlte sich ohnehin ins Unrecht gesetzt, waren die Sowjets doch der Auffassung, dass ihre Raketen eine ganz andere Aufgabe hätten als die der NATO in Westeuropa. Die in Westeuropa aufgestellten Marschflugkörper und Pershing-2-Raketen wiederum erhöhten die Sicherheit keineswegs, sondern verringerten lediglich die Vorwarnzeiten. Mitte der achtziger Jahre stand die Welt am Abgrund. Wir wissen nicht, wie dicht. Aber es war offensichtlich, dass angesichts der extrem kurzen Alarmzeiten für die Sowjetunion das Risiko eines unbeabsichtigten Atomschlags als Antwort auf einen vermeintlichen Angriff des Westens gestiegen war. Was wäre geschehen, wenn nicht Michail Gorbatschow Generalsekretär der KPdSU geworden wäre, sondern Andrej Gromyko oder ein anderer Hardliner?

Dass der NATO-Beschluss ein Fehler war, bekam auch sein Urheber zu spüren. Die SPD schwenkte mehrheitlich zur Friedensbewegung über. Am Ende war Schmidt in der SPD isoliert. Nur der allen Parteien innewohnende Machttrieb motivierte die SPD-Bundestagsfraktion, den ungeliebten Kanzler weiter zu stützen. Der Koalitionswechsel der FDP 1982 beschloss das Trauerspiel und erlöste eine zerrissene und abgenutzte SPD von der Solidarität mit einer Politik, die sich in kaum einem Punkt von dem unterschied, was nun die Nachfolger unter Kanzler Helmut Kohl großspurig als »geistig-moralische Wende« begannen. Wir wissen, wie sie geistig und moralisch endete.

Eine sozialliberale Bilanz

Die Kanzler Brandt und Schmidt – der Erste mehr als der Letztere – haben das Godesberger Programm so weit umgesetzt, wie dies möglich schien. Insofern war das Godesberger Programm das erste Grundsatzdokument der SPD, das praktische Folgen hatte. Im Vergleich dazu waren die Programme von Gotha, Erfurt, Görlitz, Heidelberg wie auch das *Prager Manifest* der Sopade wirkungslose Deklamationen. Sie vermittelten den Mitgliedern das Gefühl, einer besseren Partei anzugehören. Auch die Predigt in der Kirche erhebt Christen zeitweise, ohne sie zu bessern.

Aber bereits unter der Kanzlerschaft Schmidts zeigte sich, dass die identitätsstiftenden Unterschiede zu den anderen Parteien abseits des Spektakels des öffentlichen Streits verschwindend gering waren. Schon zu Schmidts Zeiten verlor die SPD den Nimbus der »Friedens-und-Freiheits-Partei«. Was die Studentenbewegung ihr an Potential zugeführt und was das Gesicht der Partei zeitweise verändert hatte, büßte sie wieder ein. Die Aufbruchsstimmung war passé. Der auf Initiative eines sozialdemokratischen Kanzlers herbeigeführte NATO-Doppelbeschluss untergrub die friedenspolitische Glaubwürdigkeit der SPD. Zu einer klaren Distanzierung von Schmidt war sie erst spät bereit. Die Nachfolgeregierung konnte sich, als sie den NATO-Beschluss durchführte, gegenüber der Opposition im Bundestag zu Recht darauf berufen, dass sie nur vollende, was die SPD-geführte Regierung begonnen habe. Da half alle Rabulistik nichts mehr.

Manche Kritiker warfen Schmidt vor, die SPD christdemokratisiert zu haben, und dieser Vorwurf war nicht falsch. Nach Schmidts Sturz zeigte sich, dass die Union im Gegenzug sozialdemokratisiert worden war. Ihr Generalsekretär Heiner Geißler entdeckte die »neue soziale Frage«, und die Partei entwickelte ein umfassendes Konzept der Sozialpolitik, gegen das Sozialdemokraten zwar pflichtgemäß protestierten, das sie aber angesichts eigener Versäumnisse eher hätte beschämen müssen. Die Christlich-Demokratische Arbeitnehmerschaft spielte nun oft die Rolle, die der SPD angestanden hätte.

Zu den Profilverlusten durch schwindende Unterschiede zur Hauptkonkurrenz kam in der Schmidt-Ära der Zerfall des linken Spektrums in der SPD. Die Grünen besetzten den Platz, den die Schmidt-SPD links frei gemacht hatte. Es gibt in der Politik kein Vakuum, die Nachfrage schafft sich ihr Angebot. Wer sich in der Schmidt-SPD nicht mehr zu Hause fühlte, fand eine neue Heimat bei den damals linken Grünen. So gesellten sich zu den Identitätsverlusten durch die Rechtsentwicklung der Partei und durch den Verlust des Friedensthemas die Unfähigkeit, neue Fragen zu beantworten. Es existiert bis heute kein sozialdemokratisches Konzept, das es ermöglichen würde, die Nord-Süd-Teilung der Welt abzumildern. Und es hat lange gedauert, bis die allein auf Wachstum gerichtete Wirtschaftspolitik wahrgenommen hat, dass es ökologische Grenzen gibt. Zwar hat die SPD ökologische Forderungen in ihre programmatischen Aussagen und Parteitagsbeschlüsse aufgenommen, in ihrer Politik läuft dieses existentielle Thema aber eher am Rand mit. Daran hat sich bis heute nichts geändert.

Die Grünen sind Ausdruck der Tatsache, dass die SPD es versäumt hat, sich den neuen Bedrohungen zu stellen. Sie versagte in der Friedenspolitik, obwohl sie gerade auf diesem Feld während der Kanzlerschaft von Willy Brandt enorme Identitätszugewinne zu verzeichnen hatte, und sie versagte in der Umweltpolitik, weil sie an der Wachstumsorientierung nicht rütteln wollte. Menschen, die für Frieden und eine neue Umweltpolitik eintraten, fanden nur außerhalb der SPD eine politische Heimat. Früher hatte sich das gesellschaftskritische Potential großteils in der SPD versammelt, jetzt agierte es außerhalb ihrer Reihen, hin und wieder im Zusammenwirken mit der in der eigenen Partei an den Rand gedrängten SPD-Linken.

Es hat Sozialdemokraten gegeben, die früh gegen die neue sozialdemokratische Eindimensionalität geschrieben haben, zum Beispiel Johano Strasser, der einstige Jusovorsitzende, der den Kapitalismus durch systemüberwindende Reformen bezwingen wollte. Anfang der achtziger Jahre war Strasser zwar kein Jusovorsitzender mehr, und die Systemüberwindung eher eine Jugendsünde, aber er wagte es weiterhin, über die Grenzen der politischen Gegenwart hinaus zu denken. Er forderte, eine »neue Reformpolitik zu konzipieren«. Dafür formulierte er beachtenswerte Grundsätze:

»Wir müssen von der Fixierung auf Quantität wegkommen. Es ist völlig absurd, eine Kennziffer wie das Bruttosozialprodukt als Indikator des Wohlstands zu bezeichnen. Was dort zusammengezählt wird, ist die Summe positiver und negativer Dinge. Wir können eine sehr erhebliche Steigerung des Bruttosozialprodukts haben, ohne dass das Wohlergehen der Menschen dadurch gesteigert wird. Der Bau von schlechten Autos, der viele Reparaturen notwendig macht, erhöht das Bruttosozialprodukt ebenso wie die Vergiftung der Umwelt, die viele teure Maßnahmen zu ihrer Sanierung erfordert.
Wir müssen von der bequemen Politik des Sowohl-als-auch abgehen, insbesondere in der Verteilungsfrage, und uns zu einer Politik hinwenden, die klare Prioritäten setzt und sagt, wer was bekommt und wem wie viel genommen wird. Auf die Konflikte und Auseinandersetzungen, die damit verbunden sind, muss man sich psychologisch rüsten.
Wir werden die Politik der Verschwendung durch eine Politik des Sparens und Wiederverwendens ersetzen müssen, weil die Ressourcen nicht beliebig zur Verfügung stehen und die Verschwendungspolitik zu Umweltbelastungen führt, die auf die Dauer nicht erträglich sind.
Wir werden von einer Politik abgehen müssen, die davon ausgeht, dass sich der Bedarf in dieser Gesellschaft quasi naturwüchsig entwickelt und wir uns ausschließlich auf die Deckung dieses Bedarfs zu orientieren haben. Wir müssen

vielmehr danach fragen, wie der Bedarf nach gewissen öffentlichen Leistungen eigentlich entsteht: Durch welche falsche Raumordnungs- und Städtepolitik erzeugen wir zum Beispiel einen immer stärkeren Bedarf an Transportleistungen? Wie kommt es, dass ein immer größerer Bedarf an gewissen Gesundheitsleistungen entsteht?
Wir werden darüber diskutieren müssen, wie sinnvoll es ist, eine Gesellschaft so zu organisieren, dass immer mehr Menschen in immer mehr Bereichen von Fremdleistungen, insbesondere anonym erbrachten Fremdleistungen, abhängig sind. Hier werden wir mit einem Stück Tradition brechen müssen, die besagt, dass der Sozialstaat erst dann perfekt ist, wenn der Mensch von der Wiege bis zur Bahre betreut wird. Dagegen sollten wir heute deutlich aussprechen, dass eine solche Gesellschaft eine inhumane Gesellschaft ist. Und wir sollten daran gehen, Verhältnisse zu schaffen, die es den Menschen ermöglichen, in solidarischer Kooperation ihre Probleme aus eigener Kraft lösen zu können. Das klingt so ähnlich, wie man es manchmal von Konservativen hört. Wenn wir das aber mit dem Postulat der Gleichheit verbinden, wird der grundsätzliche Unterschied wieder deutlich. Sehr viel von dem, was wir in der Vergangenheit dem Spiel der Kräfte, dem individualistischen Egoismus überlassen haben, soll durch bewusste Solidarität organisiert werden.
Wir werden in diesem Zusammenhang auch überdenken müssen, ob wir nicht in vielen gesellschaftlichen Bereichen und staatlichen Institutionen eine Überzentralisierung haben, die für Freiheit und Demokratie nachteilig ist, weil die zu beurteilenden Sachfragen nicht mehr transparent sind, weil die Datenmenge, die zur Verfügung stehen muss, um kompetent zu urteilen, von den Bürgern nicht mehr überschaubar ist, weil durch die Kontrolle über diese Daten die Manipulationsmöglichkeiten erheblich gewachsen sind und weil Machtkonzentration alle Mal etwas ist, was unter demokratischen Gesichtspunkten problematisch erscheint.«

Johano Strasser, 1982

In der Regierungszeit der SPD wandelte sich auch ihre soziale Struktur. Dies zeigt sich, wenn man die Neueintritte zu verschiedenen Zeitpunkten untersucht. 1960 waren von den neuen Mitgliedern 55,7 Prozent Arbeiter, 21,2 Prozent Beamte und Angestellte, 5 Prozent Selbstständige, 2,7 Prozent Freiberufler, 5 Prozent Rentner und 9,3 Prozent Hausfrauen. 1969 fiel der Arbeiteranteil auf 39,6 Prozent; die anderen Anteile betrugen: Angestellte und Beamte 33,6 Prozent; Selbstständige 5,6 Prozent; Freiberufler 7,8 Prozent; Rentner 5,6 Prozent; Hausfrauen 9,6 Prozent. Bereits drei Jahre später, 1972, war der Arbeiteranteil auf 27,6 Prozent gefallen, wogegen der Anteil der Angestellten und Beamten auf 34 Prozent gestiegen war. Gleichzeitig sank das Durchschnittsalter der Mitglieder durch zahlreiche Eintritte von Jugendlichen.

Während der Kanzlerschaft von Helmut Schmidt stagnierten die Mitgliederzahlen. Auch gelang es der Partei nicht mehr so wie zu Brandts Zeiten, Sympathisanten bei Wahlkämpfen zu gewinnen. Es gab weniger Bürgerinitiativen für die SPD oder die sozialliberale Koalition: Die Ausstrahlungskraft der Partei sank, wie die Aufbruchsstimmung verflog. Viele Menschen, die sich politisch engagieren wollten, gingen in Bürgerinitiativen, die parteipolitisch neutral waren oder die Grünen unterstützten bzw. von den Grünen unterstützt wurden. Sozialdemokraten, die sich in diesem Umfeld engagierten, wurden oft angegriffen in der eigenen Partei. Die Offenheit, die das Godesberger Programm versprach, wurde eingeengt, und der Parteivorsitzende Brandt bemühte sich mit wenig Erfolg darum, die SPD für die neuen Protestbewegungen zu öffnen. Aber für die meisten Anhänger der Friedens- und Antiatomkraftbewegung war die SPD ohnehin spießig, wachstumsfixiert und unbeweglich.

Das Ende des sozialdemokratischen Jahrhunderts

War die SPD also ein Auslaufmodell: erneuerungsunfähig und kaum mehr zu unterscheiden von der parteipolitischen Konkurrenz? In den sechzehn Jahren der Opposition bis 1998 drängte sich dieser Eindruck mitunter auf. Betrachtet man die Politik der Regierung Schröder, dann relativieren sich die Konzepte der sozialdemokratischen Opposition gegen die Kohl-Regierung. Das Projekt Gesellschaftsveränderung hat die Partei längst ad acta gelegt, auch wenn es das Berliner Programm von 1989 noch schmückt. Grob gesagt, unterscheiden sich die politischen Lager vor allem hinsichtlich der Frage, wie wirtschaftliches Wachstum angekurbelt werden kann. Die lautstarken Verteidigungsreden für das Rentensystem sind durch die Rentenpolitik der rot-grünen Regierung lächerlich gemacht worden. Das Gleiche gilt für die Blüm'sche Gesundheitsreform, an der die Sozialdemokraten besonders die Patientenzuzahlung störte; sie wurde etwas reduziert, aber als Prinzip beibehalten. Diese Anmerkungen mögen an dieser Stelle genügen, um die Frage aufzuwerfen, was den eigentlichen Charakter sozialdemokratischer Politik ausmacht.

Der liberale Soziologe Ralf Dahrendorf hat Anfang der achtziger Jahre die These aufgestellt, dass das »sozialdemokratische Jahrhundert« beendet sei. Alle politischen Parteien seien sozialdemokratisch geworden, weil alle Parteien die sozialdemokratischen Themen aufgenommen hätten: Wachstum, Gleichheit, Arbeit, Vernunft, Staat und Internationalismus. Deshalb habe die Sozialdemokratie ihre historische Aufgabe erfüllt. Die Autoren der quasi parteioffiziellen SPD-Geschichte, Susanne Miller und Heinrich Potthoff, halten diese Aussage zwar für verzerrt, glauben aber dennoch, dass sie »Anlass zum Nachdenken« gebe. In der Tat gibt es einige Argumente, die für Dahrendorfs Behauptung sprechen (auch wenn dieser sie unter dem Eindruck der New-Labour-Renaissance in Großbritannien mittlerweile widerrufen hat).

Die Sozialdemokratie begann als revolutionäre Arbeiterpartei. Sie hat diese Identität nie verwirklicht. Als sie es in der deutschen Revolution 1918/19 gekonnt hätte, zeigte sich, dass Reformismus und Revisionismus die Partei längst verändert hatten, auch wenn die Zentristen diese Tatsache im Interesse der Parteieinheit abstritten. Erst 1933 war der Zentrismus am Ende, bekannte sich die Partei zu einer gesellschaftsverändernden Politik. Sie durchzuführen hatte sie keine Gelegenheit. Mit dem Godesberger Programm verabschiedete sie sich vom Marxismus als alleiniger Parteilehre und geistiger Traditionslinie, ohne aber eine neue Tradition begründen zu können. Die Propagierung des demokratischen Sozialismus verlor im Lauf der Jahre an sozialistischem Inhalt. Mittlerweile soll der Begriff »Sozialismus« aus der Programmatik gestrichen werden. Das wäre folgerichtig, legt man die Politik der Partei als Maßstab an. Als identitätsstiftendes Bindemittel hat der demokratische Sozialismus in den Augen bedeutender Teile der Partei ausgedient. Stattdessen soll künftig von der sozialen Demokratie gesprochen werden – ein Vorschlag, den Vertreter des rechten Parteiflügels gemacht haben.

Außer dem Sozialismus kommen der Partei auch die Arbeiter abhanden. Der Anteil der Arbeiter an der erwerbstätigen Bevölkerung sinkt. Die Vorstellung, dass die Arbeiter eine zum Sozialismus strebende Klasse seien, die Totengräber des Kapitalismus, war nie richtig. Aber längst ist sie auch soziologisch als Hokuspokus enttarnt. Die Idealisierung des Arbeiters, die hinter dieser Sozialismusvorstellung steckt, war schon zu Zeiten grotesk, als die Arbeiter ein viel größeres Gewicht in der Gesellschaft hatten. Ihre Interessenvertretungsorgane waren und sind konservativ. Man betrachte die Rolle der Gewerkschaftsvertreter in der Revisionismus- und in der Massenstreikdebatte, am 4. August 1914 oder in der deutschen Revolution, aber auch ihr Versagen beim Kampf gegen die Nazis. Bis vor wenigen Jahren spukte das Idealbild des gesellschaftsverändernden Arbeiters in sozialdemokratischen Köpfen, weil es eine konkrete Ausdrucksform der Heilslehre war, wonach die Arbeiter eine bessere Klasse seien. Die meisten Arbeiter aber waren nie sozialistisch, und sie begriffen ihre Partei, die SPD, als ihre politische Interessenvertretung in der bürgerlichen Gesellschaft. Hier hatte die Arbeiterbewegung viele Erfolge vorzuzeigen. Sie gewann nicht die Macht, aber an Einfluss. Der Sozialstaat Bundesrepublik ist kein Geschenk des Kapitals an die Arbeiter, sondern von diesen erkämpft worden, nicht für den Sozialismus, sondern zum eigenen Vorteil. Aber er brachte auch dem Kapital Vorteile, nämlich stabile soziale Verhältnisse und die Marginalisierung der Linken.

Was bleibt also von der SPD? Ist sie nicht längst überflüssig geworden?

Schröder

Die SPD macht sich überflüssig

Die SPD hat viele Identitätskrisen durchlitten, aber doch immer wieder Identitätsverluste durch Gewinne ausgleichen können. In der Zeit der Regierung Kohl hatte sie ausreichend Gelegenheit, Politik und Programmatik an neue ökonomische und politische Bedingungen anzupassen. Sie korrigierte den Nachrüstungsfehler und empfand sich als Teil der Friedensbewegung. Das schärfte das Profil der Partei, auch wenn viele angesichts der Doppelbeschluss-Vorgeschichte der SPD misstrauten.

Die Partei bemühte sich, das Manko in der Umweltpolitik zu schließen, aber auch bei diesem Thema trabte sie den Grünen hinterher. Man konnte die ökologischen Bemühungen als Versuch werten, der neuen Konkurrenz auf der linken Seite das Wasser abzugraben. In der Tat waren die programmatischen Bemühungen der Partei zwiespältig. Es wurden große Ziele verkündet wie »gerechte Wirtschaftsordnungen«, »ökologisch verantwortliches Wachstum« oder »ökologisch-sozialer Umbau unserer Industriegesellschaft«, aber es fehlten Vorschläge, wie diese Ziele durchzusetzen seien.

»Die Krise der Umwelt ist weltweit. Indem wir sie national angehen, wollen wir das international Notwendige vorantreiben. Der Schutz der natürlichen Lebensgrundlagen ist als Staatsziel in das Grundgesetz aufzunehmen.
Die fortschreitende Zerstörung der Erdatmosphäre, die Vergiftung der Meere und eine drohende Klimakatastrophe, Waldsterben, Grundwasserbelastung, umweltbedingte Krankheiten und die hohen Aussterberaten der Tier- und Pflanzenarten sind die dramatischsten Zeichen einer umfassenden Zerstörung unserer natürlichen Lebensgrundlagen. Der ökolo-

gische Umbau unserer Industriegesellschaft ist zur Frage des Überlebens geworden.
Vor allem die Industriestaaten haben diese Zerstörung ihrer natürlichen Lebensgrundlagen weit vorangetrieben. Mit der Fernwirkung ihrer Produktion und ihres Konsums schädigen sie die Meere, vernichten sie weltweit Tier- und Pflanzenarten und zerstören die Erdatmosphäre.
Deshalb haben die Industriestaaten die Hauptverantwortung und damit die Kosten für die weltweite Wiederherstellung der natürlichen Lebensgrundlagen zu tragen. Sie müssen mit dem ökologischen Umbau ihrer Gesellschaften vorangehen und der Verschwendung von Energie, Rohstoffen und Flächen ein Ende setzen. Sie müssen die Völker der Dritten Welt in die Lage versetzen, ihren Beitrag zur Sicherung der natürlichen Lebensgrundlagen zu leisten.
Für uns gilt die ethische Verpflichtung zum pfleglichen Umgang mit der Natur auch dort, wo kein unmittelbarer Nutzen für die Menschen daraus folgt. Umweltschutz, Naturschutz, Tierschutz sind Teil unserer solidarischen Gesellschaftskonzeption. Ehrfurcht vor dem Leben ist Grundsatz unserer Politik. Die Erhaltung der Natur muss Aufgabe aller Politikbereiche werden.
Gesamtwirtschaftlich ist nichts vernünftig, was ökologisch unvernünftig ist. Ökologie ist kein Zusatz zur Ökonomie. Sie wird zur Basis verantwortlichen Wirtschaftens. Das ökologisch Notwendige muss daher Prinzip auch betriebswirtschaftlichen Handelns werden. Wir dürfen der Natur nur abverlangen, was sie uns ohne nachhaltige Schäden liefert. Wir müssen Güter herstellen und verwenden, die dem Stoffkreislauf der Natur angepasst sind. Dieser ökologische Umbau unserer Wirtschaft reicht von der Produktidee über den Produktionsprozess bis zum Verbrauch und zur Wiedergewinnung genutzter Rohstoffe und zur Schließung stofflicher Kreisläufe. Er erfordert eine ökologische Bewertung der eingesetzten Stoffe, Verbindungen und Verfahren. Er umfasst alle Formen der Energiegewinnung und Energieumwandlung. Schwerpunkte des ökologischen Umbaus müssen Chemie, Verkehrswesen und Landwirtschaft sein.
Die zunehmende Gefährdung unserer Umwelt führt weltweit

zu einer Verschärfung sozialer Ungleichheit. Umso mehr muss der ökologische Umbau sozial gestaltet werden.«

Aus dem Berliner Programm der SPD, 1989

Was führende Kräfte in der Partei von solch hehren Zielen hielten, sagten sie unumwunden. Gerhard Schröder, damals wirtschaftspolitischer Sprecher der SPD, erklärte 1997: »Wir werden damit Schluss machen, dass naturwissenschaftliche und technologische Innovationen zunächst auf ihre Risiken abgeklopft werden, ehe man sich ihren Chancen zuwendet.« Laut Schröder gibt es keine linke oder rechte Wirtschaftspolitik, sondern nur eine gute oder schlechte. Das Gleiche gilt offenbar für die anderen Ressorts, für die es ebenfalls keine sozialdemokratische Politik mehr gibt. Die Frage ist, ob es überhaupt noch sozialdemokratische Politik geben kann. Oder: Macht sich die SPD nicht überflüssig, wenn sie Zielen folgt, die sich in nichts von den Zielen anderer Parteien unterscheiden? Und: Ist eine solche Entwicklung zwangsläufig?

Ankurbeln ist angesagt

Die Rahmenbedingungen der Politik haben sich für alle Parteien dramatisch geändert. Da ist die Globalisierung, wie sie sich vor allem in den Bewegungen des weltweiten Finanzmarkts zeigt. Heute können leichte Schwankungen des wichtigsten US-amerikanischen Aktienindex Dow Jones die Börsen der Welt in Aufregung versetzen. Gigantische Kapitalströme fließen um die Welt, dorthin, wo es die besseren Anlagemöglichkeiten gibt. Die Vision von Marx vom weltumspannenden Kapitalismus, vom Kapital, das auf der Suche nach Profit über Kontinente rast, ist erst heute Wirklichkeit geworden. Die Finanz- und Wirtschaftspolitik der Nationalstaaten stößt in einer eng verflochtenen Weltwirtschaft überall auf Grenzen. Das wirtschaftliche Überleben der Staaten – oder »Standorte«, wie es oft heißt – im weltweiten Wettbewerb hängt scheinbar davon ab, die eigenen *Global-Player* staatlich zu unterstützen. Also niedrigere Steuern, niedrigere Lohnnebenkosten, vermehrter Einsatz der Politik für große Unternehmen. Reist der Kanzler ins Ausland, sind oft Vertreter großer deutscher Konzerne mit an Bord. Wie kein anderer Kanzler zuvor versteht sich Schröder als Lobbyist der Industrie, vor allem der Autohersteller.

Sozialdemokratische Politik zielte immer darauf, Gesellschaft und Wirtschaft zugunsten der Lohnabhängigen und Unterprivilegierten zu verändern. Viele Stichworte ließen sich aufzählen, in denen sich dieses Ziel ausdrückt: Sozialisierung, Wirtschaftsdemokratie, Investitionskontrolle, Investitionslenkung, systemüberwindende Reformen, paritätische Mitbestimmung, um nur einige zu nennen.

Am Ende reduziert sich aber sozialdemokratische Gesellschaftspolitik auf den Anspruch, die Wirtschaft besser anzukurbeln als die parteipolitische Konkurrenz. Die rot-grüne Regierungspolitik unterscheidet sich grundsätzlich durch nichts von der Wirtschaftspolitik ihrer Vorgänger, sie ist allerdings konsequenter bei der Vertretung von Kapitalinteressen. Die Unternehmenssteuerreform hat sogar die optimistischsten Unternehmer überrumpelt. Der Verkauf von Unternehmensbeteiligungen soll steuerfrei sein, aber schon bei einem Steuersatz von zwanzig Prozent hätten die Unternehmer gejubelt. Während die versprochene Bafög-Reform kastriert wird, verschenkt die rot-grüne Regierung Milliarden, vor allem an die Banken. Es war zu lesen, dass allein die Deutsche Bank nun sieben Milliarden Mark an Steuern spart, wenn sie ihre Industriebeteiligungen verkauft. Andere Unternehmen haben den geplanten Verkauf von Beteiligungen vertagt, weil sie die Verabschiedung der Unternehmenssteuerreform abwarten wollen.

Weltweit scheint ein Wettbewerb ausgebrochen zu sein, welcher Staat die eigene Industrie besser alimentiert. Ob »New Labour« oder SPD, ob japanische Konservative oder chinesische Altstalinisten: Ankurbeln ist angesagt. Das Heil der Nationen leitet sich ab vom Heil der nationalen Ökonomien. In der Tat, hier findet sich nichts Sozialdemokratisches mehr. Schröder hat also Recht. SPD-Generalsekretär Franz Müntefering sagte, es blieben immer noch ein paar sozialpolitische Aufgaben übrig für die SPD. Nur: Unterscheidet dieser Anspruch die Partei vom Arbeiternehmerflügel der CDU?

Die SPD verliert nicht allein ihre wirtschaftspolitischen Konturen, sondern genauso ihre klassische Klientel. Der Anteil der Arbeiter an der erwerbstätigen Bevölkerung sinkt, immer mehr lohnabhängig Beschäftigte arbeiten in neuen Sektoren der Wirtschaft und erbringen vor allem Dienstleistungen. Die Industriearbeiterschaft war über Jahrzehnte die soziale Existenzgrundlage der SPD. Die Partei entstand als Interessenvertretung der Arbeiter. In dem Maß, wie sich die Industrie ausweitete und damit die Arbeiterschaft vermehrte, wuchs die SPD. Alle ihre wirtschaftlichen, sozialen und politischen Ziele waren Ziele der Arbeiter. Sie hatte keine darüber hinausgehenden Ziele. Ob Diktatur des Proletariats oder Wirtschaftsdemokratie – stets ging es um Arbeiterinteressen.

Die Arbeiterklasse, das waren die in Fabrikhallen an Montagebändern oder Hochöfen, an Werkbänken oder Produktionsstraßen in großer Zahl auf engem Raum versammelten Handarbeiter, die aufgrund ihrer gleichartigen Lebenssituation gleiche Interessen hatten. Diese Interessen vertraten die Gewerkschaften – gegenüber dem Kapital – und die Partei – gegenüber dem Staat und anderen Parteien. Nun aber hat sich herausgestellt, dass diese Arbeiterklasse, vielleicht noch ein Fünftel der Gesellschaft, in der Sozialpolitik Hervorragendes geschaffen hat, auch für andere soziale Schichten. Aber sie ist kein Fortschrittsfaktor mehr. Sie war nie die soziale Klasse, die die Interessen der gesamten Gesellschaft repräsentierte.

Die Zugewinne an Mitgliedern und Einsichten durch den Aufbruch Ende der sechziger Jahre hatten die SPD bereichert, auch durch neues Konfliktpotential. Aber spätestens unter Kanzler Schmidt war der Aufbruch beendet, und die industrie- und wachstumsbornierte Wirtschafts- und Finanzpolitik trieb jene Teile der Gesellschaft, die sich den neuen Herausforderungen stellten, weg von der SPD, hin zu den Grünen. Die Gründung und die Erfolge dieser Partei drücken zunächst das Versagen der Sozialdemokratie aus. Nicht ohne Grund bekämpften die Sozialdemokraten die auf der Linken erwachsene Konkurrenz viel heftiger als die Konservativen. Die Grünen waren tatsächlich Fleisch vom Fleisch der SPD (heute lässt sich das nicht mehr so eindeutig sagen). Gewinne für die Grünen waren gleichbedeutend mit Verlusten für die SPD.

Unerwartete Chancen für die PDS

Seit der deutschen Einheit wächst zunehmend die PDS in die Rolle des direkten Konkurrenten um die ursprünglich allein der SPD zugerechnete Klientel. Im Osten sind Gewinne für die PDS gleichbedeutend mit Verlusten für die SPD. Die Grünen sind dort mittlerweile bedeutungslos. Die PDS ist für die SPD gefährlicher, als die Grünen es je waren. Die PDS profitiert auch im Westen von der Schröderisierung der SPD, vom Marsch nach rechts. Hinzu kommt, dass die SPD von der PDS massiv auf das gestoßen wird, was der demokratische Sozialismus einmal war. Die Idee der Gesellschaftsveränderung strahlt auch in das sozialdemokratische Lager hinein. Viele sozialdemokratische Wähler werden durch die Politik und die Aussagen der PDS an das erinnert, was SPD-Politik sein müsste. Die Versuche von PDS-Theoretikern, ein Konzept des demokratischen Sozialismus zu erarbeiten, sind weit gediehen und stützen den Anspruch der SED-Nachfolgepartei, die SPD auf dem linken Flügel zu beerben.

Die SPD profitiert in dieser Wettbewerbssituation vor allem von der stalinistischen Tradition der PDS. Zu viele Mitglieder dieser ostdeutschen Volkspartei trauern der DDR nach und betrachten jeden Erfolg der eigenen Partei als Beleg dafür, dass die SED trotz aller »Fehler« am Ende doch Recht gehabt habe. Große Teile der PDS-Mitgliedschaft leben rückwärts gewandt und bilden eine Trauergemeinschaft. Die politische Ostalgie behindert die Glaubwürdigkeit und die politische Entwicklung der PDS. Oft muss die Parteiführung Rücksicht nehmen auf die Bedürfnisse großer Teile der Mitgliedschaft. Nicht zuletzt die Haltung der PDS zur juristischen Vergangenheitsaufarbeitung und zur Tätigkeit der Stasiaktenbehörde zeigt, dass es zur vollständigen Erneuerung der Partei noch ein langer Weg ist. Wenn denn die Erneuerung überhaupt jemals gelingt.

Die Vergangenheitsverhaftung der PDS ist das Glück der Sozialdemokratie. Denn solange die Partei des demokratischen Sozialismus noch stalinistische Züge trägt, kann sich die SPD absetzen. In dem Maß aber, wie die PDS zumindest im Empfinden der Wähler ihren historischen Makel relativiert, kann sie möglicherweise auch im Westen Fuß fassen. Dies hängt aber davon ab, ob die Sozialdemokratie weiterhin den linken Flügel freigibt. Wenn sich der Schröder-Kurs – Ankurbelung der Wirtschaft plus einige Sozialgeschenke als Garnitur – vollends durchsetzt in der SPD und die PDS sich überzeugend erneuern kann, dann haben die demokratischen Sozialisten Chancen, zur gesamtdeutschen linken Partei heranzuwachsen.

Diese Möglichkeit war vor kurzem noch nicht abzusehen und ergab sich vor allem, weil der Richtungsstreit in der SPD zugunsten Schröders entschieden worden ist. Dazu beigetragen hat aber auch die Krise der CDU, die diese Partei für eine geraume Zeit als ernst zu nehmende Konkurrenz ausfallen ließ. Wie wichtig der letztgenannte Faktor ist, zeigen die Warnungen vieler Experten vor SPD-Niederlagen bei den Wahlen in Schleswig-Holstein und in Nordrhein-Westfalen. Hätte die SPD beide Wahlen verloren, dann wäre vermutlich auch das rot-grüne Bündnis zerbrochen. Die Wahlerfolge der Schröder-SPD sind zuerst auf äußere Faktoren zurückzuführen und weniger auf die Bemühungen der Sozialdemokratie, Sozialkosmetik zu betreiben und die herben Regierungsfehler der ersten Monate abzustellen.

Wenn die CDU/CSU aus dem Parteispendenjammertal steigt und die PDS ihr demokratisch-sozialistisches Profil schärfen kann, werden die Symptome der latenten Krise der Sozialdemokratie wieder zu Tage treten. Das ist nur eine Frage der Zeit. Denn Schröders Modernisierung heißt, die SPD von dem zu befreien, was sozialdemokratisch ist. Bedeutete Godesberg die Anerkennung einer gewachsenen politischen und wirtschaftlichen Wirklichkeit unter Beibehaltung der sozialdemokratischen Identität, so bedeutet Schröders Kurs die Aufgabe der sozialdemokratischen Identität zugunsten der Unternehmer, als deren geschäftsführender Kanzler Schröder sich sieht. Schröder personifiziert den Verzicht auf alle gesellschaftlichen Veränderungen, die dem Kapital nicht zumutbar erscheinen. Prototypisch dafür ist der Eiertanz um den Atomausstieg, der den Namen nicht verdient, weil die Genehmigung, Atomkraftwerke noch Jahrzehnte weiter zu betreiben, mit Ausstieg nichts zu tun hat. Selbst bei Grünen ist der Wille der AKW-Betreiber mittlerweile heilig. Die Sozialdemokratie forderte einstmals einen Atomausstieg binnen zehn Jahren, die Grünen sogar den sofortigen Ausstieg. Und heraus kommen rund drei Jahrzehnte. Das haben Kommentatoren als Anerkennung der Realität gefeiert. Ich betrachte es als Kniefall, als Folge einer prototypischen Grundsatzentscheidung, dass nämlich der Schröder-Regierung die deutschen Großunternehmen näher sind als Forderungen sozialdemokratischer Grundsatzprogramme.

Als Vodafone Airtouch mit Mannesmann fusionierte, hat Schröder erklärt, man müsse künftig deutsche Unternehmen besser gegen solche Übernahmen schützen. Er hat nicht gesagt, dass man Unternehmen anderer Länder gegen Übernahmen durch deutsche Konzerne schützen müsse. In der globalisierten Welt gefallen sich Teile der Sozialdemokratie in der Verteidigung der eigenen Multis gegen andere Multis. Man hat ohnehin den Eindruck, dass deutsche Unternehmen direkt mitregieren. Das hat sich jedenfalls am Beispiel der EU-Altautoverordnung gezeigt, als ein Telefonanruf von VW-Chef Ferdinand Piëch dem Kanzler genügte, um den eigenen Umweltminister, Jürgen Trittin, zu desavouieren, weil dieser einen bereits fertigen Beschluss gegen seine EU-Kollegen platzen lassen musste. Das ist der alte Nationalismus im globalisierten Gewand. Er wird nur neu begründet: mit Arbeitsplätzen, pardon, mit *deutschen* Arbeitsplätzen. So direkt hat sich noch kein Kanzler als Lobbyist betätigt.

Das Papier mit Tony Blair

Dieser Kurs nationaler Wirtschaftsförderung beruht auf dem Irrglauben, dass die Unternehmen möglichst große Gewinne machen müssen, damit Arbeitsplätze abfallen. Eigentlich hat die neue Bundesregierung auch nur ein Ziel, obwohl es um andere Fragen hin und wieder Spektakel gibt. Sie will Arbeitsplätze schaffen. Das ist löblich, aber eindimensional gedacht. Denn die deutschen Unternehmen reinvestieren einen großen Teil ihrer Gewinne in Arbeitsproduktivität. Mehr Arbeitsproduktivität aber heißt weniger Arbeitsplätze. Die Sozialdemokraten haben laut eigenem Eingeständnis die Rentner betrogen, um die Lohnnebenkosten um ein paar Zehntelprozent zu senken. Wenige Monate später legten sie eine Unternehmenssteuerreform auf den Tisch, die besonders Großunternehmen Milliarden schenkt. Jeder weiß, was eine sozialdemokratische Opposition gesagt hätte, wenn eine christlich-liberale Regierung ein solches Konzept vorgeschlagen hätte.

Schröder hat sich bemüht, seinen Kurs theoretisch zu begründen. Dazu holte er sich die Hilfe des britischen Premiers und New-Labour-Chefs Tony Blair. Offenbar sieht er in dessen unternehmerfreundlichen Politik ein Vorbild. Auch hätte man in der deutschen Sozialdemokratie Schröder allein als Parteitheoretiker wohl weniger ernst genommen. Die beiden Parteichefs ließen kurz vor der letzten Europawahl, im Juni 1999, ein Papier schreiben, in dem Schröder und Blair nichts weniger versuchen, als die Grundsätze der Sozialdemokratie in nebligen Worten zur Disposition zu stellen (siehe Anhang). Und doch gibt es in einigen Punkten Klartext, es sind die Themen, die den Autoren wichtig sind. Nach einem Pflichtbekenntnis zu sozialdemokratischen Werten – ohne spätere konkrete Anwendung – folgt ein entscheidender Satz, das Leitprinzip der Schröderisierung der SPD:

»Wir müssen unsere Politik in einem neuen, auf den heutigen Stand gebrachten wirtschaftlichen Rahmen betreiben, innerhalb dessen der Staat die Wirtschaft nach Kräften fördert, sich aber nie als Ersatz für die Wirtschaft betrachtet. Die Steuerungsfunktion von Märkten muss durch die Politik ergänzt und verbessert, nicht aber behindert werden.«

Ein solcher Satz könnte auch in einem Grundsatzprogramm der FDP oder CDU stehen, FDP-Generalsekretär Guido Westerwelle reklamierte nicht grundlos die geistige Urheberschaft für die Aussagen des Schröder/Blair-Papiers für seine Partei. In der Tat, was ist daran sozialdemokratisch? Genauso wenig sozialdemokratisch ist das Bekenntnis des Papiers zu »stabilem Wachstum« oder zur Befreiung der Unternehmer von gesetzlichen Auflagen. Das ganze Papier liest sich so, als hätte es in Europa keine Diskussion über Grenzen des Wachstums und ökologische Bedrohungen gegeben.

Der einstige konservative Umweltminister Klaus Töpfer, heute Generaldirektor des UN-Umweltprogramms, hat jüngst erklärt, wir lebten bereits in der Phase weltweiter Klimaerwärmung. Nun ist also passiert, wovor nicht nur radikale Ökologen seit Jahrzehnten gewarnt haben, und Schröder unterschreibt ein Papier, in dem von Ökologie nicht ernsthaft die Rede ist – sieht man von nebulösen Sprüchen ab wie »ökologische Nachhaltigkeit«. Die CDU beklagt sich, dass Schröder Unternehmer feiere wie Stars, und sie hat in diesem Punkt Recht.

Modern?

Es mag Gründe geben, auf Wachstum zu setzen und darauf, dass das Kapital sich maximal verwertet. Das sind klassische Forderungen konservativer und neoliberaler Kräfte. Ihre Verwirklichung hat in das Ökodesaster geführt, in dem wir leben, auch wenn wir es nicht wahrhaben wollen. Früher haben diese politischen Kräfte die Gefahr des Treibhauseffekts dementiert und von Panikmache gesprochen. Obwohl sie widerlegt sind, ignorieren sie die Gebote der Ökologie weiterhin. Die Aufgabe einer modernen sozialdemokratischen Politik bestünde darin, die Industriegesellschaft an die ökologischen Bedingungen anzupassen, statt weiterhin auf größtmögliches Wachstum zu setzen. Dennoch lassen Schröder und Blair schreiben:

»In einer Welt immer rascherer Globalisierung und wissenschaftlicher Veränderungen müssen wir Bedingungen schaffen, in denen bestehende Unternehmen prosperieren und sich entwickeln und neue Unternehmen entstehen und wachsen können.«

Früher hieß es: »Was gut ist für Ford, ist gut für Amerika.« Heute heißt es: »Was gut ist für VW, ist gut für Deutschland.« Man mag das glauben, aber man soll nicht behaupten, das sei modern. Schröders Modernisierung ist gleichbedeutend mit der Übernahme wirtschaftsliberaler Rezepte durch die SPD. Diese Mitte ist uralt. Und sie ist geistig so attraktiv wie ein trockenes Brötchen. Der britische *Economist* schrieb über Blairs »Dritten Weg«: »Es mag eine armselige Ideologie sein, als ein Stück Politik aber muss man den Dritten Weg verstehen.« So wie Schröder den Begriff »Neue Mitte« nicht erfunden, sondern bei Willy Brandt entwendet hat – ohne den Urheber zu nennen, wie auch der Satz, dass die SPD-geführte Regierung nicht alles anders, aber vieles besser machen werde, von Brandt stammt –, so hat auch Blair nichts Originelles hervorgebracht: Von einem dritten Weg sprachen schon diverse Strömungen vor ihm. Blair versteht darunter einen Weg jenseits von links und rechts, auch das ist kalter Kaffee. Die Etiketten sind so alt wie das, was sich hinter ihnen verbirgt. Aber warum erregt es dann soviel Aufsehen?

Dies hat wenigstens drei Gründe: Erstens ahnt die politische

Öffentlichkeit in weit höherem Maß, als es die Protagonisten eingestehen wollen, dass es um das Schicksal der Sozialdemokratie geht, um das Überleben der ältesten politischen Kraft in Deutschland. Das ist nicht ausgesprochen, liegt aber auf der Zunge. Schröder schneidet den roten Faden der SPD durch, er verwandelt die Partei in eine Vereinigung mit wirtschaftsliberalen Maximen, die am 1. Mai ihrer glorreichen Tradition gedenken darf. Die Öffentlichkeit fragt sich: Gelingt es Schröder, die SPD von ihren vermeintlich veralteten Inhalten zu befreien, und was setzt er an deren Stelle? Zweitens hat die Mediengesellschaft die Bürger bereits in so hohem Maß entpolitisiert, dass sich der Betrachter die Augen reibt angesichts eines ideologischen Vorstoßes, dessen erste Botschaft es ist, nicht ideologisch sein zu wollen. Die Gehalte dieser Botschaft sind so simpel, dass mancher TV-geschädigte Beobachter sich einbilden mag, er nehme an einer inhaltlichen Debatte teil. Drittens interessiert die Öffentlichkeit die *Soap-Opera*, die sich da als inhaltliche Debatte verkauft: Kann der Kanzler die Linken abwehren, den bösen Detlev von Larcher, der finster nach neuen Steuern ruft? Oder triumphiert die moderne SPD, deren neues Programm auch in der Langfassung in einem TV-Spot zu verpacken ist?

Die Schwierigkeit besteht nur darin, dass die »neue SPD« keine mehr ist, dass sie die identitätsbegründenden Unterschiede zu anderen politischen Parteien aufgibt. Dies wiegt umso schwerer, als die sozialen Unterschiede zwischen den beiden – im Osten drei – großen Parteien schwinden. Eine SPD mit einer ähnlichen sozialen Zusammensetzung wie die CDU macht eine ähnliche Politik. Zu was braucht es da eine SPD? Deren Sinn reduziert sich so auf Marginalien: darauf, dass viele Deutsche Schröder für einen besseren Kanzler halten als die potentiellen Konkurrenten. Darauf, dass die CDU in einer Glaubwürdigkeitskrise steckt und vor allem in Neufünfland viele Menschen enttäuscht hat. Darauf, dass viele Deutsche der SPD die Prämissen ihrer Konsolidierungspolitik glauben. Diese Faktoren sind aber zeitlich befristet, und damit ist die Entwicklung der SPD von Verfallsdaten bedroht.

Am Ende steht als stabilisierender Faktor das, was als Tradition verächtlich gemacht worden ist und was die Partei auch dann stützen kann, wenn alle neu-mittigen Seifenblasen geplatzt sind. Schröders Politik lebt vom Konjunkturaufschwung, den er nicht hervorgebracht hat, obwohl er dies behauptet hat – der Wirtschaftsaufschwung geschieht in ganz Westeuropa, auch dort, wo Schröder nicht Bundeskanzler werden wollte. So sicher wie das Amen in der Kirche wird dem Aufschwung der Abschwung folgen, vielleicht verbunden mit einem Crash an den überhitzten Weltbörsen. Und was ist dann mit Neuer Mitte und Drittem Weg, mit dem heiligen Versprechen, neue Arbeitsplätze zu schaffen?

Die Schröderisierung ist gleichbedeutend mit dem Verzicht, die Gesellschaft gegen die Interessen der Unternehmer zu verändern. Stattdessen unterwerfen sich Politik und Gesellschaft den Verwertungsbedingungen des Kapitals und hoffen als Gegenleistung auf Arbeitsplätze und Wohlstand. Es ist der Abschied von der Politik, an deren Stelle tritt die Verwaltung der Geschäftsinteressen der Industrie.

Umverteilung zugunsten der Reichen

Der politische Kampf für soziale Gerechtigkeit verkommt in der Schröder-Ära zur Sozialpolitik, deren Grenzen durch die Möglichkeiten des Staatshaushalts bestimmt werden. Sozialdemokratische Politik war einmal Umverteilungspolitik, der Versuch, die Einkommensströme in Deutschland zugunsten der Ärmeren zu steuern. Die Verteilung des Reichtums wird aber in den Staaten, in denen New Labour, New Democrats oder die Schröder-SPD regieren, immer ungerechter. Exorbitanten Unternehmensgewinnen, Kursexplosionen an der Börse, der gefährlichen Verselbstständigung der Finanzmärkte von den Nationalökonomien stehen immer mehr Menschen gegenüber, die den Verlust ihrer Arbeitsplätze befürchten und die bereits seit Jahren auf reale Lohnerhöhungen verzichten. In einer Studie in *Politik und Gesellschaft*, einer Publikation der Friedrich-Ebert-Stiftung, heißt es dazu für den Zeitraum 1980 bis 1997 lapidar:

»Seit 1980 ist es zur stärksten Umverteilung von den Löhnen zu den Gesamtgewinnen seit 1945 gekommen, wobei die Lohnquote in den europäischen Industrieländern deutlich stärker sank als in den USA; anders ausgedrückt: das Wachstum der Reallöhne blieb in Europa stärker hinter jenem der Arbeitsproduktivität zurück (der ›real wage gap‹ sank stärker) als in den USA.«

Und zum Dauerbrenner Lohnnebenkosten (die über die so genannte Ökosteuer verringert werden) steht in besagter Studie nicht minder klar:

»Die Verbilligung des Faktors Arbeit relativ zum Faktor Realkapital (sinkender ›real wage gap‹ bei steigenden Realzinsen) konnte die Unternehmer nicht zu einer relativ arbeitsintensiveren Produktionsweise veranlassen. Im Gegenteil: Nicht zuletzt wegen der wachsenden Einsatzmöglichkeit der Mikroelektronik nahm die Bedeutung von Rationalisierungsinvestitionen immer mehr zu. Denn im Gegensatz zu den Annahmen der neoliberalen Theorie wird das Einsatzverhältnis von Kapital und Arbeit (Kapitalintensität) nicht von den relativen Faktorpreisen bestimmt, sondern vom prozesstechnischen Fortschritt (gewissermaßen von den Ingenieuren), und dieser ist irreversibel: Ist eine bestimmte Produktionstechnik und damit eine bestimmte Kapitalausstattung je Arbeitsplatz einmal implementiert, so wird eine relative Lohnsenkung keine Rückkehr zu einem früher verwendeten, relativ arbeitsintensiveren Verfahren bewirken, da dieses nunmehr technisch überholt ist. Obwohl Arbeit relativ zu Kapital billiger wurde und es überdies keine den ›Ölpreisschocks‹ vergleichbare weltwirtschaftlichen Turbulenzen gab, stieg die Arbeitslosigkeit in Europa viel stärker als in den siebziger Jahren; nicht zuletzt wegen des Anstiegs der Finanzkapitalrendite (Zins) stieg auch die Renditenansprüchlichkeit des Realkapitals (›shareholder value‹), Investitionen konzentrierten sich deshalb immer mehr auf Rationalisierungen. Dadurch wurden zwar erhebliche Steigerungen der Arbeitsproduktivität pro Stunde und damit auch wachsende Reallöhne ermöglicht, bei gedämpftem Wirtschaftswachstum nahm aber gleichzeitig auch die Arbeitslosigkeit zu. In den USA blieb die Arbeitslosigkeit etwa konstant; neue Jobs entstanden allerdings in den achtziger Jahren primär im Bereich jener Dienstleistungen, deren Erstellung nur geringe Qualifikationen erfordert (›Mac Jobs‹): dementsprechend stagnierten Arbeitsproduktivität und Reallöhne, gleichzeitig wurden die ›working poor‹ zu einem immer größeren sozialen Problem.«

Der Leser möge mir die beiden langen Zitate verzeihen, sie sind wichtig. In Kürze sagen sie zwei Dinge: Erstens wächst der gesellschaftliche Reichtum zugunsten der Unternehmen, die Arbeiter und

Angestellten werden relativ ärmer. Zweitens ist eine Politik, die allein auf die Verbesserung der Kapitalverwertungsbedingungen zielt, nicht geeignet, dauerhaft Vollbeschäftigung zu erreichen. Sie mag mehr Arbeitsplätze schaffen, wenn die Wachstumsrate die Steigerung der Arbeitsproduktivität deutlich und dauerhaft überholt, aber dies ist nach allen bisherigen Erfahrungen nicht vorstellbar. In Wahrheit ist die Steigerung der Arbeitsproduktivität die Triebkraft des Wachstums. Neues Wachstum und neue Gewinne schlagen sich wiederum in Investitionen für höhere Arbeitsproduktivität nieder, das heißt heute: in Chips. Natürlich schaffen auch Rationalisierungsmaßnahmen neue Arbeitsplätze, vor allem in High-Tech-Unternehmen. Aber in ihrer Konsequenz spart Rationalisierung menschliche Arbeitskraft ein. Menschliche Arbeitskraft kann Mikroelektronik nicht ersetzen, diese aber ist die Lokomotive der Arbeitsproduktivität. Sicher ist bei dieser Politik nur eines: dass die Unternehmen und ihre Eigentümer noch reicher werden, als sie es ohnehin schon sind. Und dies ist politisch auch gewollt, weil sich moderne Sozialdemokraten vom Reichtum der Reichen Arbeitsplätze versprechen. Obszön wird die Sache aber, wenn man bedenkt, dass gleichzeitig Arbeitslose, Rentner und andere sozial Schwache stärker belastet werden.

Hinzu kommt noch ein anderes Phänomen: Bei der heutigen Sozialpolitik wird vor allem auf die Ausgabenseite gesehen, kaum auf die Einnahmenseite des Staatshaushalts. Nach wie vor haben Unternehmer erhebliche Möglichkeiten, ihre Steuerschuld zu drücken. Ein Architekt mit einem Jahreseinkommen von 800 000 Mark bezahlte bei Ausschöpfung aller Abschreibungsmöglichkeiten 1998 keinen Pfennig Steuern – das ist die Variante Kohl/Waigel. Derselbe Architekt zahlt seit 1999 immerhin 156 638 Mark Steuern, etwa zwanzig Prozent. Das ist immer noch lächerlich wenig. Dieser Architekt zahlt natürlich keine Sozialversicherungsbeiträge. Insgesamt wird er anteilig geringer belastet als ein durchschnittlich verdienender Angestellter.

Schröder personifiziert den Verzicht auf die Umverteilung des gesellschaftlichen Reichtums zugunsten von Arbeitern und Angestellten. Stattdessen werden im Zeichen des *Shareholder-Value* die Aktionäre und Unternehmen bereichert, damit die deutschen *Global-Player* im weltweiten Konkurrenzkampf noch besser dastehen als ohnehin schon. Man betrachte den Deutschen Aktien-Index

(DAX), der die dreißig wichtigsten deutschen Aktiengesellschaften aufführt, und die Gewinnentwicklung dieser Unternehmen: Jedes Jahr weniger als fünfzehn Prozent plus empfinden die allgewaltigen Aktienanalysten als Katastrophe – für die Anleger. Es ist ja nicht so, dass die angeblich zu hohen Lohnnebenkosten und die Steuerbelastung die Unternehmen wirtschaftlich bedrohen, viele der ganz Großen melden Jahr für Jahr Rekordumsätze und Rekordgewinne. Die Steuerreform der Bundesregierung bedeutet trotzdem, dass die Unternehmen nur noch 25 Prozent Körperschaftssteuer bezahlen. Offenbar geht es dem Staatshaushalt doch nicht so schlecht.

Es ging ihm nie zu schlecht, um Krieg zu führen. Der Golfkrieg 1990/91 kostete den deutschen Steuerzahler mehr als siebzehn Milliarden Mark – Geld, dass es für soziale Zwecke nicht gab. Der Jugoslawienkrieg kostete mehrere Milliarden (leider gab es bis zum Redaktionsschluss dieses Buches keine verbindliche Angabe), während Finanzminister Hans Eichel sich mit der Rentenkürzung beschäftigte. Für den Krieg war genug Geld da, für den Frieden aber reicht es nicht mehr. Der deutsche Vier-Sterne-General Klaus Reinhardt, von Oktober 1999 bis April 2000 Chef der NATO-Truppen im Kosovo, hält es für »abenteuerlich dumm«, dass die Regierungen der westlichen Allianz im Frühjahr 1999 ein Vielfaches der im Frieden zur Verfügung stehenden Mittel aufgebracht hätten, um Serbien zum Einlenken zu bomben. »Doch jetzt, wo es um den Wiederaufbau geht, fehlen sie«, erklärte der General der Zeitschrift *Die Woche*. Mit 125 Millionen Mark habe das gesamte Budget der Vereinten Nationen für den Wiederaufbau des Kosovo im vergangenen Jahr ein Viertel dessen betragen, was »die NATO an einem Tag verbombt hat«. Diese Äußerung lässt sich in einem Satz zusammenfassen: Wo die Fahne flattert, ist der Verstand in der Trompete.

Der sozialdemokratische Krieg

Die Genossinnen und Genossen in meinem Ortsverein waren mit großer Mehrheit gegen den Krieg der NATO gegen Jugoslawien. Der Krieg brach das Völkerrecht. Er hat die Vertreibungen und sonstigen Gewalttaten der serbischen Milizen gegen die Kosovo-

Albaner verschärft. Er hat zivile Opfer gefordert und vor allem in seiner Endphase keineswegs nur militärische Ziele zerstört – die zivile Infrastruktur Serbiens ist nachhaltig geschädigt. Er hat bewirkt, dass mehr als 100 000 Kosovo-Serben und zahlreiche andere Minderheiten vertrieben wurden, die gewalttätigen Übergriffe und Morde sind nicht gezählt. Im Kosovo werden nach wie vor massive Menschenrechtsverletzungen begangen, diesmal an einem anderen Bevölkerungsteil. Leider ist offizielle Empörung darüber nicht zu hören.

Gestern, am 9. Februar 2000, besuchte der sozialdemokratische Verteidigungsminister eine Schule im schleswig-holsteinischen Städtchen Bargteheide (zwischen Lübeck und Hamburg) und diskutierte mit Schülern. Natürlich wurde er zum Jugoslawienkrieg befragt. Scharping erklärte, es gebe nun mal »keinen gerechten Krieg und auch keinen Krieg, in dem nur die Ziele getroffen werden, die man treffen will«. Auf den Tschetschenienkrieg der Russen angesprochen, sagte er: »Die eingesetzten Mittel und die Folgen für die Zivilbevölkerung sind aber nicht akzeptabel.«

Ich erinnere mich noch gut an den Rudolf Scharping, der im Bundestag und auf Pressekonferenzen Bilder von Opfern hochhielt, auf einem sollte sogar ein KZ abgebildet sein (es wurde nie gefunden). Ich erinnere mich noch der lauten Empörung über die Verbrechen des jugoslawischen Präsidenten Slobodan Milosevic, in der Tat eine der ekelhaften Gestalten unserer Zeit. Ich frage mich aber, was war die Empörung wert, wenn der Vernichtungskrieg gegen die Tschetschenen eine vergleichbare Entrüstung nicht hervorbringt? Als wäre das, was die Russen getan haben, auch nur annähernd mit Terroristenbekämpfung zu vergleichen. Es sei denn, jeder Tschetschene wäre ein Terrorist.

In Wahrheit gab es selten besser vergleichbare Kriege als den Jelzins und Putins gegen die Tschetschenen und Milosevic' gegen die Kosovo-Albaner. In beiden Fällen ging es um Territorien, die sich der Zentralgewalt widersetzten, und in beiden Fällen hatte dies lange historische Wurzeln. In beiden Fällen denunzierte die Zentralgewalt die widerstrebenden Kräften als terroristisch. In beiden Fällen gab es terroristische Übergriffe gegen die Zentralgewalt (zur Geschichte des Jugoslawienkriegs gehören die Terroranschläge der Kosovo-Befreiungsarmee UCK gegen serbische Einrichtungen im

Kosovo; der Vorwand für den letzten Tschetschenienkrieg – Bomben in russischen Wohngebäuden – ist dagegen eher dubios). Keiner zweifelt aber daran, dass das russische Militär sich für die Niederlage im ersten Tschetschenienkrieg revanchieren wollte. Im Kosovo wie in Tschetschenien überstieg die »Reaktion« auf tatsächlichen oder angeblichen Terror die Verhältnismäßigkeit der Mittel erheblich, wobei die Zerstörungswut der russischen Militärs die der serbischen Mordbanden in den Schatten stellte.

Was die beiden Kriege aber unterscheidet, ist der Umstand, dass Russland eine Atommacht ist und Jugoslawien nicht. Dies allein hat bewirkt, dass deutsche Sozialdemokraten mit den einen Opfern weniger Mitleid bekunden als mit den anderen, dass sie im einen Fall moralisch überschäumen, im anderen Fall milde die Übertreibung tadeln, ohne die Worte »Völkerrecht« oder »Menschenrechte« in den Mund zu nehmen, von »Auschwitz« ganz zu schweigen.

In Wahrheit war der Rechtfertigungszwang die Triebkraft der schäumenden Anklagen gegen Milosevic, nicht die Moral. Denn wenn es die Moral gewesen wäre, dann müssten Schröder, Scharping und natürlich Fischer angesichts des Massenmords in Tschetschenien genauso schäumen. Stattdessen beschränkten sie sich auf Smalltalk mit den russischen Sicherheitspartnern, die angekündigt haben, ihren Rüstungsetat um fünfzig Prozent zu erhöhen. Eine Moral aber, die geteilt wird und nur dazu dient, dem eigenen Handeln höhere Weihen zu verleihen, ist Unmoral.

Die sicherheitspolitische Modernisierung der Sozialdemokratie sieht genauso aus wie die sozialpolitische und wirtschaftspolitische: Die Partei passt sich den Gegebenheiten an. Die sind in der Sicherheitspolitik aber geprägt durch die Interessen der Weltmacht USA. Moral spielt in deren Kalkül nur eine beiläufige Rolle, und die Amerikaner machen daraus kein Hehl. Dass die rot-grüne Bundesregierung die US-Politik moralisch aufwertet, hat nichts mit Moral zu tun, sondern mit der Notwendigkeit, diesen Schwenk der eigenen Partei wie der Öffentlichkeit zu erklären. Nachdem die SPD jahrzehntelang gezögert hat, sich auch nur zu Blauhelmeinsätzen zu bekennen, akzeptierte die Koalition zweier Friedensparteien nicht nur einen Krieg, sondern auch die Vorbereitung auf die nächsten. Als die Bomben auf Jugoslawien fielen, gab sich die NATO das Recht, in eigener Souveränität zu entscheiden, ob sie militärisch in fremden Staaten interveniert. Sie hat im Jugoslawienkrieg auf das Mandat der UNO verzichtet, und sie hat erklärt, dass sie auch künftig ein solches Mandat nicht benötigt. Damit ist der Weg frei für künftige Interventionskriege, aus welchen Gründen auch immer. Diese Perspektive widerspricht allem, was die Sozialdemokratie jemals programmatisch formuliert hat. Statt auf die Überwindung der Militärbündnisse setzt die Parteiführung nun auf die Kriegsfähigkeit der NATO.

Viele Genossinnen und Genossen in Lübeck spüren, dass die SPD auf dem Weg ist, auch in der Friedenspolitik ihre Identität aufzugeben. Deshalb haben sie als Signal einen friedenspolitischen Antrag für den Kreisparteitag am 11. März 2000 vorbereitet (an dessen Formulierung ich mitgewirkt habe):

Antrag an den Kreisparteitag der SPD Lübeck

Antragsteller: Arbeitskreis Friedens- und Sicherheitspolitik, OV* Altstadt, OV Brolingplatz/Waisenhof
Weiterleitung an Bundes- und Landesparteitag

Friedenspolitik

Der ordentliche SPD-Kreisparteitag am 11. März 2000 möge beschließen:

1. Kriege und gewalttätige Auseinandersetzungen haben ihre Ursachen besonders in Armut und Elend. Daher muss die Politik der SPD dazu beitragen, überall Armut und Elend zu beseitigen. Gewalt entsteht auch, wenn politische Gruppen oder Diktatoren nicht bereit sind, ihre Macht durch freie Wahlen zu legitimieren und sie bei einer Wahlniederlage wieder abzugeben. Die Sozialdemokratie hat die Aufgabe, demokratische Oppositionskräfte in undemokratisch regierten Ländern zu unterstützen.
2. Die SPD muss eine Politik betreiben, die darauf gerichtet ist, Konflikte rechtzeitig zu erkennen. Sie muss überall für

* OV: Ortsverein

soziale Gerechtigkeit eintreten. Dazu zählt vor allem, dass über die Bekämpfung von wirtschaftlicher Ungleichheit hinaus Menschen in die Lage versetzt werden, ihre Fähigkeiten zu entfalten und in ihren Gesellschaften gleichberechtigt mitzubestimmen. Deshalb müssen besonders in armen Ländern Bildung und Ausbildung gefördert werden. Die dafür vorgesehenen Mittel im Bundesministerium für wirtschaftliche Zusammenarbeit und Entwicklung sind zu erhöhen.

3. Die Politik der SPD muss weltweit alle Bestrebungen fördern, die es anderen Völkern ermöglichen, ihre Rohstoffe selbst zu nutzen und zu vermarkten. Übergriffe auf andere Völker unter Berufung auf übergeordnete nationale oder Bündnisinteressen lehnt die SPD ab.
4. Die SPD unterstützt eine Reform der Vereinten Nationen in dem Sinn, dass diese einen wesentlichen Beitrag zur Früherkennung von Konflikten leisten können, um friedliche Lösungen zu fördern.
5. Die SPD lehnt die Selbstmandatierung der NATO ab. Die NATO-Richtlinien sind dementsprechend zu verändern. Die NATO muss auch weiterhin ausschließlich der Verteidigung ihrer Mitglieder dienen. Die SPD setzt sich dafür ein, die NATO zu überwinden zugunsten der OSZE, die im Rahmen der sicherheitspolitischen Architektur der UNO den Frieden in Europa zu gewährleisten hat. Allein die UNO darf friedenssichernde Maßnahmen veranlassen.
6. Zum Schutz gegen Völkermord muss die Sozialdemokratie alles daransetzen, den Internationalen Gerichtshof in Den Haag zu stärken.
7. Die Sozialdemokraten lehnen Rüstungsexporte ab. Sie kämpfen dafür, dass Rüstungsexporte international geächtet werden. Sie sorgen dafür, dass Deutschland keine Rüstungsgüter mehr ausführt, um mit gutem Beispiel voranzugehen.
8. Die SPD ist die Partei der Abrüstung. Sie setzt sich dafür ein, dass weltweit weitere Schritte unternommen werden für eine massive Abrüstung bei konventionellen wie bei Atomwaffen.
9. Auch Großmächte sind an die Normen des Völkerrechts

gebunden. Die SPD fordert die UNO, die Weltbank, den Internationalen Währungsfonds und EU auf, konkrete Maßnahmen gegen Russland zu ergreifen, damit der Tschetschenienkrieg beendet wird. Der Internationale Gerichtshof in Den Haag ist aufzufordern, Kriegsverbrechen in Tschetschenien zu untersuchen.

10. Der Kreisparteitag fordert die Bundesregierung auf, eine Kommission einzurichten, die die Ergebnisse des Kosovokriegs auswertet. Die Auswertung sollte erfolgen in Hinsicht auf völkerrechtliche, wirtschaftliche, politische und militärische Kriterien.

Begründung:
Frieden ist mit militärischen Mitteln nicht zu erreichen. Der Jugoslawienkrieg hat zwar bewirkt, dass Serben im Kosovo Albaner nicht mehr ermorden, vergewaltigen und vertreiben. Er hat aber zivile Opfer gefordert und enorme Sachschäden angerichtet. Und er hat es Albanern im Kosovo ermöglicht, nun Serben und andere Minderheiten zu ermorden und zu vertreiben. Nicht zuletzt hat der Krieg der NATO das Völkerrecht gebrochen und damit einen gefährlichen Präzedenzfall geschaffen. Die NATO hat Russland ermutigt, zum zweiten Mal innerhalb kurzer Zeit Krieg gegen Tschetschenien zu führen. Dieser Krieg verstößt nicht weniger gegen die Menschenrechte als die Übergriffe Milosevics gegen die albanische Bevölkerung im Kosovo.
Friedenspolitik ist ein ureigenes sozialdemokratisches Anliegen. Unsere Aufgabe ist es, Strukturen zu fördern, die die Beziehungen der Völker und Staaten verbessern und Kriege unmöglich machen. Dazu haben die SPD und die rot-grüne Bundesregierung bisher zu wenig beigetragen.

Antrag Lübecker Sozialdemokraten, Februar 2000; er wurde auf dem Kreisparteitag im März an die Ortsvereine verwiesen, also zweitklassig beerdigt.

Kugel am Bein

Neben der sozialen Gerechtigkeit war die Friedenspolitik die zweite identitätsstiftende Kontinuitätslinie der Sozialdemokratie. 1870 protestierten August Bebel und Wilhelm Liebknecht gegen den preußisch-deutschen Krieg gegen Frankreich. Im Jahr darauf solidarisierten sie sich mit der Kommune, die mit deutscher Unterstützung niedergeschlagen wurde. Der 4. August 1914 bedeutete eine Katastrophe, auch für die Sozialdemokratie. Die Zustimmung zu den Kriegskrediten spaltete die Partei und die Arbeiterbewegung; eine Folge davon waren die hasserfüllten Auseinandersetzungen zwischen Sozialdemokraten und Kommunisten in der Weimarer Zeit. Die Zustimmung zu Hitlers Friedensresolution 1933 empfanden viele Zeitgenossen als Kotau vor dem Diktator, als Angebot, für die Legalität der Partei jeden Preis zu bezahlen. Unterwerfung erzeugt Verachtung. Der Kampf der SPD gegen die Wiederaufrüstung Deutschlands in den fünfziger Jahren brachte ihr Anerkennung weit über die Mitglieder hinaus. Helmut Schmidts Initiative für eine Nachrüstung dagegen stürzte die Partei in eine Krise, die im Machtverlust endete.

Die Integration der SPD-geführten Bundesrepublik in die neue Strategie der NATO droht die friedenspolitische Identität der Partei ganz zu zerstören, nachdem der Jugoslawienkrieg bereits für innerparteiliche Eruptionen gesorgt hat, die noch lange nachbeben werden. An der Basis der Partei wird Unzufriedenheit laut gegen diesen neuen Kurs. Je höher aber die Gremien, umso gedämpfter der Widerspruch. Es ist das alte Spiel: Die Partei ist an der Regierung, und viele stellen die Machterhaltung über die Kritik an der Sicherheitspolitik von Schröder, Scharping und Fischer.

Beim Jugoslawienkrieg ging es auch darum, dass deutsche Politiker endlich wieder ohne Einschränkung gleichberechtigt neben den anderen Führern der westlichen Allianz agieren wollen. Sie empfinden die deutsche Geschichte und die sich daraus ableitende Verpflichtung zur Friedenspolitik als Kugel am Bein. Wir haben es nämlich mit Aufsteigern zu tun, Leuten, die die einfachen Verhältnisse, aus denen sie stammen, vor sich her tragen, um aller Welt zu zeigen, wie weit sie es gebracht haben. Sie wollen die Möglichkeiten, die sich ihnen auftun, ausschöpfen. Sie erstarren umso mehr vor den Insignien der Macht, je mehr sie selbst Macht haben – man betrachte nur Joschka Fischers Unterwürfigkeit gegenüber der US-Außenministerin Madeleine Albright.

Schröder konnte am Anfang seiner Kanzlerschaft sein Glück nicht fassen und musste es aller Welt via Medien kundtun, dass er, der Junge vom Lande, Bundeskanzler ist. Was für eine tolle Meinung die beiden neuen Stars der deutschen Politik von sich selbst haben, erlebte man, als beide begannen, sich schick einzukleiden. Die peinlichen Modelfotos sind keine Ausrutscher, sondern Indiz dafür, dass Schröder wie Fischer die Parteien für den persönlichen Aufstieg missbraucht haben. Zur Entlastung beider sei gesagt: Nur Parteien, denen die Identität bereits weitgehend genommen wurde, lassen sich missbrauchen und klammern sich an vermeintliche Hoffnungsträger, weil sie andere Hoffnungen nicht mehr haben. Insofern sind Schröder und Fischer die folgerichtige Fortschreibung der Geschichte ihrer Parteien.

Die Grünen haben dabei trotz aller Krisen vielleicht die besseren Überlebenschancen. Ihre Klientel entstammt weitgehend den Mittelschichten, so mag es sein, dass die Grünen in Westdeutschland teilweise oder ganz die FDP beerben. Vielleicht gelingt es den Grünen, ihre Identität zu wechseln wie ein Chamäleon. Dafür spricht, dass sie einen geringeren Wählerstamm besitzen als die SPD. Mehr als zehn Prozent bei Wahlen empfinden Grüne mittlerweile als gigantischen Erfolg. Für die SPD wäre es das Ende. Ein erheblicher Teil der Wählerschaft der SPD ist mittlerweile für eine erneuerte CDU/CSU erreichbar, das haben Wahlen gezeigt. Die Arbeiter wählen keineswegs mehr automatisch SPD.

Schröder ist der ideale Medienkanzler. Das spricht für ihn. Wenn das Spektakel aber vorbei sein wird, dann wird die Sozialdemokratie ohne Identität und ohne Medienkanzler dastehen. Es ist unbestreitbar, dass politische Parteien sich an die objektiven politischen, gesellschaftlichen und wirtschaftlichen Bedingungen anpassen müssen, auch an die Mediengesellschaft. Passen sie sich nicht an, dann sterben sie aus. Die Gesetze der Evolution gelten auch für soziale Organismen. Wenn sie aber bei der Anpassung ihr Wesen, ihre Identität verlieren, dann sterben sie auch, weil sie mit ihrer Identität ihren Daseinsgrund und die Unterschiede zu konkurrierenden sozialen Organismen einbüßen. Solche Prozesse dauern lange, und Erfolge scheinen der Prognose zu widersprechen. Und doch ist die SPD auf dem Weg, sich überflüssig zu machen.

Nachtrag

Mein Experiment SPD ist zu Ende. Ich habe viele interessante Menschen in der Partei kennen gelernt, die etwas Besseres verdient hätten als Schröder und seine Getreuen in der Parteiführung. Für Menschen, deren politische Maxime Ökologie und soziale Gerechtigkeit ist, ist die SPD längst die falsche Partei. Das Dilemma ist nur, dass es eine richtige Partei nicht gibt. Das aber war für mich kein Grund, Mitglied der SPD zu bleiben. Warum soll ich weiter Wahlkampf machen für Leute, die zu oft das Gegenteil von dem tun, was ich für sinnvoll halte?

Dokumente

Die beiden folgenden Dokumente sind geeignet, unterschiedliche Positionen in der SPD zu beleuchten. Auf der einen Seite steht das Papier von Gerhard Schröder und Tony Blair, eine Sammlung neoliberaler Glaubenssätze, denen aus kosmetischen Gründen das Bekenntnis zu sozialdemokratischen Grundwerten vorangestellt wurde.

Das zweite Papier, von SPD-Bundestagsabgeordneten, die sich der Parteilinken zurechnen, skizziert vergleichsweise konkret traditionelle Positionen der SPD, die bis vor wenigen Jahren Allgemeingut in der Partei waren.

Der Weg nach vorne für Europas Sozialdemokraten

Ein Vorschlag von Gerhard Schröder und Tony Blair

In fast allen Ländern der Europäischen Union regieren Sozialdemokraten. Die Sozialdemokratie hat neue Zustimmung gefunden – aber nur, weil sie glaubwürdig begonnen hat, auf der Basis ihrer alten Werte ihre Zukunftsentwürfe zu erneuern und ihre Konzepte zu modernisieren. Sie hat neue Zustimmung auch gewonnen, weil sie nicht nur für soziale Gerechtigkeit, sondern auch für wirtschaftliche Dynamisierung und für die Freisetzung von Kreativität und Innovation steht.

Markenzeichen dafür ist die »Neue Mitte« in Deutschland, der »Dritte Weg« im Vereinigten Königreich. Andere Sozialdemokraten wählen andere Begriffe, die zu ihrer eigenen politischen Kultur passen. Mögen Sprache und Institutionen sich unterscheiden: Die Motivation ist die gleiche. Die meisten Menschen teilen ihre Weltsicht längst nicht mehr nach dem Dogma von Links und Rechts ein. Die Sozialdemokraten müssen die Sprache dieser Menschen sprechen.

Fairness, soziale Gerechtigkeit, Freiheit und Chancengleichheit, Solidarität und Verantwortung für andere: diese Werte sind zeitlos. Die Sozialdemokratie wird sie nie preisgeben. Um diese Werte für die heutigen Herausforderungen relevant zu machen, bedarf es realistischer und vorausschauender Politik, die in der Lage ist, die Herausforderungen des 21. Jahrhunderts zu erkennen. Modernisierung der Politik bedeutet nicht, auf Meinungsumfragen zu reagieren, sondern es bedeutet, sich an objektiv veränderte Bedingungen anzupassen.

Wir müssen unsere Politik in einem neuen, auf den heutigen Stand gebrachten wirtschaftlichen Rahmen betreiben, innerhalb dessen der Staat die Wirtschaft nach Kräften fördert, sich aber nie als Ersatz für die Wirtschaft betrachtet. Die Steuerungsfunktion von Märkten muss durch die Politik ergänzt und verbessert, nicht aber behindert werden. Wir unterstützen eine Marktwirtschaft, nicht aber eine Marktgesellschaft!

Wir teilen ein gemeinsames Schicksal in der Europäischen Union. Wir stehen den gleichen Herausforderungen gegenüber: Arbeitsplätze und Wohlstand fördern, jedem einzelnen Individuum die Möglichkeit bieten, seine eigenen Potentiale zu entwickeln, soziale Ausgrenzung und Armut bekämpfen; materiellen Fortschritt, ökologische Nachhaltigkeit und unsere Verantwortung für zukünftige Generationen miteinander vereinbaren; Probleme wie Drogen und Kriminalität, die den Zusammenhalt unserer Gesellschaften bedrohen, wirksam bekämpfen und Europa zu einem attraktiven Modell in der Welt machen.

Wir müssen unsere Politik stärken, indem wir unsere Erfahrungen zwischen Großbritannien und Deutschland austauschen, aber auch mit den Gleichgesinnten in Europa und der übrigen Welt. Wir müssen voneinander lernen und uns an der besten Praxis und Erfahrung in anderen Ländern messen. Mit diesem Appell wollen wir die anderen sozialdemokratisch geführten Regierungen Europas, die unsere Modernisierungsziele teilen, einladen, sich an unserer Diskussion zu beteiligen.

I. Aus Erfahrung lernen

Obgleich Sozialdemokraten und Labour Party eindrucksvolle historische Errungenschaften vorweisen können, müssen wir heute realitätstaugliche Antworten auf neue Herausforderungen in Gesellschaft und Ökonomie entwickeln. Dies erfordert Treue zu unseren Werten, aber Bereitschaft zum Wandel der alten Mittel und traditionellen Instrumente.

- In der Vergangenheit wurde die Förderung der sozialen Gerechtigkeit manchmal mit der Forderung nach Gleichheit im Ergebnis verwechselt. Letztlich wurde damit die Bedeutung von eigener Anstrengung und Verantwortung ignoriert und nicht belohnt und die soziale Demokratie mit Konformität und Mittelmäßigkeit verbunden statt mit Kreativität, Diversität und herausragender Leistung. Einseitig wurde die Arbeit immer höher mit Kosten belastet.

- Der Weg zur sozialen Gerechtigkeit war mit immer höheren öffentlichen Ausgaben gepflastert, ohne Rücksicht auf Ergebnisse oder die Wirkung der hohen Steuerlast auf Wettbewerbsfähigkeit, Beschäftigung oder private Ausgaben. Qualitätsvolle soziale Dienstleistungen sind ein zentrales Anliegen der Sozialdemokraten, aber soziale Gerechtigkeit lässt sich nicht an der Höhe der öffentlichen Ausgaben messen. Der wirkliche Test für die Gesellschaft ist, wie effizient diese Ausgaben genutzt werden und inwieweit sie die Menschen in die Lage versetzen, sich selbst zu helfen.
- Die Ansicht, dass der Staat schädliches Marktversagen korrigieren müsse, führte allzu oft zur überproportionalen Ausweitung von Verwaltung und Bürokratie im Rahmen sozialdemokratischer Politik. Wir haben Werte, die den Bürgern wichtig sind – wie persönliche Leistung und Erfolg, Unternehmergeist, Eigenverantwortung und Gemeinsinn – zu häufig zurückgestellt hinter universelles Sicherungsstreben.
- Allzu oft wurden Rechte höher bewertet als Pflichten. Aber die Verantwortung des Einzelnen in Familie, Nachbarschaft und Gesellschaft kann nicht an den Staat delegiert werden. Geht der Gedanke der gegenseitigen Verantwortung verloren, so führt dies zum Verfall des Gemeinsinns, zu mangelnder Verantwortung gegenüber Nachbarn, zu steigender Kriminalität und Vandalismus und einer Überlastung des Rechtssystems.
- Die Fähigkeit der nationalen Politik zur Feinsteuerung der Wirtschaft hinsichtlich der Schaffung von Wachstum und Arbeitsplätzen wurde über-, die Bedeutung des einzelnen und der Wirtschaft bei der Schaffung von Wohlstand unterschätzt. Die Schwächen der Märkte wurden über-, ihre Stärken unterschätzt.

II. Neue Konzepte für veränderte Realitäten

Das Verständnis dessen, was »links« ist, darf nicht ideologisch einengen.

- Die Politik der Neuen Mitte und des Dritten Weges richtet sich an den Problemen der Menschen aus, die mit dem raschen Wandel der Gesellschaften leben und zurechtkommen müssen. In dieser neu entstehenden Welt wollen die Menschen Politiker, die Fragen ohne ideologische Vorbedingungen angehen und unter Anwendung ihrer Werte und Prinzipien nach praktischen Lösungen für ihre Probleme suchen, mit Hilfe aufrichtiger, wohl konstruierter und pragmatischer Politik. Wähler, die in ihrem täglichen Leben Initiative und Anpassungsfähigkeit im Hinblick auf die wirtschaftlichen und sozialen Veränderungen beweisen müssen, erwarten das gleiche von ihren Regierungen und ihren Politikern.
- In einer Welt immer rascherer Globalisierung und wissenschaftlicher Veränderungen müssen wir Bedingungen schaffen, in denen bestehende Unternehmen prosperieren und sich entwickeln und neue Unternehmen entstehen und wachsen können.
- Neue Technologien ziehen radikale Veränderungen der Arbeit sowie eine Internationalisierung der Produktion nach sich. Einerseits führen sie dazu, dass Fertigkeiten verloren gehen und einige Wirtschaftszweige schrumpfen, andererseits fördern sie die Entstehung neuer Unternehmen und Tätigkeiten. Daher besteht die wichtigste Aufgabe der Modernisierung darin, in Humankapital zu investieren, um sowohl den einzelnen als auch die Unternehmen auf die wissensgestützte Wirtschaft der Zukunft vorzubereiten.
- Ein einziger Arbeitsplatz fürs ganze Leben ist Vergangenheit. Sozialdemokraten müssen den wachsenden Anforderungen an die Flexibilität gerecht werden und gleichzeitig soziale Mindestnormen aufrecht erhalten, Familien bei der Bewältigung des Wandels helfen und Chancen für die eröffnen, die nicht Schritt halten können.
- Wir stehen zunehmend vor der Herausforderung, umweltpolitische Verantwortung gegenüber künftigen Generationen mit materiellem Fortschritt für die Breite der Gesellschaft zu vereinba-

ren. Wir müssen Verantwortung für die Umwelt mit einem modernen, marktwirtschaftlichen Ansatz verbinden. Was den Umweltschutz anbelangt, so verbrauchen die neuesten Technologien weniger Ressourcen, eröffnen neue Märkte und schaffen Arbeitsplätze.

- Die Höhe der Staatsausgaben hat trotz einiger Unterschiede mehr oder weniger die Grenzen der Akzeptanz erreicht. Die notwendige Kürzung der staatlichen Ausgaben erfordert eine radikale Modernisierung des öffentlichen Sektors und eine Leistungssteigerung und Strukturreform der öffentlichen Verwaltung. Der öffentliche Dienst muss den Bürgern tatsächlich dienen: Wir werden daher nicht zögern, Effizienz-, Wettbewerbs- und Leistungsdenken einzuführen.
- Die sozialen Sicherungssysteme müssen sich den Veränderungen in der Lebenserwartung, der Familienstruktur und der Rolle der Frauen anpassen. Sozialdemokraten müssen Wege finden, die immer drängenderen Probleme von Kriminalität, sozialem Zerfall und Drogenmissbrauch zu bekämpfen. Wir müssen uns an die Spitze stellen, wenn es darum geht, eine Gesellschaft mit gleichen Rechten und Chancen für Frauen und Männer zu schaffen.
- Armut, insbesondere unter Familien mit Kindern, bleibt ein zentrales Problem. Wir brauchen gezielte Maßnahmen für die, die am meisten von Marginalisierung und sozialer Ausgrenzung bedroht sind.
  Die Kriminalität ist ein zentrales politisches Thema für die modernen Sozialdemokraten: So verstehen wir Sicherheit auf den Straßen als ein Bürgerrecht.
- Und: Eine Politik für lebenswerte Städte fördert Gemeinsinn, schafft Arbeit und macht die Wohnviertel sicherer.

All dies erfordert auch einen modernen Ansatz des Regierens.

- Der Staat soll nicht rudern, sondern steuern, weniger kontrollieren als herausfordern. Problemlösungen müssen vernetzt werden.
- Innerhalb des öffentlichen Sektors muss es darum gehen, Bürokratie auf allen Ebenen abzubauen, Leistungsziele zu formulie-

ren, die Qualität öffentlicher Dienste rigoros zu überwachen und schlechte Leistungen auszumerzen.
- Moderne Sozialdemokraten lösen Probleme, wo sie sich am besten lösen lassen. Einige Probleme lassen sich jetzt nur noch auf europäischer Ebene lösen. Andere, wie die jüngsten Finanzkrisen, erfordern eine stärkere internationale Zusammenarbeit. Im Grundsatz sollte jedoch gelten, dass Machtbefugnisse an die niedrigstmögliche Ebene delegiert werden.

Wenn die neue Politik gelingen soll, muss sie eine Aufbruchstimmung und einen neuen Unternehmergeist auf allen Ebenen der Gesellschaft fördern. Dies erfordert:

- kompetente und gut ausgebildete Arbeitnehmer, die willens und bereit sind, neue Verantwortung zu übernehmen.
- Ein Sozialsystem, das Initiative und Kreativität fördert und neue Spielräume öffnet.
- Ein positives Klima für unternehmerische Selbständigkeit und Initiative. Kleine Unternehmen müssen leichter zu gründen sein und überlebensfähiger werden.
- Wir wollen eine Gesellschaft, die erfolgreiche Unternehmer ebenso positiv bestätigt wie erfolgreiche Künstler und Fußballspieler und die Kreativität in allen Lebensbereichen zu schätzen weiß.

Unsere Staaten haben unterschiedliche Traditionen im Umgang zwischen Staat, Industrie, Gewerkschaften und gesellschaftlichen Gruppen, aber wir alle teilen die Überzeugung, dass die traditionellen Konflikte am Arbeitsplatz überwunden werden müssen.

Dazu gehört vor allem, die Bereitschaft und die Fähigkeit der Gesellschaft zum Dialog und zum Konsens wieder neu zu gewinnen und zu stärken. Wir wollen allen Gruppen ein Angebot unterbreiten, sich in die gemeinsame Verantwortung für das Gemeinwohl einzubringen.

In Deutschland hat die neue sozialdemokratische Regierung deshalb sofort nach Amtsantritt Spitzenvertreter von Politik, Wirtschaft und Gewerkschaften zu einem Bündnis für Arbeit, Ausbildung und Wettbewerbsfähigkeit um einen Tisch versammelt.

- Wir möchten wirkliche Partnerschaft bei der Arbeit, indem die Beschäftigten die Chance erhalten, die Früchte des Erfolgs mit den Unternehmern zu teilen.
- Wir wollen, dass die Gewerkschaften in der modernen Welt verankert bleiben. Wir wollen, dass sie den einzelnen gegen Willkür schützen und in Kooperation mit den Arbeitgebern den Wandel gestalten und dauerhaften Wohlstand schaffen helfen.
- In Europa streben wir – unter dem Dach eines Europäischen Beschäftigungspaktes – einen fortlaufenden Dialog mit den Sozialpartnern an. Das befördert den notwendigen ökonomischen Wandel.

III. Eine neue angebotsorientierte Agenda für die Linke

Europa sieht sich der Aufgabe gegenüber, den Herausforderungen der Weltwirtschaft zu begegnen und gleichzeitig den sozialen Zusammenhalt angesichts tatsächlicher oder subjektiv empfundener Ungewissheit zu wahren. Eine Zunahme der Beschäftigung und der Beschäftigungschancen ist die beste Garantie für eine in sich gefestigte Gesellschaft.

Die beiden vergangenen Jahrzehnte des neoliberalen Laisserfaire sind vorüber. An ihre Stelle darf jedoch keine Renaissance des »deficit spending« und massiver staatlicher Intervention im Stile der siebziger Jahre treten. Eine solche Politik führt heute in die falsche Richtung.

Unsere Volkswirtschaften und die globalen Wirtschaftsbeziehungen haben einen radikalen Wandel erfahren. Neue Bedingungen und neue Realitäten erfordern eine Neubewertung alter Vorstellungen und die Entwicklung neuer Konzepte.

In einem großen Teil Europas ist die Arbeitslosigkeit viel zu hoch, und ein großer Teil dieser Arbeitslosigkeit ist strukturell bedingt. Um dieser Herausforderung begegnen zu können, müssen die europäischen Sozialdemokraten gemeinsam eine neue angebotsorientierte Agenda für die Linke formulieren und umsetzen.

Wir wollen den Sozialstaat modernisieren, nicht abschaffen. Wir wollen neue Wege der Solidarität und der Verantwortung für andere beschreiten, ohne die Motive für wirtschaftliche Aktivitäten auf puren Eigennutz zu gründen.

Die wichtigsten Elemente dieses Ansatzes sind die folgenden:

Ein robuster und wettbewerbsfähiger marktwirtschaftlicher Rahmen

Wettbewerb auf den Produktmärkten und offener Handel sind von wesentlicher Bedeutung für die Stimulierung von Produktivität und Wachstum. Aus diesem Grund sind Rahmenbedingungen, unter denen ein einwandfreies Spiel der Marktkräfte möglich ist, entscheidend für wirtschaftlichen Erfolg und eine Vorbedingung für eine erfolgreichere Beschäftigungspolitik.

- Die EU sollte auch weiterhin als entschiedene Kraft für die Liberalisierung des Welthandels eintreten.
- Die EU sollte auf den Errungenschaften des Binnenmarktes aufbauen, um wirtschaftliche Rahmenbedingungen zu stärken, die das Produktivitätswachstum fördern.

Eine auf die Förderung nachhaltigen Wachstums ausgerichtete Steuerpolitik

In der Vergangenheit wurden Sozialdemokraten mit hohen Steuern, insbesondere Unternehmenssteuern, identifiziert. Moderne Sozialdemokraten erkennen an, dass Steuerreformen und Steuersenkungen unter den richtigen Umständen wesentlich dazu beitragen können, ihre übergeordneten gesellschaftlichen Ziele zu verwirklichen.

So stärken Körperschaftssteuersenkungen die Rentabilität und schaffen Investitionsanreize. Höhere Investitionen wiederum erweitern die Wirtschaftstätigkeit und verstärken das Produktivpotential. Dies trägt zu einem positiven Dominoeffekt bei, durch den Wachstum die Ressourcen vermehrt, die für öffentliche Ausgaben für soziale Zwecke zur Verfügung stehen.

- Die Unternehmensbesteuerung sollte vereinfacht, und die Körperschaftssteuersätze sollten gesenkt werden, wie dies New

Labour im Vereinigten Königreich getan hat und wie es die Bundesregierung plant.

- Um sicherzustellen, dass Arbeit sich lohnt, und um die Fairness des Steuersystems zu stärken, sollten Familien und Arbeitnehmer entlastet werden, wie dies in Deutschland (mit dem Steuerentlastungsgesetz) begonnen wurde – und mit der Einführung niedrigerer Eingangssteuersätze und dem Steuerkredit für arbeitende Familien in Großbritannien.
- Investitionsneigung und Investitionskraft der Unternehmen – insbesondere des Mittelstandes – sollten gestärkt werden, wie dies die sozialdemokratisch geführte Bundesregierung in Deutschland mit der Unternehmenssteuerreform beabsichtigt, und wie es die Reform der Kapitaleinkünfte und der Unternehmenssteuern in Großbritannien zeigt.
- Die Steuerbelastung von harter Arbeit und Unternehmertum sollte reduziert werden. Die Steuerbelastung insgesamt sollte neu ausbalanciert werden, zum Beispiel zu Lasten des Umweltverbrauchs. Deutschland, Großbritannien und andere sozialdemokratisch regierte Länder Europas gehen auf diesem Weg voran.
- Auf EU-Ebene sollte die Steuerpolitik energische Maßnahmen zur Bekämpfung des unlauteren Wettbewerbs und der Steuerflucht unterstützen. Dies erfordert bessere Zusammenarbeit, nicht Uniformität. Wir werden keine Maßnahmen unterstützen, die zu einer höheren Steuerlast führen und die Wettbewerbsfähigkeit und Arbeitsplätze in der EU gefährden.

Angebots- und Nachfragepolitik gehören zusammen und sind keine Alternativen

In der Vergangenheit haben Sozialdemokraten oft den Eindruck erweckt, Wachstum und eine hohe Beschäftigungsquote ließen sich durch eine erfolgreiche Steuerung der Nachfrage allein erreichen. Moderne Sozialdemokraten erkennen an, dass eine angebotsorientierte Politik eine zentrale und komplementäre Rolle zu spielen hat.

In der heutigen Welt haben die meisten wirtschaftspolitischen Entscheidungen Auswirkungen sowohl auf Angebot als auch auf Nachfrage.

- Erfolgreiche Programme, die von der Sozialhilfe in die Beschäftigung führen, steigern das Einkommen der zuvor Beschäftigungslosen und verbessern das den Arbeitgebern zur Verfügung stehende Arbeitskräfteangebot.
- Moderne Wirtschaftspolitik strebt an, die Nettoeinkommen der Beschäftigten zu erhöhen und zugleich die Kosten der Arbeit für die Arbeitgeber zu senken. Deshalb hat die Senkung der gesetzlichen Lohnnebenkosten durch strukturelle Reformen der sozialen Sicherungssysteme und eine zukunftsorientierte, beschäftigungsfreundliche Steuer- und Abgabenstruktur besondere Bedeutung.

Ziel sozialdemokratischer Politik ist es, den Scheinwiderspruch von Angebots- und Nachfragepolitik zugunsten eines fruchtbaren Miteinanders von mikroökonomischer Flexibilität und makroökonomischer Stabilität zu überwinden.

Um in der heutigen Welt ein größeres Wachstum und mehr Arbeitsplätze zu erreichen, müssen Volkswirtschaften anpassungsfähig sein: Flexible Märkte sind ein modernes sozialdemokratisches Ziel.

Makroökonomische Politik verfolgt noch immer einen wesentlichen Zweck: Sie will den Rahmen für stabiles Wachstum schaffen und extreme Konjunkturschwankungen vermeiden. Sozialdemokraten müssen aber erkennen, dass die Schaffung der richtigen makroökonomischen Bedingungen nicht ausreicht, um Wachstum zu stimulieren und mehr Arbeitsplätze zu schaffen.

Veränderungen der Zinssätze oder der Steuerpolitik führen nicht zu verstärkter Investitionstätigkeit und zu mehr Beschäftigung, wenn nicht gleichzeitig die Angebotsseite der Wirtschaft anpassungsfähig genug ist, um zu reagieren. Um die europäische Wirtschaft dynamischer zu gestalten, müssen wir sie auch flexibler machen.

- Unternehmen müssen genügend Spielraum haben, um sich die verbesserten Wirtschaftsbedingungen zunutze zu machen und neue Chancen zu ergreifen: Sie dürfen nicht durch Regulierungen und Paragraphen erstickt werden.
- Die Produkt-, Kapital- und Arbeitsmärkte müssen allesamt flexibel sein: Wir dürfen nicht Rigidität in einem Teil des Wirt-

schaftssystems mit Offenheit und Dynamik in einem anderen verbinden.

Anpassungsfähigkeit und Flexibilität stehen in der wissensgestützten Dienstleistungsgesellschaft in Zukunft immer höher im Kurs

Unsere Volkswirtschaften befinden sich im Übergang von der industriellen Produktion zur wissensorientierten Dienstleistungsgesellschaft der Zukunft. Sozialdemokraten müssen die Chance ergreifen, die dieser wirtschaftliche Umbruch mit sich bringt. Sie bietet Europa die Gelegenheit, zu den Vereinigten Staaten aufzuschließen. Sie eröffnet Millionen Menschen die Chance, neue Arbeitsplätze zu finden, neue Fähigkeiten zu erlernen, neue Berufe zu ergreifen, neue Unternehmen zu gründen und zu erweitern – kurzum, ihre Hoffnung auf eine bessere Zukunft zu verwirklichen.

Sozialdemokraten müssen aber auch anerkennen, dass sich die Grundvoraussetzungen für wirtschaftlichen Erfolg verändert haben. Dienstleistungen kann man nicht auf Lager halten: Der Kunde nutzt sie, wie und wann er sie braucht – zu unterschiedlichen Tageszeiten, auch außerhalb der heute als üblich geltenden Arbeitszeit. Das rasche Vordringen des Informationszeitalters, insbesondere das enorme Potential des elektronischen Handels, verspricht, die Art, wie wir einkaufen, lernen, miteinander kommunizieren und uns entspannen, radikal zu verändern. Rigidität und Überregulierung sind ein Bremsklotz für die wissensorientierte Dienstleistungsgesellschaft der Zukunft. Sie ersticken das Innovationspotential, das zur Schaffung neuen Wachstums und neuer Arbeitsplätze erforderlich ist. Wir brauchen nicht weniger, sondern mehr Flexibilität.

Ein aktiver Staat in einer neu verstandenen Rolle hat einen zentralen Beitrag zur wirtschaftlichen Entwicklung zu leisten.

Moderne Sozialdemokraten sind keine Laisser-faire-Neoliberalen. Flexible Märkte müssen mit einer neu definierten Rolle für einen aktiven Staat kombiniert werden. Erste Priorität muss die Investition in menschliches und soziales Kapital sein.

Wenn auf Dauer ein hoher Beschäftigungsstand erreicht werden soll, müssen Arbeitnehmer auf sich verändernde Anforderungen reagieren. Unsere Volkswirtschaften leiden an einer erheblichen Diskrepanz zwischen offenen Stellen, die nicht besetzt werden können (z. B. im Bereich Informations- und Kommunikationstechnologie), und (dem Mangel an) angemessen qualifizierten Bewerbern.

Dies bedeutet, dass Bildung keine »einmalige« Chance sein darf: Zugang und Nutzung zu Bildungsmöglichkeiten und lebenslanges Lernen stellen die wichtigste Form der Sicherheit in der modernen Welt dar. Die Regierungen sind deshalb dafür verantwortlich, einen Rahmen zu schaffen, der es den Einzelnen ermöglicht, ihre Qualifikationen zu steigern und ihre Fähigkeiten auszuschöpfen. Dies muss heute für Sozialdemokraten höchste Priorität haben.

- Die Ausbildungsqualität auf allen Ebenen der schulischen Bildung und für jede Art von Begabung muss gesteigert werden: Wo Probleme bei Lesen, Schreiben und Rechnen bestehen, müssen diese behoben werden, da wir ansonsten Menschen zu einem Leben mit niedrigem Einkommen, Unsicherheit und Arbeitslosigkeit verurteilen.
- Wir wollen, dass jeder Jugendliche die Chance erhält, sich über eine qualifizierte Berufsausbildung den Weg in die Arbeitswelt zu bahnen. Im Dialog mit den Arbeitgebern, den Gewerkschaften und anderen müssen wir sicherstellen, dass Bildungschancen und eine ausreichende Zahl von Ausbildungsplätzen zur Verfügung gestellt und die Bedürfnisse der lokalen Arbeitsmärkte gedeckt werden.

In Deutschland unterstützt die Politik dieses Vorhaben mit einem Sofortprogramm für Arbeit und Ausbildung, das 100 000 Jugendlichen einen neuen Job, eine Lehrstelle oder eine Qualifizierung vermittelt. In Großbritannien hat das »welfare to work«-Programm es bereits 95 000 Jugendlichen ermöglicht, Arbeits- und Ausbildungsplätze zu finden.

- Wir müssen die nachschulische Ausbildung reformieren und ihre Qualität heben und gleichzeitig Bildungs- und Ausbildungsprogramme modernisieren, um Anpassungs- und Beschäftigungsfähigkeit im späteren Leben zu fördern. Dem Staat kommt die besondere Aufgabe zu, Anreize zur Bildung von Sparkapital zu setzen, um die Kosten des lebenslangen Lernens bestreiten zu

können. Auch soll ein breiterer Bildungszugang durch die Förderung des Fernunterrichts geschaffen werden.
- Wir sollten sicherstellen, dass die Ausbildung eine wesentliche Rolle in unseren aktiven Arbeitsmarktpolitiken für Arbeitslose und die von Arbeitslosigkeit betroffenen Haushalte spielt.

Eine moderne und effiziente öffentliche Infrastruktur einschließlich einer starken Wissenschaftsbasis ist ein wesentliches Merkmal einer dynamischen, Arbeitsplätze schaffenden Wirtschaft. Es ist wichtig, sicherzustellen, dass sich die öffentlichen Ausgaben in ihrer Zusammensetzung auf diejenigen Tätigkeiten konzentrieren, die dem Wachstum und der Förderung des notwendigen Strukturwandels am besten dienen.

Moderne Sozialdemokraten müssen die Anwälte des Mittelstands sein

Der Aufbau eines prosperierenden Mittelstands muss eine wichtige Priorität für moderne Sozialdemokraten sein. Hier liegt das größte Potential für neues Wachstum und neue Arbeitsplätze in der wissensgestützten Gesellschaft der Zukunft.

- Menschen unterschiedlichster Herkunft wollen sich selbständig machen: Seit langem etablierte und neue Unternehmer, Anwälte, Computerexperten, Ärzte, Handwerker, Unternehmensberater, Kulturschaffende und Sportler. Ihnen muss man den Spielraum lassen, wirtschaftliche Initiative zu entwickeln und neue Geschäftsideen zu kreieren. Sie müssen zur Risikobereitschaft ermutigt werden. Gleichzeitig muss man ihre Belastungen verringern. Ihre Märkte und ihr Ehrgeiz dürfen nicht durch Grenzen behindert werden.
- Europas Kapitalmärkte sollten geöffnet werden, damit Unternehmen und Unternehmer leichten Zugang zu Finanzierungsquellen erhalten. Wir wollen gemeinsam daran arbeiten, sicherzustellen dass High-Tech-Firmen im Wachstum denselben Zugang zu den Kapitalmärkten erhalten wie ihre Konkurrenten.
- Wir sollten es dem Einzelnen leicht machen, Unternehmen zu gründen, und neuen Firmengründungen sollten wir Wege bahnen, indem wir Kleinunternehmen von administrativen Belas-

tungen befreien und ihren Zugang zu Finanzierungsmöglichkeiten erweitern. Wir sollten es Kleinunternehmen im besonderen erleichtern, neues Personal einzustellen: Dies bedeutet, die Regulierungslast zu verringern und die Lohnnebenkosten zu senken.

- Die Verbindungen zwischen Wirtschaft und Wissenschaft sollten gestärkt werden, um mehr unternehmerische Nebeneffekte (»spin offs«) aus der Forschung und die Förderung der Konzentration (»clusters«) neuer High-Tech-Industrien zu gewährleisten.

Gesunde öffentliche Finanzen sollten zum Gegenstand des Stolzes für Sozialdemokraten werden

In der Vergangenheit wurde sozialdemokratische Politik allzu oft assoziiert mit der Einstellung, dass der beste Weg zur Förderung von Beschäftigung und Wachstum die Ausdehnung der öffentlichen Verschuldung zum Zweck höherer öffentlicher Ausgaben sei. Für uns ist öffentliche Verschuldung nicht generell abzulehnen – während eines zyklischen Abschwungs kann es Sinn machen, die automatischen Stabilisatoren arbeiten zu lassen. Und Verschuldung mit dem Ziel höherer öffentlicher Investitionen, in strikter Beachtung der »goldenen Regel«, kann eine wichtige Rolle in der Stärkung der Angebotsseite der Ökonomie spielen.

Aber »Deficit Spending« kann nicht genutzt werden, um strukturelle Schwächen in der Ökonomie zu beseitigen, die schnelleres Wachstum und höhere Beschäftigung verhindern. Sozialdemokraten dürfen deshalb exzessive Staatsverschuldung nicht tolerieren. Wachsende Verschuldung stellt eine unfaire Belastung kommender Generationen dar. Sie kann unwillkommene Verteilungseffekte haben. Und schließlich ist Geld, das zum Schuldendienst eingesetzt werden muss, nicht mehr für andere Prioritäten verfügbar, einschließlich höherer Investitionen in Bildung, Ausbildung und Infrastruktur.

IV. Eine aktive Arbeitsmarktpolitik für die Linke

Der Staat muss die Beschäftigung aktiv fördern und nicht nur passiver Versorger der Opfer wirtschaftlichen Versagens sein.

Menschen, die nie gearbeitet haben oder schon lange arbeitslos sind, verlieren die Fertigkeiten, die sie brauchen, um auf dem Arbeitsmarkt konkurrieren zu können. Langzeitarbeitslosigkeit beeinträchtigt die persönlichen Lebenschancen auch in anderer Weise und macht die uneingeschränkte gesellschaftliche Teilhabe schwieriger.

Ein Sozialversicherungssystem, das die Fähigkeit, Arbeit zu finden, behindert, muss reformiert werden. Moderne Sozialdemokraten wollen das Sicherheitsnetz aus Ansprüchen in ein Sprungbrett in die Eigenverantwortung umwandeln.

Für unsere Gesellschaften besteht der Imperativ der sozialen Gerechtigkeit aus mehr als der Verteilung von Geld. Unser Ziel ist eine Ausweitung der Chancengleichheit, unabhängig von Geschlecht, Rasse, Alter oder Behinderung – um sozialen Ausschluss zu bekämpfen und die Gleichheit zwischen Mann und Frau sicherzustellen.

Die Menschen verlangen zu Recht nach hochwertigen Dienstleistungen und Solidarität für alle, die Hilfe brauchen – aber auch nach Fairness gegenüber denen, die das bezahlen. Alle sozialpolitischen Instrumente müssen Lebenschancen verbessern, Selbsthilfe anregen, Eigenverantwortung fördern.

Mit diesem Ziel wird in Deutschland das Gesundheitssystem ebenso wie das System der Alterssicherung umfassend modernisiert, indem beide auf die Veränderungen in der Lebenserwartung und die sich verändernden Erwerbsbiographien eingestellt werden, ohne den Grundsatz der Solidarität dabei preiszugeben. Derselbe Gedanke stand im Hintergrund bei der Einführung der »Stakeholder Pensions« und der Reform der Erwerbsunfähigkeitszahlungen in Großbritannien.

Zeiten der Arbeitslosigkeit müssen in einer Wirtschaft, in der es den lebenslangen Arbeitsplatz nicht mehr gibt, eine Chance für Qualifizierung und persönliche Weiterbildung sein. Teilzeitarbeit und geringfügige Arbeit sind besser als gar keine Arbeit, denn sie erleichtern den Übergang von Arbeitslosigkeit in Beschäftigung.

Eine neue Politik mit dem Ziel, arbeitslosen Menschen Arbeitsplätze und Ausbildung anzubieten, ist eine sozialdemokratische Priorität – wir erwarten aber auch, dass jeder die ihm gebotenen Chancen annimmt.

Es reicht aber nicht, die Menschen mit den Fähigkeiten und Kenntnissen auszurüsten, die sie brauchen, um erwerbstätig zu werden. Das System der Steuern und Sozialleistungen muss sicherstellen, dass es im Interesse der Menschen liegt, zu arbeiten. Ein gestrafftes und modernisiertes Steuer- und Sozialleistungssystem ist eine wesentliche Komponente der aktiven, angebotsorientierten Arbeitsmarktpolitik der Linken. Wir müssen:

- dafür sorgen, dass sich Arbeit für den Einzelnen und die Familie lohnt. Der größte Teil des Einkommens muss in den Taschen derer verbleiben, die dafür gearbeitet haben.
- Arbeitgeber durch den gezielten Einsatz von Subventionen für geringfügige Beschäftigung und die Verringerung der Steuer- und Sozialabgabenlast auf geringfügige Beschäftigungsverhältnisse ermutigen, »Einstiegsjobs« in den Arbeitsmarkt anzubieten. Wir müssen ausloten, wie viel Spielraum es gibt, die Belastung durch Lohnnebenkosten mit Hilfe von Umweltsteuern zu senken.
- gezielte Programme für Langzeitarbeitslose und andere Benachteiligte auflegen, um ihnen die Möglichkeit zu geben, sich unter Beachtung des Grundsatzes, dass Rechte gleichzeitig auch Pflichten bedingen, wieder in den Arbeitsmarkt zu integrieren.
- alle Leistungsempfänger, darunter auch Menschen im arbeitsfähigen Alter, die Erwerbsunfähigkeitsleistungen beziehen, auf ihre Fähigkeit überprüfen, ihren Lebensunterhalt zu verdienen, und die staatlichen Stellen so reformieren, dass sie Arbeitsfähige dabei unterstützen, eine geeignete Beschäftigung zu finden.
- Unternehmergeist und Geschäftsgründungen als gangbaren Weg aus der Arbeitslosigkeit unterstützen. Solche Entscheidungen bringen erhebliche Risiken für diejenigen mit sich, die einen solchen Schritt wagen. Wir müssen diese Menschen unterstützen, indem wir diese Risiken kalkulierbar machen.

Die neue angebotsorientierte Agenda der Linken wird den Strukturwandel beschleunigen. Sie wird es aber auch leichter machen, mit ihm zu leben und ihn zu gestalten.

Anpassung an den Wandel ist nie einfach, und der Wandel scheint sich schneller zu vollziehen als je zuvor, nicht zuletzt aufgrund der Auswirkungen neuer Technologien. Der Wandel vernichtet unweigerlich Arbeitsplätze, aber er schafft auch neue.

Zwischen dem Verlust von Arbeitsplätzen in einem Sektor und der Schaffung von neuen Arbeitsplätzen anderswo können jedoch zeitliche Lücken entstehen. Was immer der langfristige Nutzen für Volkswirtschaften und Lebensstandard sein mag, in einigen Wirtschaftszweigen und bei einigen Gruppen werden sich die Kosten vor dem Nutzen einstellen. Daher müssen wir unsere Bemühungen darauf konzentrieren, Probleme des Übergangs abzufedern. Die unerwünschten Auswirkungen des Wandels werden um so stärker ausfallen, je länger man sich diesem Wandel widersetzt, aber es wäre Wunschdenken, sie leugnen zu wollen.

Je reibungsloser der Arbeitsmarkt und die Produktmärkte funktionieren, desto leichter wird die Anpassung gelingen. Beschäftigungshindernisse in Sektoren mit relativ niedriger Produktivität müssen verringert werden, wenn Arbeitnehmer, die von den mit jedem Strukturwandel einhergehenden Produktivitätszuwächsen verdrängt wurden, anderswo Arbeit finden sollen. Der Arbeitsmarkt braucht einen Sektor mit niedrigen Löhnen, um gering Qualifizierten Arbeitsplätze verfügbar zu machen.

Die öffentliche Hand kann durch die gezielte Entlastung niedriger Einkommen von Sozialabgaben neue Erwerbschancen schaffen und so gleichzeitig Unterstützungsleistungen für Arbeitslose sparen. Reformierte Arbeitsmarktpolitiken müssen verdrängte Arbeitnehmer durch Umschulung, die gezielte Rückführung aus der sozialen Abhängigkeit in Erwerbstätigkeit sowie Maßnahmen, durch die sich Arbeit wieder lohnen soll, an diese neuen Beschäftigungsmöglichkeiten heranführen.

V. »Politisches Benchmarking« in Europa

Die Herausforderung besteht in der Formulierung und Umsetzung einer neuen sozialdemokratischen Politik in Europa. Wir reden nicht einem einheitlichen europäischen Modell das Wort, geschweige denn der Umwandlung der Europäischen Union in einen »Superstaat«. Wir sind für Europa und für Reformen in Europa.

Die Menschen unterstützen weitere Integrationsschritte, wenn damit ein wirklicher »Mehrwert« einhergeht und sie klar begründet werden können, wie der Kampf gegen Kriminalität und Umweltzerstörung sowie die Förderung gemeinsamer Ziele in der Sozial- und Arbeitsmarktpolitik. Aber gleichzeitig bedarf Europa dringend der Reformen – effizientere und transparentere Institutionen, eine Reform veralteter Politiken und die energische Bekämpfung von Verschwendung und Betrug.

Wir stellen unsere Ideen als einen Entwurf vor, nicht als abgeschlossenes Programm. Die Politik der Neuen Mitte und des Dritten Weges ist bereits Realität, in vielen Kommunen, in reformierten nationalen Politiken, in der europäischen Kooperation und in neuen internationalen Initiativen.

Deshalb haben die deutsche und die britische Regierung beschlossen, den bestehenden Meinungsaustausch über die Entwicklung von Politik in einen umfassenderen Ansatz einzubetten. Wir schlagen vor, dies auf dreierlei Weise zu tun:

- es soll eine Reihe von Ministerbegegnungen geben, begleitet von häufigen Kontakten ihrer engsten Mitarbeiter.
- Zweitens werden wir die Diskussion mit den politischen Führungspersönlichkeiten anderer europäischer Staaten suchen, die mit uns – in ihrem jeweiligen innerstaatlichen Kontext – die Sozialdemokratie modernisieren wollen. Damit beginnen wir jetzt.
- Drittens werden wir ein Netzwerk von Fachleuten, Vor-Denkern, politischen Foren und Diskussionsrunden einrichten. So vertiefen wir das Konzept der Neuen Mitte und des Dritten Weges und entwickeln es ständig weiter. Das hat für uns Priorität.

Ziel dieser Erklärung ist es, einen Anstoß zur Modernisierung zu geben. Wir laden alle Sozialdemokraten in Europa dazu ein, diese historische Chance zur Erneuerung nicht verstreichen zu lassen. Die Vielfalt unserer Ideen ist unser größtes Kapital für die Zukunft. Unsere Gesellschaften erwarten, dass wir unsere vielfältigen Erfahrungen zu einem neuen Konzept bündeln.

Lasst uns zusammen am Erfolg der Sozialdemokratie für das neue Jahrhundert bauen. Lasst die Politik des Dritten Weges und der Neuen Mitte Europas neue Hoffnung sein.

8. Juni 1999

Soziale Gerechtigkeit bleibt unsere Aufgabe – Kurshalten statt Neoliberalismus

Positionspapier von SPD-Linken im Bundestag

In der SPD und der Sozialdemokratie in Europa insgesamt ist ein Richtungsstreit entbrannt. Er wird mittlerweile offen geführt, und über ihn wird in den Medien unter irreführender Etikettierung der Kontrahenten als »Traditionalisten« bzw. »Modernisierer« breit berichtet. Der wirkliche Konflikt innerhalb der Sozialdemokratie geht aber nicht um Modernisierung hier oder Traditionsbewahrung da. Sondern es geht um nichts weniger als die Identität der Sozialdemokratie. Bei den kontrovers diskutierten Themen geht es um die Grundfragen der Gesellschaft. Es geht darum, ob Politik bei einer zunehmend globalisierten Wirtschaft überhaupt noch gestaltend wirken kann und will, es geht um die Rolle des Staates im Verhältnis zu den Marktkräften, es geht um soziale Gerechtigkeit, Demokratie und unsere Wirtschafts- und Lebensweise in einer bedrohten Umwelt.

Viele unserer Wählerinnen, Wähler und Mitglieder in den Wahlkreisen fragen zweifelnd, welchen Weg die Sozialdemokratie denn nun einzuschlagen gedenkt. Immer mehr von ihnen stellen sich und uns die Frage, warum sie sich für den Wahlsieg eingesetzt haben und befürchten, dass der von ihnen gewollte Politikwechsel nicht stattfindet. Das Schröder/Blair-Papier hat diese Besorgnis noch verstärkt. Deshalb ist es an der Zeit, dass wir zusammen in der Partei und SPD-Bundestagsfraktion wieder für mehr Klarheit und Sicherheit sorgen, dass wir auf der Grundlage unseres Berliner Grundsatzprogramms, des Wahlprogramms der SPD und der Koalitionsvereinbarung eine berechenbare und verlässliche, mit einem klaren sozialdemokratischen Profil ausgestaltete Politik machen.

1. Dafür sind wir Sozialdemokraten gewählt worden

Fast überall in Europa konnten die Sozialdemokratischen Parteien die Regierungsverantwortung zurückerobern. Zuletzt am 27. 9. 1998 in Deutschland. Sie wurden gewählt, weil die Angebotspolitik der konservativ-liberalen Regierungen an der Bewältigung der ökonomischen, sozialen und ökologischen Probleme gescheitert ist. Diese Politik führte im Ergebnis zu großer sozialer Ungleichheit und einer Umverteilung von unten nach oben. Die einfache Botschaft der Neoliberalen: »mehr Gewinne für die Unternehmen + weniger Sozialstaat = mehr Investitionen, Arbeitsplätze und Wohlstand für alle« wurde am Schluss nicht mehr geglaubt, weil die vorausgesagten Ergebnisse nicht eintraten.

Dagegen sollten Arbeit, Innovation, Gerechtigkeit vom Inhalt und Glaubwürdigkeit, Berechenbarkeit und Verlässlichkeit vom Stil her wieder zur Richtschnur der Regierungspolitik werden. So haben wir es im Wahlprogramm 1998 versprochen. Ein Politikwechsel statt nur ein Regierungswechsel – das war und ist unsere Botschaft. Die Wählerinnen und Wähler erwarten jetzt zu Recht von der Sozialdemokratie eine andere Politik und die Vision einer neuen Gesellschaft.

2. Was wir bisher erreicht haben

Unmittelbar nach der Übernahme der Regierungsverantwortung haben wir gemeinsam vieles erreicht. Wir waren auf dem richtigen Weg. Mit der Wiederherstellung des Kündigungsschutzes und der Lohnfortzahlung haben wir einige der ungerechtesten Maßnahmen der Kohl-Regierung revidiert und Arbeitnehmerrechte wiederhergestellt. Mit der Ökosteuer haben wir die Grundlage für die Entlastung der Arbeit von Lohnnebenkosten gelegt und die Rentenfinanzierung sicherer gemacht. Mit dem gesteigerten Bildungsetat und dem 100 000-Dächer-Programm haben wir sofort wirksame Maßnahmen zur Förderung dringend benötigter Innovationen getroffen. Mit dem Programm »10 000 Arbeitsplätze für arbeitslose Jugendliche« und einer sozialeren Familienpolitik haben wir die Tatenlosigkeit der alten Regierung auf diesen Gebieten beendet. Mit den ersten Maßnahmen zur Steuerreform haben wir die Umverteilung von unten nach oben gestoppt und wieder durch mehr Verteilungsgerechtigkeit ersetzt. Mit all diesen Maßnahmen haben wir begonnen, dem Wählerauftrag nachzukommen und unsere Wahlversprechen zu halten. Allerdings haben wir dabei teilweise kleinmütig reagiert, als die ersten und zu erwartenden Protestkampagnen der Nutznießer der Kohl'schen Politik gegen uns anfingen. Und wir mussten feststellen, dass gerade in der Spitze von Partei und Regierung teilweise der Eindruck erweckt wurde, als sei diese sozialdemokratische Reformpolitik nur eine lästige Pflichtübung und die eigentliche neue und ganz andere Politik würde erst nach einer Richtungsänderung wirklich beginnen.

Es ist in der Folge manchmal der schlimme Eindruck entstanden, dass einzelne Unternehmer durch einen Telefonanruf mehr Einfluss auf die Regierungspolitik nehmen können, als die demokratisch gewählten Abgeordneten der Regierungsmehrheit.

Deshalb ist es an der Zeit, endlich den Grundsatz jeder erfolgreichen PR zu beherzigen »Tue Gutes und sprich darüber«. Es muss deutlich werden, dass wir für den von uns als richtig erkannten Politikwechsel werben und den Mut haben, ihn selbstbewusst umzusetzen.

3. Kurs halten statt verwirren

Widersprüchlichkeit und mangelnde Unterstützung für die eigene Politik der ersten Regierungsmonate, der Rücktritt von Oskar Lafontaine, bis hin zu ebenso inhaltlich wie strategisch zweifelhaften Kernsätzen von der Führung der Fraktion haben Verwirrung gestiftet, statt dafür zu sorgen, dass Kurs gehalten wird.

Insbesondere das Papier von Tony Blair und Gerhard Schröder hat bei vielen den Eindruck hinterlassen, nach den ersten Regierungsmaßnahmen werde nun alles wieder auf den Kopf gestellt und es gebe eine Rückkehr zu den Grundsätzen der Politik von Helmut Kohl. In den Medien wurde entsprechend kommentiert, auch die Sozialdemokratie kapituliere in der Regierungsverantwortung vor der Herkulesaufgabe der Bekämpfung der Massenarbeitslosigkeit und wende sich nun der Angebotslehre der Neoliberalen zu. Dieser Eindruck entstand mit dadurch, dass der Vereinnahmung dieses Papiers von den Wirtschaftsverbänden bis zur FDP nicht widersprochen worden ist. Das Papier selbst lässt auch in der Tat die Interpretation zu, es werde vor allem auf angebotspolitische Maßnahmen gesetzt.

Aus unserer Sicht bis heute unverändert richtig, wurde noch im SPD-Wahlprogramm 1998 angekündigt, »mit einer klugen und pragmatischen Kombination von Angebots- und Nachfragepolitik« für mehr Wachstum und neue Arbeitsplätze zu sorgen. Dagegen trägt das zentrale Kapitel des Schröder/Blair-Papiers jetzt den bezeichnenden Titel »Eine neue angebotsorientierte Agenda für die Linke«. Völlig aus der Luft gegriffen, wird dort zunächst behauptet, dass Sozialdemokraten in der Vergangenheit oft den Eindruck erweckt hätten, Wachstum und Beschäftigung könnten allein durch eine erfolgreiche Nachfragesteuerung erreicht werden. Im Anschluss daran fordern Blair und Schröder zwar noch, den Scheinwiderspruch von Angebots- und Nachfragepolitik zu überwinden. Ihre konkreten Vorschläge lassen jedoch auf Grund ihrer Angebotsorientierung nahezu keine Ansätze einer Nachfragepolitik erkennen.

Rhetorische Verbeugungen vor klassischen sozialdemokratischen Grundüberzeugungen und einige überall konsensfähige Aussagen abgezogen, tritt folgende Substanz des Papiers nach unserer Einschätzung deutlich hervor:

- Die Globalisierung selbst ist nicht gestaltbar. Sie erzwingt die Anpassung der gesamten Gesellschaft an die Interessen der Wirtschaft. Politik hat sich auf die Gestaltung dieser Anpassung zu beschränken.
- Alle Menschen und der Staat haben so zu handeln, dass sich Unternehmer wohl fühlen und ordentliche Gewinne machen. Der Markt löst alle Probleme. Alle haben Pflichten, die Wirtschaft nicht. Der Staat soll seine Einflussnahme auf wirtschaftliche Prozesse so ausrichten, dass er Regulierungen grundsätzlich abbaut. Probleme des Übergangs bei strukturellen Veränderungen der Wirtschaft müssen abgefedert werden. Wir machen keine Politik gegen die Wirtschaft.
- Unternehmen sind von sich aus innovativ und werden allenfalls durch ihre Arbeitnehmer und die staatliche Regulierung daran gehindert, Wohlstand für alle zu schaffen. Das gesellschaftliche Ideal ist der Existenzgründer, dessen »Ehrgeiz und Markt nicht

durch Grenzen behindert werden darf«. Entsprechend muss das Arbeits- und Sozialrecht für kleine Unternehmen in Zukunft dereguliert werden.

- Eine ungleiche Verteilung von Einkommen und Vermögen innerhalb der Gesellschaft ist kein Thema für eine moderne sozialdemokratische Politik. Armut wird zwar als zentrales Problem genannt, bei den Maßnahmen taucht Armutsbekämpfung aber nicht wieder auf.
- Der Anspruch auf soziale Gerechtigkeit reduziert sich auf die Herstellung von Chancengleichheit bezüglich der Fähigkeit, sich Qualifikationen für den Arbeitsmarkt zu erwerben. Die Menschen müssen vom Staat dazu angehalten werden, jede Beschäftigungschance zu nutzen. Sozial benachteiligte Menschen müssen begreifen, dass sie auch Pflichten haben. Notfalls muss ihnen vom Staat mit Druck auf die Sprünge geholfen werden. Sozialleistungen dienen nicht dem Ausgleich ungleicher wirtschaftlicher Kraft und individueller Möglichkeiten, sondern sind grundsätzlich als ein »Sprungbrett« in Selbsthilfe zu konstruieren.
- Die Ursache für Arbeitslosigkeit ist vor allem in fehlender Marktanpassung der Arbeitskräfte zu sehen. Die Arbeitnehmer und Arbeitslosen – die Unternehmen werden hier nicht erwähnt! – sind für ihre weitere Qualifizierung selbst verantwortlich und sollen diese durch rechtzeitige Bildung von Sparkapital auch möglichst selbst finanzieren. Der Staat leistet dabei nur gewisse Hilfen. Gleichzeitig sollen sie zur Annahme auch unterqualifizierter Arbeiten jederzeit bereit sein. Für die Verlierer des Anpassungswettbewerbs wird ein subventionierter Niedriglohnsektor geschaffen, als geeigneter »Einstiegsjob« in den Arbeitsmarkt. Für die dazu notwendigen Änderungen in der Sozialpolitik haben wir kein Geld.
- Die Gewerkschaften sollen sich auf den Schutz des Einzelnen vor Willkür und die Gestaltung des wirtschaftlichen Wandels – gemeint ist wohl die Aushandlung von Sozialplänen und Qualifizierungsprogrammen – beschränken.
- Der Staat hat kein Einnahme-, sondern nur ein Ausgabeproblem. Unternehmen sollen weniger Steuern zahlen. Öffentliche Dienste müssen wie Wirtschaftsunternehmen organisiert werden. Öffentliche Verschuldung ist eigentlich abzulehnen, sie kommt nur

dann in Frage, wenn sie in irgendeiner Weise der Wirtschaft dient.

Diese »Vision« ordnet die gesamte Gesellschaft den Interessen der Unternehmer unter, reduziert den Staat zu einem bloßen Erfüllungsgehilfen des Kapitals und die Menschen auf eine jederzeit verfügbare Manövriermasse für die Unternehmen. Es ist für uns kein Zufall, dass Worte wie Demokratie, Freiheit, soziale Gerechtigkeit und Solidarität im Papier entweder nur am Rande vorkommen oder einen veränderten Sinn erhalten.

Wir halten diesen Ansatz einer programmatischen Wende nicht für die Erneuerung, sondern für die Anlehnung an die gescheiterten Rezepte der Neoliberalen und in seiner Zuspitzung letztlich für eine Zerstörung der Identität der Sozialdemokratie.

4. Für den europäischen Weg der Sozialdemokratie – gegen den amerikanischen Neoliberalismus

Die Debatte über die zukünftige Ausrichtung der Politik der rot-grünen Regierungskoalition löst gleichzeitig eine Diskussion über den zukünftigen Weg der Sozialdemokratie aus. Nicht zuletzt durch das Schröder/Blair-Papier wird diese Debatte zu einer Diskussion über den Weg der Sozialdemokratie in Europa.

Beim Vorsitzenden von New Labour mag es nicht verwundern, bei dem Vorsitzenden der SPD ist ernsthaft nachzuhaken, wenn er sich für einen amerikanischen Weg ausspricht.

Die amerikanische Gesellschaft mit

- einer doppelt so großen Spanne zwischen hohen und niedrigen Einkommen wie in Deutschland,
- ständig über 7 % Anteil Strafgefangener oder auf Bewährung Freigelassener in der männlichen Erwerbsbevölkerung,
- einem ungleichen Schutzniveau vor Kriminalität je nachdem, ob man arm oder reich ist,
- einem hohen Risiko der Verarmung bei Alter, Arbeitslosigkeit und Krankheit und extremen Ungleichheiten in der medizinischen Versorgung,
- einem hohen Anteil »arbeitender Armer«, schwachen Arbeit-

nehmerrechten und einer Sparquote gegen Null und hoher Außenverschuldung,
- direkter Beeinflussbarkeit von Politikern durch Wirtschaftskreise

– sie ist für uns kein Ideal, dem nachzueifern sich für Sozialdemokraten lohnt. Die europäische Sozialdemokratie muss sich dem als machbare Alternative entgegenstellen. Für uns bleibt die Aussage: »Nur Reiche vertragen einen armen Staat ...« aktuell und richtig.

Wer Sozialstaatlichkeit, kollektive Sicherungssysteme, starke Arbeitnehmerrechte und eine demokratische Parteienstruktur mit Begriffen wie Traditionalismus versus Modernisierer verbindet, stellt die Grundlagen einer europäischen Sozialdemokratie in Frage.

Jacques Delors hatte Recht mit der Aussage, den Sozialdemokraten Europas obliege es, dem Neoliberalismus amerikanischer Prägung ein europäisches Modell entgegenzusetzen. Genau dazu sind sie in Frankreich, Italien, Großbritannien und Deutschland gewählt worden. Ob dies gelingt, entscheidet sich in Deutschland. Deshalb hat die sozialdemokratische Bundestagsfraktion Auftrag und Verpflichtung,

- vor der Massenarbeitslosigkeit nicht zu kapitulieren und der jungen Generation Chancen zu eröffnen.
- Innovation und technologischen Wandel mit den Menschen und zu deren Nutzen zu gestalten und die Gesellschaft dabei immer wieder zusammenzuführen.
- eine Mischung aus Angebots- und Nachfragepolitik anzubieten, die nicht zu Lasten der Schwächsten in der Gesellschaft geht, sondern den Sozialstaat zukunftssicherer macht.
- die Zivilgesellschaft zu stärken, durch eine noch größere Einbeziehung der Bürgerinnen und Bürger in die Verwaltung des Gemeinwesens, durch mehr Mitbestimmung auf jeder Ebene.
- eine Steuerreform unter Beachtung der sozialen Gerechtigkeit zu entwickeln, die nicht nur die Lasten, sondern auch den Wohlstand verteilt und zur Finanzierung notwendiger staatlicher Ausgaben alle entsprechend ihrer tatsächlichen Leistungsfähigkeit heranzieht.
- gerade wegen der zunehmenden Vereinzelung in unserer Gesell-

schaft und des nicht abzustreitenden Reformbedarfs der sozialen Sicherungssysteme die Verantwortung füreinander und die Solidarität zu erhalten und auszubauen.
- die natürlichen Lebensgrundlagen zu erhalten, Ökonomie und Ökologie zusammenzuführen.

Die Beispiele Dänemark und Frankreich zeigen, dass auch eine andere politische Antwort auf die wirtschaftlichen und gesellschaftlichen Umbrüche möglich ist, die Modernisierung mit Solidarität und sozialer Gerechtigkeit verbindet und den Staat nicht auf einen bloßen Nachtwächterstaat reduziert, der allenfalls noch als Garant für Ordnung und Gesetz und als Arbeitskräftebeschaffer aktiv wird.

5. Politik heißt gestalten statt anpassen

Wir brauchen dabei allerdings nicht an erster Stelle ein neues Grundsatzprogramm, sondern einen klärenden und Verlässlichkeit gebenden Orientierungsrahmen für die nächsten zehn Jahre. Ob die Bekämpfung der Arbeitslosigkeit und die Erneuerung der Wirtschaft, ob Innovation in Bildung und Qualifikation, ob Sicherung von Rente und Krankenversicherung, ob Nachhaltigkeit im Umgang mit den natürlichen Ressourcen und der Umwelt, ob Abbau der Staatsverschuldung und die weitere Integration in Europa: Eine gestaltende Politik greift über die nächsten Wahltermine hinaus und muss sich an Handlungsperspektiven für mindestens zehn Jahre orientieren, wenn sie Überzeugungskraft und anhaltende Wirkung entfalten will. Wir sehen in der Entwicklung eines möglichst konkreten Orientierungsrahmens 2010 eine Klärung unserer konkreten Zukunftspolitik.

Damit wir nicht falsch verstanden werden: Auch wir halten es für nötig, dass Staat, Wirtschaft, Arbeitnehmerinnen und Arbeitnehmer rechtzeitig auf Entwicklungen in der globalen Wirtschaft und Strukturveränderungen auf den Binnenmärkten reagieren und sich ihre Zukunftsfähigkeit erhalten. Wenn die Verantwortung dafür aber allein auf Arbeitnehmerinnen und Arbeitnehmer, sozial Schwache und den Staat abgewälzt werden soll und die soziale Verantwortung der Unternehmer mit keinem Wort mehr erwähnt wird, wenn wieder nur die so genannte Beschäftigungsfähigkeit der Arbeitskräfte im Vordergrund steht, während von Produkt- und Prozessinnovationen kaum die Rede ist, ist das für uns weder modern noch entspricht es unseren Vorstellungen von sozialdemokratischer Politik.

Soziale Politik beschränkt sich für uns nicht auf die Betrachtung nur einer Ebene, sondern verfolgt einen ganzheitlichen Ansatz. Maßnahmen wie die Verschiebung von Lasten vom Bundeshaushalt auf die Landes- oder Kommunalebene sind kurzsichtig und lösen die zugrunde liegenden Probleme der insgesamt zu geringen Einnahmen der öffentlichen Hand und der Steuergerechtigkeit nicht.

Von sozialdemokratischer Politik kann unsere Wählerschaft zu Recht verlangen, dass eine Besteuerung der im Privatbesitz realisierten Kursgewinne bei Wertpapieren und der darauf basierenden Derivate – gegebenenfalls nach Haltefristen herabgestaffelt – bundesweit eingeführt wird und generell Spekulationsgewinne einschließlich solcher aus der Bodenspekulation wie alle anderen Einkommen behandelt und besteuert werden. Zur Finanzierung einer weiteren Entlastung der Arbeit von Lohnnebenkosten muss auch über die mögliche Einführung einer Wertschöpfungsabgabe intensiv diskutiert werden.

6. Finanz- und Haushaltspolitik für Arbeit, Zukunftsfähigkeit, Sozialstaat und Gerechtigkeit

Auch wenn der Kassensturz nach dem Regierungswechsel eine umfassende und nachhaltige Haushaltskonsolidierung als unumgänglich erscheinen lässt, muss sich sozialdemokratische Politik daran messen lassen, wo sie einspart, wo sie Steuern senkt und wie gerecht die Lasten verteilt werden. Das 30-Milliarden-Sparpaket ist ausschließlich eine der möglichen Reaktionen auf haushaltspolitische Notwendigkeiten, aber mit Sicherheit kein »Zukunftsprogramm«. Der verkündete Anspruch, das Sparpaket ziele auf Arbeit und Gerechtigkeit, weil es jeden betreffe und jeder seinen Beitrag leisten müsse, darf deswegen bezweifelt werden.

Wenn die Unternehmen netto erneut um 8 Mrd. DM entlastet werden und gleichzeitig Kürzungen bei Rentnern, Arbeitslosen und öffentlichen Investitionen in Höhe von 30 Mrd. DM erfolgen, wird die gescheiterte Umverteilungspolitik der Kohl-Regierung fortgesetzt. Die Nettoentlastung der Unternehmen kehrt die angekündigte konsequente Ausrichtung der Besteuerung nach der Leistungsfähigkeit ins Gegenteil. Unter den Subventionsstreichungen fällt zunächst auf, dass einer der gravierendsten Einschnitte ausgerechnet beim sozialen Wohnungsbau vorgenommen wird und diese – arbeitsplatzvernichtende – Maßnahme auch noch als »bedarfsgerechte Verringerung« gekennzeichnet wird, obwohl die Obdachlosigkeit in der Bundesrepublik wächst und der Bedarf nach Sozialwohnungen weiter steigen würde, wenn der von Blair und Schröder hochgelobte Niedriglohnsektor weiter wächst.

In diesem »Zukunftsprogramm« und auch in den jüngsten Aussagen des Bundeswirtschaftsministers steckt der neoliberale Irrglaube, gestiegene Unternehmensgewinne sorgten automatisch für neue Arbeitsplätze.

Dabei hat sich die Erfolglosigkeit dieses Ansatzes in der Vergangenheit bereits erwiesen. Obwohl die Einkommen aus Unternehmertätigkeit und Vermögen von 1992 bis 1997 brutto um 31,1 % (netto 44,1 %) gestiegen und die Arbeitnehmereinkommen im gleichen Zeitraum mit brutto 7,2 % (netto 3 %) bei einem gleichzeitigen Wachstum des BIP von 17,7 % fast stagnierten, wuchs die Arbeitslosigkeit auf Rekordhöhen. Nicht zuletzt deshalb wurde die Kohl-Regierung abgewählt.

Das jetzt vorliegende Sparpaket setzt aber wieder überwiegend bei den Schwächsten an. Der Löwenanteil der Einsparungen trifft diejenigen, die ohnehin nicht von den Steuerermäßigungen für Arbeitnehmerinnen und Arbeitnehmer profitieren, nämlich Arbeitslose und Rentner.

Durch die Abkoppelung der Lohnersatzleistungen von der Lohnentwicklung und durch die Verringerung der Rentenansprüche der Arbeitslosenhilfeempfänger bei (Langzeit-)Arbeitslosen erfolgen die stärksten Kürzungen zu Lasten der ohnehin schon sozial Schwachen.

Wenn dies erfolgt, ohne dass dem ausreichende arbeitsmarktpolitische Angebote gegenüberstehen und auch noch mit »Schaffung von Anreizen zur Annahme von Arbeit« begründet wird, muss das von den Betroffenen wie blanker Hohn empfunden werden.

Zugleich wird durch Ausgabenverschiebungen zu Lasten der ohnehin schon finanzschwachen Kommunen, wie die Verlagerung der Wohngeldzahlungen für Sozialhilfeempfänger, ein negativer arbeitsmarktpolitischer Effekt erzeugt, weil weitere Kürzungen der Kommunen bei ihren Infrastrukturinvestitionen wahrscheinlich sind. Weder das Sparpaket noch die vom Bundeswirtschaftsminister vorgeschlagenen Maßnahmen werden dem Anspruch der Koalitionsvereinbarung gerecht, eine »konjunkturgerechte und solide Finanzpolitik mit einer Verstetigung der öffentlichen Zukunftsinvestitionen auf möglichst hohem Niveau« zu betreiben. Positiv hervorzuheben sind allein die Investitionen in unsere Zukunft, wie die Erhöhung des Bildungsetats.

Dabei gäbe es durchaus Alternativen zu dem jetzt vorgeschlagenen Sparpaket und für die Konsolidierung der zukünftigen Haushalte, wie beispielsweise:

- entschiedenere Bekämpfung von illegaler Beschäftigung, Schwarzarbeit und Steuerhinterziehung, u. a. durch Neueinstellungen bei der Steuerfahndung und erhöhte Bußgelder,
  kräftigere Schritte bei der Ökosteuer, als bisher angedacht,
- Wiedereinführung der Vermögensbesteuerung und Erhöhung der Erbschaftssteuersätze (ohne Absenkung der Freibeträge),
  Begrenzung des Splittingvorteiles,
- eine aufkommensneutrale Unternehmenssteuerreform, statt der geplanten Nettoentlastung,
- Verzicht auf die volkswirtschaftlich unsinnige Referenzstrecke für den Transrapid, stattdessen Ausbau der ICE-Strecke nach Berlin,
- eine Vermögensabgabe, wie sie Rudolf Scharping schon vor zwei Jahren vorgeschlagen hat,
- eine Ausbildungsabgabe.

Die Debatte um eine moderne Politik, die den Namen »sozialdemokratisch« verdient und den enttäuschten Wählerinnen und Wählern die Überzeugung zurückgibt, tatsächlich eine wirkliche Alternative zu Helmut Kohl gewählt zu haben, ist jetzt unumgänglich.

7. Unsere Eckpunkte für eine moderne sozialdemokratische Politik

Das Projekt der Moderne war in diesem Jahrhundert eng mit sozialdemokratischen Zielen verbunden. Das wird auch im nächsten Jahrhundert so sein, wenn die SPD eine moderne Reformpartei bleibt. Deshalb darf sich die SPD nicht dem Diktat der kurzen Frist, der Ausrichtung aller gesellschaftlichen Bereiche an betriebswirtschaftlichen Maßstäben und angeblichen Sachzwängen anpassen und unterordnen.

Politik heißt gestalten. Und das mit klaren Wertvorstellungen, Programmtreue und langfristiger Orientierung, gerade wenn sich die Sozialdemokratie offensiv mit veränderten Ausgangsbedingungen, wie den Veränderungen in der Arbeitsgesellschaft oder den ökonomischen und ökologischen Wechselwirkungen in der Globalgesellschaft auseinander setzt. Zukunftsfähigkeit und Kraft zur Innovation gewinnt die Sozialdemokratie, wenn sie die darin liegenden Chancen aufgreift und aktiv steuert. Auf allen Ebenen der nationalen Politik, aber auch mit gemeinsamen Initiativen im internationalen Bereich.

Unsere Gegenwart enthält zwei unterschiedliche Demokratiemodelle – den Neoliberalismus des ungehinderten Verkehrs aller Formen des Kapitals, der Dienstleistungen und der materiellen Ressourcen und die moderne Sozialdemokratie, die eben diese Verkehrsform bindet an den ordnenden Gestaltungsanspruch von Freiheit, Gleichheit, Gerechtigkeit, Solidarität und Nachhaltigkeit. Dafür bringen wir demokratisch-legitimiertes Handeln als Auftrag der Bürger und Bürgerinnen in den gesellschaftlichen Entscheidungsprozess ein.

Zu den Aufgaben des Staates gehört weiterhin die Förderung von Innovation und Zukunftsinvestitionen, er verfügt über die nötigen Mittel für eine Modernisierung der Infrastruktur und eine aktive Arbeitsmarktpolitik. Er muss in der Lage sein, gerade auch im Sinne der ökologischen Modernisierung und der Nachhaltigkeit zu Prozess- und Produktinnovation beizutragen.

Er muss internationale Lösungen zur Entwicklung der Globalisierung vorantreiben. Wir setzen uns dafür ein, dass soziale Gerechtigkeit einer der Hauptpfeiler für eine moderne, sozialdemokratische Reformpolitik bleibt, sowohl bei der Verteilung der

Lasten wie auch des gesellschaftlichen Reichtums. Da Verteilung in jeder Wirtschafts- und Gesellschaftsform zu jeder Zeit stattfindet, werden wir das Thema der gerechten Verteilung auch in Zukunft offensiv angehen, auch in dem Bewusstsein, dass Verteilungsungerechtigkeit und wachsende Ungleichheit wirtschaftliches Wachstum behindern und Arbeitslosigkeit erhöhen. Es muss selbstverständlich sein, dass alle zur Finanzierung notwendiger staatlicher Ausgaben entsprechend ihrer tatsächlichen Leistungsfähigkeit herangezogen werden und alle dazu beitragen, den Sozialstaat zukunftssicher zu machen.

Wir sehen einen entscheidenden Beitrag für nachhaltige Innovation in der Gesellschaft und die Gewährleistung von persönlicher Freiheit, Selbstverantwortung, Persönlichkeitsentwicklung und Gesundheit jedes einzelnen Menschen in der Förderung von Bildung und Qualifikation. Unsere Politik für Chancengleichheit darf dabei nicht bei einer erreichten Grundqualifikation enden, sondern muss das lebensbegleitende Lernen und den Anspruch auf kontinuierliche Bildungszeiten für jeden Menschen einschließen.

Die Sozialdemokratie hatte zu Beginn der 70-er Jahre eine breite Diskussion über mehr humane Arbeit und Lebensqualität in Gang gesetzt und dabei das Forschungsprogramm »Humanisierung der Arbeitswelt« begonnen. Diese Überlegungen gewinnen angesichts der Alterszusammensetzung eine dramatische Bedeutung; nur Arbeitsplätze, die umwelt- und gesundheitsverträglich gestaltet werden, sind auch zukunftsfähig. Deswegen brauchen wir ein Projekt »modernes Deutschland«, das sich mit der Erwerbsarbeit der Zukunft befasst.

Als Sozialdemokraten stehen wir in der Verantwortung für alle Generationen und für einen nachhaltigen Umgang mit unserer Umwelt und ihren Ressourcen, der auch für künftige Generationen eine lebenswerte Umwelt sichert. Arbeit und Umwelt gehören zusammen. Wir sehen die Politik in der Pflicht, Energie und Ressourcen und die Natur schonende Technologien nachdrücklich zu fordern. Eine energisch vorangetriebene ökologische Modernisierung ist eine Jahrhundertchance.

Statt eines neuen Grundsatzprogramms brauchen wir einen auf zehn Jahre angelegten Orientierungsrahmen. Wir erinnern an den Kern unseres Grundsatzprogramms, des Berliner Programms der

SPD, das für uns unverändert gilt: »Reformpolitik setzt auf Hoffnung«.

Wir brauchen ein breites Reformbündnis mit möglichst vielen Gruppen und Kräften, weil wir den Widerstand derer zu überwinden haben, die alles zum Fortschritt erklären, was ihren Gewinnerwartungen, ihrer wirtschaftlichen und politischen Macht zugute kommt. Gegen die Übermacht der Wenigen hilft nur der gemeinsame Wille der Vielen und die Aufklärung darüber, wie Sonderinteressen das Gemeinrecht verletzen.

Literatur

Wolfgang Abendroth: Aufstieg und Krise der deutschen Sozialdemokratie. 4. erweiterte Auflage. Köln 1978.

Victor Adler: Briefwechsel mit August Bebel und Karl Kautsky sowie Briefe von und an Ignaz Auer, Eduard Bernstein, Adolf Braun, Heinrich Dietz, Friedrich Ebert, Wilhelm Liebknecht, Hermann Müller und Paul Singer. Gesammelt und erläutert von Friedrich Adler. Herausgegeben vom Parteivorstand der Sozialistischen Partei Österreichs. Wien 1954.

Rolf Apel: Kritische Fragestellungen zur Geschichte der deutschen Sozialdemokratie – Diskussion in Strausberg. In: Disput, 11/1998.

Horst Bartel: Zur Auseinandersetzung zwischen Marxismus und Revisionismus in der deutschen Arbeiterbewegung am Ende des 19. Jahrhunderts. In: Beiträge zur Geschichte der Arbeiterbewegung, 2/1977.

August Bebel: Aus meinem Leben. Berlin 1964.

ders.: Die Darwinsche Theorie und der Sozialismus. In: Die Neue Zeit, 17. Jg. (1898/99), Bd. 1, S. 484 ff.

ders.: Der Stuttgarter Parteitag. In: ebenda, S. 4 ff.

August Bebels Briefwechsel mit Karl Kautsky. Herausgegeben von Karl Kautsky Jr. Assen 1971.

Dorothea Beck: Julius Leber. Sozialdemokrat zwischen Reform und Widerstand. Berlin 1983.

dies.: Theodor Haubach, Julius Leber, Carlo Mierendorff, Kurt Schumacher. Zum Selbstverständnis der »militanten Sozialisten« in der Weimarer Republik. In: Archiv für Sozialgeschichte, Bd. 26 (1986).

Ernest Belfort-Bax: Der Sozialismus eines gewöhnlichen Menschenkindes gegenüber dem Sozialismus des Herrn Bernstein. In: Die Neue Zeit, 16. Jg. (1897/98), Bd. 1, S. 824 ff.

Eduard Bernstein: Die Voraussetzungen des Sozialismus und die Aufgaben der Sozialdemokratie. Stuttgart 1899.

ders.: Wie ist wissenschaftlicher Sozialismus möglich? Berlin 1901.

ders.: Sozialdemokratische Lehrjahre. Berlin und Bonn 1978.

ders.: Probleme des Sozialismus. In: Die Neue Zeit, 15. Jg. (1896/97), Bd. 1, S. 164 ff., 204 ff., 303 ff., 772 ff.; Bd. 2 S. 100 ff., 138 ff.

ders.: Der Kampf der Sozialdemokratie und die Revolution der Gesellschaft. In: Die Neue Zeit, 16. Jg. (1897/98), Bd. 1, S. 484 ff., 548 ff.

ders.: Kritisches Zwischenspiel. In: ebenda, S. 740 ff.

ders.: Das realistische und das ideologische Moment im Sozialismus. Probleme des Sozialismus. 2. Serie II. In: Die Neue Zeit, 16. Jg. (1897/98), Bd. 2, S. 225 ff., 388 ff.

ders.: Die Notwendigkeit in Natur und Geschichte. In: Die Neue Zeit, 17. Jg. (1898/99), Bd. 2, S. 260 ff.

ders.: Dialektik und Entwicklung. In: ebenda, S. 327 ff., 353 ff.

ders.: Arbeitswert oder Nutzwert? In: ebenda, S. 548 ff.

ders.: Klassenkampf-Dogma und Klassenkampf-Wirklichkeit. In: ebenda, S. 577 ff., 619 ff.

ders.: Nach zwei Fronten. In: ebenda, S. 781 ff., 845 ff.

ders.: Zur Theorie des Arbeitswerts. In: Die Neue Zeit, 18. Jg. (1899/1900), Bd. 1, S. 356 ff., 398 ff.

ders.: Zur Theorie und Geschichte des Sozialismus. Gesammelte Abhandlungen von Eduard Bernstein. Neue, umgearbeitete und ergänzte Ausgabe. Teil III: Sozialistische Kontroversen. Vierte Auflage. Berlin 1904.

ders.: Entwicklungsgang eines Sozialisten. In: Die Volkswirtschaftslehre der Gegenwart in Selbstdarstellungen. Hg. Dr. Felix Meiner. Leipzig 1924.

ders.: Die deutsche Revolution von 1918/19. Geschichte der Entstehung und ersten Arbeitsperiode der deutschen Republik. Herausgegeben und eingeleitet von Heinrich August Winkler und annotiert von Teresa Löwe. Bonn 1998.

Lothar Berthold und Ernst Diehl (Hg.): Revolutionäre deutsche Parteiprogramme. Vom Kommunistischen Manifest zum Programm des Sozialismus. Berlin (DDR) 1967.

Marga Beyer: Zur Genesis des Erfurter Parteiprogramms. In: Revolutionäres Parteiprogramm – Revolutionäre Arbeitereinheit. Studien zum Kampf um die Vereinigung des Marxismus mit der Arbeiterbewegung. Frankfurt am Main 1975.

Friedrich Bohl, Rudolf Kraus, CDU/CSU-Fraktion im Deutschen Bundestag (Hg.): SPD und SED. Die politischen Verstrickungen der SPD in die SED-Diktatur. Bonn 1990.

Rudolf Borchert und Jürgen Kniesz (Hg.): 100 Jahre Sozialdemokraten in Waren (Müritz). [= Chronik. Schriftenreihe des Warener Museums- und Geschichtsvereins e. V., Heft 5] Waren 1994.

Willy Brandt: Links und frei. Mein Weg 1930–1950. Hamburg 1982.

Julius Braunthal: Geschichte der Internationale. 3 Bände. Bonn 1978.

Wulf Damkowski und Jutta Rother: »Politik links von der CDU«. Zum Verhältnis von SPD, SPD-Linken, Gewerkschaften und Grünen. In: Zeitschrift für sozialistische Politik und Wirtschaft, 18/1983.

Frank Deppe, Georg Fülberth und Jürgen Harrer (Hg.): Geschichte der deutschen Gewerkschaftsbewegung. Köln 1977.

Christian v. Ditfurth: Ostalgie oder linke Alternative. Meine Reise durch die PDS. Köln 1998.

ders.: Angst vor den Akten. Archive enthüllen den Umgang von SPD- mit SED-Politikern. In: Der Spiegel, 35/1992.

Dokumente und Materialien zur Geschichte der deutschen Arbeiterbewegung. Band IV. Berlin 1975.

Friedrich Engels: Das Begräbnis von Karl Marx. In: Karl Marx und Friedrich Engels: Werke, Band 19.

ders.: Herrn Eugen Dührings Umwälzung der Wissenschaft (Antidühring). In: MEW 20.

ders.: Vorwort (zur zweiten, durchgesehenen Auflage »Zur Wohnungsfrage«). In: MEW 21.
ders.: Einleitung zu Karl Marx' »Bürgerkrieg in Frankreich« (Ausgabe 1891). In: MEW 22.
ders.: Einleitung zu Karl Marx' »Klassenkämpfe in Frankreich 1848 bis 1850« (1895). In: MEW 22.
ders.: Zur Kritik des sozialdemokratischen Programmentwurfs (1891). In: MEW 22.
Friedrich Engels an Conrad Schmidt, 5. Aug. 1890. In: MEW 37.
Friedrich Engels an Joseph Bloch, 21./22. Sept. 1890. In: MEW 37.
Friedhelm Farthmann: Blick voraus im Zorn. Aufruf zu einem radikalen Neubeginn der SPD. Düsseldorf 1996.
Iring Fetscher: Dieser Revolutionär nahm die parlamentarische Demokratie ernster als seine bürgerlichen Gegner. Bemerkungen zu Brigitte Seebacher-Brandts Bebel-Biographie. In: Neue Gesellschaft, 12/1988.
Jutta von Freyberg, Georg Fülberth, Jürgen Harrer, Bärbel Hebel-Kunze, Heinz-Gerd Hofschen, Erich Oft und Gerhard Stuby: Geschichte der deutschen Sozialdemokratie 1863–1975. Mit einem Vorwort von Wolfgang Abendroth. Köln 1975.
Dieter Fricke: Die deutsche Arbeiterbewegung 1869 bis 1914. Ein Handbuch über ihre Organisation und Tätigkeit im Klassenkampf. Berlin 1976.
ders.: Neuere bürgerliche und sozialreformistische Literatur über den Revisionismus Eduard Bernsteins. In: Zeitschrift für Geschichtswissenschaft, 8/1979.
Paul Frölich: Rosa Luxemburg. Gedanke und Tat. Hamburg 1949.
Georg Fülberth und Jürgen Harrer: Die deutsche Sozialdemokratie 1890–1933. Darmstadt und Neuwied 1974.
Georg Fülberth: Das Revisionismusbild des wissenschaftlichen Sozialismus. In: Horst Heimann und Thomas Meyer (Hg.): Bernstein und der Demokratische Sozialismus. Bericht über den wissenschaftlichen Kongreß »Die historische Leistung und aktuelle Bedeutung Eduard Bernsteins«. Berlin und Bonn 1978.
Peter Gay: Das Dilemma des demokratischen Sozialismus. Eduard Bernsteins Auseinandersetzung mit Marx. Nürnberg 1954.
Geschichte der marxistischen Dialektik. Von der Entstehung des Marxismus bis zur Leninschen Etappe. Berlin 1974.
Ingrid Gilcher-Holtey: Das Mandat des Intellektuellen. Karl Kautsky und die Sozialdemokratie. Berlin 1986.
Gert-Joachim Glaeßner: Die andere deutsche Republik. Gesellschaft und Politik in der DDR. Opladen 1989.
Christian Gneuss: Um den Einklang von Theorie und Praxis. Eduard Bernstein und der Revisionismus. In: Iring Fetscher (Hg.): Marxismus-Studien. Zweite Folge. Tübingen 1957.
Peter Glotz: Der Weg der Sozialdemokratie. Der historische Auftrag des Reformismus. Wien, München und Zürich 1975.
ders.: Die historischen und ideologischen Voraussetzungen für die Herausbildung des Revisionismus bei Eduard Bernstein. In: Horst Heimann und Thomas Meyer (Hg.): Bernstein und der Demokratische Sozialismus. Bericht über den wissenschaftlichen Kongreß »Die historische Leistung und aktuelle Bedeutung Eduard Bernsteins«. Berlin und Bonn 1978.

Helga Grebing: Geschichte der deutschen Arbeiterbewegung. Ein Überblick. München 1980.
dies.: Der Revisionismus. Von Bernstein bis zum »Prager Frühling«. München 1977.
dies.: Friedrich Ebert: Von der Verantwortung für die Demokratie in Deutschland. Kleine Schriften. Stiftung Reichspräsident-Friedrich-Ebert-Gedenkstätte, Nr. 25. Heidelberg 1996.
Helga Grebing und Monika Kramme: Die Herausbildung des Revisionismus vor dem Hintergrund der Situation der deutschen Sozialdemokratie im Kaiserreich. In: Horst Heimann und Thomas Meyer (Hg.): Bernstein und der Demokratische Sozialismus. Bericht über den wissenschaftlichen Kongreß »Die historische Leistung und aktuelle Bedeutung Eduard Bernsteins«. Berlin und Bonn 1978.
Dieter Groh: Negative Integration und revolutionärer Attentismus. Frankfurt am Main und Berlin 1973.
Sadi Gunter: Bernstein und die Wissenschaft. In: Die Neue Zeit, 17. Jg. (1898/99), Bd. 2, S. 644 ff.
Bo Gustafsson: Marxismus und Revisionismus. Eduard Bernsteins Kritik des Marxismus und ihre ideengeschichtlichen Voraussetzungen. Frankfurt am Main 1972.
Sebastian Haffner, Stephan Hermlin, Kurt Tucholsky u. a.: Zwecklegenden. Die SPD und das Scheitern der Arbeiterbewegung. Berlin 1996.
Wolfgang Fritz Haug: Vorlesungen zur Einführung ins »Kapital«. Köln 1974.
Horst Heimann: Marxismus, Revisionismus und Reformismus in der Geschichte der deutschen Arbeiterbewegung. In: Aus Politik und Zeitgeschichte, Bd. 10/1983.
Arno Herzig: Die Einigung der SPD 1875. Zum Identitätsproblem der deutschen Sozialdemokratie. In: IWK 2/1976.
Gerhard Himmelmann: Die Rolle der Werttheorie in Bernsteins Konzept der politischen Ökonomie des Sozialismus. In: Horst Heimann und Thomas Meyer (Hg.): Bernstein und der Demokratische Sozialismus. Bericht über den wissenschaftlichen Kongreß »Die historische Leistung und aktuelle Bedeutung Eduard Bernsteins«. Berlin und Bonn 1978.
Gerhard Hohorst: Die sozialistischen Streitfragen der Revisionismusdebatte. In: ebenda.
Reinhard Jansen: Georg von Vollmar. Eine politische Biographie. Düsseldorf 1958.
Karl Kautsky: Was will und kann die materialistische Geschichtsauffassung leisten? In: Die Neue Zeit, 15. Jg. (1896/97), Bd. 1, S. 213 ff., 228 ff.
ders.: In eigener Sache. In: Die Neue Zeit, 17. Jg. (1898/99), Bd. 1, S. 219.
ders.: Bernstein und die materialistische Geschichtsauffassung. In: Die Neue Zeit, 17. Jg. (1898/99), Bd. 2, S. 4.
ders.: Bernstein und die Dialektik. In: ebenda, S. 36 ff.
ders.: Bernstein über die Werttheorie und die Klassen. In: ebenda, S. 68 ff.
ders.: Der Parteitag von Hannover. In: Die Neue Zeit, 18. Jg. (1899/1900), Bd. 1, S. 100 ff.
ders.: Bernstein und das sozialdemokratische Programm. Eine Antikritik. Stuttgart 1899.
ders.: [o. T.]. In: Volkswirtschaftslehre der Gegenwart in Selbstdarstellungen. Hg. Dr. Felix Meiner. Leipzig 1924.
ders.: Das Erfurter Programm. Berlin 1965.

Heinz Kleger: Evolutionärer Sozialismus oder: warum noch einmal Bernstein lesen? In: Widerspruch. Beiträge zur sozialistischen Politik, 19/1990.

Arno Klönne: Kein Weg zurück zu August Bebel. In: Die Neue Gesellschaft, 10/1983.

Erika König: Vom Revisionismus zum »demokratischen Sozialismus«. Zur Kritik des ökonomischen Revisionismus in Deutschland. Berlin 1973.

Hartmut Koschyk: Die Rolle der Blockparteien und die KPD/SPD-Vereinigung. In: Rainer Eppelmann u. a.: Die Diktatur der SED – Geschichte und Folgen [= Aktuelle Fragen der Politik, Heft 18. Hg. Konrad-Adenauer-Stiftung]. Sankt Augustin 1994.

Manfred Kossok: Karl Marx und die Grundlegung wissenschaftlicher Revolutionsauffassung. In: Zeitschrift für Geschichtswissenschaft, 2/1980.

Dieter Kramer: Reform und Revolution bei Marx und Engels. Köln 1971.

Paul Krugman: Der Mythos vom globalen Wirtschaftskrieg. Eine Abrechnung mit den Pop-Ökonomen. Frankfurt am Main 1999.

Wolfgang Kruse: Krieg, Neuorientierung und Spaltung. Die politische Entwicklung der deutschen Sozialdemokratie 1914–1918 im Lichte der Vorstellungen ihrer revisionistisch-reformistisch geprägten Kritiker. In: IWK, 1/1987.

Oskar Lafontaine: Das Herz schlägt links. München 1999.

Detlef Lehnert: Reform und Revolution in den Strategiediskussionen der klassischen Sozialdemokratie. Berlin und Bonn-Bad Godesberg 1977.

W. I. Lenin: Der Imperialismus als höchstes Stadium des Kapitalismus. In: Werke, Band 22. Berlin 1971.

ders.: Die proletarische Revolution und der Renegat Kautsky: In: ders.: Werke, Bd. 28.

Georg Lukács: Was ist orthodoxer Marxismus? In: Georg Lukács, Reprint, Hamburg o. J.

Rosa Luxemburg: Nachbetrachtungen zum Parteitag. In: Rosa Luxemburg: Gesammelte Werke, Band 1.1. Berlin 1979.

dies.: Sozialreform oder Revolution? In: ebenda.

dies.: Die englische Brille. In: ebenda.

dies.: Eine taktische Frage. In: ebenda.

dies.: Hohle Nüsse. In: ebenda.

dies.: Zum kommenden Parteitag. In: ebenda.

dies.: Kautskys Buch wider Bernstein. In: ebenda.

Andreas Malycha: Auf dem Weg zur SED. Die Sozialdemokratie und die Bildung einer Einheitspartei in den Ländern der SBZ. Eine Quellenedition. Bonn 1996.

ders.: Was war die SED? Zum Wesen und Charakter der SED. In: Dietmar Keller, Hans Modrow und Herbert Wolf (Hg.): Ansichten zur Geschichte der DDR, Bd. 4. Bonn u. a. 1994.

ders.: Partei von Stalins Gnaden? Die Entwicklung der SED zur Partei neuen Typs in den Jahren 1946 bis 1950. Berlin 1996.

Ernest Mandel: Rosa Luxemburg und die deutsche Sozialdemokratie. In: Kritik, 14/1977.

Karl Marx: Inauguraladresse der Internationalen Arbeiter-Assoziation. In: MEW 16.

ders.: Der Bürgerkrieg in Frankreich. In: MEW 17.

ders.: Kritik des Gothaer Programms. In: MEW 19.

ders.: Das Kapital, Bd. I und III [= MEW 23 und 25].

Karl Marx an Joseph Weydemeyer, 5. März 1852. In: MEW 28.
Erich Matthias: Kautsky und der Kautskyanismus. Die Funktion der Ideologie in der deutschen Sozialdemokratie vor dem Ersten Weltkrieg. In: Iring Fetscher (Hg.): Marxismus-Studien. Zweite Folge. Tübingen 1957.
Franz Mehring: Eine Nachlese. In: Die Neue Zeit, 17. Jg. (1898/99), Bd. 2, S. 146 ff., 208 ff., 239 ff.
ders.: Der Stuttgarter Parteitag. In: Franz Mehring: Gesammelte Schriften, Band 14. Berlin (DDR) 1960.
Thomas Meyer: Wissenschaft und Sozialismus bei Marx, in der Konzeption Eduard Bernsteins und in der Gegenwart. In: Horst Heimann und Thomas Meyer (Hg.): Bernstein und der Demokratische Sozialismus. Bericht über den wissenschaftlichen Kongress »Die historische Leistung und aktuelle Bedeutung Eduard Bernsteins«. Berlin und Bonn 1978.
ders.: Bernsteins Revisionismus – Wegmarke im historischen Erfahrungsprozeß der Sozialdemokratie. In: Neue Gesellschaft, 12/1977.
ders.: Demokratischer Sozialismus – Soziale Demokratie. Eine Einführung. Bonn 1991.
ders.: Das kann der SPD nur nützen: Bernsteins konstruktiver Sozialismus. In: Neue Gesellschaft, 10/1977.
ders.: Die Transformation der Sozialdemokratie. Eine Partei auf dem Weg ins 21. Jahrhundert. Bonn 1998.
Susanne Miller: Das Problem der Freiheit im Sozialismus. Freiheit, Staat und Revolution in der Programmatik der Sozialdemokratie von Lassalle bis zum Revisionismusstreit. Frankfurt am Main 1964.
Susanne Miller und Heinrich Potthoff: Kleine Geschichte der SPD. Bonn 1991.
Hans Mommsen (Hg.): Sozialdemokratie zwischen Klassenbewegung und Volkspartei. Verhandlungen der Sektion »Geschichte der Arbeiterbewegung« des Deutschen Historikertages in Regensburg, Oktober 1972. Frankfurt am Main 1974.
Karl-Ernst Moring: Die sozialdemokratische Partei in Bremen 1890–1914. Reformismus und Radikalismus in der sozialdemokratischen Partei Bremens. Hannover 1968.
Bernhard von Mutius: Die Rosa-Luxemburg-Legende. Band 1. Frankfurt am Main 1978.
Karl Neelsen: Die Akkumulation des Kapitals und die Entwicklung der Lage der Arbeiterklasse. Berlin 1974.
Lothar F. Neumann: Die Werttheorie und der Sozialismus bei Marx, Bernstein und in der heutigen Diskussion. In: Horst Heimann, Thomas Meyer (Hg.): Bernstein und der Demokratische Sozialismus. Bericht über den wissenschaftlichen Kongreß »Die historische Leistung und aktuelle Bedeutung Eduard Bernsteins«. Berlin und Bonn 1978.
Thomas Nipperdey: Die Organisation der deutschen Parteien vor 1918. Düsseldorf 1961.
Waldtraut Opitz: Zur Hilfe von Engels bei der Verbreitung des Marxismus in der deutschen Arbeiterbewegung und der Auseinandersetzung mit dem Opportunismus (1890–1895). In: Revolutionäres Parteiprogramm – Revolutionäre Arbeitereinheit. Studien zum Kampf um die Vereinigung des Marxismus mit der Arbeiterbewegung, Frankfurt am Main 1975.
Franz Osterroth und Dieter Schuster: Chronik der deutschen Sozialdemokratie.

Band 1: Bis zum Ende des Ersten Weltkrieges. Berlin und Bonn-Bad Godesberg 1975.
PDS-Kreisvorstand Müritz (Hg.): Chronologie und Erfahrungsberichte zur Vereinigung von KPD und SPD im Kreis Waren 1945–1946. Waren 1996.
Georgi Plechanow: Bernstein und der Materialismus. In: Die Neue Zeit, 16. Jg. (1897/98), Bd. 2, S. 546 ff.
ders.: Konrad Schmidt gegen Karl Marx und Friedrich Engels In: Die Neue Zeit, 17. Jg. (1898/99), Bd. 1, S. 133 ff.
ders.: Materialismus oder Kantianismus. In: ebenda, S. 626 ff.
Hans Werner Penk und Heinz Thörmer: Reformismus und Aufstieg. In: Prokla, 4/1976.
Ulla Plener: Kurt Schumacher über Demokratie und Kommunisten. Auf der Suche nach Gründen einer lebenslangen Feindschaft: die zwanziger und beginnenden dreißiger Jahre. In: Utopie kreativ, 60/1995.
dies.: Kurt Schumacher und die Einheitspartei 1945/46. In: Beiträge zur Geschichte der Arbeiterbewegung, 1/1997.
Heribert Prantl: Rot-Grün. Eine erste Bilanz. Hamburg 1999.
Programmatische Dokumente der deutschen Sozialdemokratie. Herausgegeben und eingeleitet von Dieter Dowe und Kurt Klotzbach. Bonn 1990.
Protokoll über die Verhandlungen des Parteitages der Sozialdemokratischen Partei Deutschlands. Abgehalten zu Stuttgart vom 3. bis 8. Oktober 1898. Berlin 1898.
Protokoll über die Verhandlungen des Parteitages der Sozialdemokratischen Partei Deutschlands. Abgehalten zu Hannover vom 9. bis 14. Oktober 1899. Berlin 1899.
Otto Reinhold: Die Wirtschaftskrisen. Berlin 1974.
Erika Rikli: Der Revisionismus. Ein Revisionsversuch der deutschen marxistischen Theorie (1890–1914). Dissertation [= Züricher Volkswirtschaftliche Forschungen. Herausgegeben von Prof. Dr. M. Saitzew] Zürich 1936.
Franz Ritter: Theorie und Praxis des Demokratischen Sozialismus in der Weimarer Republik. Frankfurt am Main und New York 1981.
Gerhard A. Ritter: Die Arbeiterbewegung im Wilhelminischen Reich. Die Sozialdemokratische Partei und die Freien Gewerkschaften 1890–1900. Berlin 1959.
ders.: Arbeiterbewegung, Parteien und Parlamentarismus. Aufsätze zur deutschen Sozial- und Verfassungsgeschichte des 19. und 20. Jahrhunderts. Göttingen 1976.
Gerhard A. Ritter und Susanne Miller (Hg.): Die deutsche Revolution 1918–1919. Dokumente. Hamburg 1975.
Arthur Rosenberg: Die Entstehung der deutschen Republik 1871–1918. Berlin 1928.
Wolfgang Ruge: Weimar. Republik auf Zeit. Köln 1980.
Hans-Jörg Sandkühler: Kant, neukantianischer Sozialismus, Revisionismus. In: Hans-Jörg Sandkühler und Rafael de la Vega (Hg.): Marxismus und Ethik. Frankfurt am Main 1974.
ders.: Die Entwicklung des wissenschaftlichen Sozialismus aus dem Kapital-Verhältnis. Zum Determinismus-Problem in der Arbeiterbewegung. In: Horst Heimann und Thomas Meyer (Hg.): Bernstein und der Demokratische Sozialismus. Bericht über den wissenschaftlichen Kongreß »Die historische Leistung und aktuelle Bedeutung Eduard Bernsteins«. Berlin und Bonn 1978.

Siegmar Schelling und Michael J. Inacker: Was ist los mit der SPD? Besorgte Sozialdemokraten melden sich zu Wort. Berlin 1996.

Josef Schleifstein: Franz Mehring. Sein marxistisches Schaffen. Berlin 1959.

Conrad Schmidt: Einige Bemerkungen über Plechanows letzten Artikel in der »Neuen Zeit«. In: Die Neue Zeit, 17. Jg. (1898/99), Bd. 1, S. 324 ff.

Hans-Joachim Schoeps: Bismarck über Zeitgenossen – Zeitgenossen über Bismarck. Frankfurt am Main, Berlin und Wien 1972.

Michael Scholing: Bernstein-Renaissance in der deutschen Sozialdemokratie. In: Zukunft, 5/1980.

Heinz Scholl: Brandt, Hitler und die Deutschen. Eine Untersuchung über den Beitrag der sozialistischen Parteien zur deutschen Tragödie. Euskirchen 1975.

Hans-Christoph Schröder: Sozialismus und Imperialismus. Die Auseinandersetzung der deutschen Sozialdemokratie mit dem Imperialismusproblem und der »Weltpolitik« vor 1914. Hannover 1968.

Wilhelm Schröder: Handbuch der sozialdemokratischen Parteitage von 1865 bis 1909. München 1910.

Stephan Schulmeister: Der polit-ökonomische Entwicklungszyklus der Nachkriegszeit. Vom Bündnis Realkapital–Arbeit in der Prosperität zum Bündnis Realkapita–Finanzkapital in der Krise. In: Politik und Gesellschaft Online, International Politics and Society, 1/1998 (http://www.fes.de/ipg/artschulmeis.html).

Klaus-Peter Schulz: Proletarier – Klassenkämpfer – Staatsbürger. 100 Jahre deutsche Arbeiterbewegung. München 1963.

Hagen Schulze (Hg.): Anpassung oder Widerstand? Aus den Akten des Parteivorstand der deutschen Sozialdemokratie 1932/33. Bonn-Bad Godesberg 1975.

Klaus Schwabe: Vereinigung von KPD und SPD in Mecklenburg-Vorpommern. In: SPD-Parteivorstand in Zusammenarbeit mit dem Landesverband Mecklenburg-Vorpommern (Hg.): Zwangsvereinigung von SPD und KPD in Mecklenburg-Vorpommern. Schwerin o. J. [1996].

Hans-Peter Schwarz: Vom Reich zur Bundesrepublik. Deutschland im Widerstreit der außenpolitischen Konzeptionen in den Jahren der Besatzungsherrschaft 1945–1949. Neuwied und Berlin 1966.

Spartakusbriefe. Hg. Institut für Marxismus-Leninismus beim Zentralkomitee der Sozialistischen Einheitspartei Deutschlands. Berlin 1958.

Frithjof Spreer: Bernstein, Max Weber und das Verhältnis von Wissenschaft und Politik in der Gegenwartsdiskussion. In: Horst Heimann und Thomas Meyer (Hg.): Bernstein und der Demokratische Sozialismus. Bericht über den wissenschaftlichen Kongreß »Die historische Leistung und aktuelle Bedeutung Eduard Bernsteins«. Berlin und Bonn 1978, S. 274 ff.

Thomas Stamm: Kurt Schumacher als Parteiführer. In: Geschichte in Wissenschaft und Unterricht, 5/1989.

Friedrich Stampfer: Erfahrungen und Erkenntnisse. Aufzeichnungen aus meinem Leben. Köln 1957.

Dietrich Staritz: Die Gründung der DDR. Von der sowjetischen Besatzungsherrschaft zum sozialistischen Staat. München 1987.

Robert Steigerwald: Bürgerliche Philosophie und Revisionismus im imperialistischen Deutschland. Frankfurt am Main 1980.

Peter Steinbach: Kurt Schumacher. Politische Kontinuität in politischen Umbrüchen. In: Recht und Politik, 4/1985.
Hans-Josef Steinberg: Sozialismus und deutsche Sozialdemokratie. Zur Ideologie der Partei vor dem I. Weltkrieg. Berlin und Bonn-Bad Godesberg 1976.
ders.: Die Herausbildung des Revisionismus von Eduard Bernstein im Lichte des Briefwechsels Bernstein–Kautsky. In: Horst Heimann und Thomas Meyer (Hg.): Bernstein und der Demokratische Sozialismus. Bericht über den wissenschaftlichen Kongreß »Die historische Leistung und aktuelle Bedeutung Eduard Bernsteins«. Berlin und Bonn 1978.
Johano Strasser: SPD: Reform der Reformpolitik? In: Zukunft, 4/1982.
Ralf Stremmel: Philipp Scheidemann – Aufstieg und Fall eines Ministerpräsidenten und Solinger Reichstagsabgeordneten. In: Zeitschrift des Bergischen Geschichtsvereins, 94/1993–96/1995.
Günter Matthias Tripp: Materialistische Erkenntnistheorie und Ideologie. In: Helmut Amaszus: Materialismus – Wissenschaft und Weltanschauung im Fortschritt. Köln 1976.
Frank Unger, Andreas Wehr und Karen Schönwälder (Hg.): New Democrats, New Labour, Neue Sozialdemokraten. Berlin 1998.
Fritz Vilmar: Beiträge Eduard Bernsteins zu einer Theorie der Wirtschaftsdemokratie. In: Horst Heimann und Thomas Meyer (Hg.): Bernstein und der Demokratische Sozialismus. Bericht über den wissenschaftlichen Kongreß »Die historische Leistung und aktuelle Bedeutung Eduard Bernsteins«. Berlin und Bonn 1978.
Predrag Vranicki: Geschichte des Marxismus. Erster Band. Frankfurt am Main 1972.
Hermann Weber: Das Prinzip Links. Beiträge zur Diskussion des demokratischen Sozialismus in Deutschland 1848–1990. Berlin 1991.
Hermann Weber: Die DDR 1945–1986. München 1988.
Hermann Weber: Mit Zwang und Betrug. Die »Vereinigung« von KPD und SPD zur SED. In: ders.: Aufbau und Fall einer Diktatur. Kritische Beiträge zur Geschichte der DDR. Köln 1991.
Hermann Weber: »Hauptfeind Sozialdemokratie«. Zur Politik der deutschen Kommunisten gegenüber den Sozialdemokraten zwischen 1930 und 1950. In: ders.: Aufbau und Fall einer Diktatur. Kritische Beiträge zur Geschichte der DDR. Köln 1991.
Manfred Wilke: [Vortrag]. In: Materialien der Enquete-Kommission »Aufarbeitung von Geschichte und Folgen der SED-Diktatur in Deutschland« (12. Wahlperiode des Deutschen Bundestages). Hg. Deutscher Bundestag. Band II/1. Bonn 1994.
Heinrich August Winkler: Eduard Bernstein als Kritiker der Weimarer Sozialdemokratie. In: Annali Fondazione Giangiacomo Feltrinelli, Jg. 23 (1983/84).
Gabriele Wölke: Revisionismus und demokratischer Sozialismus. In: Politische Studien, 232/1977.
Clara Zetkin: Der bevorstehende Parteitag der Sozialdemokratie zu Stuttgart. In: Clara Zetkin. Ausgewählte Reden und Schriften, Band I. Berlin (DDR) 1957.
dies.: Wider die sozialdemokratische Theorie und Taktik. In: ebenda.

Personenregister